BEITRÄGE
ZUM
WOHNUNGSEIGENTUM
UND ZUM MIETRECHT

HANNS SEUSS

ZUM

70. GEBURTSTAG

Herrn
Prof. Mestmäcker
mit herzlichem
Dank
stets Ihr
sehr ergebener
V. Emmerich

Neefestraße 2 a, 53115 Bonn
Tel. (0228) 7 25 99-0

Herausgeber: ESW Evangelisches Siedlungswerk in Deutschland e. V.
Nürnberg
vhw – Deutsches Volksheimstättenwerk e. V.
Bundesverband für Wohneigentum, Wohnungsbau und Stadtentwicklung
Bonn

Design: Studio Schroeter, Köln
Druck: Druckerei Paffenholz, Bornheim
Litho: Klaußner, Köln
ISBN-Nr.: 3-87941-879-9

VORWORT DER HERAUSGEBER

Es war nicht unmittelbar vorhersehbar, daß dem Wohnungseigentum der heute unbestrittene Erfolg beschieden sein sollte. Die Absicht des Gesetzgebers, mit dem 1951 verabschiedeten Wohnungseigentumsgesetz privates Kapital für den Wohnungsbau zu mobilisieren und zugleich – vor allem auch in städtischen Räumen – das Wohnen in den eigenen vier Wänden zu ermöglichen, stieß zunächst auf zögernde Nachfrage. Daß schließlich seit Mitte der 60er Jahre ein kontinuierlicher Anstieg von Eigentumswohnungen im Geschoßwohnungsbau verzeichnet werden kann, ist nicht allein auf die investiven Rahmenbedingungen zurückzuführen, sondern auch auf einen Kreis von Fachleuten, die das Wohnungseigentum, seine rechtliche Absicherung und seine Bedeutung für die Eigentumsbildung, für die Kapitalanlage, aber auch für die unternehmerische Wohnungswirtschaft zu ihrer Sache gemacht haben.

Zu diesem Kreis zählt Hanns Seuß, dem die Herausgeber und die Autoren mit dieser Festschrift zu seinem 70. Geburtstag auf ihre Weise Dank sagen für die fachliche Zusammenarbeit und auch für Rat und Tat, die unterschiedlichen Möglichkeiten zur Bildung von Wohneigentum zu fördern, wie es zu den satzungsgemäßen Aufgaben des ESW Evangelisches Siedlungswerk in Deutschland e. V. und des vhw – Deutsches Volksheimstättenwerk e. V. zählt.

Beide Organisationen haben seit Jahrzehnten die Entwicklung der rechtlichen Rahmenbedingungen des Wohnungseigentums und seit der Wiedervereinigung Deutschlands den Prozeß der Wohnungsprivatisierung dank des Einsatzes von Hanns Seuß intensiv begleitet. Hanns Seuß ist es dabei als anerkanntem Fachmann in Sachen Wohnungseigentum ein besonderes Anliegen, Theorie und Praxis in Übereinstimmung zu bringen. Jahrzehntelang hat er aus seiner Überzeugung heraus als Geschäftsführer des ESW Bayern die Verantwortung für eine den sozialen Belangen verpflichtete Unternehmenspolitik getragen. Mit Vollendung seines 65. Lebensjahres widmete er sich dann dem Aufbau einer marktwirtschaftlichen Anforderungen entsprechenden Wohnungswirtschaft in Ostdeutschland. Er ist der Initiator, Gründer und erste Geschäftsführer des ESW Sachsen. Im Evangelischen Siedlungswerk in Deutschland ist Hanns Seuß geschäftsführendes Präsidialmitglied. Zu nennen ist in diesem Zusammenhang seine „Urheberschaft" der alljährlich in Fischen und Berchtesgaden stattfindenden Fachveranstaltungen für Wohnungseigentum und Mietrecht, beides gesuchte Treffpunkte für führende Fachleute der Wohnungswirtschaft. Aufsätze und Fachbücher ergänzen das Bild der vielfachen Aktivitäten – jüngst erschienen ist die vierte neubearbeitete Auflage des „Klassikers" Praxis des Wohnungseigentums. Nicht außer Acht gelassen werden darf die Mitgliedschaft von Hanns Seuß als gesuchter Gesprächspartner in verschiedenen Ausschüssen des GdW Bundesverband deutscher Wohnungsunternehmen e. V. sowie des Verbandes bayerischer Wohnungsunternehmen e. V. Im Deutschen Volksheimstättenwerk ist Hanns Seuß stellvertretender Vorstandsvorsitzender.

Eine hohe Anerkennung seiner Arbeit fand Hanns Seuß in der Verleihung der Würde des Doktors der Rechte honoris causa der Juristischen Fakultät der Universität Potsdam. Unsere Glückwünsche zu diesem Anlaß verbinden wir mit unseren Glückwünschen zum 70. Geburtstag, den Hanns Seuß am 3. Januar 1997 beging und aus dessen Anlaß diese Festschrift vorliegt. Wir danken den Autoren, die mit ihren Ausführungen zu ihrem Gelingen beigetragen haben.

Herausgeber und Jubilar verbindet die tiefe Überzeugung, daß in Zukunft die Eigentumsbildung noch stärker als bisher tragend für eine erfolgreiche Wohnungs- und Familienpolitik sein wird. Die Eigentumswohnung wird hier nicht zuletzt unter dem Gesichtspunkt des sparsamen Umgangs mit unseren Ressourcen an Gewicht gewinnen. Die Voraussetzungen dafür sind gegeben, denn die Rechtsgrundlage des Wohnungseigentumsgesetzes hat sich seit Jahrzehnten bewährt.

Bonn, 16. Januar 1997

Prof. Wilhelm Scheuerpflug
Präsident
ESW Evangelisches Siedlungswerk
in Deutschland e. V.

Dr. Dieter Haack
Vorstandsvorsitzender
vhw – Deutsches Volksheimstättenwerk e. V.

DAS EIGENTUM IN DER WOHNUNGSPOLITIK ZWISCHEN SELBSTINTERESSE UND SOZIALBINDUNG

Eigentum hat gesellschaftspolitisch stabilisierende Effekte. Mit Eigentum – insbesondere mit Immobilieneigentum – ist ein hohes Maß an Freiheit einerseits und an Verantwortung andererseits verbunden. Durch Eigentum entsteht ein Anreiz zur Mitgestaltung der gesellschaftlichen Entwicklung. Je eher dieser Effekt im Laufe des Lebens eintritt, desto besser.

Volkswirtschaftlich von Vorteil ist dabei eine breite Streuung von Eigentum, denn dies fördert die Wohlstandsentwicklung und den sozialen Frieden. In diesem Zusammenhang leisten insbesondere Wohneigentum und selbstgenutztes Wohneigentum einen bedeutenden Beitrag zur Vermögensbildung und somit auch zur immer wichtiger werdenden privaten Altersvorsorge. Darüber hinaus mobilisiert selbstgenutztes Wohneigentum privates Kapital und Eigeninitiative. Wohnraum kann so im Vergleich zu vermietetem Wohnraum relativ günstig erstellt werden. Dies ist wichtig vor dem Hintergrund einer mittelfristig weiterhin hohen Wohnungsnachfrage aufgrund noch anhaltender Verringerung der durchschnittlichen Haushaltsgröße und der zu erwartenden Zuwanderungen.

Die Bildung selbstgenutzten Wohneigentums ist also ein bedeutendes gesellschafts- und wohnungspolitisches Ziel, dessen Umsetzung alle Bundesregierungen der Vergangenheit mit direkter und indirekter Förderung unterstützt haben.

Mit der Umstellung der Wohneigentumsförderung von einem progressionsabhängigen Abzug von der steuerlichen Bemessungsgrundlage auf eine progressionsunabhängige Zulage wurde zum 01.01.1996 ein echter Systemwechsel bei der steuerlichen Förderung vollzogen. Die neue Eigenheimzulage nimmt in der Wohneigentumsinitiative der Bundesregierung – in die auch die Eigentumsbildung im Sozialen Wohnungsbau und die Vorsparförderung integriert sind – einen zentralen Platz ein. Die Förderung sollte familienfreundlicher, gerechter und einfacher werden. Die Eigenheimzulage erfüllt diese Vorgaben. Die Förderung wird als einkommensunabhängiger Betrag ausgezahlt und ist somit gleichmäßig über die Einkommensklassen verteilt. Die sog. Schwellenhaushalte erhalten in Relation zu Haushalten mit höheren Einkommen eine stärkere Förderung. Das Prinzip der Zulage sichert die volle Wirksamkeit der Kinderkomponente in jedem Förderjahr. Als wichtiges Ergebnis kann festgehalten werden, daß die neue Förderung einfach zu überschauen und sicher zu kalkulieren ist. Dies ist ein Anreiz, sich stärker mit dem Gedanken des selbstgenutzten Wohneigentums zu beschäftigen – gerade auch in Bereichen von Einkommen, die bisher vielleicht diese Entscheidung hinausgeschoben haben. Dabei bin ich mir bewußt, daß keine Signale gegeben werden dürfen, Haushalte zum Erwerb selbstgenutzten Wohneigentums zu bewegen, die durch eine hohe Verschuldung in finanzielle Probleme kommen würden.

Erste Indizien für die erwartete Wirkung der Zulage sind bereits zu erkennen. In den Monaten Januar bis September 1996 haben die Genehmigungen für Einfamilienhäuser im Westen gegenüber den Vorjahresmonaten mit 7,5 % deutlich zugenommen. Wie so oft kann auch hier kein eindeutiger Kausalzusammenhang abgeleitet werden, denn für Immobilienfinanzierungen bewegen sich die Zinssätze seit Ende 1995 auf einem sehr günstigen Niveau. Die aktuelle Entwicklung läßt also noch keine endgültige Beurteilung der Neuregelung zu. Aber der Anstieg der zum Bau genehmigten Einfamilienhäuser und auch die Erfahrungen der privaten und öffentlichen Bausparkassen bestätigen eher diejenigen, die der Eigenheimzulage von Anfang an zumindest eine stabilisierende Wirkung auf die Wohnungsbautätigkeit zugesprochen haben.

Der Wohnungsmarkt ist auf Wohnungen zur Selbstnutzung und auf Mietwohnungen angewiesen. Haushalte ohne Präferenz für Wohneigentum, Haushalte mit eher niedrigen bis sehr niedrigen Einkommen und Haushalte, die am Beginn ihres Berufslebens stehen und einem hohen Mobilitätszwang ausgesetzt sind, fragen in der Regel Mietwohnungen nach. Vor diesem Hintergrund erfüllt die Eigentumswohnung eine Doppelfunktion: Sie spielt eine wichtige Rolle für den Mietwohnungsmarkt und erleichtert den Erwerb von selbstgenutztem Wohneigentum vor allem in Ballungsräumen.

Im September 1993 waren in Deutschland knapp 60 % aller Eigentumswohnungen vermietet. Die Bundesregierung geht davon aus, daß von den jährlich neu erstellten Eigentumswohnungen ca. 70 % vermietet werden. Der Neubau von Wohnungen als Eigentumswohnung hat gegenüber dem klassischen Mietwohnungsbau Vorteile. Es kommt zu einer kleinteiligeren Investorenstruktur, und das Investitionsrisiko kann auf mehrere Köpfe verteilt werden. Gleichzeitig wird die Fungibilität von Wohnungen erhöht: Eigentumswohnungen können leichter ge- und verkauft werden als komplette Mietshäuser. Beides zusammen erhöht die Flexibilität des Wohnungsangebotes und trägt auch zur Verbesserung der Funktionsfähigkeit des Wohnungsmarktes bei.

Der Erwerb selbstgenutzten Wohneigentums ist insbesondere in den Ballungsräumen schwierig. Historisch gewachsene innerstädtische Strukturen und Baulandprobleme erschweren den Bau von Ein- und Zweifamilienhäusern. Die Eigentumswohnung wird deshalb in Ballungszentren weiterhin eine hohe Bedeutung als volles Eigentum an der eigenen Wohnung haben.

Das Thema Wohnungseigentum – sowohl in der Form des selbstgenutzten Wohneigentums als auch in der Form der vermieteten Eigentumswohnung (und der damit verbundenen mietrechtlichen Fragen) – ist Hanns Seuß immer ein wichtiges Anliegen gewesen. Jeder an der Wohnungspolitik Interessierte kennt die jährlich stattfindenden, von ihm initiierten Veranstaltungen in Fischen „Partner im Gespräch" zum Thema Wohnungseigentum und in Berchtesgaden zum Thema Mietrecht. Sie haben die wohnungspolitische Diskussion bereichert und werden dies hoffentlich noch lange tun.

Prof. Dr. Klaus Töpfer
Bundesminister für Raumordnung, Bauwesen und Städtebau

INHALTSVERZEICHNIS

Seite

Hans Anton Bader

AKTUELLE FRAGEN ZUR EINZELABRECHNUNG DES WOHNUNGSEIGENTUMSVERWALTERS

Bis in die Mitte der achtziger Jahre hat man sich sowohl in der Literatur als auch in diversen gerichtlichen Entscheidungen nicht immer ausreichend um eine saubere Ausdrucksweise bemüht, wenn es um Fragen der Jahresabrechnung des Verwalters gegangen ist. Das Gesetz spricht in § 28 Absätzen 3 und 5 WEG nur von einer „Abrechnung", und so wurde oft erst aus dem Sachzusammenhang klar, daß mit dem Ausdruck „Abrechnung" oder „Jahresabrechnung" eigentlich nur die Gesamtabrechnung oder nur die Einzelabrechnung gemeint war. Wie schwer man sich mit den Begriffen immer noch tut, zeigt das Kammergericht in NJW-RR 1996, 844, wo es den Kostenverteilungsschlüssel als Element der Gesamtabrechnung ansieht. Doch gehört heute nach einer Vielzahl einschlägiger Entscheidungen die Differenzierung zwischen diesen beiden Bestandteilen der „(Jahres-)Abrechnung" zum festen Vokabular der Rechtsprechung, und so versteht es sich inzwischen von selbst, daß sich eine Verwalterabrechnung aus der **Gesamtabrechnung** und dann aus der Ermittlung des anteiligen Beitrags jedes Eigentümers zu diesem Gesamtergebnis, also aus den diversen **Einzelabrechnungen** zusammensetzt.

Die Gesamtabrechnung enthält eine schlichte Gegenüberstellung von **Einnahmen** und **Ausgaben**, spiegelt also nur tatsächliche Geldflüsse wider. Das ist ständige und durchgängige Rechtsprechung, die bisher konsequent gegen professionelle Großverwalter, Betriebswirtschaftler und Steuerberater verteidigt wurde, die gern Elemente des **Bilanzierens** in diese Abrechnung hineingetragen hätten. Der Normaleigentümer einschließlich des die Belege prüfenden Beirats ist mit den Grundsätzen einer kaufmännischen Bilanz aber nicht vertraut und muß die Abrechnung ohne den Beistand eines Sachverständigen nachvollziehen können. Auch dies ist ständige Rechtsprechung, an der etwas zu ändern kein Anlaß besteht, abge-sehen davon, daß eine Eigentümergemeinschaft eben kein gewerbliches Unternehmen ist und etwa Bewertungen des Anlagevermögens oder Abschreibungen nicht stattfinden.

Daß nun der Verwalter die Pflicht hat, auf der Grundlage der Ansätze der Gesamtabrechnung die **Einzelabrechnungen** anzufertigen, folgt aus der Zahlung von Vorschüssen und aus der nur anteiligen Kostentragungspflicht jedes Eigentümers nach § 16 Abs. 2 WEG, ist unbestritten und ständige Praxis. Vielfach verwendete Computerprogramme liefern **integrierte Gesamt- und Einzelabrechnungen**, die den Gesamtpositionen (linke Spalte) über den Verteilungsschlüssel (mittlere Kolumne) die anteilige Belastung des konkreten Eigentümers (rechte Spalte) gegenüberstellen. Die Addition der in der rechten Spalte aufgeführten Positionen ergibt dann die anteilige **Gesamtbelastung**. Auf diese Summe sind die für den Abrechnungszeitraum tatsächlich erbrachten Vorschüsse gutzubringen, woraus sich dann der **Einzelabrechnungssaldo** ergibt. Ohne Verrechnung mit etwaigen Nachzahlungsbeträgen aus den Vorjahren sind also von der anteiligen Gesamtbelastung alle tatsächlich nach Wirtschaftsplan oder als Sonderumlagen bezahlten Vorschüsse abzuziehen. Dieser Grundsatz hilft **zwei**

Systemfehler vermeiden, die immer wieder gemacht werden. Es sind das einmal die mit § 366 BGB und auch mit der Abrechnungsperiode unvereinbare Saldierung dieser Vorschüsse mit Debetsalden aus den Vorjahren und zum anderen die sinnwidrige Ausweisung des Sollbetrags der Vorschüsse nach Wirtschaftsplan, wobei erst in irgendwelchen Kontoauszügen, die aber nicht Gegenstand der Beschlußfassung sind, die wirklich geleisteten monatlichen Vorschüsse erscheinen.

Die Gesamtabrechnung unterliegt nun nach § 28 Abs. 5 WEG der **genehmigenden Beschlußfassung** durch die Eigentümerversammlung. Betrachtet man begrifflich den angewandten Kostenverteilungsschlüssel als Bestandteil der Einzelabrechnung, weil nur über ihn die individuelle Gesamtbelastung zu ermitteln sei, dann unterliegt mindestens insoweit ohne Zweifel **auch die Einzelabrechnung** dieser genehmigenden Beschlußfassung. Denn der Bundesgerichtshof hat in NJW 1985, 912 die Notwendigkeit, wegen der Gemeinschaftsbezogenheit von Wohngeldforderungen über den Genehmigungsbeschluß zu einer **für alle Eigentümer einheitlichen Bemessungsgrundlage** zu gelangen, keineswegs neu statuiert, sondern lediglich bestätigt. Daraus hat das BayObLG in seiner Entscheidung vom 16. 3. 1987 (BayObLGZ 87, 86) vom Ansatz her sicher zutreffend gefolgert, auch **alle Einzelabrechnungen** müßten beschlossen sein, denn mit dem Billigungsbeschluß werde die Zahlungspflicht des einzelnen Eigentümers festgestellt und verbindlich und dem ausgewiesenen Schlußsaldo werde so der Rechtsgrund und die Fälligkeit verliehen. Damit geht es über die durch Beschluß zu bestätigende Richtigkeit des Kostenverteilungsschlüssels hinaus und bezieht die gesamte **rechte Spalte bis hinunter zum Endsaldo** in die Beschlußfassung und damit in die Bindungswirkung der §§ 23 Abs. 4 und 27 Abs. 1 Nr. 1 WEG ein. Diese Linie ist in der Folgezeit mit weiteren Entscheidungen bis heute unverändert beibehalten worden.

Unabhängig davon, ob man diese Ausweitung der Bindungswirkung für zutreffend und nötig hält, sollte durch Gemeinschaftsordnung oder Versammlungsbeschluß nichts am grundsätzlichen Erfordernis geändert werden, daß die Gesamtabrechnung und der Kostenverteilungsschlüssel durch Versammlungsbeschluß zu genehmigen seien. Regelungen dahin, **„die Abrechnung" gelte als genehmigt**, wenn ihr nicht binnen ei-ner bestimmten Frist widersprochen werde, gehören den auto-ritären Pionierzeiten des Wohnungseigentums an und werden heute von den Notaren nicht mehr beurkundet. Auf die Frage, ob die „Budgethoheit" wie im Verfassungsrecht zu den grundlegenden und unverzichtbaren Rechten des „Parlaments" (hier der Versammlung) gehört und ob deshalb die Bestimmung des § 28 Abs. 5 WEG als zwingend anzusehen wäre, kommt es unter diesen Umständen nicht mehr an. Die Gemeinschaftsordnung stellt keine Allgemeinen Geschäftsbedingungen dar, so daß das **Verbot von Erklärungsfiktionen** durch § 10 Nr. 5 AGBG nicht unmittelbar eingreift. Dieses Verbot enthält jedoch einen allgemeinen Rechtsgedanken, der nicht nur bei der notariellen Beurkundung der Teilungserklärung, sondern auch bei entsprechenden Organisationsbeschlüssen einer Versammlung berücksichtigt werden sollte. Mangels einer in der GO getroffenen Regelung müssen im übrigen alle späteren Mehrheitsbeschlüsse, die am § 28 Abs. 5 WEG vorbeigehen, weil sie die obige Erklärungsfiktion erst begründen oder etwa die Genehmigung dem Beirat überlassen wollen, auf Anfechtung für ungültig erklärt werden.

Dagegen bleibt die Frage offen, ob nicht die vom BayObLG vorgenommene **Ausdehnung der Beschlußwirkung** auf alles, was in der rechten Spalte steht, durch eine Klausel der GO oder durch Versammlungsbeschluß aufgehoben werden sollte. Denn gegen diese Ausdehnung können eine Reihe von systematischen wie praktischen, materiellrechtlichen wie prozessualen Bedenken erhoben werden. Zunächst kann § 28 Abs. 5 WEG durchaus dahin verstanden werden, daß dort die Genehmigung der Verwaltertätigkeit im abgelaufenen Jahr und die vom Bundesgerichtshof geforderte **einheitliche Festlegung der Bemessungsgrundlagen** für die individuelle Wohngeldschuld im Vordergrund stehen. Denn die der Umlegung überhaupt unterliegenden Einnahmen- und Ausgabenpositionen der Gesamtabrechnung führen über den Verteilungsschlüssel und über eine computergesteuerte mathematische Ableitung zwingend zum anteiligen Betrag in der rechten Spalte, so daß ein Versammlungsbeschluß über die Richtigkeit dieser Ableitung ohnehin keine praktische Bedeutung hat. Es kann also nur noch darum gehen, den auf die individuelle Gesamtbelastung anzurechnenden Gesamtbetrag der geleisteten Vorschüsse verbindlich festzulegen. Hat aber darüber wirklich die Gemeinschaft zu entscheiden? Zunächst erscheint es schon nicht zumutbar, vom Beirat die Überprüfung sämtlicher Einzelabrechnungen dahin zu verlangen, ob die rechte Spalte stimmt, ob also wirklich 2.426,- DM an Vorauszahlungen entrichtet wurden. Jeder einzelne Eigentümer möge diese Überprüfung anhand seiner Kontoauszüge und Zahlungsbelege selbst vornehmen. Müssen ferner jedem Eigentümer die Einzelabrechnungen aller übrigen Eigentümer, wenn er über ihre Richtigkeit durch seine Stimmabgabe entscheiden soll, zusammen mit dem Einladungsschreiben zugehen? Natürlich nicht, denn man bewahre uns vor dieser Papierflut. Hier hat das OLG Köln mit einer Entscheidung vom 29. 03. 1995 in ZMR 1995, 324 = WE 1995, 222 für Unruhe gesorgt. Dort war die sonst seit langem allgemein übliche Verwalterpraxis, den Eigentümern ihre Einzelabrechnungen mit der Einladung zur Versammlung zuzusenden, sogar in die Gemeinschaftsordnung aufgenommen worden. Beschließt nun eine solche Versammlung mehrheitlich, daß die Einzelabrechnungen nicht mehr verschickt werden, sondern nur noch im Büro des Verwalters zur Einsichtnahme aufliegen sollen, dann versteht es sich von selbst, daß dieser Beschluß auf Anfechtung für ungültig zu erklären ist. Der Rest der Entscheidung war somit überflüssig und bedurfte insbesondere keiner Veröffentlichung. Wollte man nun aber wirklich dem Eigentümer der Wohnung Nr. 17 nicht nur seine eigene, sondern auch die 172 Abrechnungen seiner Miteigentümer zuschicken, dann ist er überfordert, wenn er über die Richtigkeit des Endsaldos in der Einzelabrechnung etwa für die Wohnung Nr. 152 entscheiden soll. Muß er vor der anstehenden Abstimmung 172 Telefonate führen mit der Anfrage, ob der jeweils ausgewiesene Gesamtbetrag der anzurechnenden Vorschüsse für zutreffend gehalten wird? Muß der Verwalter dazu 173 x 173 = 29.929 Abrechnungen mit je drei Seiten, insgesamt also ca. 90.000 Blatt Papier verschicken? Auch Saldenlisten helfen nicht weiter, denn sie lassen den einzigen überprüfungsbedürftigen Posten, nämlich den diesem Saldo zugrunde liegenden Gesamtbetrag der anzurechnenden Vorschüsse schon wieder nicht mehr erkennen. Dieser offensichtliche Holzweg, auf den man hier in Köln geriet (vgl. dazu Drasdo als Anmerkung zur Entscheidung selbst in ZMR 1995, 325 und dann gesondert eingehend in WE 1996, 12), ist auch von der Sache her überflüssig. Denn die den Saldenlisten allenfalls zu entnehmende Zahlungsmoral der Gemeinschaft, um die es hier allein geht, ergibt sich bereits aus einem Vergleich zwischen dem Gesamtbetrag an aufzubringendem Hausgeld-Soll nach Wirtschaftsplan und dem jetzt in der linken Spalte ausgewiesenen Gesamtbetrag an tatsächlich für das Abrechnungsjahr eingegangenen Hausgeldern. Übersteigt diese Differenz den üblichen Rahmen, besteht also der Verdacht einer ernstzunehmenden Illiquidität eines Miteigentümers, so hat der Verwalter in der Versammlung über die Herkunft und den Umfang dieser Rückstände sowie über die von ihm veranlaßten Schritte zu deren Beitreibung Auskunft zu geben.

Die Bedenken setzen sich im prozessualen Bereich fort. Muß ein Eigentümer wirklich den Beschluß über „die Jahresabrechnung 1994" gerichtlich anfechten, weil er in seiner Einzelabrechnung (unzulässigerweise, weil eine Forderung enthaltend; s. oben zur Bilanzierung) mit einer Umzugspauschale von 50,- DM belastet wurde, obwohl der Umzug in der Nachbarwohnung stattgefunden hat? Muß er mit der Begründung anfechten, er habe über die angerechneten monatlichen Wohngeldvorschüsse hinaus noch weitere 450,- DM überwiesen? Kann er seine Anfechtung überhaupt auf solche Einzelpunkte beschränken? Das BayObLG hält in NJW 1986, 385, dann wieder in BayObLGZ 87, 86 und in diversen Folgeentscheidungen die **Anfechtung nur einzelner Positionen** einer Jahresabrechnung für zulässig, doch dürfte das mit dem Amtsermittlungsgrundsatz des FGG-Verfahrens nicht vereinbar sein. Wenn von sieben Tagesordnungspunkten nur zwei angefochten sind, dürfen nicht vier für ungültig erklärt werden. Das ist eine Frage des **Umfangs der gestellten Sachanträge**. Der Versammlungsbeschluß, mit dem „die Jahresabrechnung 1994" genehmigt wird, besteht aber nicht aus 26 Einzelbeschlüssen über die 26 Ausgabenpositionen der Gesamtabrechnung und aus 236 Beschlüssen über die Richtigkeit aller Einzelabrechnungen, sondern ist **ein** einziger Beschluß, und dieser ist entweder richtig oder falsch. Warum er nicht stimmt, ist keine Frage der Reichweite des Verfahrensgegenstandes, sondern eine Frage der **Rechtsanwendung**, und diese ist der Disposition der Beteiligten entzogen. Wird also nur die genannte Umzugspauschale gerügt, so erstreckt sich die mündliche Verhandlung auf die **Richtigkeit „des Beschlusses"**, und nach Erörterung der fehlenden Verwalterstellung des einladenden Ehepaares oder der Unzulässigkeit der sofortigen Ersatzversammlung wird der Beschluß aus diesen Gründen für ungültig erklärt. Jetzt fehlt der Geltendmachung sämtlicher Einzelabrechnungssalden die Rechtsgrundlage. Die nächste Eigentümerversammlung muß also über diese Abrechnung ein zweites Mal beschließen. Können dann andere Mängel dieses Zahlenwerks Gegenstand einer erneuten Anfechtung werden? Wie sieht der Geschäftswert aus, wenn die Wohnanlage 556 Einheiten und ein Abrechnungsvolumen von 1,6 Millionen DM aufweist? Ist die Entlastung des Verwalters berührt, wenn über sie nicht gesondert abgestimmt wurde, wenn sie also im Beschluß über die Genehmigung der Jahresabrechnung stillschweigend enthalten ist? Wenn sie berührt ist, hatte dann der Verwalter wegen Interessenkollision keine Zustellungsvollmacht nach § 27

Abs. 2 Nr. 3 WEG? Sind mangels einer Anfechtung die genannten 450,- DM verfallen und enteignet, und ist dann unser Eigentümer zur Entrichtung der Umzugspauschale „verurteilt", obwohl der Umzug tatsächlich in der Nachbarwohnung stattgefunden hat? Steht mangels einer solchen Anfechtung auch der (angefochtene oder sonst bestrittene) vorgetragene Debetsaldo der Vorjahresabrechnung jetzt fest, wenn er mit den Vorschüssen des Folgejahres verrechnet wurde und dann nur noch die Differenz gutgebracht ist?

Solche immer wieder vorkommenden Zuordnungs- und Buchungsversehen, aufgrund deren etwa die genannten 450,- DM nicht Herrn Meyer von Nr. 16, sondern Herrn Maier von Nr. 123 gutgeschrieben wurden, haben es vielleicht verdient, in dieser Form einmal exemplarisch durchgespielt zu werden. Wer also die Bedenken gegen eine Beschlußfassung über die gesamte rechte Spalte unserer Abrechnung bis hinunter zum Endsaldo teilt, könnte eine Klausel etwa folgenden Wortlauts entweder als Notar in die GO aufnehmen oder als Verwalter für einen Organisationsbeschluß auf die Tagesordnung einer Versammlung setzen:

> Die Eigentümer beschließen mehrheitlich die Gesamtabrechnung und die Kostenverteilung. Darüber hinausgehende Einwendungen gegen die Richtigkeit der Einzelabrechnung sind innerhalb einer Ausschlußfrist von zwei Monaten ab dieser Beschlußfassung schriftlich beim Verwalter zu erheben.

Analog der Anfechtungsfrist des § 23 Abs. 4 WEG kann diese **Ausschlußfrist für Einwendungen** den Schwebezustand in bezug auf die endgültige Richtigkeit der Einzelabrechnungen binnen einer angemessenen Frist beenden, wobei diese Frist nicht zu kurz sein und etwa zwei oder drei Monate ab Genehmigungsbeschluß betragen sollte. Denn dem Verwalter ist durchaus ein Bedürfnis zuzubilligen, solche Einwendungen zeitlich nicht uferlos zuzulassen und so seine Buchhaltung zu diesem Wirtschaftsjahr auch einmal ablegen zu können. Ihm steht es auch nach Ablauf dieser Ausschlußfrist immer noch frei, das Versehen zu korrigieren, nach Ablauf der Anfechtungsfrist ist ihm das jedoch wegen der Bindungswirkung der §§ 23 Abs. 4 und 27 Abs. 1 Nr. 1 WEG geradezu verboten. Die Tatsache, daß die oben genannte Flut von Mini-Anfechtungen ausgeblieben ist, folgt zweifellos kaum aus einer plötzlichen Richtigkeit aller Einzelabrechnungen, sondern zeigt deutlich, daß die Branche am BayObLG vorbei solche Korrekturen flexibel und sachgerecht im Sinne der vorstehenden Ausführungen nachholt und daß der im obigen Beispiel um 450,- DM bereicherte Eigentümer Maier von Nr. 123 diesen Betrag freiwillig wieder an seinen Miteigentümer Meyer von Nr. 16 herausrückt.

Abhängig davon, welchen Umfang der Genehmigungsbeschluß in bezug auf die **Einzelabrechnungen** hat, erhält die in der anteiligen Gesamtbelastung oder im Endsaldo ausgewiesene Zahlungspflicht mit diesem Beschluß nun **ihren Rechtsgrund und ihre Fälligkeit**. Damit trifft die so konstitutiv begründete Wohngeldschuld diejenige Person, die zur Zeit der Beschlußfassung nach rechtsgeschäftlichem Erwerb (Kaufvertrag) als Eigentümer im Grundbuch steht oder die außerhalb des Grundbuchs vor der Beschlußfassung kraft Gesetzes (Zuschlag in der Zwangsversteigerung) Eigentümer geworden ist. Mit einer Serie von Entscheidungen, die auf einer konsequenten Linie liegen, hat hier der **Bundesgerichtshof klare Verhältnisse geschaffen** und insbesondere der Rechtsfigur des „werdenden Eigentümers" bei der Zweit- oder Folgeveräußerung eine Absage erteilt. Diese Linie bedeutet zum einen, daß der bis zur Beschlußfassung Eigentümer Gewordene mindestens die eigentliche **Abrechnungsspitze** zu zahlen hat, also die Differenz zwischen den voll erbrachten Vorschüssen nach Wirtschaftsplan und der anteiligen Gesamtbelastung. Sie bedeutet zum anderen, daß der Verwalter stets nur **e i n e** Einzelabrechnung anfertigt und daß die vom BayObLG in RPfl 1985, 111 noch geforderte, aber in der Praxis nicht durchführbare **zeitanteilige Aufspaltung** zwischen Veräußerer und Erwerber der Vergangenheit angehört. Offen geblieben war nur, ob die beschlossene Jahresabrechnung die bisherige **Rechtsgrundlage des Wirtschaftsplans** in vollem Umfang auswechselt, ob also wegen der vom BayObLG angenommenen Ausweitung der Bindungswirkung auf den Endsaldo der Einzelabrechnung der Erwerber auch für den **erhöhten Saldo** haftet, der dadurch entstanden ist, daß der Veräußerer seine Vorschüsse nach Wirtschaftsplan nicht oder nicht vollständig entrichtet hat. Hier waren dem Ansatz des BayObLG inzwischen mehrere Oberlandesgerichte beigetreten und haben die Haftung des Erwerbers auf den vollen, also den Endsaldo bestätigt. Systematisch und konsequent gedacht hätte dies zur Folge gehabt, daß mit dem Beschluß über die Abrechnung der **Wirtschaftsplan seine Geltung als Rechtsgrundlage verliert** und auf seiner Basis daher die offen gebliebenen Vorauszahlungen nicht mehr gegen den Veräußerer geltend gemacht werden können. Demgemäß haben Notare auf der Basis einer Haftung des Erwerbers auf den Endsaldo in ihre Vertragsmuster bereits eine Zusicherung des Verkäufers dahin aufgenommen, daß Wohngeldrückstände nicht bestehen und daß die dann beschlossene echte Abrechnungsspitze zeitgerecht bezogen auf den vertraglichen Besitz- , Nutzungen- und Lastenübergang zwischen Veräußerer und Erwerber ausgeglichen werden soll. Das BayObLG selbst hat nun jedoch in DWE 1990, 101 = WE 1990, 220 abweichend von dieser Linie die Auffassung vertreten, daß neben dem Erwerber, der auf den Endsaldo der Einzelabrechnung haftet, auch noch der Veräußerer auf die aus seiner Eigentumszeit **rückständigen Vorschüsse** aus dem Wirtschaftsplan in Anspruch genommen werden kann. Das hätte notwendigerweise eine gesamtschuldnerische Haftung von Veräußerer und Erwerber in der Höhe dieser Vorschüsse zur Folge. In einem Revisionsurteil IX ZR 98/93 vom 10. 03. 1994 hat jedoch dann der 9. Zivilsenat des Bundesgerichtshofs entschieden, daß in einem vor Beschlußfassung über die Jahresabrechnung eröffneten Konkursverfahren nur die Abrechnungsspitze einschließlich der nach Konkurseröffnung fällig gewordenen Vorschüsse Masseforderung ist und daß demnach die vor der Konkurseröffnung fällig gewordenen und offen gebliebenen Vorschüsse nach Wirtschaftsplan einfache Konkursforderungen bleiben. Damit lag es nun sozusagen in der Luft, diese Zuordnung über den Weg des § 28 FGG auch für den Wohnungseigentumsbereich zum Gegenstand einer BGH-Vorlage zu machen. Diese Vorlage kam dann auch vom OLG Köln in WE 1996, 109, wo dieses Gericht die bisherige Linie dahin beibehielt und verteidigte, daß der Wirtschaftsplan mit der Abrechnung seine Funktion als Rechtsgrundlage für die Vorschußzahlungen vollständig verliert, es also in bezug auf diese Pflicht zur Zahlung von Vorschüssen zu einer Schuld-umschaffung, zu einer sogenannten Novation kommt. Dem hat sich nun der V. Zivilsenat des BGH in seiner Entscheidung V ZB 16/95 vom 30. 11. 1995 (in WE 1996, 144) nicht angeschlossen, sondern ist dem IX. Senat dahin gefolgt, daß als Rechtsgrundlage für die Vorschüsse der Beschluß über die Genehmigung des Wirtschaftsplans neben dem Beschluß über die Billigung der Abrechnung fortbesteht, daß also der Beschluß über die Abrechnung gegenüber dem Wirtschaftsplan nur eine bestätigende oder verstärkende Wirkung hat. Dieser Entscheidung, die den bisher erreichten Stand der Auffassungen in Literatur und Rechtsprechung überhaupt nicht erwähnt, sich mit ihm demnach auch nicht auseinandersetzt und eine Reihe von Folgeproblemen offenläßt, ist der Vorwurf des „sweeping judgment" gemacht worden (so von Deckert in Anmerkung zur Entscheidung selbst a.a.O. und dann in ETW Gruppe 2 S. 2716-2718), was sicher mindestens insoweit zutrifft, als der BGH seinem bisherigen Niveau bei der Aufarbeitung der wissenschaftlichen Diskussion untreu geworden ist. Das ändert freilich nichts an der Tatsache, daß diese Entscheidung ergangen ist und ihre Wirkung tut. Eine solche Wirkung besteht in der Aussichtslosigkeit, daß der BGH auf umgehende erneute Vorlage seinen jetzt eingeschlagenen Kurs wieder ändert. Es mag durchaus sein, daß die wichtigsten Folgeprobleme gesehen und beraten wurden, doch sollte das der veröffentlichte Text dann auch erkennen lassen.

Eine für den Verwalter wichtige erste solche Folgefrage besteht darin, ob er zwei Einzelabrechnungen erstellen muß, nämlich eine für den Veräußerer und eine für den Erwerber. Das ist zu verneinen, denn die Einzelabrechnung ist nicht personenbezogen, sondern objektbezogen. Eine „Abrechnung", die dem **Veräußerer** die von ihm bis zur Eigentumsumschreibung im Grundbuch (Vollzug der Auflassung) nicht bezahlten Vorschüsse nach Wirtschaftsplan als Schuld zuordnen würde, verdiente diesen Namen nicht. Eine Einzelabrechnung, die dem **Erwerber** die eigentliche Abrechnungsspitze zuzüglich der von ihm seit dem Vollzug der Auflassung rückständigen Vorschüsse anlasten würde, setzt voraus, daß der Verwalter vor Fertigstellung der Einzelabrechnungen das Datum der Umschreibung erfährt, was nur selten vorkommt. Ist nach der Gemeinschaftsordnung die Zustimmung gemäß § 12 WEG zur Veräußerung erforderlich, so erfährt der Verwalter zwar vom Kaufvertrag und damit vom Übergang der Lasten („mit dem auf die vollständige Zahlung des Kaufpreises folgenden Monatsersten"), nicht jedoch vom Datum der Umschreibung im Grundbuch, die für ihn allein maßgebend ist. Eine vor der Anfertigung der Einzelabrechnungen durchzuführende Überprüfung sämtlicher Grundbuchblätter „seiner" Wohnanlage auf die Aktualität der Eigentümerstellungen kommt für den Verwalter als jenseits aller praktischen Vernunft liegend nicht in Betracht. Eine solche Durchsicht wäre erst recht dort vonnöten, wo nach der Gemeinschaftsordnung die Veräußerung genehmigungsfrei ist. Der Verwalter bleibt also darauf angewiesen, daß die Vertragspartner selbst ihm den Eigentümerwechsel mitteilen. Sonst sieht er nur einem Überweisungsträger an, daß die Hausgeldzahlung pötzlich von einer anderen Person stammt. Geht man nun davon aus, daß eine solche Mitteilung eingeht, dann ist sie in vielen Fällen unzutreffend, weil die Vertragspartei den Eigentümerwechsel mit dem Lastenübergang durcheinanderbringt. Der Verwalter muß dann eine Kopie der Vollzugsnachricht des Grundbuchamts über die Eintragung der Auflassung anfordern, nachdem zwar die Notare eine solche Nachricht erhalten, aber nicht verpflichtet sind, eine Kopie davon an den Verwalter zu schicken, dessen tägliche Arbeit wesentlich erleichtert würde, wenn sie dazu verpflichtet wären. Auch bei gutem Willen der Vertragspartner erhält also der Verwalter über das genaue Datum des Eigentumswechsels oft nur mit erheblicher Verspätung Kenntnis. Prompte Kenntnis ist aber gerade dann wichtig, wenn dieser Wechsel zeitlich eng vor oder nach der Versammlung liegt, in der die Abrechnung genehmigt werden soll.

Fazit: Genehmigt wird dort nach wie vor eine einzige **objektbezogene Einzelabrechnung**, die nun je nach Zufall (siehe oben) im Adressenkästchen noch den alten oder schon den neuen Eigentümer ausweist. Es darf nun nicht angehen, den gerichtlichen Antrag des Verwalters gegen den neuen Eigentümer unabhängig von dessen vielleicht nur anteiliger Haftung allein deshalb abzuweisen, weil in diesem Adressenfeld noch die Anschrift des alten steht. Wenn man andererseits die **objektbezogene Einzelabrechnung** beibehalten will, darf man konsequenterweise den neuen Eigentümer nicht mehr allein deshalb auf den vollen Saldo haften lassen, weil er schon in diesem Adressenfeld steht und den Genehmigungsbeschluß unangefochten gelassen hat. Wenn jeder neue Eigentümer stets anfechten müßte, um diese alleinige Haftung auf den vollen Saldo zu vermeiden, wären die WEG-Gerichte ziemlich bald am Ende. Die Lösung kann also nur darin liegen, eine nicht angefochtene Einzelabrechnung notfalls erst im gerichtlichen Verfahren aufgrund der überprüften Grundakten zwischen dem alten und dem neuen Eigentümer aufzusplitten. Genau das hat inzwischen das OLG Zweibrücken in ZMR 1996, 340 auch getan, doch hat diese Entscheidung den Schönheitsfehler, daß dort die Einzelabrechnungen nicht genehmigt waren. Doch auch dann, wenn sie genehmigt gewesen wären, würde das keinen Verstoß gegen die Bindungswirkung der §§ 23 Abs. 4 und 27 Abs. 1 Nr. 1 WEG bedeuten. Denn damit verläßt man die von Anfang an (siehe oben) problematische Anwendung des § 28 Abs. 5 WEG durch das BayObLG dahin, daß sich diese Bindungswirkung bis zum tiefsten Punkt der rechten Spalte, also bis zum Endsaldo hinunter erstreckt. Ruft man sich die anfangs erwähnte BGH-Judikatur in Erinnerung, nach der es abgesehen von der Genehmigung der Gesamtabrechnung Aufgabe des Beschlusses über die Einzelabrechnungen nur sei, wegen der Gemeinschaftsbezogenheit von Hausgeldforderungen zu einer **für alle Eigentümer verbindlichen einheitlichen Bemessungsgrundlage** zu gelangen, so endet die Bindungswirkung beim Kostenverteilungsschlüssel. Der Rest besteht, wie oben ausgeführt, aus einer mathematischen Ableitung der Einzelpositionen, bei der ein Computer ohnehin nichts falsch machen kann, und aus der zutreffenden Anrechnung der geleisteten Vorschüsse. Allerdings gewinnt dann die oben vorgeschlagene Frist für etwaige Einwendungen gegen die nicht bindend gewordenen Teile der rechten Spalte der Einzelabrechnung (also etwa gegen eine Umzugspauschale, der als reiner Forderung gar keine Gesamtposition entspricht, oder gegen die Summe der gutgebrachten Vorschüsse) eine erhöhte praktische Bedeutung. Versammlungsbeschlüsse, mit denen diese Einwendungen zeitlich auf zwei oder drei Monate ab Genehmigung der Jahresabrechnung beschränkt werden, sollten dann von den Gerichten als ordnungsgemäßer Verwaltung entsprechend auch gehalten werden.

Wird somit vom Verwalter nicht schon die Erstellung der Einzelabrechnung gesplittet, wohl aber die außergerichtliche und dann auch die gerichtliche Geltendmachung dieser Abrechnung getrennt zugeordnet, so kann sich die Notwendigkeit zweier Rechtswege ergeben, wenn weder der alte noch der neue Eigentümer zahlt. Ist das genaue Datum des Eigentumswechsels noch nicht zuverlässig bekannt (siehe oben), so empfielt sich für den Verwalter zunächst das FGG-Verfahren nach § 43 Abs. 1 Nr. 1 WEG, weil der Wohnungseigentumsrichter direkten Zugriff auf die Grundakten hat. In der mündlichen Verhandlung wird dann der Vollzug der Auflassung als Trennlinie festgestellt mit der Folge, daß der Antrag in bezug auf die Vorschüsse des Veräußerers keineswegs als unzulässig abgewiesen, daß dieser Rest vielmehr nach §§ 46 WEG, 17 a GVG in den ordentlichen Zivilprozeß verwiesen wird. Denn Hausgeldansprüche gegen bei Zustellung des Verfahrensantrags (Rechtshängigkeit) nicht mehr der Gemeinschaft angehörende, also schon ausgeschiedene Eigentümer sind im ordentlichen Zivilprozeß geltend zu machen, BGHZ 44, 43 und BGHZ 106, 34. Folge der BGH-Entscheidung vom 30. 11. 1995 mag nun sein, daß in vermehrtem Umfang derartige Teilverweisungen in die ZPO anfallen und daß wiederholt die neue Anschrift des inzwischen ja ausgezogenen selbstnutzenden Veräußerers nicht mehr zu ermitteln sein kann, nämlich dann nicht, wenn weder der Erwerber aus einer fortdauernden Vertragskorrespondenz diese neue Anschrift kennt noch sich der Veräußerer ordnungsgemäß behördlich abgemeldet hat. Die Entwicklung der nächsten Jahre wird zeigen, ob sich Hausgeldausfälle des Veräußerers, die wegen dessen unbekannten neuen Aufenthalts nicht mehr zu realisieren sind und daher letztlich abgeschrieben, also auf die ganze Gemeinschaft umgelegt werden müssen, quantitativ in erträglichen Grenzen halten oder sich zu einem wirklichen Problem auswachsen, das der BGH mit keiner Zeile erwähnt hat. Ob der WEG-Richter mit einem „Beweisbeschluß" helfen kann, aufgrund dessen der Erwerber förmlich als Beteiligter, also nicht als Zeuge, dazu vernommen wird, ob ihm die neue Anschrift seines Vorgängers bekannt ist, mag zweifelhaft erscheinen.

Sollten diese Ausfälle einen beachtlichen Umfang annehmen, würde den Notaren die Aufgabe zufallen, eine Klausel folgenden Inhalts in die von ihnen beurkundeten Teilungserklärungen aufzunehmen:

> Käufer, sonstige vertragliche Übernehmer oder Erben eines Wohnungseigentums haften für Hausgeldrückstände ihrer Vorgänger gesamtschuldnerisch neben diesen. Der Ausgleich findet im Innenverhältnis zwischen dem alten und dem neuen Eigentümer statt.

Eine Klausel dieser Art ist vom Bundesgerichtshof als gültig bestätigt worden. Das gilt freilich nur, soweit nicht nach zwingenden Spezialvorschriften der Erwerber lastenfrei übernimmt (Zuschlag in der Zwangsversteigerung) oder etwa die Konkursordnung abschließend sagt, was eine Masseforderung ist. Mit dieser Einschränkung wird man leben können, um die Folgen der neuen BGH-Entscheidung für die Praxis abzufedern, denn der rechtsgeschäftliche Erwerb (Verkauf, Überlassung) spielt nun einmal die bedeutsamere Rolle. Damit wird einmal erreicht, daß die **Erwerberhaftung** nicht nur den Ausgleich der letzten Jahresabrechnung umfaßt, sondern auch etwaige **Rückstände des Veräußerers aus den Vorjahren**. Derartige Rückstände werden vom Kaufpreis abgezogen, und zu diesem Zweck hat der Verwalter ihre Höhe dem Erwerber auf Anfrage zu nennen, ohne sich auf Gesichtspunkte des Datenschutzes berufen zu können. Einem Käufer geschieht demnach durch eine solche Klausel über die Erwerberhaftung keinerlei Unrecht. Nachdem auch der **Erbgang** in die Klausel einbezogen ist, wird mit ihr zum zweiten erreicht, daß der Erbe eines überschuldeten Nachlasses sich in bezug auf die Hausgeldrückstände des Erblassers nicht auf die **beschränkte Erbenhaftung** zurückziehen kann. Zum dritten bewirkt die Klausel, daß der Verwalter die rückständigen Vorschüsse gemäß Wirtschaftsplan aufgrund der beiden genannten BGH-Entscheidungen nicht über ganz Deutschland hinweg, ja rund um die Welt am neuen Wohnsitz des Veräußerers gerichtlich verfolgen muß. Zu denken wäre hier an eine Neufassung des § 29 b ZPO dahin, daß ihm folgender Satz 2 angefügt wird:

> Das gleiche gilt für Klagen von Mitgliedern einer solchen Gemeinschaft gegen frühere Mitglieder auf Zahlung rückständigen Hausgelds.

Sollte das „frühere Mitglied", also ein ausgeschiedener Eigentümer, in ein anderes Land der Europäischen Union verzogen sein, ist ferner das **Europäische Übereinkommen** über die gerichtliche Zuständigkeit und die Vollstreckung gerichtlicher Entscheidungen in Zivil- und Handelssachen (EuGVÜ; BGBl 1972 II 774) maßgebend. Dieses Vertragswerk begründete in seinem Art. 16 Nr. 1 für Wohngeldansprüche eine **lex rei sitae**, also einen Gerichtsstand der belegenen Sache, so daß in gleicher Weise wie nach § 43 WEG am Ort der Wohnanlage geklagt werden kann. Klarzustellen bleibt aber, daß solche Klauseln über die Erwerberhaftung nur vereinbart, also vom Notar in die Gemeinschaftsordnung eingesetzt, nicht jedoch nachträglich durch Mehrheitsbeschluß einer Versammlung begründet werden können. Solche Mehrheitsbeschlüsse wären auf Anfechtung für ungültig zu erklären, nichtig sind sie aber keineswegs, so daß die jüngste Entwicklung zum Anlaß genommen werden könnte, mit der ausbleibenden Anfechtung zu pokern („Zitterbeschlüsse").

Wie die gesamte Entwicklung des WEG über die Jahrzehnte gezeigt hat, wird es den mit diesem Rechtsgebiet Befaßten nie langweilig. Wenn man glaubt, einmal einen gesicherten Stand erreicht zu haben, und wenn sich die Branche von den Bauträgern über die Verwalter bis zu den Notaren und Richtern auf diesen Stand eingerichtet hat, wirft eine neue obergerichtliche Entscheidung alles wieder um. So müssen nun die Kapitel über die Einzelabrechnung, die Hausgeldschuld und das diesbezügliche gerichtliche Verfahren wieder einmal umgeschrieben werden.

August Belz

BESTANDSKRAFT UND VEREINBARUNGSERSETZENDE WIRKUNG EINES MEHRHEITSBESCHLUSSES IN WOHNUNGSEIGENTUMSSACHEN

Nach § 10 Abs. 1 WEG bestimmt sich das Verhältnis der Wohnungseigentümer untereinander vorrangig nach den Vorschriften des WEG, hilfsweise nach denjenigen des BGB über die Bruchteilsgemeinschaft. Dieser für die **Gemeinschaftsordnung** gesetzlich vorgesehene Vorrang reicht aber nur so weit, wie dies die wenigen zwingenden und damit nicht abänderbaren Bestimmungen des WEG für sich in Anspruch nehmen.[1] Von diesen abgesehen, kann die gesetzlich festgelegte Gemeinschaftsordnung bereits im Aufteilungsvertrag und in der Teilungserklärung eine von den Vorschriften des WEG abweichende oder diese ergänzende Gemeinschaftsordnung vorsehen. Durch Eintragung im Grundbuch wird diese Inhalt des Sonder- und damit des Wohnungseigentums selbst (§ 5 Abs. 4 WEG). Die für die Begründung von Wohnungseigentum unerläßlichen rechtsgeschäftlichen Erklärungen im Aufteilungsvertrag oder in der Teilungserklärung, der Satzung eines Vereins (BGHZ 88, 304) oder einer Gesellschaft vergleichbar, stehen einer Vereinbarung i.S.v. § 10 Abs. 2 WEG gleich (BayObLGZ 1982, 4). Während die Teilungserklärung im engeren Sinne den Gegenstand des Wohnungseigentums (Miteigentumsanteil, Sondereigentum) bezeichnet, ist in die Teilungserklärung im weiteren Sinne in aller Regel die für das Zusammenleben der Wohnungseigentümer maßgebliche sogenannte Gemeinschaftsordnung aufgenommen. Ganz überwiegend ist ihrem Inhalt Vereinbarungscharakter beizumessen. Ist ein solcher ausnahmsweise zu verneinen, so beispielsweise in der Regel für die Bestimmungen einer Hausordnung, erlaubt dies eine Abänderung durch Mehrheitsbeschluß[2], während im übrigen bereits die erste und jede spätere **Änderung oder Ergänzung** der Gemeinschaftsordnung, so diese Gegenteiliges nicht vorsieht, nur **im Wege der Vereinbarung**, mithin unter zustimmender Mitwirkung aller Wohnungseigentümer, vorgenommen werden kann. Eine Änderung der Teilungserklärung im engeren Sinne unterliegt den noch strengeren Vorschriften des materiellen und formellen Liegenschaftsrechts.[3]

Soweit nicht eine Vereinbarung entgegensteht, können die Wohnungseigentümer **mehrheitlich** insbesondere einen ordnungsmäßigen **Gebrauch** von Sonder- und Gemeinschaftseigentum (§ 15 Abs. 2 und 3 WEG) **sowie** eine der Beschaffenheit des gemeinschaftlichen Eigentums entsprechende ordnungsmäßige **Verwaltung** (§ 21 Abs. 3 bis 5 WEG) **beschließen**. Ihnen ist dadurch insbesondere die Möglichkeit er-

[1] Vgl. Belz, August, Handbuch des Wohnungseigentums, 3. Aufl. 1996, Rz. 68 mit abschließender Aufzählung der zwingenden Normen des WEG.

[2] BayObLGZ 1975, 201; OLG Stuttgart NJW-RR 1987, 976.

[3] Vgl. u.a. §§ 873 ff., 925 BGB; §§ 13, 19, 20, 29 GBO.

öffnet, die durch Gesetz, ursprüngliche Satzung oder spätere Vereinbarung vorgegebene Gemeinschaftsordnung – nicht auch die Teilungserklärung im engeren Sinne[4] – durch Mehrheitsbeschluß aufzufüllen, zu ergänzen und auch wieder abzuändern[5]. Die den Wohnungseigentümern zugestandene Machtbefugnis, ihr Verhältnis untereinander teilweise durch Mehrheitsbeschluß zu regeln, wird noch dadurch vermehrt, daß sich die Regelungsbefugnis nicht auf formell ordnungsgemäß zustande gekommene und inhaltlich rechtmäßige Beschlüsse beschränkt. Die diesen zukommende Wirkung behält ein Beschluß auch dann, wenn er an einem formellen oder inhaltlichen Mangel leidet, jedoch nicht nach Maßgabe des § 23 Abs. 4 WEG für ungültig erklärt wird. Daß er wegen Verstoßes gegen eine unverzichtbare Rechtsnorm, zum Beispiel wegen Sittenwidrigkeit nach § 138 BGB, wegen einer Verletzung zwingender sachenrechtlicher Bestimmungen oder höherrangigem Verfassungsrecht, auch ohne gerichtliche Ungültigkeitserklärung nichtig ist, erweist sich in der Praxis als seltene Ausnahme.

Der Umstand, daß Bestimmungen der Gemeinschaftsordnung mit Vereinbarungscharakter wiederum nur im Wege der Vereinbarung abgeändert, ergänzt oder aufgehoben werden können, mithin dem Einstimmigkeitsprinzip unterliegen, sowie die Tatsache, daß nach § 23 Abs. 4 WEG auch fehlerhafte Mehrheitsbeschlüsse mangels wirksamer Anfechtung **bestandskräftig** und damit nicht nur gegenüber bei der Beschlußfassung nicht mitwirkenden und überstimmten Wohnungseigentümern sowie Gesamtrechtsnachfolgern, sondern auch gegenüber Sonderrechtsnachfolgern verbindlich werden können, sind der maßgebliche Ausgangspunkt für einen in Rechtsprechung und Literatur gegebenen Streit über **Zulässigkeit und Grenzen der Bestandskraft und vereinbarungsersetzende Wirkung** eines fehlerhaften Mehrheitsbeschlusses. Den Streit einer befriedigenden Lösung zuzuführen, erfordert ein Eingehen auf die Entwicklung des Instituts der Bestandskraft und sogenannten Pseudovereinbarung.

Der durch das **Gebot der Einstimmigkeit** vorgegebenen schweren Abänderbarkeit der Gemeinschaftsordnung selbst dort, wo eine solche sinnvoll und notwendig erscheint, versucht die Rechtsprechung dadurch entgegenzuwirken, daß sie einen in die Gemeinschaftsordnung (Aufteilungsvertrag, Teilungserklärung, spätere Vereinbarung) aufgenommenen **Abänderungsvorbehalt** (sogenannte Öffnungsklausel) anerkennt, demzufolge diese insgesamt oder in bestimmten Bereichen mehrheitlich, meist durch qualifizierten Mehrheitsbeschluß, abgeändert oder aufgehoben werden darf. Die Rechtsprechung läßt die Änderung allerdings nur unter der weiteren Bedingung zu, daß der Beschluß aus sachlichen Gründen gefaßt wird und einen Wohnungseigentümer gegenüber dem seitherigen Rechtszustand nicht unbillig benachteiligt.[6] Wird dem Rechnung getragen, kommt ein **vereinbarungsersetzender Mehr-**

[4] OLG Stuttgart, BWNotZ 1986, 61.

[5] Vgl. insbesondere §§ 10 Abs. 3, 4; 15 Abs. 1, 2; 18 Abs. 3; 21 Abs. 3, 5; 22; 26 Abs. 1; 28 Abs. 4, 5; 29 Abs. 1 WEG.

[6] BGHZ 95, 136 = NJW 1985, 2832; BayObLGZ 1990, 107; OLG Stuttgart, BWNotZ 1986, 61.

heitsbeschluß fehlerfrei und daher rechtmäßig zustande. Ohne Eintragung im Grundbuch wirkt er auch gegenüber einem Einzelrechtsnachfolger. Des Beschlußcharakters wegen ist eine Eintragung noch nicht einmal zulässig, die Zustimmung Drittberechtigter jedoch zu bejahen.[7] Soll die geänderte Satzung erneut abgeändert oder aufgehoben werden, bedarf es hierfür eines erneuten Beschlusses mit derselben – gegebenenfalls qualifizierten – Mehrheit.[8] Im übrigen leuchtet ein, daß die in die Wirksamkeitsbedingung aufgenommenen unbestimmten Rechtsbegriffe der Rechtssicherheit nicht förderlich sind. Dies gilt erst recht dann, wenn man mit der h.M.[9] gemäß §§ 877, 876 BGB die Zustimmung Drittberechtigter fordert[10].

Ausnahmsweise und unter Anlegung eines strengen Maßstabes gesteht die Rechtsprechung einem Wohnungseigentümer einen Anspruch auf Satzungsänderung zu.[11] Eine **Änderung der Satzung durch Richterspruch** setzt außergewöhnliche Umstände voraus, die das Festhalten an der in der Gemeinschaftsordnung verbrieften Regelung als grob unbillig und damit als gegen Treu und Glauben verstoßend erscheinen lassen würde. Die Änderung muß wegen besonderer Umstände notwendig sein, um untragbare, mit Recht und Gerechtigkeit unvereinbare Ergebnisse zu vermeiden oder zu beseitigen. Anspruchsgrundlage ist daher § 242 BGB.[12] Frühester Zeitpunkt, in dem die Satzungsänderung wirksam wird, ist der Eintritt der Rechtskraft des richterlichen Beschlusses oder der in ihm benannte spätere Zeitpunkt. Eine frühere Berücksichtigung des Anspruchs, beispielsweise auf Änderung des Kostenverteilungsschlüssels, ist dadurch denkbar, daß der Anspruchsberechtigte die zur Änderung nicht bereiten Wohnungseigentümer mit der Erfüllung seines Anspruchs, der auf Abschluß einer Vereinbarung gerichtet ist, in Verzug setzt. Sondernachfolger müssen den Beschluß ohne Eintragung im Grundbuch[13] gegen sich gelten lassen. Der Zustimmung Drittberechtigter bedarf es mit Rücksicht auf den nach § 242 BGB gegebenen Anspruch nicht.[14] Die durch gestaltenden Richterspruch bewirkte Satzungsänderung ist im Wege der Vereinbarung abänder- und auch aufhebbar.

Das für die Praxis wohl bedeutsamste Instrument für eine Öffnung des Einstimmigkeitsprinzips schufen Rechtsprechung und Schrifttum durch die **Anerkennung sogenannter bestandskräftiger und vereinbarungsersetzender Mehrheitsbeschlüsse**. Die voneinander zu unterscheidenden Einrichtungen bedürfen einer näheren Beschreibung. Während der vereinbarungsersetzende Beschluß, die sogenannte Pseudo-

---

[7] BGH, ZMR 1995, 34 = WE 1995, 55 unter Hinweis auf BGHZ 91, 343, 346 und BayObLGZ 1984, 257, 261; Belz, Rz. 82 und 84.

[8] BayObLG, WuM 1988, 416.

[9] BGH, WE 1995, 55 = NJW 1994, 3230 unter Hinweis auf BGHZ 91, 343, 346.

[10] Belz, Rz. 78, 85 m.w.Nw.

[11] BayObLGZ 1987, 66 = WuM 1987, 714; 1991, 398 = NJW-RR 1992, 343.

[12] BGH, NJW 1985, 2832; BayObLGZ 1977, 66; Belz, Rz. 87.

[13] § 10 Abs. 3 WEG.

[14] BayObLG, NJW-RR 1987, 714.

vereinbarung, Bestandskraft voraussetzt, erschöpft sich der nur einen Einzelfall regelnde bestandskräftige Beschluß in eben dieser Wirkung. Gemeinsam im Sinne der hier gebrauchten Terminologie ist beiden Beschlußarten, daß eine in der Regel fehlerhafte Mehrheitsentscheidung unangreifbar und verbindlich wird. Daß diese Eigenschaften auch fehlerfrei zustande gekommenen Beschlüssen eigen sind, versteht sich von selbst.

Bestandskräftiger Mehrheitsbeschluß

Bei ihm handelt es sich um einen auf die Regelung eines Einzelfalls beschränkten, unter Verletzung formellen oder materiellen Rechts zustande gekommenen Beschluß, der unangefochten geblieben ist. Von ausnahmsweise gegebenen Nichtigkeitsgründen abgesehen[15], ist ein fehlerhafter Mehrheitsbeschluß nicht nichtig, sondern **im Wege der Anfechtung vernichtbar**. Bis zu seiner gerichtlichen Ungültigerklärung ist er für Wohnungseigentümer und Verwalter beachtlich. Dies gilt selbst dann, wenn der Beschluß anstelle einer von den Wohnungseigentümern einvernehmlich zu treffenden Regelung ergangen ist.[16] **Ohne Anfechtung** erlangt der Beschluß Bestandskraft. Er wird **unangreifbar**, und dies nicht nur im Verhältnis zu den im Zeitpunkt der Beschlußfassung vorhandenen Wohnungseigentümern, sondern gemäß § 10 Abs. 3 i.V.m. § 23 Abs. 4 WEG **auch gegenüber** deren Gesamt- und **Sonderrechtsnachfolgern**. Eine Eintragung im Grundbuch scheidet aus. Von der zitierten Rechtsprechung werden **Fälle** baulicher Veränderung[17] erfaßt, die nicht beschlossen werden können, denen vielmehr alle Wohnungseigentümer zustimmen müssen[18]. Nichtigkeit ist, obwohl § 23 Abs. 4 WEG seinem Wortlaut nach nur Beschlüsse erfaßt, schon deshalb nicht anzunehmen, weil die verletzte Bestimmung des § 22 WEG nachgiebiger Natur ist und die Satzung anstelle der Zustimmung sämtlicher Wohnungseigentümer auch einen Mehrheitsbeschluß vorsehen könnte. Hierher ist ferner der in der Praxis nicht seltene Fall zu rechnen, daß die Wohnungseigentümer, beschränkt auf das Abrechnungsjahr, die Jahresabrechnung oder, beschränkt auf das Wirtschaftsjahr, den Wirtschaftsplan unter Zugrundelegung eines satzungswidrigen Kostenverteilungsschlüssels mehrheitlich beschließen. Nach ungenutzter Anfechtungsfrist wird der Beschluß bestandskräftig. Er verletzt materielles Satzungsrecht, ändert dieses jedoch für die Zukunft nicht ab. Die Vorschrift über den Kosten- und Lastenverteilungsschlüssel[19] ist nicht zwingend. Mit eingetretener Bestandskraft ist der bis dahin gegebene Schwebezustand beendet und der Beschluß von Anfang an als voll wirksam anzusehen. Dabei macht es keinen Unterschied, ob die Fehlerhaftigkeit auf einem Versehen beruht oder bewußt in Kauf genommen wurde. Entscheidend kommt es vielmehr darauf an, daß ein der Bestandskraft zugänglicher Mehrheitsbeschluß herbeigeführt werden sollte. Entsprechend verhält es sich, wenn die Versammlung der

---

[15] § 23 Abs. 4 S. 2 WEG.

[16] BGHZ 54, 65 = NJW 1970, 1316; 73, 302; 74, 258; BGH, NJW 1981, 282; WuM 1995, 61 = WE 1995, 55; ZMR 1995, 416 = DWE 1995, 62; Röll, WE 1992, 244 ff.; Belz, Rz. 84 m.w.Nw.

[17] § 22 Abs. 1 WEG.

[18] BGHZ 54, 65; 73, 302; BayObLG, WuM 1992, 641; 1993, 750; OLG Hamm, DWE 1984, 126; 1986, 94.

Wohnungseigentümer mit Mehrheit eine Erhöhung der monatlich zu zahlenden Instandhaltungsrücklage beschließt und drei der anwesenden Wohnungseigentümer zu Mitgliedern des Verwaltungsrats bestimmt, obgleich beide Beschlußthemen in der nur zwei Tage vor der Versammlung zugegangenen Tagesordnung nicht vorgesehen waren. Der unangefochten gebliebene Beschluß, der nur gegen nachgiebiges Recht verstößt, Satzungsrecht zwar verletzt, aber nicht abändert, erwächst trotz greifbarer formaler Mängel in Bestandskraft. Mangels vereinbarungsersetzender Kraft bedarf es auch nicht der Zustimmung Drittberechtigter.[20]

Vereinbarungsersetzender Mehrheitsbeschluß

Er setzt die Bestandskraft eines mehrheitlich gefaßten Beschlusses voraus, beschränkt sich aber nicht darauf, die Satzung (Gemeinschaftsordnung) auf die Regelung eines Einzelfalls fehlerhaft anzuwenden, sondern verletzt diese dadurch besonders nachhaltig, daß er sie für die Zukunft generell ausfüllt, abändert oder aufhebt. Soweit dies geschieht, tritt die neue Regelung an die Stelle des seitherigen Satzungsrechts. Mit Wegfall der Vernichtbarkeit (Anfechtung) und dem damit einhergehenden Eintritt der Bestandskraft wird die sogenannte **Pseudovereinbarung** ab dem Zeitpunkt der Beschlußfassung wirksam.[21]

Hierher zählt der Fall, daß die Wohnungseigentümer mit Mehrheit beschließen, einen von der Satzung abweichenden **Kostenverteilungsschlüssel** nicht nur für die Beschlußfassung über die laufende Jahresabrechnung, sondern auch – gegebenenfalls allein mit dem Ziel – ihn für die künftigen Abrechnungen und Wirtschaftspläne zugrundezulegen. Nicht anders verhält es sich, wenn das Stimmrecht anderweitig geregelt, die **Hundehaltung** abweichend von der geltenden Gemeinschaftsordnung gänzlich verboten oder das Musizieren untersagt wird und **bauliche Veränderungen** künftig einem **Mehrheitsbeschluß zugänglich** gemacht werden.[22]

Die beschriebenen Mehrheitsbeschlüsse müßten auf **Anfechtung** hin ihrer Fehlerhaftigkeit wegen, die darin liegt, daß die Notwendigkeit einer Vereinbarung mißachtet wird, für ungültig erklärt werden. Bleiben sie jedoch **unangefochten**, werden sie bestandskräftig und erlangen außerdem **vereinbarungsersetzende Kraft**. Da sie an die Stelle bestehender Vereinbarungen treten, bedarf ihre erneute **Abänderung** – von einer die Satzung zeitlich nur überlagernden Wirkung zunächst abgesehen – wiederum einer Vereinbarung oder eines vereinbarungsersetzenden Mehrheitsbeschlusses. Denn nichtig sind die gefaßten Beschlüsse nicht. Ihrer Wirksamkeit steht kein unverzichtbares Recht i.S.v. § 23 Abs. 4 S. 2 WEG entgegen, die Regelungen sind

[19] § 16 Abs. 2 WEG.

[20] Vgl. §§ 876, 877 BGB.

[21] 23 Abs. 4 S. 1 WEG.

[22] Vgl. zum Kostenverteilungsschlüssel BGH, WuM 1995, 61 = NJW 1994, 3230; zur Hundehaltung BGH, ZMR 1995, 416 = WuM 1995, 447; zur baulichen Veränderung BGHZ 54, 65; 94; **Gegenmeinungen und Sondernutzungsrecht** werden besonders dargestellt.

nicht sittenwidrig, und das Hundehalteverbot widerspricht auch nicht höherrangigem Verfassungsrecht, so insbesondere nicht dem nach Art. 2 GG geschützten Recht auf freie Entfaltung der Persönlichkeit. Das **Zustimmungserfordernis** nach §§ 877, 876 BGB ist jedoch auch hier zu beachten.[23]

Besonderes Eingehen erfordert der Fall, daß die Gemeinschaftsordnung einen **Änderungsvorbehalt** vorsieht, der es zuläßt, die Satzung mehrheitlich, meist durch qualifizierten **Mehrheitsbeschluß**, in bestimmten Fällen oder insgesamt auszufüllen, abzuändern oder aufzuheben. Ein solcher mit den Vorgaben der Rechtsprechung gefaßter Beschluß, dem im übrigen kein Fehler anhaftet und der im konkreten Fall auch nicht der Zustimmung Drittberechtigter bedarf, erlangt mit der Beschlußfassung **vereinbarungsersetzende Wirkung**. Diese tritt ohne Grundbucheintragung auch gegenüber Sonderrechtsnachfolgern ein; eine Eintragung wird zu Recht für unzulässig erachtet.[24] Beschließen **beispielsweise** die Wohnungseigentümer mit der in der Satzung vorgesehenen Zweidrittelmehrheit, den Kostenverteilungsschlüssel im Hinblick auf die gegenüber früher veränderte Belegung der Wohnungen dahin abzuändern, daß künftig die Kosten des Wasserverbrauchs nicht mehr nach Miteigentumsanteilen, sondern nach Köpfen bemessen wird, so tritt diese **fehlerfrei** beschlossene Änderung der Kostenverteilung an die Stelle des seither geltenden Satzungsrechts.

Verstößt hingegen ein in der Gemeinschaftsordnung zugelassener Mehrheitsbeschluß gegen die für seine Zulässigkeit von der Rechtsprechung auferlegten Vorgaben, sei es, daß die Änderung ohne sachlichen Grund erfolgt oder ein Wohnungseigentümer im Vergleich mit der seitherigen Regelung unbillig benachteiligt wird, ist er **fehlerhaft**. Als **Beispiel** läßt sich ein Beschluß anführen, der den für die Aufzugskosten maßgeblichen Verteilungsschüssel mit der in der Satzung zugelassenen Dreiviertelmehrheit dahin abändert, daß sich künftig an den Kosten auch die bislang befreiten Miteigentümer der Erdgeschoßwohnungen zu beteiligen haben. Fehlerhaft ist der Beschluß, weil er ohne erkennbaren sachlichen Grund erfolgt ist und die Eigentümer der Erdgeschoßwohnungen gegenüber dem seitherigen Rechtszustand unbillig benachteiligt. Sein Schicksal stimmt mit dem eines vereinbarungsersetzenden Mehrheitsbeschlusses überein, der in der Satzung keine Öffnungsklausel für sich in Anspruch nehmen kann. Er erlangt mangels Anfechtung Bestandskraft und daran anknüpfend ab Beschlußfassung **vereinbarungsersetzende Kraft**. Daraus erhellt zugleich, daß sich für einen in der Satzung nicht vorgesehenen Mehrheitsbeschluß die Frage nach dem sachlichen Grund und der unbilligen Benachteiligung nicht etwa zusätzlich stellt. Er ist allein schon deshalb fehlerhaft, weil ihn die Satzung überhaupt nicht vorsieht. Die Fehlerhaftigkeit jedoch kann kraft eintretender Bestandskraft überwunden werden, während ein sich an die Vorgaben der Rechtsprechung haltender, von der Satzung gedeckter Mehrheitsbeschluß rechtmäßig ist.

[23] BGH, a.a.O.

[24] Belz, Rz. 84 m.w.Nw.

Bestandskraft und vereinbarungsersetzende Wirkung eines Mehrheitsbeschlusses werden in der Rechtsprechung und im Schrifttum nach wie vor ganz überwiegend anerkannt. Gewichtige Stimmen indes, die in neuerer Zeit beide Institute in Frage stellen oder ihren Anwendungsbereich und ihre rechtliche Wirkung einschränken, erfordern eine **Auseinandersetzung** mit ihnen.

Ausgehend von der für Bestandskraft und vereinbarungsersetzende Wirkung gewonnenen unterschiedlichen **Definition**, wonach sich die erstere infolge fehlerhafter Einzelfallregelung in dem einmaligen Verstoß gegen die Satzung erschöpft, während die letztere eine in die Zukunft gerichtete und auf Dauer angelegte generelle Satzungsverletzung einschließt, verdienen beide Institutionen eine getrennte und teilweise auch unterschiedliche Würdigung.

Da bloße **Bestandskraft** die Satzung **im Einzelfall** zwar verletzt, geltendes **Satzungsrecht** aber für die Zukunft **unberührt** läßt, ist sie grundsätzlich immer dann **anzuerkennen**, wenn Aufteilungsvertrag, Teilungserklärung oder spätere Vereinbarung für die von dem Beschluß erfaßte Angelegenheit eine Regelung durch Mehrheitsbeschluß vorsehen und zulassen könnten. Dies trifft auf eine einstimmig zu regelnde Angelegenheit stets dann zu, wenn ihr nach Gesetz oder Vereinbarung eine nachgiebige und mithin abänderbare Regelung zugrunde liegt. So verhält es sich **insbesondere** hinsichtlich des Lasten- und Kostenverteilungsschlüssels (§ 16 Abs. 2 WEG), des Stimmrechts (§ 25 Abs. 2 WEG), des Musizierens, der Hunde- und Katzenhaltung, der Zusammensetzung des Verwaltungsbeirats (§ 29 Abs. 2 WEG), des Gebrauchs des gemeinschaftlichen Eigentums und des Sondereigentums (§ 15 Abs. 1 und 2 WEG), der Verwaltung des gemeinschaftlichen Eigentums (§ 21 WEG) sowie der Bestimmung über die Einberufung und Durchführung einer Wohnungseigentümerversammlung (§§ 23 ff. EWG), des Wirtschaftsplans und der Rechnungslegung (§ 28 WEG). Auch die Vorschrift über **bauliche Veränderungen** (§ 22 WEG) ist nachgiebiger Art. Daß das WEG für sie anstelle der Beschlußfassung die formlose Zustimmung grundsätzlich aller i.S.v. § 22 Abs. 1 S. 2 WEG benachteiligten Wohnungseigentümer vorsieht, ist kein Hindernis, die für den Eintritt der Bestandskraft maßgebliche Bestimmung des § 23 Abs. 4 WEG analog anzuwenden. Dafür spricht nicht zuletzt, daß die Praxis – einem Bedürfnis gerecht werdend – über eine bauliche Veränderung in der Regel im Beschlußwege befindet und die Satzung anstelle der Zustimmung aller einen Mehrheitsbeschluß zulassen kann.[25]

Soweit sich die **Bestandskraft** auf formell und materiell fehlerhafte Mehrheitsbeschlüsse i.S.v. § 23 Abs. 4 WEG beschränkt, durch die, ohne die Satzung abändern zu wollen, nur eine **Einzelfallregelung** betroffen ist, wird sie in Rechtsprechung und Schrifttum – einschließlich der Fälle baulicher Veränderungen – **allgemein anerkannt**.

[25] BayObLGZ 1994, 339; NJW-RR 1993, 206; OLG Hamm, Beschl. vom 10.9.1996 – 15 W 236/96; Weitnauer, WEG, 8. Aufl., § 22 Rdn. 2; Belz, Rz. 68 mit Hinweis darauf, daß für die bauliche Veränderung sachliche Gründe vorliegen müssen und durch sie kein anderer Wohnungseigentümer unbillig benachteiligt werden darf.

Das trifft indessen, was die Regelung eines Gebrauchs des Gemeinschaftseigentums angeht, **nicht auch** auf einen Mehrheitsbeschluß zu, der einem Wohnungseigentümer, unter Ausschluß der übrigen Eigentümer, das **Sondernutzungsrecht** am gemeinschaftlichen Eigentum einräumt. Denn ein anstelle einer Vereinbarung gefaßter Beschluß **beinhaltet eine Änderung der Satzung** und wird deshalb nachstehend im Rahmen vereinbarungsersetzender Beschlüsse erörtert. Vorweg erscheint jedoch ein Eingehen auf grundsätzliche Unterschiede zwischen Vereinbarung und Beschluß angezeigt.

Durch eine **Vereinbarung** wird das aus dem Gemeinschafts- und Sondereigentum fließende Verhältnis der Wohnungseigentümer untereinander **generell** und für die Zukunft nicht lediglich für einen einzelnen Fall und auch nicht beschränkt auf ordnungsmäßigen Gebrauch von Gemeinschafts- und Sondereigentum oder ordnungsmäßige Verwaltung des gemeinschaftlichen Eigentums geregelt. Sie beinhaltet schuldrechtliche Absprachen sämtlicher Wohnungseigentümer.[26] Durch Eintragung im Grundbuch kann sie die Wirkung auch gegenüber Sonderrechtsnachfolgern erlangen.[27]

Durch **Beschluß** regeln die Wohnungseigentümer in erster Linie **einzelne Angelegenheiten** im Bereich eines ordnungsmäßigen Gebrauchs von Gemeinschafts- und Sondereigentum sowie einer ordnungsmäßigen Verwaltung des gemeinschaftlichen Eigentums. Sie wirken gegenüber einem Sonderrechtsnachfolger ohne Grundbucheintragung (§ 10 Abs. 3 WEG), die zudem nicht zulässig ist.

Ob eine einstimmig getroffene Regelung einen **Beschluß** oder **eine Vereinbarung** beinhaltet, beurteilt sich maßgebend nicht nach der äußeren Form und Bezeichnung, sondern nach dem Gegenstand der Regelung, insbesondere danach, ob diese einem Mehrheitsbeschluß zugänglich ist oder sachlich eine Auffüllung, Änderung oder Aufhebung der Gemeinschaftsordnung betrifft, die nur durch Vereinbarung sämtlicher Wohnungseigentümer getroffen werden kann.[28] Besonderes Gewicht kann dabei dem Gesamtinhalt und – so ist ergänzend hinzuzufügen – einer am Erfolgswillen der Beteiligten orientierten Auslegung (vgl. § 133 BGB) zukommen. Trotz dieser zutreffenden Unterscheidungsmerkmale kann es, wie die für die vorliegende Abhandlung dienliche **Entscheidung des Oberlandesgerichtes Hamm** vom 10.9.1996 – 15 W 236/96 zeigt, in der Praxis zu erheblichen Einordnungsproblemen kommen:

Der Senat spricht sich im Wege der **Auslegung** nach sorgfältiger Ausübung des gegebenen Ermessensspielraumes dafür aus, einen der Sitzungsniederschrift zufolge „einstimmigen Beschluß" als **„schuldrechtliche Vereinbarung"** zu deuten. Folgerichtig gelangt er daher zu dem Ergebnis, daß Sonderrechtsnachfolger an die mangels Eintragung im Grundbuch nur schuldrechtlich wirkende, in der Praxis noch nicht umgesetzte Vereinbarung nicht gebunden seien. Gegen Schluß seiner Entscheidung stellt er fest, es „hätte allenfalls ein Anspruch des Beteiligten zu 1) auf Eintragung der

[26] Vgl. jedoch die Erstbegründung nach § 8 WEG.

[27] Vgl. OLG Hamm, a.a.O., zum Verhältnis zwischen § 746 BGB und § 10 Abs. 2 WEG.

[28] OLG Hamm, a.a.O., unter Hinweis auf BayObLGZ 1991, 165, 171; NJW-RR 1990, 1102.

Vereinbarung vom 6.10.1989 mit ihrem **Gesamtinhalt** in Betracht gezogen werden können, weil es sich um eine **rechtsgeschäftliche Einheit** handelt". Der „einstimmige Beschluß" enthält **folgende Einzelregelungen**: mit der Unterteilung eines Wohnungseigentums in zwei Einheiten einhergehend das Einverständnis mit umfassenden baulichen Veränderungen, Regelungen des Mitgebrauchs, Änderung einer Zweckbestimmung, Nutzungsregelungen, Einräumung eines Sondernutzungsrechts an Gebäudeteilen und Freiflächen gegen Zahlung eines Entgelts an die Gemeinschaft, Änderung des Kostenverteilungsschlüssels, Abgabe der Erklärung, daß ein zwischen den Beteiligten anhängiger Rechtsstreit in der Hauptsache erledigt sei, und den Abschluß eines außergerichtlichen Vergleichs. In bezug auf die Erledigungserklärung heißt es: „Der schwebende Rechtsstreit ist mit der Maßgabe erledigt, daß die Parteien bereits ab Januar 1989 gem. Ziffer I dieses Beschlusses für das Jahr 1989 abrechnen." Nach den getroffenen Feststellungen im gerichtlichen Beschluß machten die vom Beteiligten zu 1) beanspruchten Sondernutzungsflächen einen verwahrlosten Eindruck, den er jedoch trotz Zusicherung nicht behob. Als Folge des bloßen schuldrechtlichen Charakters der einstimmig getroffenen Regelungen gelangt der Senat – vgl. Ziff. 1 seines Leitsatzes – zu der Feststellung: „Eine schuldrechtliche Vereinbarung der Wohnungseigentümer, die auf eine grundlegende Änderung der Gemeinschaftsordnung gerichtet ist, wird mit ihrem Gesamtinhalt hinfällig, wenn **Sonderrechtsnachfolger** in die Gemeinschaft eintreten, die gem. § 10 Abs. 2 WEG wegen unterbliebener Eintragung als Inhalt des Sondereigentums im Grundbuch an die Vereinbarung **nicht gebunden** sind." Ohne die Einheitlichkeit des „einstimmigen Beschlusses" in Frage zu stellen, drängt sich im Rahmen dieser Abhandlung die vom Senat aufgeworfene, wegen unterbliebener Antragstellung aber nicht zu entscheidende Frage nach der **Eintragungsfähigkeit des Gesamtinhalts der Erklärungen** vom 6.10.1989 im Grundbuch auf:

Der Beschluß über die **Genehmigung einer baulichen Veränderung** wird mangels wirksamer Anfechtung bestandskräftig. Einer eine bauliche Veränderung beinhaltenden **„Vereinbarung"** jedoch dürfte die **Eintragungsfähigkeit** im Grundbuch und damit die Möglichkeit, gem. § 10 Abs. 2 WEG „verdinglicht" zu werden, **abzusprechen** sein. Die Vereinbarung kann insoweit **keinen Satzungscharakter i.S.v. § 10 Abs. 1 und 2 WEG** haben, weder schuldrechtlich noch dinglich. Ihr Inhalt erschöpft sich – vergleichbar der Zustimmung zur Veräußerung nach § 12 WEG, die in der Rechtsprechung in vielerlei Hinsicht gleich behandelt wird – in einem einmaligen Vorgang. Die unbedingt zu erklärenden Zustimmungen dienen allein der Rechtmäßigkeit einer näher beschriebenen, hier der in die „Gesamtvereinbarung" aufgenommenen baulichen Veränderung, die z.B. auch in Fällen eines das Gesamtbild der Anlage prägenden Baumes bestehen kann. Die auf den Einzelfall beschränkte Wirkung (Bindung) tritt – auch im Verhältnis zu Sondernachfolgern – mit dem Zugang der letzten Zustimmungserklärung oder im Zeitpunkt der entsprechenden Beschlußfassung ein, und dies ohne Rücksicht auf Baubeginn, teilweise Fertigstellung, getätigte Aufwendungen oder Vollendung. Werden die für die bauliche Veränderung vorgegebenen Daten nicht eingehalten, entfalten die Zustimmungen ihre Wirkung nicht. Aber auch wirksam erteilt, ändern sie die Gemeinschaftsordnung nicht generell ab. Die gleichwohl erfolgte **Eintragung** erwiese sich als überflüssig und ohne Rechtswirkung. Von einer solchen Eintragung ist das Grundbuch freizuhalten. Sie ist **unzulässig**. Dieses Ergebnis rechtfertigt sich auch aufgrund der Tatsache, daß der Gesetzgeber für eine bauliche Veränderung i.S.v. § 22 Abs. 1 WEG weder den Weg der Beschlußfassung noch den der Vereinbarung gewählt hat. Statt dessen fordert er die – materiell formlose – Zustimmung aller Wohnungseigentümer der Gemeinschaft, ausgenommen freilich jener, deren Rechte nicht über das in § 14 WEG bestimmte Maß hinaus beeinträchtigt werden (§ 22 Abs. 1 S. 2 WEG). Wie aber kann eine Vereinbarung i.S. des WEG zustande kommen, wenn auch nur ein einziger Wohnungseigentümer von der baulichen Veränderung nicht betroffen wird? Er könnte zur Mitwirkung nicht gezwungen werden. Das Grundbuchamt andererseits ist zur Eintragung nur bereit, wenn ihm eine **Eintragungsbewilligung sämtlicher Eigentümer der Gemeinschaft** in öffentlich beglaubigter Form vorgelegt wird.[29] Darauf, daß die Zustimmung einzelner Wohnungseigentümer materiell entbehrlich ist, darf sich das zu einer Beweiserhebung nicht befugte Grundbuchamt nicht einlassen. Nach alledem müßte eine einheitliche Eintragung der Gesamtvereinbarung bereits an der mangelnden Verlautbarung der baulichen Veränderung scheitern. Denn trotz Annahme einer einheitlichen Gesamtregelung verlieren die in ihr enthaltenen Einzelregelungen nicht ihre rechtliche Selbständigkeit. Das verdeutlicht gerade die Eintragung im Grundbuch, die nicht eine „Gesamtvereinbarung" zum Gegenstand haben kann. Das Grundbuchamt muß jede Einzelregelung auf ihre Zulässigkeit hin prüfen und – sei es auch nur unter Bezugnahme auf die Eintragungsbewilligung – besonders eintragen[30], beispielsweise als Sondernutzungsrecht, Änderung der Zweckbestimmung, des Mitgebrauchs oder des Kostenverteilungsschlüssels.

Nicht anders verhält es sich mit der erklärten **Erledigung des Rechtsstreits in der Hauptsache**. Als reine prozessuale Rechtshandlung kann diese die Gemeinschaftsordnung weder generell noch für die Zukunft ändern oder ergänzen.

Der **außergerichtliche Vergleich** – ob er als solcher eintragbar ist, dürfte zumindest fraglich sein – enthält als Teil der einheitlichen Gesamtvereinbarung für die umfassende Änderung des Kostenverteilungsschlüssels eine **Rückwirkungsklausel** für das gesamte Abrechnungsjahr 1989, einen Zeitraum also, der teilweise vor dem Abschluß der Vereinbarung und erst recht vor dem Eintritt der „Verdinglichung" im Wege der Grundbucheintragung liegt. Frühestmöglicher Zeitpunkt für die gewollte Wirkung der veränderten Kostentragungspflicht gegenüber Sonderrechtsnachfolgern könnte aber der Zeitpunkt der Verlautbarung im Grundbuch sein. Soweit ein früheres Wirksamwerden beantragt würde, müßte der Eintragungsantrag zurückgewiesen und auch dadurch ein einheitlicher Gesamtvollzug vereitelt werden. Eine dem Eintragungshindernis zuwider erfolgte Eintragung wäre inhaltlich unzulässig.[31]

[29] §§ 873, 877 BGB, 19, 29 GBO.

[30] §§ 873, 874, 877 BGB, § 7 Abs. 3 WEG.

[31] § 53 Abs. 1 S. 2 GBO.

Als eintragungsfähig erweisen sich die Regelungen über die **Begründung eines Sondernutzungsrechts**, den **Mitgebrauch** des gemeinschaftlichen Eigentums, die Änderung einer **Zweckbestimmung** – insoweit auch im Zusammenhang mit der vorgesehenen **Unterteilung**, für die jedoch sachenrechtliche Erklärungen analog § 8 WEG gegenüber dem Grundbuchamt, einschließlich einer behördlichen Abgeschlossenheitsbescheinigung, nebst Grundbucheintragung benötigt werden.[32] Nach Ziff. II 5.[33] spricht vieles dafür, daß **Gemeinschafts- in Sondereigentum** umzuwandeln ist. Insoweit wäre eine Vereinbarung nach § 10 Abs. 2 WEG unzureichend. Es bedürfte sachenrechtlicher Erklärungen, u.a. der Auflassung vor dem Notar, samt Grundbucheintragung[34], einer Abgeschlossenheitsbescheinigung sowie Zustimmungserklärungen etwaiger Drittberechtigter[35]. Sieht man in der Gesamtvereinbarung, was naheliegend ist, auch die Verpflichtung, Sondereigentum einzuräumen und zu erwerben, ist die dafür zwingend einzuhaltende **Form der notariellen Beurkundung**[36] nicht gewahrt. Mangels Heilung des Formmangels nach § 313 S. 2 BGB, § 4 Abs. 3 WEG ist eine gültige Verpflichtung nicht gegeben.

Eine **generelle Einschränkung** erfährt die vereinbarungsersetzende Kraft eines Mehrheitsbeschlusses nach der Rechtsprechung des Bundesgerichtshofs dadurch, daß sie ihm die Gültigkeit für den Fall versagt, daß er in den **dinglichen Kernbereich des Wohnungseigentums** eingreift und die **Grundordnung der Gemeinschaft** berührt[37]. Dem ist zuzustimmen. Obgleich der Bundesgerichtshof, der in beiden Fällen sich für die Gültigkeit der Beschlüsse aussprach, nicht ausdrücklich über den Fortbestand einer sogenannten Pseudovereinbarung zu entscheiden hatte, liegt es nahe, daß er sich nicht mit dem Hinweis auf die Folgen eines Eingriffs in den dinglichen Kernbereich begnügt hätte, wenn er den **Fortbestand** der grundsätzlich bejahten **vereinbarungsersetzenden Wirkung** – und dies in Kenntnis der Lehre von der sogenannten Überlagerung geltenden Satzungsrechts – hätte sofort wieder in Frage stellen wollen.

Verneint wird die vereinbarungsersetzende Wirkung eines Mehrheitsbeschlusses, der die generelle Änderung der Gemeinschaftsordnung zum Gegenstand hat (sogenannte Pseudovereinbarung), durch die Lehre von der **Überlagerung des geltenden Satzungsrechts**.[38]

Nach **Auffassung Haugers** schieben sich die beschlossenen Regelungen über die anderslautenden Bestimmungen der Vereinbarung. Der Beschluß überlagere somit

---

[32] Zur Unterteilung vgl. Belz, Rz. 32, 38, 79, 88, 103, 210.

[33] Vgl. zum Ausbau des Laubengangs zu Wohnraum und zu der Erstellung eines Wintergartens.

[34] §§ 873 ff., 925 BGB, 13, 19, 20 GBO.

[35] Belz, Rz. 34, 38 m. Nw.

[36] § 4 Abs. 3 WEG.

[37] BGH, WuM 1995, 61 = NJW 1994, 3230 zum Kostenverteilungsschlüssel; BGH, ZMR 1995, 416 = WuM 1995, 447 zur Hundehaltung.

[38] KG, WE 1996, 390; Weitnauer/Lüke, WEG 8. Aufl., § 10 Rdn. 56; Hauger, WE 1993, 231/233.

die Vereinbarung, ohne sie aufheben oder ändern zu können. Deshalb beinhalte er auch keine Pseudovereinbarung.

Aus der **Rechtsnatur** des nur überlagernden Beschlusses folgert Hauger: Dieser könne ohne weiteres wieder aufgehoben werden mit der Folge, daß die lediglich überlagerte Regelung wieder zum Tragen komme. Die **Aufhebung** durch Beschluß stelle eine **Maßnahme ordnungsmäßiger Verwaltung** dar. Lehne die Mehrheit die Aufhebung des überlagernden Beschlusses ab, könne jeder Wohnungseigentümer seine richterliche Aufhebung gem. § 21 Abs. 4 WEG beantragen, und dies, so ist – vom Eingreifen des § 242 BGB abgesehen – ergänzend hinzuzufügen, ohne zusätzlichen Grund und ohne zeitliche Begrenzung. Der Zustimmung des durch den überlagernden Beschluß begünstigten und die Aufhebung benachteiligten Wohnungseigentümers bedürfe es nicht. Im übrigen sei der überlagernde Beschluß – auch ein solcher über die Einräumung eines Sondernutzungsrechts – im Hinblick auf § 23 Abs. 4 WEG **nicht** grundsätzlich **nichtig**. Einen einstimmigen Beschluß in eine Vereinbarung umzudeuten, sei nicht ausgeschlossen. Da ein Beschluß, auch wenn er nicht nichtig sei, nicht eintragungsfähig sei, könne ein mehrheitlich beschlossenes Sondernutzungsrecht keine dingliche Rechtswirkung entfalten. Auch die Bestandskraft eines Beschlusses lasse diesen nicht zur Vereinbarung werden.

Der Lehre von der nur überlagernden Wirkung eines bestandskräftigen Mehrheitsbeschlusses ist **nicht zu folgen**: Sie teilt die h.M., wonach der auf eine Änderung der Gemeinschaftsordnung zielende Mehrheitsbeschluß nicht nichtig ist und deshalb mangels Anfechtung bestandskräftig werden kann. Dann aber kann das Argument, er könne mangels Eintragung im Grundbuch keine dingliche Wirkung entfalten, nicht überzeugen. Denn diese Wirkung spricht **§ 10 Abs. 3 i.V.m. § 23 Abs. 4 WEG** einen bestandskräftigen Beschluß zu, ohne zwischen rechtmäßigem und fehlerhaftem, aber bestandskräftig gewordenen Beschluß zu unterscheiden. Wenn die Eintragungsfähigkeit bestandskräftiger Mehrheitsbeschlüsse abgelehnt wird, dann findet dies seine Rechtfertigung doch gerade darin, daß sie dieser Eintragung gem. § 10 Abs. 3 WEG nicht bedürfen. Das Grundbuch ist von überflüssigen Eintragungen freizuhalten. **§ 23 Abs. 4 WEG** unterscheidet seinem Wortlaut nach auch nicht zwischen bestandskräftig gewordenen fehlerhaften Beschlüssen, die eine einzelne Angelegenheit regeln, und solchen, die eine generelle Regelung der Satzung zum Inhalt haben. Maßgeblich kommt es für die Anwendung des § 23 Abs. 4 WEG allein darauf an, daß ein Mehrheitsbeschluß gegeben, dieser nicht für ungültig erklärt und auch nicht nichtig ist. Die Aufhebung unbefristet und ohne zusätzlichen Grund zuzulassen, bedeutet in Wirklichkeit eine Ablehnung der Bestandskraft und Bejahung der Nichtigkeit. Vergleichbar ist sie auch der Zulassung einer der Rechtssicherheit und dem Rechtsfrieden zuwiderlaufender unbefristeten Anfechtbarkeit.[39] **Mit einem bestandskräftigen** und demzufolge mit ordentlichen Rechtsmitteln nicht mehr angreifbaren **Beschluß** jedenfalls ist dessen **jederzeitige Aufhebung unvereinbar**.

---

[39] Belz, Rz. 84 unter Hinweis auf die von Weitnauer in WE 1995, 163, 166 vertretene Überlagerungstheorie.

Darauf, daß die Bestandskraft einen Beschluß nicht zur Vereinbarung macht, kommt es nicht entscheidend an. Abgesehen davon, daß sich die dingliche Wirkung einer Vereinbarung aus § 10 Abs. 2 WEG ableitet, diejenige eines Mehrheitsbeschlusses aber auf § 10 Abs. 3 WEG beruht, stützt sich die einem Mehrheitsbeschluß zugesprochene vereinbarungsersetzende Wirkung gegenüber Sondernachfolgern auf diese seine **„Verdinglichung"** nach § 10 Abs. 3 WEG, nicht aber darauf, daß aus dem Beschluß eine Vereinbarung geworden ist. Die Bestandskraft des nur als fehlerhaft einzustufenden Beschlusses verschafft diesem die sonst nur einer Vereinbarung zukommende Wirkung, die Gemeinschaftsordnung generell abändern zu können – vergleichbar einer inhaltlich fehlerhaften, jedoch rechtskräftig gewordenen richterlichen Entscheidung. Die vereinbarungsersetzende Wirkung trägt so dem Anliegen Rechnung, dem Einstimmigkeitsprinzip in einer die Rechtssicherheit angemessen wahrenden Weise entgegenzuwirken. Daß sich der Beschlußweg hierzu grundsätzlich eignet, räumt die Überlagerungstheorie mittelbar dadurch ein, daß auch sie mit der h.M. eine **beschlußweise Abänderung der Satzung** dann für zulässig erachtet, wenn dies **durch Vereinbarung**, meist in der Teilungserklärung, **gestattet** wird. Die für ihn von der Rechtsprechung zusätzlich geforderten Voraussetzungen – sachlicher Grund und Vermeidung unbilliger Benachteiligung – fällt gegenüber der vereinbarungsersetzenden Wirkung schon deshalb nicht ins Gewicht, weil letztere durch fristgemäße Anfechtung ohne zusätzlichen Grund vermieden werden, ein die beschriebenen Kriterien beachtender satzungsmäßiger Beschluß jedoch nicht mit Erfolg für ungültig erklärt werden kann.

Ein vom überlagernden Beschluß unmittelbar Begünstigter verliert im Falle der Aufhebung seine Rechtsposition ohne Rücksicht auf eine etwaige Gutgläubigkeit und grundsätzlich auch ohne Rücksicht auf die Dauer des Schwebezustandes. Ob gleiches auch auf einen nur mittelbar Begünstigten zutrifft? Spricht man ihm als Sonderrechtsnachfolger den **Bestandsschutz** ab, beispielsweise den ihm nach dem Beschlußprotokoll zukommenden vorteilhafteren Kostenverteilungsschlüssel, führt dies zur Rechtsunsicherheit. Kann er den Bestandsschutz in Anspruch nehmen, bedeutet dies eine Ungleichbehandlung gegenüber den übrigen Wohnungseigentümern, die sich infolge Beschlußaufhebung darauf nicht berufen können. Geht man mit Hauger zu Recht davon aus, die Aufhebung des „überlagernden" Beschlusses lasse die „überlagerte" Regelung wieder zum Tragen kommen, läßt dies doch wohl nur den Schluß zu, den überlagernden Beschluß zwischenzeitlich als wirksam zu behandeln.

Sprechen mithin gewichtige Gründe dafür, die **vereinbarungsersetzende Wirkung von Mehrheitsbeschlüssen** auch weiterhin anzuerkennen, so fragt sich doch, wann sie ausnahmsweise deshalb **nichtig** sind, weil sie in den **dinglichen Kernbereich** des Wohnungseigentums eingreifen und die Grundordnung der Gemeinschaft berühren. An anderer Stelle hat sich der Verfasser bereits dafür ausgesprochen, einem Beschluß, der die Einräumung eines Sondernutzungsrechts an Gebäude- und Grundstücksflächen, einschließlich gemeinschaftlichen Räumen, zum Gegenstand hat, die

Gültigkeit abzusprechen.[40] Auf die zitierten Abhandlungen wird Bezug genommen. Der Verständlichkeit wegen werden die **Ausführungen in DWE 1996 Heft 3 auszugsweise wiedergegeben**:

„... **Nichtigkeit** eines Sondernutzungsrechts ... ist die Folge seiner weitgehenden (dinglichen) Verselbständigung. Eine Besonderheit gilt bereits insofern, als es mit dinglicher Wirkung nur unter Beachtung des **materiellen Kosensprinzips** (§§ 873, 877, 876 BGB) und Eintragung im Grundbuch entstehen[41], abgeändert und wieder aufgehoben werden kann. Seinem **materiellen Gehalt** nach ist es einem Nießbrauch (§ 1030 BGB), einer beschränkten persönlichen Dienstbarkeit (§§ 1090, 1093 BGB), einer Grunddienstbarkeit (§ 1018 BGB) oder auch einer Regelung nach § 1010 BGB vergleichbar. ... Der Versuch, eine der angeführten dinglichen Rechtspositionen durch Mehrheitsbeschluß zu erlangen, bliebe wegen dessen Nichtigkeit nach § 23 Abs. 4 S. 2 WEG erfolglos. Der Vergleich des Sondernutzungsrechts mit den beschriebenen dinglichen Rechtspositionen verdeutlicht auch die **Schwere des Eingriffs**, der durch die Bestellung des Sondernutzungsrechts **in den dinglichen Kernbereich** des Wohnungseigentums[42] ausgelöst wird. Der Eingriff berührt die **Grundordnung der Gemeinschaft**. Er führt zur absoluten Beschlußunzuständigkeit der Wohnungseigentümer. Der Mehrheitsbeschluß ist daher in einer Weise fehlerhaft, daß dies seine Nichtigkeit zur Folge hat.

Für das gewonnene Ergebnis spricht die vom Sondernutzungsberechtigten erlangte dingliche Rechtsposition am Grundstück selbst[43], die mehr der Satzung im engeren als derjenigen im weiteren Sinne (GO) zuzurechnen ist. Vergleichbar der Einräumung eines dinglichen Grundstücksrechts, die als **Verfügung** über das Grundstück der Anwendung des § 873 BGB unterliegt, ist auch die Begründung eines Sondernutzungsrechts eher als Verfügung denn als Inhaltsänderung zu werten. Der **quasidinglichen Rechtsstellung** eines Sondernutzungsberechtigten entspricht der schwerwiegende **Rechtsverlust** der übrigen Wohnungseigentümer. ... Die h.M. ist inkonsequent, wenn sie die Beeinträchtigung eines bestehenden Sondernutzungsrechts durch Mehrheitsbeschluß mit Rücksicht auf die gesicherte Rechtsposition ablehnt[44], eine vergleichsweise Schmälerung der Rechtsstellung sämtlicher übrigen Wohnungseigentümer durch Entzug des Mitgebrauchs aber zuläßt (obgleich nach ihr beide Eingriffe gleichermaßen nur als Gebrauchsregelung zu behandeln sind). Die Schwere des Eingriffs macht auch die **Grundbuchpraxis** deutlich, die sowohl bei Begründung des Wohnungseigentums wie auch bei späterer Einräumung ... eines Sondernutzungsrechts einen ausdrücklichen Hinweis auf das Sondernutzungsrecht ... in den Wortlaut der Grund-

---

[40] Belz, WEZ 1987, 186/194 = DWE 1991, 130/136; Handbuch des Wohnungseigentums, 3. Aufl., Rz. 84; DWE 1996 Heft 3.

[41] BayObLG, RPfleger 1979, 108; KG, WE 1996, 388, 389; Belz, Rz. 72; Böttcher, BWNotZ 1996, 80, 92.

[42] Vgl. bereits WEZ 1987, 186/194 = DWE 1991, 130/136; ferner Belz, Rz. 84.

[43] OLG Köln, WE 1996, 355: „SNRecht der dinglichen **Rechtsposition eines Wohnungseigentümers stark angenähert**".

[44] Böttcher, a.a.O., S. 81.

bucheintragung aufnimmt ... obwohl sie sich ... auf die bloße Bezugnahme ... beschränken könnte[45]. Wie sehr die Begründung eines Sondernutzungsrechts der Verfügung über ein Grundstück gleich zu erachten ist, unterstreicht auch die ... zugelassene **Übertragbarkeit** des Sondernutzungsrechts auf ein anderes Mitglied der Gemeinschaft[46] und die ... Möglichkeit, im Grundbuch **analog § 12 WEG** eine **Veräußerungsbeschränkung** eintragen zu lassen[47]. Als Folge der einem Mehrheitsbeschluß nach § 10 Abs. 3 WEG ohne Eintragung im Grundbuch zukommenden dinglichen Wirkung nimmt die h.M. die damit einhergehende **Unrichtigkeit des Grundbuchs** ... in Kauf. Anstatt ... rasch Klarheit und Rechtsfrieden ..., erzeugt die Anerkennung eines Sondernutzungsrechts ... zusätzliche **Unsicherheit**. ... Die Rechtssicherheit wird noch dadurch gestört, daß ein durch Mehrheitsbeschluß zu begründendes Sondernutzungsrecht nach Maßgabe der §§ 877, 876 BGB der **Zustimmung Drittberechtigter** bedarf.[48] Anders als im Falle der Begründung eines dinglichen Rechts am Grundstück ... Prüfung durch den Grundbuchbeamten ... bleibt die oft schwer zu beantwortende Frage nach der Zustimmungsbedürftigkeit ... im Hinblick auf die Verdinglichung nach § 10 Abs. 3 WEG unbeantwortet. Auch die Rechtsfolgen fehlender Zustimmung sind umstritten.[49]

Nach alledem überrascht es nicht, wenn die aufgezeigten Zweifel an der Richtigkeit der noch h.M.[50] in der **Rechtsprechung zweier Oberlandesgerichte**[51] ihren Niederschlag gefunden haben. Sie **lehnen** die **Begründung** eines Sondernutzungsrechts durch bestandskräftigen, vereinbarungsersetzenden Mehrheitsbeschluß **ab**. Und es verwundert auch nicht, daß sich der **Bundesgerichtshof** ... die Möglichkeit offen gehalten hat, der Begründung eines Sondernutzungsrechts durch bestandskräftigen, vereinbarungsersetzenden Mehrheitsbeschluß die Gültigkeit mit der Begründung zu versagen, sie stelle einen **Eingriff in den dinglichen Kernbereich** des Wohnungseigentums dar und berühre die **Grundordnung der Gemeinschaft**[52]."

Die Abhandlung in DWE 1996, Heft 3 schließt mit der **Anregung an den Gesetzgeber**, die Begründung, Änderung, Übertragung und Aufhebung des in der Praxis unentbehrlichen Sondernutzungsrechts, auf das sich keine der oben beschriebenen

---

[45] Vgl. z. B. KG, WE 1996, 388, 389.

[46] BGHZ 73, 145 = NJW 1979, 548; KG, WE 1996, 389.

[47] BGHZ 37, 203; 49, 250 = RPfleger 1968, 114; BGH, NJW 1979, 549; Belz, Rz. 79.

[48] BGH, ZMR 1995, 34 = WE 1995, 55 unter Hinweis auf BGHZ 91, 343, 346 und BayObLGZ 1984, 257, 261; Belz, Rz. 84.

[49] Belz, Rz. 84; Böttcher, a.a.O., S. 82 m.w.Nw.

[50] Vgl. z. B. BayObLG, WuM 1992, 641 = DWE 1992, 163.

[51] OLG Karlsruhe, WE 1991, 110 = DWE 1990, 144; OLG Köln, NJW-RR 1992, 598 = DWE 1991, 155; vgl. zu beiden Entscheidungen auch Bielefeld, DWE 1993, 92 ff.

[52] BGH, WuM 1995, 61 = NJW 1994, 320; ZMR 1995, 416 = WuM 1995, 447; ferner OLG Düsseldorf, NJW-RR 1996, 210; Belz, Rz. 84.

dinglichen Rechtspositionen uneingeschränkt übertragen läßt, durch **Schaffung eines weiteren dinglichen Rechts** ausschließlich den Normen des Sachenrechts[53] zu unterstellen.

Ergänzend und abschließend zugleich sei noch angemerkt, daß Rechtsprechung und Schrifttum eine Beschränkung von Bestandskraft und vereinbarungsersetzender Wirkung im Einzelfall durch die Annahme einer **sogenannten absoluten Beschlußunzuständigkeit** der Wohnungseigentümer zu erreichen versuchen. Daß diese dort eingreift, wo eine dem zwingenden **Sachenrecht** unterworfene Regelung[54] oder ein **Eingriff in** das **Sondereigentum** beschlossen wird (einem Wohnungseigentümer wird untersagt, gegen den Verwalter Ansprüche geltend zu machen, die ihm gegen diesen aus einer gegen sein Sondereigentum gerichteten unerlaubten Handlung zustehen), bedarf keines weiteren Eingehens. Die Nichtigkeitsfolge ergibt sich aus § 23 Abs. 4 S. 2 WEG. Entsprechend verhält es sich, wenn der Beschluß in den **dinglichen Kernbereich** des Wohnungseigentums eingreift. Dies gilt **auch dann, wenn** der **Mehrheitsbeschluß in der Satzung zugelassen** ist. Im übrigen sollte das Institut der sogenannten absoluten Beschlußunzuständigkeit äußerst zurückhaltend verwendet werden. Das Beschließen einer **Umzugskostenpauschale**[55], die Erhebung von **Verzugszinsen** bei bloßer Säumigkeit mit Wohngeldzahlungen[56] oder die Erhebung einer **Vertragsstrafe** bei Vermietungsbeschränkungen[57] werden von einer sogenannten absoluten Beschlußunzuständigkeit nicht erfaßt; diese Regelungen sind einer Vereinbarung zugänglich, ein über sie gefaßter Mehrheitsbeschluß kann folglich bestandskräftig sein und, so er einen generellen Inhalt aufweist, auch vereinbarungsersetzende Wirkung erlangen. Für das **generelle Vermietungsverbot** für zum Wohnen ausgewiesene Räume indes müßte ein Eingriff in den dinglichen Kernbereich des Wohnungseigentums und mithin auch ein Fall absoluter Beschlußunzuständigkeit angenommen werden.[58] Ein Beschluß dieses Inhalts ist nichtig, **Berufung auf** die **Nichtigkeit** ohne Anfechtung, für die nur in Zweifelsfällen ein Rechtsbedürfnis besteht, jederzeit möglich, weshalb es auch unzutreffend ist, insoweit von einem bestandskräftigen Beschluß zu reden.

Folgt man der hier vertretenen Auffassung, wird im oben beschriebenen Falle des **OLG Hamm vom 10.9.1996** deutlich, daß dem Vorhaben des Betr. zu 1) auch bei Deutung des „einstimmigen Beschlusses" als Beschluß – außer bereits aufgezeigten Schwierigkeiten – ein weiteres unüberwindbares Hindernis gesetzt sein dürfte.

---

[53] §§ 873 ff. BGB; 13.19, 29 GBO.

[54] Vgl. §§ 873, 925 BGB.

[55] OLG Stuttgart, Die Justiz 1981, 207 = BWNotZ 1981, 90; Belz, Rz. 116, 119.

[56] BGH, WuM 1991, 511 = WE 1991, 321 = MDR 1991, 864; Belz, Rz. 119.

[57] Belz, Rz. 119; vgl. zu den Grenzen außer Rz. 84 auch Rz. 116–121 und 138.

[58] Belz, Rz. 116.

Volker Bielefeld

KOSTENTRAGUNG BEI SONDERNUTZUNGSRECHTEN

Die Verteilung der Lasten und Kosten der Verwaltung des gemeinschaftlichen Eigentums sensibilisiert die Wohnungseigentümer insbesondere dann, wenn es um Instandhaltungs- oder Instandsetzungsmaßnahmen am gemeinschaftlichen Eigentum geht, ohne daß der Zahlungspflicht ein direkt zurechenbarer Mitgebrauch oder zumindest die Möglichkeit einer anteiligen Nutzung gegenübersteht.

Das gilt insbesondere für Instandhaltungs- und Instandsetzungsmaßnahmen bei Flächen, Anlagen und Einrichtungen, die im gemeinschaftlichen Eigentum stehen, an denen aber einzelnen oder mehreren Eigentümern Sondernutzungsrechte eingeräumt, die übrigen Eigentümer insoweit jedoch vom Mitgebrauch ausgeschlossen sind.

Durch die Gesetzessystematik ist die Frage zwar grundsätzlich und auch eindeutig geregelt, jedoch ist diese Frage neuerdings deshalb streitig geworden, weil eine frühere Entscheidung des Bayerischen Obersten Landesgerichts[1], zumindest durch ihre Leitsatzwiedergabe, zu einer mißverständlichen Deutung Anlaß geben kann und in einem konkreten Beschluß des AG Duisburg[2] auch zu einer falschen Entscheidung geführt hat.

1. INSTANDHALTUNGSVERPFLICHTUNG BEI SONDER- UND GEMEINSCHAFTSEIGENTUM

Die Instandhaltung und Instandsetzung des Sondereigentums einschließlich der dem Sondereigentum zugeordneten Gebäudeteile obliegt gemäß § 14 Nr. 1 WEG dem jeweiligen Sondereigentümer. Über Art und Umfang der von ihm durchzuführenden Maßnahmen entscheidet er allein. Kommt er jedoch seiner Instandhaltungsverpflichtung nicht nach, macht er sich gegenüber nachteilig betroffenen Miteigentümern oder gegenüber der Wohnungseigentümergemeinschaft schadensersatzpflichtig.

Die Instandhaltung und Instandsetzung des gemeinschaftlichen Eigentums obliegt als Maßnahme der ordnungsmäßigen Verwaltung gemäß § 21 Abs. 5 Nr. 2 WEG der Wohnungseigentümergemeinschaft. Sie entscheidet in der Wohnungseigentümerversammlung durch mehrheitliche Beschlußfassung über Art, Umfang und Zeitpunkt der erforderlichen Maßnahmen.

---

[1] BayObLG, Beschluß vom 17.5.1985, 2 Z 144/84, DWE 1985, 95 = WE 1986, 152 (jeweils Leitsatz).

Kommt die Wohnungseigentümergemeinschaft ihrer Verpflichtung zur ordnungsmäßiger Instandhaltung und Instandsetzung nicht nach, kann auch jeder einzelne Wohnungseigentümer die insoweit erforderlichen Maßnahmen gemäß § 21 Abs. 4 WEG verlangen.

Im übrigen hat der Verwalter im Rahmen der ihm gemäß § 27 Abs. 1 WEG obliegenden Pflichten in eigener Verantwortung die für die ordnungsmäßige Instandhaltung und Instandsetzung des gemeinschaftlichen Eigentums erforderlichen Maßnahmen zu treffen. Dabei beschränkt sich allerdings seine Verpflichtung zunächst allein darauf, Mängel am gemeinschaftlichen Eigentum zu ermitteln und festzustellen, die Wohnungseigentümer hierüber zu unterrichten und eine Entscheidung über das weitere Vorgehen durch Beschlußfassung in der Wohnungseigentümerversammlung herbeizuführen.[3] Auch ohne vorherige Beschlußfassung ist der Verwalter allerdings im Rahmen der ihm obliegenden Verkehrssicherungspflicht sowie im Rahmen der erforderlichen und von ihm zu veranlassenden Beseitigung von Störungen der öffentlichen Sicherheit und Ordnung, die von den von ihm verwalteten Gebäuden ausgehen, handlungsverpflichtet.[4]

2. DIE GESETZLICHE KOSTENTRAGUNGSREGELUNG FÜR INSTANDHALTUNGS- UND INSTANDSETZUNGSMASSNAHMEN BEI SONDER- UND GEMEINSCHAFTSEIGENTUM

Die Kosten für die Instandhaltung und Instandsetzung des Sondereigentums trägt der jeweilige Sondereigentümer.

Handelt es sich um gemeinschaftliches Eigentum, werden die Kosten gemäß § 16 Abs. 2 WEG auf alle im Grundbuch eingetragenen Wohnungseigentümer im Verhältnis der für sie im Grundbuch eingetragenen Miteigentumsanteile verteilt, und zwar grundsätzlich unabhängig davon, ob die einzelnen Eigentümer im Verhältnis ihrer anteiligen Kostentragung auch in entsprechender Weise am Mitgebrauch beteiligt sind oder von einer anteiligen Nutzungsmöglichkeit individuell Gebrauch machen.

---

[2] AG Duisburg, Beschluß vom 10.7.1995, 45 II 3/95, DWE 1995.

[3] OLG Hamm, Beschluß vom 25.7.1996, 15 W 81/95, n.v.

[4] OVG Münster, Beschluß vom 3.3.1994, 11 B 2566/93, WM 1994, 507.

3. VOM GESETZ ABWEICHENDE KOSTENTRAGUNGSREGELUNG ZULÄSSIG

Etwas anderes gilt nur, wenn aufgrund der Abdingbarkeit der Vorschriften des § 16 Abs. 2 WEG durch Vereinbarung gemäß § 10 Abs. 1 Satz 2 und Abs. 2 WEG eine abweichende Regelung getroffen wird bzw. bei der Begründung des Wohnungseigentums bereits in der Teilungserklärung bzw. in der Gemeinschaftsordnung getroffen wurde. Nach neuerer Auffassung kann eine solche vom Gesetz, von der Teilungserklärung oder der Gemeinschaftsordnung abweichende Kostentragung auch durch unangefochtenen Mehrheitsbeschluß (= Ersatzvereinbarung) getroffen werden.[5]

Dabei kann eine solche abweichende Vereinbarung sowohl - nur - den Kostenverteilungsmaßstab betreffen, es können aber auch die Durchführung der Instandhaltungs- und Instandsetzungsmaßnahmen an konkret bezeichnetem gemeinschaftlichen Eigentum und/oder die dabei entstehenden Kosten einzelnen Eigentümern übertragen werden.

4. KOSTENTRAGUNG BEI INSTANDHALTUNGSMASSNAHMEN AM GEMEINSCHAFTLICHEN EIGENTUM IM SONDEREIGENTUMSBEREICH

Nach diesen allgemeinen Grundsätzen wird nach herrschender Rechtsauffassung auch die Instandhaltung und Instandsetzung gemeinschaftlicher Flächen, Anlagen und Einrichtungen sowie zugehöriger Gebäudeteile beurteilt, die sich zwar im Sondereigentumsbereich befinden, aber gemäß § 5 Abs. 1 und 2 WEG zwingend dem gemeinschaftlichen Eigentum zuzuordnen sind.

So ist beispielsweise - bisher jedenfalls - unstrittig, daß Instandsetzungsmaßnahmen an freistehenden Einzelgaragen, die sich als „räumliche Einheit" im Sondereigentum befinden, insoweit zu Lasten aller Eigentümer gehen, soweit die betreffenden Bestandteile des Garagengebäudes als konstruktive Bestandteile gemäß § 5 Abs. 1 und 2 WEG dem gemeinschaftlichen Eigentum zuzuordnen sind, wie beispielsweise das Garagendach, das Garagentor, die Garagenwände und die Garagenbodenplatte.[6]

Diese der gesetzlichen Regelung gemäß § 16 Abs. 2 WEG entsprechende Kostenverteilung gilt jedenfalls dann, wenn abweichende Vereinbarungen nicht getroffen wurden.

[5] Vgl. dazu u.a. BGH, Beschluß vom 16.9.1994, V ZB 2/93, DWE 1994, 140.

[6] OLG Karlsruhe, Beschluß vom 28.12.1977, 3 W 15/77, DWE 1978, 87.

Gleiches gilt für Instandhaltungs- und Instandsetzungsmaßnahmen an Balkonen und Terrassen, soweit es die konstruktiven Gebäudebestandteile betrifft, die gemäß § 5 Abs. 1 und 2 WEG gemeinschaftliches Eigentum sind (Balkonplatte, Isolierungsschicht, Balkonbrüstung einschließlich Deckbleche, Balkongitter[7]). Dies gilt auch für die Fälle, in denen Balkone oder Terrassen gemäß Teilungserklärung - ausdrücklich - dem Sondereigentum zugeordnet wurden.

5. KOSTENTRAGUNG FÜR INSTANDHALTUNGS- UND INSTANDSETZUNGSMASSNAHMEN BEI EINRÄUMUNG VON SONDERNUTZUNGSRECHTEN

Ebenso wie die Kostentragung für Instandhaltungs- und Instandsetzungsmaßnahmen am gemeinschaftlichen Eigentum im Sondereigentumsbereich wurden, ungeachtet der alleinigen Verfügung und Nutzung des betreffenden Sondereigentums durch die jeweiligen Eigentümer, nach bisher herrschender Rechtsauffassung auch Instandhaltungs- und Instandsetzungsmaßnahmen behandelt, die an gemeinschaftlichen Flächen, Anlagen und Einrichtungen durchgeführt wurden, an denen Sondernutzungsrechte begründet worden waren.

Das hat zur Folge, daß trotz der ausschließlichen Gebrauchsbefugnis des jeweiligen Sondernutzungsberechtigten die Kosten für diese entsprechenden Maßnahmen auf alle Eigentümer im Verhältnis der Miteigentumsanteile verteilt werden, obwohl letztere durch die Einräumung des Sondernutzungsrechtes vom Mitgebrauch der Sondernutzungseinrichtungen bzw. Sondernutzungsanlagen ausgeschlossen sind.

Diese Konsequenz ergibt sich daraus, daß trotz der durch das Sondernutzungsrecht eingeräumten Befugnis zum ausschließlichen Gebrauch durch einen oder mehrere, aber eben nicht alle, Eigentümer die betreffenden Flächen, Anlagen und Einrichtungen dennoch stets und unabdingbar gemeinschaftliches Eigentum bleiben[8], so daß auch für die Kosten der Durchführung von Instandhaltungs- und Instandsetzungsmaßnahmen grundsätzlich die Regelung des § 16 Abs. 2 WEG zugrundezulegen ist.

Etwas anderes gilt auch hier nur bei ausdrücklich vorgenommenen abweichenden Regelungen, sei es in der Teilungserklärung, der Gemeinschaftsordnung oder in einer später gemäß § 10 Abs. 1 Satz 2 und Abs. 2 WEG getroffenen Vereinbarung oder auch Ersatzvereinbarung.

---

7 BGH, Beschluß vom 21.2.1985, VII ZR 72/84, DWE 1985, 92.

8 BayObLG, Beschluß vom 17.5.1985, a.a.O.

6. KOMMENTIERUNG BEHANDELT KOSTENTRAGUNG BEI SONDERNUTZUNGSRECHTEN NUR „BEILÄUFIG“

Diese Auffassung wird auch in der Literatur vertreten, obwohl die Kostentragung und Kostenverteilung im Zusammenhang mit Sondernutzungsrechten, wenn überhaupt, nur eher beiläufig behandelt wird.

So stellt Bärmann unter Hinweis auf die eingangs bereits zitierte Entscheidung des Bayerischen Obersten Landesgerichts[9] lediglich fest, „daß der Inhaber eines Sondernutzungsrechts über die Instandhaltungsmaßnahmen des ihm zugewiesenen Gegenstandes zur Sondernutzung und auch über das Schneeräumen bestimmen kann; er trägt die Kosten hierfür“[10].

Unter dem Gesichtspunkt, daß die Einräumung eines Sondernutzungsrechts zugunsten des jeweiligen Eigentümers einer Wohnung für diesen einen rechtlichen und wirtschaftlichen Vorteil beinhaltet und gleichzeitig das Nutzungsrecht der übrigen Miteigentümer am Gemeinschaftseigentum entsprechend beschränkt wird, empfiehlt Müller[11] als „äquivalent u.U. die Vereinbarung einer Sonderlastentragung zu Lasten des begünstigten Wohnungseigentümers“, was insbesondere den Bereich der Instandsetzungsarbeiten betreffe. Allerdings bedarf es nach Müller für diese Sonderlastentragungsregelungen einer Vereinbarung, die auch als Inhalt des Sondereigentums in das Grundbuch einzutragen wäre. Sei das Sondernutzungsrecht unentgeltlich eingeräumt, könne nachträglich ein Nutzungsentgelt durch Mehrheitsbeschluß nicht festgelegt werden, denn auch „die Unentgeltlichkeit ist Faktor der Vereinbarung“ (insoweit mit Hinweis auf BayObLG, Beschl. v. 19.12.1980, 2 Z 24/80).

Eine Regelung über eine Sonderlastentragung als äquivalent für eine vereinbarte Sondernutzung, gerade auch hinsichtlich notwendiger Instandsetzungsmaßnahmen am „sondergenutzten Gemeinschaftseigentum“, hält auch Deckert[12] für erforderlich, um späteren Streitigkeiten vorzubeugen.

Ein Entgelt für die Überlassung der Nutzung, das zumindest die Bewirtschaftungskosten (Betriebs- und Instandhaltungskosten) deckt, empfiehlt auch Seuß.[13]

---

9 BayObLG, Beschluß vom 17.5.1985, a.a.O.

10 Bärmann, Wohnungseigentum, Kurzlehrbuch, Rz. 363.

11 Müller, Praktische Fragen des Wohnungseigentums, 2. Aufl., Rz. 44.

12 Deckert, Die Eigentumswohnung, Gruppe 3, S. 69.

13 Seuß, Die Eigentumswohnung, 10. Aufl., S. 219.

Wird eine solche Vereinbarung nicht getroffen, „gilt der nach § 16 Abs. 2 WEG maßgebliche oder ein in der Satzung anderweitig festgelegter Verteilungsschlüssel, demzufolge sich alle Wohnungseigentümer auch an den Lasten und Kosten des Sondernutzungsrechts beteiligen müssen"[14].

7. AG DUISBURG: KOSTENTRAGUNG BEI SONDERNUTZUNGSRECHT IM ZWEIFEL VON BEGÜNSTIGTEM ZU TRAGEN

Von diesen Grundsätzen und damit von der herrschenden Rechtsmeinung ist das AG Duisburg in einer rechtskräftigen Entscheidung[15] abgewichen.

Dies wäre letztlich unbeachtlich, wenn sich nicht das Gericht in diesem konkreten Fall auf die bereits zitierte Entscheidung des Bayerischen Obersten Landesgerichtes[16] berufen hätte, die in der Begründung anders lautet, als in ihrem Leitsatz zum Ausdruck kommt und die deshalb auch an anderer Stelle teilweise falsch interpretiert oder in verfälschtem Zusammenhang wiedergegeben wird.

Nach dieser - abzulehnenden - Auffassung des AG Duisburg sind Instandhaltungs- und Instandsetzungskosten, wenn die Teilungserklärung keine ausdrückliche Regelung über die Kostentragung bei Einräumung von Sondernutzungsrechten (hier an einer Gartenfläche) enthält, im Zweifel von dem Sondernutzungsberechtigten zu tragen. Gleiches gelte für die Wahrnehmung der Verkehrssicherungspflicht. Auch sie sei nach der Entscheidung des AG Duisburg von dem jeweiligen Sondernutzungsgberechtigten wahrzunehmen.

Entgegen der gesetzlichen Regelung und der herrschenden Meinung in Kommentierung und Literatur, wonach die Kosten für die Instandhaltung und Instandsetzung des gemeinschaftlichen Eigentums grundsätzlich von allen Eigentümern zu tragen sind und Ausnahmen davon einer ausdrücklichen Vereinbarung bedürfen, kehrt das AG Duisburg diesen Grundsatz um und macht damit die gesetzliche Regelung zur Ausnahme.

Nach Auffassung des AG Duisburg entspricht die Belastung des Sondernutzungsberechtigten mit den das Sondernutzungsrecht betreffenden Kosten der Billigkeit, da die Einräumung eines Sondernutzungsrechtes an einer Gartenfläche für den begünstigten Wohnungseigentümer einen rechtlichen und wirtschaftlichen Vorteil bedeute, gleichzeitig aber das Recht der übrigen Wohnungseigentümer zur Mitbenutzung des gemeinschaftlichen Eigentums gemäß § 13 Abs. 2 WEG beschränke.

[14] Belz, Handbuch des Wohnungseigentums, V., 7.8, Rz. 121.

[15] AG Duisburg, Beschluß vom 10.7.1995, a.a.O.

[16] BayObLG, Beschluß vom 17.5.1985, a.a.O.

Diese Argumentation entbehrt zwar nicht einer grundsätzlichen Logik und ist deshalb auch inhaltlich nachvollziehbar, entspricht jedoch nicht der Gesetzessystematik. Sie ist zudem auch nicht grundsätzlich zwingend, da vielfach die Einräumung von Sondernutzungsrechten in der Bemessung der Höhe der Miteigentumsanteile oder aber auch in höheren Kaufpreisen ihren wirtschaftlichen Ausgleich im Verhältnis zu den übrigen Eigentümern gefunden hat.

Gravierend ist aber bei dieser Entscheidung, daß sich das AG Duisburg auf den genannten Beschluß des Bayerischen Obersten Landesgerichts bezieht[16], diese Bezugnahme aber fehlgeht, weil offenkundig nur der Leitsatz dieser Entscheidung, nicht aber die vollständige Entscheidung in ihrer Begründung berücksichtigt wurde.

In der genannten Entscheidung heißt es im Leitsatz:

„Auslegung eines Sondernutzungsrechts an einem Hauszugangsweg: Der Inhaber darf über die Instandhaltungsmaßnahmen und das Schneeräumen bestimmen und trägt die Kosten."

Im weiteren lautet der Leitsatz:

„An einem solchen Weg obliegt die Verkehrssicherungspflicht in erster Linie dem Inhaber des Sondernutzungsrechts."

Mit dieser Formulierung kann zunächst bei oberflächlicher Betrachtung der Eindruck entstehen, daß das Gericht die Auffassung vertritt, daß der Sondernutzungsberechtigte stets die Kosten für Instandhaltungs- und Instandsetzungsmaßnahmen an den ihm zur Sondernutzung zugewiesenen Anlagen, Flächen und Einrichtungen zu tragen hat und daß ihm - mangels entgegenstehender Regelung in der Teilungserklärung bzw. der Gemeinschaftsordnung - auch die Verkehrssicherungspflicht obliegt.

Nach der Begründung dieser Entscheidung geht jedoch, so das Bayerische Oberste Landesgericht, der Sinn der in der Gemeinschaftsordnung getroffenen Regelung, und insoweit gerade von der gesetzlichen Regelung abweichend, im vorliegenden Fall dahin, daß dem jeweiligen Eigentümer mit dem Recht zur „ausschließlichen Nutzung" eines Gartens oder Hauszugangsweges soweit möglich auch die Befugnis und die Pflicht übertragen sein sollte, diese in eigener Verantwortung und auf eigene Kosten zu verwalten.

Nach dem Inhalt der Gemeinschaftsordnung seien die Wohngebäude weitgehend verselbständigt. Was etwa die Instandhaltung anbelange, solle es so angesehen werden, „als wären die einzelnen Doppelhaushälften und die einzelnen Einfamilienhäuser nicht Wohnungseigentum, sondern rechtlich und wirtschaftlich völlig selbständige Einheiten".

Die Auslegung der Gemeinschaftsordnung ergibt somit nach Auffassung des Bayerischen Obersten Landesgerichts, daß mit der Vereinbarung des Sondernutzungsrechts des einzelnen Wohnungseigentümers auch das Recht und die Last übertragen worden sei, auf eigene Kosten für die Räumung der Wege zu sorgen.

Mit anderen Worten:
Gleichzeitig mit der Einräumung des Sondernutzungsrechts wurde hier im konkreten Fall auch eine von § 16 Abs. 2 WEG abweichende - wenn auch nicht expressis verbis, sondern „nur" im Wege der Auslegung erkennbare - Kostentragungsregelung vereinbart.

Anders als das AG Duisburg sieht somit auch das Bayerische Oberste Landesgericht den „Regelfall" eben nicht darin, daß die Kosten für die Instandhaltungs- und Instandsetzungsmaßnahmen an Flächen, Anlagen und Einrichtungen, an denen Sondernutzungsrechte eingeräumt worden sind, von den Begünstigten selbst zu tragen sind, sondern, so wie es das Gesetz vorsieht, von allen Wohnungseigentümern.

Das AG Duisburg hat sich damit auf eine Entscheidung berufen, in der eine seiner Auffassung im Ergebnis genau gegenteilige Auffassung vertreten wird. Ein Irrtum, der bedauerlicherweise wegen der verkürzten und insofern irreführenden Leitsatzwiedergabe auch in der Kommentierung zu der Auffassung geführt hat, daß der „Inhaber des Sondernutzungsrechts im Zweifel die Kosten für Instandhaltung und Verkehrssicherung (trägt)".[17]

Gerade aus diesem Grunde erscheint eine Klarstellung angebracht.

[17] Bärmann/Pick, Kommentar zum Wohnungseigentum, 13. Aufl., § 15 Rz. 10.

Hubert Blank

DIE VORZEITIGE MIETAUFHEBUNG

A. DAS PROBLEM

Nach § 564 Abs. 1 BGB endet ein befristetes Mietverhältnis grundsätzlich mit dem Ablauf der Zeit, für die es eingegangen ist. Diese Regelung führt zu der Frage, welche Möglichkeiten dem Mieter zur Verfügung stehen, wenn er die Mietsache vor Ablauf der Vertragszeit nicht mehr benötigt, sei es, weil er sie nicht mehr nutzen kann, sei es, weil er das Interesse an der Sache verloren hat. Die Gründe für den Wegfall des Nutzungsinteresses sind vielfältig: Bei der Wohnraummiete kommt als Motiv für eine vorzeitige Besitzaufgabe insbesondere in Betracht,

- daß die Wohnung infolge der Vergrößerung der Familie zu klein geworden ist,
- daß Eheleute getrennt leben wollen oder daß sie geschieden worden sind und die ursprüngliche Ehewohnung für einen der Ehegatten zu groß oder zu teuer ist,
- daß der Mieter die Wohnung wegen einer Verschlechterung seiner Einkommensverhältnisse nicht mehr bezahlen kann,
- daß er aus gesundheitlichen oder Altersgründen zur weiteren Nutzung der Wohnung außerstande ist,
- daß der Mieter einen Ortswechsel vornehmen will oder muß,
- daß der Mieter eine bessere, verkehrsgünstigere oder billigere Wohnung gefunden hat oder
- daß er aus einer Mietwohnung in eigene Räume umziehen will.

Bei der Geschäftsraummiete wird der Wunsch nach vorzeitiger Besitzaufgabe häufig begründet mit

- dem Bedürfnis nach größeren Räumlichkeiten,
- einer beabsichtigten Geschäftsaufgabe,
- einem Standortwechsel zur Verbesserung des Umsatzes oder
- einem Umzug aus den gemieteten in eigene Räume.

Abgesehen von einigen Ausnahmen - die hier vernachlässigt werden - ist eine vorzeitige Besitzaufgabe bei der Miete ohne weiteres möglich: Der Mieter hat ein Gebrauchsrecht, keine Gebrauchspflicht. Das Mietverhältnis als solches wird durch die Besitzaufgabe allerdings nicht berührt. Insbesondere ist der Mieter auch nach der Besitzaufgabe zur Zahlung des Mietzinses verpflichtet. Die Besitzaufgabe allein stellt deshalb keine praktikable Problemlösung dar. Vielmehr kommen nur solche Lösungswege in Betracht, die zugleich zu einer Mietentlastung führen.

Dem Interesse des Mieters an einer Besitzaufgabe bei gleichzeitiger Mietentlastung steht häufig das Interesse des Vermieters an der Aufrechterhaltung der Vertragsbeziehungen oder der Verhinderung eines Nutzerwechsels gegenüber. Dies gilt für diejenigen Fälle, in denen die Befristung (zumindest auch) im Interesse des Vermieters vereinbart worden ist. Hierfür gibt es verschiedene Gründe. Der Vermieter wird beispielsweise einen befristeten Mietvertrag abschließen,

- wenn er mit Rücksicht auf die besonderen Bedürfnisse des Mieters in größerem Umfang in die Mietsache investiert hat;
- wenn er die mit einem Mieterwechsel verbundenen Belastungen so gering wie möglich halten und deshalb einen häufigen Wechsel ausschließen will;
- wenn gewerbliche Räume vermietet werden und bei häufigem Nutzerwechsel eine Wertminderung der Mietsache zu befürchten ist;
- wenn er die Räume nach Ablauf der fest vereinbarten Zeit selbst nutzen oder anderweitig verwerten möchte;
- wenn die Mieteinnahmen zur Versorgung des Vermieters dienen sollen und deshalb ein Mietverhältnis mit langer Laufzeit und wertgesichertem Mietzins begründet wird.

Die exemplarische Aufzählung der Interessen des Vermieters an der Befristung eines Mietverhältnisses zeigt, daß damit teils ein vorzeitiger Mieterwechsel, teils ein vorzeitiger Nutzerwechsel verhindert werden soll. Teilweise soll sichergestellt werden, daß die Räume nach Ablauf der Vertragszeit wieder zur Verfügung stehen. Ein solches Motiv wird insbesondere den Zeitmietverträgen nach § 564 c Abs. 1 BGB zugrundeliegen.

B. LÖSUNGSWEGE

I. Untermiete

Möglicherweise können die hier auftretenden Interessenkonflikte über die Untervermietung befriedigend gelöst werden.

1. Die Vertragsbeziehungen des Vermieters zum Mieter werden durch die Untervermietung nicht verändert. Ein dem Untermieter zur Last fallendes Verschulden hat der Mieter zu vertreten (§ 549 Abs. 3 BGB). Ist die Unzuverlässigkeit des Untermietinteressenten von vorneherein absehbar, so kann der Vermieter die zur Untervermietung erforderliche Erlaubnis ohne Rechtsnachteile verweigern. In § 549 Abs. 1 S. 2 BGB ist zwar bestimmt, daß der Mieter das Mietverhältnis kündigen kann, wenn der Vermieter die Erlaubnis zur Untervermietung verweigert. Das Kündigungsrecht ist aber ausdrücklich ausgeschlossen, wenn in der Person des Dritten ein wichtiger Grund vorliegt. Gegen Störungen durch den Untermieter, die den Tatbestand der §§ 553, 554 a BGB erfüllen, stehen dem Vermieter verschiedene Abwehrrechte zu. Er kann zum einen gegen den Hauptmieter vorgehen und Unterlassungsklage erheben (§ 550 BGB). Die Art und Weise der Beseitigung der Störung obliegt zwar dem Hauptmieter. Sind die Störungen allerdings von einigem Gewicht und ist zu befürchten, daß sie fortgesetzt werden, so kann sich ergeben, daß der Hauptmieter den Unterlassungsanspruch durch die Beendigung des Untermietverhältnisses zu erfüllen hat. Stattdessen kann der Vermieter auch dem Hauptvermieter kündigen und den Untermieter gem. § 556 Abs. 3 BGB auf Räumung in Anspruch nehmen. Den durch die Beendigung des Hauptmietverhältnisses entstehenden Mietausfallschaden kann der Vermieter als Kündigungsfolgeschaden ersetzt verlangen.

2. Bei der Untermiete findet lediglich ein Benutzerwechsel, aber kein Mieterwechsel statt. Die wirtschaftlichen Interessen des Vermieters am Fortbestand des Mietverhältnisses werden durch die Untermiete also nicht berührt. Auf das Interesse des Vermieters an der Rückgabe der Räume nach Ablauf der Mietzeit hat die Untervermietung ebenfalls keinen Einfluß, weil der Vermieter die Mietsache nach Beendigung des Hauptmietverhältnisses sowohl vom Mieter (§ 556 Abs. 1 BGB) als auch vom Untermieter (§ 556 Abs. 3 BGB) herausverlangen kann. Durch den Nutzerwechsel als solchen wird der Vermieter nicht belastet. Die Auswahl des Untermieters, der Abschluß des Untermietvertrags, die Übergabe der Räume, die Durchführung und Abwicklung des Mietverhältnisses sind Sache des Mieters. Da die Untermiete erlaubnispflichtig ist, kann dem Vermieter kein Untermieter aufgedrängt werden, dessen Unzuverlässigkeit von vornherein feststeht. Erweist sich der Untermieter erst im Nachhinein als unzuverlässig, so kann dies allerdings zu Störungen führen, die ohne die Untervermietung nicht eingetreten wären. Insoweit ist allerdings zu bedenken, daß eine derartige Entwicklung im Mietverhältnis niemals auszuschließen ist. Das mit der Unzuverlässigkeit eines Nutzers verbundene Risiko muß der Vermieter tragen. Dies ist zumutbar, weil ihm hinreichende Abwehrrechte zur Verfügung stehen.

Es verbleiben diejenigen Fälle, in denen der Vermieter aus Gründen der Erhaltung des Mietwerts einen häufigen Nutzerwechsel ausschließen will und sich deshalb für einen langfristigen Mietvertrag entschieden hat. Sind beispielsweise Räume zum Betrieb einer Gaststätte vermietet, so kann sich ein häufiger Wirtewechsel durchaus nachteilig auf den Wert der Mietsache auswirken. Dies gilt insbesondere für abseits gelegene Gaststätten, die auf Stammpublikum angewiesen sind: Ein ständiger Betreiberwechsel mindert hier den Umsatz, von dessen Höhe wiederum der Mietwert beeinflußt wird.

3. Aus diesen Darlegungen folgt, daß die Untervermietung keine vermietergerechte Lösung darstellt, wenn durch die Befristung nicht nur der Mieterwechsel, sondern auch ein Nutzerwechsel ausgeschlossen werden soll. Ein wesentliches Indiz für ein derartiges Befristungsmotiv ist der Ausschluß des Sonderkündigungsrechts des Mieters bei Verweigerung der Untermieterlaubnis (§ 549 Abs. 1 S. 2 BGB). Ein solcher Ausschluß ist jedenfalls dann möglich, wenn er durch Individualvertrag erfolgt.[1] Der Vermieter handelt grundsätzlich auch nicht rechtsmißbräuchlich, wenn er sich auf den Ausschluß beruft.

In allen anderen Fällen stellt die Untervermietung eine vermietergerechte Lösung dar. Dies gilt nicht nur dann, wenn die Befristung im Interesse des Mieters erfolgt ist, sondern auch, wenn durch die Befristung lediglich ein Mieterwechsel, nicht aber ein Nutzerwechsel verhindert werden soll.

[1] Sonnenschein, PiG 23,167,184

4. Das Verhältnis des Mieters zum Vermieter wird durch den Abschluß des Untermietvertrags nicht berührt. Aus der Untervermietung ergeben sich allerdings typische Vermieterrisiken. Ist der Untermieter zahlungsunfähig oder -unwillig, so treffen die damit verbundenen Vermögensverluste den Mieter. Der Mieter hat außerdem ein hohes Haftungsrisiko, wenn der Untermieter die Mietsache beschädigt oder zerstört (§ 549 Abs. 3 BGB). Es handelt sich dabei allerdings durchweg um Risiken, die mit der Person des Untermieters in Zusammenhang stehen. Diesen Risiken kann der Mieter Rechnung tragen, indem er den Untermieter sorgfältig auswählt. Bei der Auswahl eines vertragstreuen Untermieters entstehen dem Mieter keine Nachteile. Die mit einer fehlerhaften Auswahl verbundenen Risiken muß der Mieter tragen.

5. Bei der Wohnraummiete sind allerdings einige Besonderheiten zu beachten, die sich dann auswirken, wenn das Hauptmietverhältnis endet. Bei der Beendigung des Hauptmietverhältnisses ist der Mieter gegenüber dem Hauptvermieter zur Herausgabe verpflichtet. Die Erfüllung dieser Verpflichtung kann bei der Wohnraummiete problematisch sein, weil der Untermieter im Verhältnis zum Mieter Bestandsschutz genießt. Dieser Bestandschutz wird beim befristeten Mietverhältnis über §§ 564 c Abs. 1, 556 b BGB verwirklicht. Die Möglichkeit, mit dem Untermieter einen qualifizierten Zeitmietvertrag abzuschließen, ist dem Mieter verwehrt, weil § 564 c Abs. 2 BGB diese Vertragsform lediglich in den Fällen künftigen Eigenbedarfs, künftiger Modernisierung oder künftigen Betriebsbedarfs vorsieht. Keiner dieser Fälle ist hier gegeben.

6. Nach § 564 c Abs. 1 BGB kann der Untermieter die Fortsetzung des Mietverhältnisses auf unbestimmte Zeit verlangen, wenn nicht der Mieter ein berechtigtes Interesse an der Beendigung des Mietverhältnisses hat. Ein solches Interesse kann sich nur aus § 564 b Abs. 1 BGB ergeben. Dabei ist streitig, ob es bei der Wohnraummiete für die Kündigung des Untermieters ausreicht, wenn das Hauptmietverhältnis beendet ist.[2] Nach der hier vertretenen Ansicht ist zu differenzieren: Ein berechtigtes Interesse nach § 564 b Abs. 1 BGB an der Beendigung des Untermietverhältnisses ist dann zu bejahen, wenn der Eigentümer ein berechtigtes Interesse an der Beendigung des Hauptmietverhältnisses geltend machen kann (Fälle des § 564 b Abs. 1, Abs. 2 Nr. 2 und 3 BGB), oder wenn der Untermieter den Anlaß für die Beendigung des Hauptmietverhältnisses gegeben hat (Fälle der Hausfriedensstörung und ähnliches). In den übrigen Fällen kann dagegen ein berechtigtes Interesse an der Beendigung des Untermietverhältnisses nicht bejaht werden.[3]

7. Der Hauptvermieter hat nach Beendigung des Hauptmietverhältnisses einen eigenen Herausgabeanspruch gegen den Untermieter (§ 556 Abs. 3 BGB).Gegenüber dem Hauptvermieter steht dem Untermieter kein Bestandsschutz zu. Zu beachten ist in diesem Zusammenhang, daß die Herausgabepflicht des Mieters nicht bereits deshalb

[2] Bejahend: LG Kiel, WM 1982, 194; Emmerich/Sonnenschein, § 549 BGB, Rdn.16; § 564 b BGB, Rdn.79; verneinend: BGH, NJW 1996,1886; LG Tübingen, WM 1991, 488; LG München I, WM 1992,246; LG Osnabrück, WM 1994, 24; LG Köln, WM 1995, 709; Nassall, ZMR 1983, 338.

[3] Ähnlich OLG Stuttgart, Rechtsentscheid vom 7.5.1993, WM 1993, 386; Sternel, Mietrecht, Rdn. IV, 176 ff.

entfällt, weil der Hauptvermieter einen eigenen Herausgabeanspruch hat. Der Herausgabeanspruch gegen den Untermieter steht dem Hauptvermieter nicht anstelle, sondern neben dem Herausgabeanspruch gegen den Mieter zu.[4] Der Hauptvermieter wird allerdings verpflichtet sein, den Anspruch aus § 556 Abs. 3 BGB an den Mieter abzutreten, damit dieser seine Rückgabepflicht erfüllen kann.[5]

8. Aus den Darlegungen zu 6) und 7) folgt, daß der Mieter von Wohnraum zwar die Möglichkeit zur Rückgabe der Mietsache hat. Er kann allerdings das Untermietverhältnis nicht beenden, wenn der Untermieter die Fortsetzung des Mietverhältnisses verlangt. Dies hat zur Folge, daß der Mieter dem Untermieter auf Schadensersatz wegen Nichterfüllung haftet, wenn der Hauptvermieter den Herausgabeanspruch aus § 556 Abs. 3 BGB geltend macht.

9. Bei der Geschäftsraummiete gibt es keine Probleme bei der Erfüllung der Rückgabepflicht, weil hier kein Bestandsschutz besteht.

10. Die Untervermietung stellt also nur bei der Geschäftsraummiete eine mietergerechte Lösung dar. Bei der Wohnraummiete kann die Untervermietung nicht als mietergerecht bewertet werden, weil der Mieter aufgrund der Kündigungsschutzbestimmungen außerstande ist, eine vertragsgerechte Rückgabe sicherzustellen.

II. Sonderkündigungsrechte

Der Grundsatz, wonach die Parteien an die von ihnen geschlossenen Verträge gebunden sind, wird bei der Miete in zahlreichen Fällen durchbrochen. Entgegen dem in § 564 Abs. 1 BGB angesprochenen Grundsatz enden befristete Verträge nicht nur mit dem Ablauf der Vertragszeit. Vielmehr können solche Verträge auch gekündigt werden, wenn dem Mieter ein außerordentliches Kündigungsrecht zusteht. Die wichtigsten Sonderkündigungsrechte sind: das Kündigungsrecht des Mieters bei Modernisierung (§ 541 b Abs. 2 BGB), das Kündigungsrecht bei Verweigerung der Untermieterlaubnis (§ 549 Abs. 1 S. 2 BGB), das Kündigungsrecht des Nachfolgers im Mietverhältnis beim Tod des Mieters (§§ 569 Abs. 1, 569 a Abs. 6, 569 b S. 2 BGB), das Kündigungsrecht bei der Versetzung eines Beamten (§ 570 BGB) und das Kündigungsrecht bei einer Mieterhöhung (§§ 9 Abs. 1, 10 Abs. 2 S. 6 MHG, 11 WoBindG). Diese Sonderkündigungsrechte bestehen teils im Interesse des Mieters (Modernisierung, Mieterhöhung), teils im Interesse beider Parteien (Tod des Mieters), teils im öffentlichen Interesse (Versetzung eines Beamten). Daneben gibt es weitere Sonderkündigungsrechte, die nur zugunsten des Vermieters gelten (z. B.: §§ 567, 1056 Abs. 2, 2135 BGB, 30 Abs. 2 ErbbaurechtsVO; 19 KO, 57 a ZVG). Eine Darstellung und Erörterung dieser Rechte würde den Rahmen dieses Beitrags sprengen. Insoweit ist lediglich festzuhalten, daß die Sonderkündigungsrechte auf besondere Sachverhalte zuge-

[4] BGHZ 90,145 = NJW 1984,1527 = ZMR 1984, 380 = WM 1984,131.

[5] BGH, NJW 1996, 1886; Scheuer, in: Bub/Treier, Rdn. V 68.

schnitten sind und den unterschiedlichsten Zielen dienen. Die Sonderkündigungsrechte sind wegen ihrer jeweils speziellen Zielsetzungen und aus Gründen der Rechtssicherheit und -klarheit weder einer großzügigen Anwendung noch einer Analogie zugänglich. Deshalb gilt § 570 BGB nur für den dort genannten Personenkreis; eine analoge Anwendung auf andere Fälle des berufsbedingten Ortswechsels ist nicht möglich. Die fristgebundenen Sonderkündigungsrechte bei Mieterhöhungen gelten nur für die dort geregelten Sachverhalte. Eine analoge Anwendung auf andere Fälle, in denen der Mieter einen bestimmten Mietzins nicht mehr zahlen kann oder will, scheidet aus. Insbesondere kann aus den Sonderkündigungsrechten kein allgemeiner Grundsatz abgeleitet werden, daß befristete Mietverhältnisse ohne Rücksicht auf die Interessen des Vermieters vorzeitig beendet werden können, wenn der Mieter ein Interesse an der vorzeitigen Vertragsbeendigung hat. Gäbe es einen solchen Grundsatz, wären die Sonderkündigungsrechte überflüssig.

III. Kündigung wegen Wegfalls oder Veränderung der Geschäftsgrundlage

1. Es ist anerkannt, daß das Kündigungsrecht aus wichtigem Grund gem. § 242 BGB auch auf solche Umstände gestützt werden kann, die aus den eigenen Interessen des Kündigenden hergeleitet werden. Erforderlich ist, daß die Voraussetzungen gegeben sind, die nach den Grundsätzen über den Wegfall oder die wesentliche Veränderung der Geschäftsgrundlage zur Lösung vom Vertrag berechtigen.[6] Jedoch scheidet eine Kündigung wegen Wegfalls der Geschäftsgrundlage aus, wenn die Kündigungsgründe zum Risikobereich des Kündigenden gehören, weil eine geänderte Geschäftsgrundlage nicht zu einer Beseitigung der vertraglichen Risikoverteilung führen darf.[7] Gleiches gilt hinsichtlich solcher Umstände, für deren Eintritt oder Nichteintritt eine Partei das Risiko übernehmen wollte.[8]

2. Den oben (unter A) dargestellten Fallgruppen ist gemeinsam, daß der Mieter die vorzeitige Besitzaufgabe unter gleichzeitiger Befreiung von der Zahlungspflicht wünscht, weil er die Mietsache aus den verschiedensten in seiner Person liegenden Gründen nicht mehr braucht oder nicht mehr sinnvoll nutzen kann. Deshalb kommt es für die Frage der Kündigungsmöglichkeit nach § 242 BGB darauf an, wer das Risiko der nutzbringenden Verwendung der Mietsache zu tragen hat. Die Antwort findet sich in § 552 S. 1 BGB. Danach wird der Mieter von der Entrichtung des Mietzinses nicht dadurch befreit, daß er durch einen in seiner Person liegenden Grund an der Ausübung des ihm zustehenden Gebrauchsrechts verhindert wird. Nach dem Wortlaut der Vorschrift erfaßt Satz 1 nur den Fall, daß der Mieter von der Mietsache keinen Gebrauch machen kann („verhindert wird"). Es ist aber sachgerecht - insbesondere wegen der an Satz 1 anknüpfenden Sätze 2 und 3 -, die Regelung entsprechend an-

6 St.Rspr. des BGH, zuletzt: ZMR 1996, 309, 311.

7 BGH LM Nr.57 zu § 242 BGB (Ba); NJW 1996, 714.

8 BGH, ZMR 1996, 309, 311.

zuwenden, wenn der Mieter den Gebrauch nicht ausüben will.[9] Im Rahmen des § 552 BGB kommen nur solche Gebrauchshindernisse in Betracht, die sich aus der Person des Mieters ergeben. Den Gegensatz zu den in der Person des Mieters liegenden Gebrauchshindernissen bilden die in der Person des Vermieters liegenden Gründe und die objektiven Gebrauchshindernisse. Maßgeblich ist nicht, wer das Gebrauchshindernis zu vertreten hat; vielmehr kommt es darauf an, wessen Risikobereich es zuzuordnen ist.[10] Bei der Anwendung des § 552 BGB gilt allgemein: Das Risiko der Gebrauchstauglichkeit der Mietsache trägt der Vermieter, das seiner nutzbringenden Verwendung der Mieter. Deshalb gilt § 552 Satz 1 BGB auch dann, wenn der Mieter infolge einer Krankheit, einer beruflichen Veränderung[11] oder aus anderen persönlichen Gründen das Interesse an der Sache verloren hat. Im Rahmen der Kündigung wegen Wegfalls der Geschäftsgrundlage ist die Frage der Risikoverteilung ebenso zu beantworten wie bei § 552 BGB. Daraus ergibt sich, daß eine Kündigung nach § 242 BGB durchweg nicht in Betracht kommt, weil die Beendigungsinteressen dem Risokobereich des Mieters zuzuordnen sind.

IV. Der Mietaufhebungsvertrag

1. Mietverträge können nach dem Grundsatz der Vertragsfreiheit jederzeit im Wege der Vereinbarung aufgehoben werden. Die Rechtsprechung vertritt in diesem Zusammenhang die Ansicht, daß ein Vermieter in bestimmten Fällen nach Treu und Glauben (§ 242 BGB) verpflichtet sein kann, den Mieter vorzeitig aus dem Vertrag zu entlassen.[12] Dieser Grundsatz ist für die Wohnraummiete entwickelt worden. Der Rückgriff auf § 242 BGB ist hier auch geboten, weil es bei der Wohnraummiete keine anderen zumutbaren Möglichkeiten der Konfliktlösung gibt. Auf eine solche Konfliktlösung kann aber wegen der überragenden Bedeutung der Wohnung für die Familie und den Einzelnen nicht verzichtet werden.

Darüber hinaus werden die Grundsätze über die Verpflichtung zum Abschluß eines Mietaufhebungsvertrags aber auch bei der Geschäftsraummiete angewandt.[13] Hier ist der Rückgriff auf § 242 BGB allerdings entbehrlich (und deshalb fehlerhaft), weil § 549 BGB aus den oben unter I. dargestellten Gründen eine sachgerechte, den Interessen beider Parteien entsprechende Lösung ermöglicht.[14]

---

[9] Ebenso: BGH, WM 1981, 57; OLG Köln, NJW RR 1992, 443; Roquette, § 552 BGB, Rdn.17; Erman/Jendrek, § 552 BGB, Rdn. 3; zweifelnd: OLG Oldenburg, Rechtsentscheid vom 10.11.1980, WM 1981, 177 = ZMR 1981, 91; a.A. Emmerich/Sonnenschein, § 552 BGB, Rdn. 5, 8 und 13; § 324 Abs. 1 BGB.[10] BGHZ 38, 295; OLG Düsseldorf, ZMR 1992, 536.

[11] LG Gießen, NJW RR 1995, 395.

[12] OLG Karlsruhe, Rechtsentscheid vom 25.3.1981, NJW 1981, 1741 = WM 1981, 173 = ZMR 1981, 269; ebenso: OLG Hamm, Rechtsentscheid vom 22.8.1995, NJW RR 1995, 1478 = WM 1995, 577 = ZMR 1995, 525; ähnlich OLG Oldenburg, Rechtsentscheid vom 19.2.1981, WM 1981, 125.

[13] OLG München, NJW RR 1995, 93 = ZMR 1995, 156; LG Frankfurt, ZMR 1984, 309.

[14] Ebenso: Schulz, ZMR 1985, 8.

2. Das OLG Karlsruhe[15] hat die Voraussetzungen für den Anspruch des Mieters auf vorzeitige Vertragsentlassung im Tenor des Rechtsentscheids vom 25.3.1981 dahingehend formuliert, der Vermieter sei „nur dann verpflichtet, den Mieter, der ihm einen geeigneten Nachmieter stellt, vorzeitig aus dem auf bestimmte Zeit abgeschlossenen Wohnungsmietvertrag zu entlassen, wenn das berechtigte Interesse des Mieters an der Aufhebung dasjenige des Vermieters am Bestand des Vertrags ganz erheblich überragt...". Die Formulierung verdeckt, daß ein Rückgriff auf § 242 BGB nur dann in Betracht kommen kann, wenn der Mieter hinreichend gewichtige Interessen an der vorzeitigen Vertragsbeendigung hat. Erst dann sind diese Interessen gegen die Interessen des Vermieters am Fortbestand des Vertrages abzuwägen.

Insbesondere scheidet die Anwendung des § 242 BGB von vornherein aus, wenn der Vertrag ohnehin in absehbarer Zeit endet.[16] Die allgemeine Kündigungsfrist des § 565 Abs 2 S. 1 BGB kann nicht über § 242 BGB verkürzt werden.[17] Die Probleme, die sich aus den gestaffelten Kündigungsfristen des § 565 Abs. 2 S. 2 BGB ergeben, sind ebenfalls nicht über § 242 BGB zu lösen.[18] Die Geltung der gestaffelten Kündigungsfristen sowohl für die Kündigung des Vermieters als auch für die Kündigung des Mieters beruht auf einer verfehlten Anwendung des Gleichheitssatzes. Durch die gestaffelten Fristen soll der Mieter mit langer Wohnzeit besonders geschützt werden; ihm wird eine längere Zeit zur Ersatzraumsuche zugestanden, damit er in der vertrauten Umgebung eine Ersatzwohnung finden kann. Bei einer vom Mieter ausgesprochenen Kündigung ergibt eine nach der Wohnzeit gestaffelte Frist keinen Sinn. Vielmehr wird der Schutzzweck des § 565 Abs. 2 S. 2 BGB ins Gegenteil verkehrt, wenn der Mieter Kündigungsfristen zwischen sechs und zwölf Monaten einhalten muß.[19] Die Vorschrift ist auch rechtspolitisch verfehlt, weil die Mieter ohne Grund an der Planung eines Wohnungswechsels gehindert werden. Verfehlte gesetzliche Vorschriften können aber nicht über § 242 BGB korrigiert werden. Diese Vorschrift ist nie auf den Regelfall, sondern immer nur dann anwendbar, wenn besondere Sachlagen und Fallgestaltungen vorliegen. Ob § 565 Abs. 2 S. 2 BGB verfassungskonform dahingehend einzuschränken ist, daß die Staffelung der Kündigungsfristen bei einer Kündigung durch den Mieter nicht eingreift[20], ist eine andere Frage, die hier nicht untersucht werden kann.

3. Die Frage nach der Anwendbarkeit des § 242 BGB stellt sich erst dann, wenn der Mieter ein hinreichendes Aufhebungsinteresse hat. In diesem Fall steht fest, daß der Grundsatz „pacta sunt servanda" wegen besonderer Umstände durchbrochen wer-

---

[15] A.a.O.

[16] OLG Oldenburg, Rechtsentscheid vom 23.4.1981, WM 1982, 124 = ZMR 82, 285 betr. eine restliche Vertragszeit von drei Monaten.

[17] LG Flensburg, WM 1976, 161; LG Hamburg, FWW 1975, 390; LG Mannheim, Justiz 1977, 421; LG Berlin, WM 1979, 77; MDR 1988, 498; GE 1995, 249; AG Miesbach, WM 1989, 22.

[18] A.A.: LG Hamburg, WM 1988, 125 betr. Abkürzung einer sechsmonatigen Kündigungsfrist.

[19] So zutreffend: Eisenschmid, PiG 33, 127, 130 f.

[20] So Looschelders, JZ 1995, 1034.

den kann. Ob es zur Vertragsaufhebung kommt, ist allerdings in einem weiteren Schritt zu prüfen, in dem die Interessen des Mieters an der Vertragsaufhebung und die Interessen des Vermieters am Fortbestand des Vertrags gegeneinander abzuwägen sind. Für die Abwägung kommt es zunächt darauf an, ob die Befristung des Mietvertrags im Interesse des Mieters oder im Interesse des Vermieters erfolgt ist. Im erstgenannten Fall steht der Mietaufhebung im allgemeinen nichts entgegen. Der Grundsatz „pacta sunt servanda" ist lediglich für die Frage von Bedeutung, ob eine Interessenabwägung stattzufinden hat. Für die Bewertung und Abwägung der jeweiligen Interessen sind abstrakte Rechtsgrundsätze ohne Bedeutung.

Ist die Befristung im Interesse (oder auch im Interesse) des Vermieters erfolgt (s. oben A), so sind diese Interessen den Interessen des Mieters gegenüberzustellen. Es ist zu fragen, welche Auswirkungen die vorzeitige Aufhebung des Mietverhältnisses für den Vermieter haben würde und wie sich eine Fortsetzung des Vertrags auf den Mieter auswirkt. Überwiegen die Interessen des Mieters[21], so hat er einen Anspruch auf vorzeitige Vertragsentlassung. Überwiegen die Interessen des Vermieters, so muß das Mietverhältnis entsprechend den vertraglichen Vereinbarungen fortgesetzt werden. Gleiches gilt, wenn die jeweiligen Interessen der Parteien gleichwertig sind oder nicht eindeutig gewichtet werden können.

4. Eine Interessenbewertung der hier beschriebenen Art und der daraus abgeleitete Eingriff in ein bestehendes Vertragsverhältnis ist dem Wohnungsmietrecht keineswegs fremd, wie ein Blick auf § 556 a BGB zeigt. Nach dieser Vorschrift kann der Mieter vom Vermieter die Fortsetzung eines gekündigten Mietverhältnisses verlangen, wenn die vertragsgemäße Beendigung des Mietverhältnisses eine Härte bedeutet, die auch unter Würdigung der berechtigten Interessen des Vermieters nicht zu rechtfertigen ist. Auch hier sind die jeweiligen Interessen gegeneinander abzuwägen. Die strukturelle Ähnlichkeit des Anspruchs des Mieters aus § 556 a BGB auf Fortsetzung eines gekündigten Mietverhältnisses mit dem Anspruch aus § 242 BGB auf vorzeitige Aufhebung eines Mietverhältnisses ist unverkennbar. Deshalb ist es naheliegend und sachgerecht, wenn zur Konkretisierung des Aufhebungsanspruchs auf die Regelungen des § 556 a BGB zurückgegriffen wird.

5. Daraus folgt, daß die Vorschrift des § 564 Abs. 1 BGB -

„Das Mietverhältnis endigt mit dem Ablauf der Zeit, für die es eingegangen ist"-

nach § 242 BGB folgende Ergänzung erfahren muß:

„Der Mieter kann vom Vermieter die vorzeitige Mietaufhebung verlangen, wenn die vertragsmäßige Beendigung des Mietverhältnisses für den Mieter oder seine Familie eine Härte bedeuten würde, die auch unter Würdigung der berechtigten Interessen

---

[21] Nach dem Rechtsentscheid des OLG Karlsruhe vom 25.3.1981, a.a.O., ist es erforderlich, daß das Interesse des Mieters dasjenige des Vermieters „ganz erheblich" überragt. Diese Quantifizierung spielt in der Praxis keine Rolle; es ist auch nicht ersichtlich, welche Kriterien hierfür maßgeblich sein sollen.

des Vermieters nicht zu rechtfertigen ist. Ist dem Vermieter die vorzeitige Mietaufhebung nur zumutbar, wenn der Mieter zusätzliche Verpflichtungen übernimmt, so kann die Mietaufhebung nur bei Übernahme angemessener Zusatzverpflichtungen verlangt werden."

6. Im einzelnen ergibt sich hieraus das Folgende:

a) Der Mieter muß den Anspruch auf Vertragsaufhebung gegenüber dem Vermieter geltend machen.[22] Das Aufhebungsverlangen ist rechtlich ein Angebot zum Abschluß eines Mietaufhebungsvertrags, das dem Vermieter zugehen muß. Das Aufhebungsverlangen bedarf keiner besonderen Form. Inhaltlich muß das Aufhebungsverlangen den Wunsch des Mieters nach vorzeitiger Vertragsaufhebung zum Ausdruck bringen.

b) Das Aufhebungsverlangen bedarf keiner Begründung. Der Vermieter kann aber verlangen, daß der Mieter über die Gründe des Aufhebungsverlangens Auskunft erteilt [23] Der Mieter muß die Gründe des Aufhebungsverlangens hinreichend substantiiert darlegen, damit der Vermieter erkennen kann, ob er verpflichtet ist, den Mieter vorzeitig aus dem Vertrag zu entlassen.[24] Wenn und soweit der Vermieter die für eine Entscheidung über die Vertragsaufhebung erforderlichen Tatsachen bereits kennt, sind erneute Angaben hierzu entbehrlich.

c) Im Einzelfall kann der Vermieter einen Anspruch auf zusätzliche Ergänzungsvereinbarungen haben.[25] Hierzu gehört etwa die Verpflichtung zur Übernahme der durch die vorzeitige Vertragsbeendigung entstehenden Kosten oder die Verpflichtung zur Beschaffung eines Ersatzmieters. Die Annahme der h.M., wonach die Stellung eines Ersatzmieters ausnahmslos Voraussetzung für den Anspruch auf vorzeitige Mietaufhebung ist, erscheint nicht sachgerecht. Große Wohnungsunternehmen mit preiswerten Wohnungen benötigen im allgemeinen keinen vom Mieter gestellten Ersatzmieter. Bei einem Privatvermieter mag das anders sein, insbesondere, wenn das Objekt schwer vermietbar ist. Wesentlich ist, daß sich die Frage nach dem Ersatzmieter von Fall zu Fall anders stellt. Deshalb muß sie auch fallbezogen beantwortet werden.

[22] Ähnl. dem Fortsetzungsverlangen nach § 556 a Abs.1 BGB.

[23] Ähnl. § 556 a Abs.5 S. 2 BGB.

[24] LG Berlin, GE 1996, 741: Es gelten ähnliche Anforderungen wie für die Begründung der Vermieterkündigung nach § 564 b Abs. 3 BGB.

[25] Ähnl. § 556 a Abs. 2 S. 2 BGB.

C. ZUSAMMENFASSUNG

1. Der Mieter von Gewerberaum hat gegen den Vermieter keinen Anspruch auf vorzeitige Entlassung aus einem auf bestimmte Zeit abgeschlossenen Mietvertrag. Den Interessen des Gewerbemieters an einer vorzeitigen Besitzaufgabe unter gleichzeitiger Mietentlastung wird durch die Möglichkeit zur Untervermietung hinreichend Rechnung getragen.

2. Dem Mieter von Wohnraum ist die Untervermietung nicht zuzumuten, weil der Untermieter im Verhältnis zum Mieter Kündigungsschutz genießt. Aus diesem Grunde kann der Mieter den Untermietvertrag nicht so gestalten, daß dieser zeitgleich mit dem Hauptmietverhältnis endet.

3. Der Wohnraummieter hat in bestimmten Fällen einen aus § 242 BGB folgenden Anspruch gegen den Vermieter auf vorzeitige Vertragsentlassung. Dieser Anspruch findet seine Rechtfertigung in der überragenden Bedeutung der Wohnung für die Familie und den Einzelnen.

4. Die tatsächlichen Voraussetzungen des gesetzlichen Anspruchs auf vorzeitige Mietaufhebung können in Anlehnung an die Grundsätze des § 556 a BGB konkretisiert werden. Hieraus ergibt sich: Der Mieter kann vom Vermieter die vorzeitige Mietaufhebung verlangen, wenn die vertragsmäßige Beendigung des Mietverhältnisses für den Mieter oder seine Familie eine Härte bedeuten würde, die auch unter Würdigung der berechtigten Interessen des Vermieters nicht zu rechtfertigen ist. Der Mieter muß den Anspruch auf Vertragsaufhebung gegenüber dem Vermieter geltend machen. Der Vermieter kann verlangen, daß der Mieter über die Gründe des Aufhebungsverlangens Auskunft erteilt. Im Einzelfall kann der Vermieter einen Anspruch auf zusätzliche Ergänzungsvereinbarungen haben. Hierzu gehört etwa die Verpflichtung zur Übernahme der durch die vorzeitige Vertragsbeendigung entstehenden Kosten oder die Verpflichtung zur Stellung eines Ersatzmieters.

Ulf Börstinghaus

DER BEGRIFF DER ORTSÜBLICHEN VERGLEICHSMIETE

EIN RÜCK- UND AUSBLICK NICHT NUR AUS DER SICHT EINES MIETRICHTERS

Verglichen mit dem Jubiläum, das der durch diese Festschrift Geehrte begehen darf, ist das weitere in diese Tage fallende Jubiläum schon fast vernachlässigungswert. Nicht 70 Jahre, nein, gerade mal 25 Jahre ist ein Rechtsbegriff alt geworden, der für einen großen Teil der Bevölkerung, nämlich alle diejenigen, die entweder Wohnraum vermieten dürfen oder mieten müssen, von Bedeutung ist. Durch das 1. Wohnraumkündigungsschutzgesetz (WKSchG) vom 25.11.1971[1] hat der Gesetzgeber versucht, für das besondere Wirtschaftsgut **„Wohnung"** eine Regelung zu schaffen, die zum einen dem Interesse des Mieters am dauerhaftem Bestand des Mietverhältnisses und zum anderen dem Interesse des Vermieters an Anpassung des Mietzinses gerecht wurde. Dabei hatte der Gesetzgeber zunächst nur eine Übergangsregelung vor Augen. Wie vielen solchen Übergangsregelungen erging es aber auch diesen, nach Ende der Wohnraumbewirtschaftung befristet gedachten, Regelungen. Entsprechend dem Zeitgeist[2] und den veränderten Bedingungen auf dem Wohnungsmarkt im jeweiligen Jahrzehnt erfuhr der Begriff in der Folgezeit aber nicht nur kosmetischen Veränderungen.

Als der Gesetzgeber 1971 die Möglichkeit der Mieterhöhung - wieder einmal - regelte, geschah dies u.a. deshalb, weil er durch das Wohnraumkündigungsschutzgesetz dem Vermieter die bis dahin zulässige Möglichkeit der Mieterhöhung, nämlich die Änderungskündigung, verboten hatte. Diese freie Kündbarkeit von Wohnraummietverhältnissen erlaubte es den Vermietern damals nämlich, u.U. Mieterhöhungen durchzusetzen, die bei einer Neuvermietung auf dem Markt nicht hätten erzielt werden können[3]. Dies beruhte zum einen auf der damals teilweise noch bestehenden Mangellage und zum anderen auf dem - verständlichen - Wunsch der Mieter, in einer einmal bezogenen Wohnung zu verbleiben und einen teuren Umzug möglichst zu vermeiden[4]. Die Spielregeln der Marktwirtschaft, wonach Angebot und Nachfrage den Preis bestimmen, funktionierten damals wie heute auf dem Wohnungsmarkt nicht, da dieser zu schwerfällig ist, um kurzfristig auf Verknappungen oder Überhänge reagieren zu können.

---

[1] BGBl I. S. 1839.

[2] Sonnenschein, Die Geschichte des Wohnraummietrechts seit 1917, PiG 49, 9.

[3] Riedmaier ZMR 1987, 1.

[4] Aus diesem Grund hat der Gesetzgeber jetzt in § 12 Abs. 5 MHG den Mietern in den neuen Bundesländern eine besondere Verteidigungsmöglichkeit eingeräumt, wonach diese sich bei der prozentualen Mieterhöhung darauf berufen können, der verlangte Mietzins überschreite die ortsübliche Vergleichsmiete.

Da bis 1971 im Mietpreisrecht im Grunde das auf liberalem Gedankengut beruhende BGB mit der Möglichkeit der freien Mietpreisgestaltung galt und zu diesem Zeitpunkt noch Wohnungsmangel herrschte, kam es zu großen Mieterhöhungen[5]. Zur Hoch-Zeit der sozialliberalen Koalition hat deshalb der Gesetzgeber durch § 1 Abs. 4 des **„Gesetzes über den Kündigungsschutz für Mietverhältnisse über Wohnraum"** vom 25.11.1971[6] die Kündigung zum Zwecke der Mieterhöhung ausdrücklich ausgeschlossen[7]. Zum Ausgleich dafür räumte er dem Vermieter einen Anspruch auf Zustimmung zu einer Mieterhöhung ein. Hierzu schuf er die verkürzt schnell so genannte **ortsübliche Vergleichsmiete**. Damit sind die üblichen Entgelte gemeint, die in der Gemeinde oder in vergleichbaren Gemeinden für die Vermietung von Räumen vergleichbarer Art, Größe, Ausstattung, Beschaffenheit und Lage gezahlt werden. Schnell entstand ein Streit über den Inhalt dieses Begriffs.

Das Gesetz stellt von seinem eindeutigen Wortlaut auf tatsächlich gezahlte Mieten als Obergrenze ab und nicht auf eine nach Wirtschaftlichkeitsgesichtspunkten zu ermittelnde Kostenmiete, auch wenn es noch heute manchmal in Diskussionen so dargestellt wird und gerade dieser Wirtschaftlichkeitsgesichtspunkt von Vermietern immer wieder ins Spiel gebracht wird.

Unverändert ist in den 25 Jahren die Tatsache geblieben, daß die sog. ortsübliche Vergleichsmiete nach den 5 Wohnwertmerkmalen „Art, Größe, Beschaffenheit, Ausstattung u=L Lage[8]" zu erfolgen hat. Der Gesetzgeber hat dabei nicht etwas völlig Neues geschaffen. Er konnte 1971 an rechtliche Regelungen anknüpfen, die es bereits früher gab und die zumindest einige der Wohnwertmerkmale zur Bestimmung der zulässigen Miete verwandten. Bereits vor dem Krieg gab es Vorschriften, wonach die Einigungsämter in den Fällen, in denen der vereinbarte Mietzins den Betrag überstieg, der **„für Wohnräume, Läden oder Werkstätten der gemieteten Art und Ausstattung unter Berücksichtigung der Nebenleistungen des Vermieters üblich und angemessen"** war, berechtigt waren, diesen Mietzins auf die **„angemessene Höhe" herabzusetzen**[9]. Aber auch nach dem Krieg hatte der Gesetzgeber bereits vor 1971 an diese Formulierungen angeknüpft. Der Begriff der durch Vergleich zu ermittelnden ortsüblichen Miete befand sich ebenfalls in § 2 der VOPR Nr. 71/51 über Maßnahmen auf dem Gebiete des Mietpreisrechts vom 29.11.1951[10]. Auch dort war die **„ortsübliche Miete für Wohnraum gleicher Art, Lage und Aus-**

---

5 „Wohnungspolitik nach dem 2. Weltkrieg", aus der Schriftenreihe Forschung des Bundesministers für Raumordnung, Bauwesen und Städtebau, Band 482, Seite 223 m.w.N.

6 BGBl I 1839.

7 Zum 1 WKSchG siehe auch Barthelmess, ZMR 1972, 165, 202; Häusler, DWW 1971, 376; Lutz, DWW 1971, 383; Schmidt, WuM 1971, 193; ders. WuM 1972, 1; Schmidt-Futterer, NJW 1972, 86; Schopp, ZMR 1972, 1; Sternel, WuM 1972, 185.

8 Zu diesen Merkmalen siehe im einzelnen Börstinghaus, Mieterhöhungen bei Wohnraummietverträgen, 2. Aufl 1995, Rdn 164-175.

9 Z. B. „Verordnung zum Schutz der Mieter" v. 22.6.1919, RGBl. 1919, S. 591.

10 BGBl. I, S. 920.

stattung" maßgeblich. Schließlich hatte der Gesetzgeber auch im 1. BMietG für Geschäftsraummietverhältnisse eine ähnliche Obergrenze geschaffen.

Von Beginn an war und ist aber allen mit diesem Rechtsbegriff befaßten Fachleuten[11] klar gewesen, daß die 5 Wohnwertmerkmale nur sehr unzureichend geeignet sind, den Wohnwert einer Wohnung zu beschreiben. Eine allgemeingültige Wohnwerttheorie gibt es bis heute nicht. Dabei sei hier nur auf das Lagemerkmal hingewiesen. Die Lage einer Wohnung spielt zunächst nur bei bestimmten Einkommensverhältnissen eine Rolle. Nur wer es sich leisten kann, eine ihm angebotene Wohnung abzulehnen, weil er leistungsfähig genug ist, der kann die Wohnung auch nach der Lage aussuchen. Lage ist zudem stark vom Zeitgeist bestimmt. Während in den sechziger Jahren z. B. der Trend zum Wohnen im Grünen herrschte, folgte im Zuge des Ölpreisschocks und der stark gestiegenen Fahrtkosten eher wieder ein Rückzug in die Gemeinden. Schließlich ist die Lage auch stark subjektiv bestimmt. Was für den Einen eine gute Lage ist, kann für den Anderen durchaus eine mittlere oder schlechte Lage sein. Zu denken ist nicht nur an den Kinderspielplatz vor dem Schlafzimmerfenster sondern auch an alle Merkmale der Verkehrsanbindung oder der Infrastruktur. Bestimmte Mietergruppen brauchen weder einen Kindergarten noch eine Schule oder eine U-Bahn-Station vor der Haustür, während andere durchaus auf den Grüngürtel pp. verzichten können. Und zuletzt widerlegt der Markt selbst die gesetzliche Grundvortellung, daß für bessere Wohnlagen auch eine höhere Miete gezahlt wird. Es entspricht durchaus der Realität auf dem deutschen Mietenmarkt, wie er sich in den Mietspiegeln immer wieder widerspiegelt, daß für schlechtere Wohnlagen durchaus eine höhere Miete gezahlt wird als für bessere Wohnungslagen. Dies resultiert zum einen aus der oben bereits gemachten Feststellung, daß bestimmte Mietergruppen eben gar nicht auswählen können, welche Wohnung in welcher Lage sie anmieten, sondern nehmen (müssen), was sie bekommen, und zum anderen aus der daraus häufig folgenden Tatsache, daß diese Mietverhältnisse dann zeitlich im Vergleich mit anderen Mietverhältnissen kürzer bestehen. Um so häufiger aber ein Mieterwechsel stattfindet, um so stärker steigt die Miete. Jede Neuvermietung führt dazu, daß der Vermieter versucht, eine höhere Miete durchzusetzen. Damit fließt in das Lagemerkmal als objektiver Begriff ein subjektives Merkmal, nämlich die Wohndauer mit ein, obwohl dies nach dem Vergleichsmietenbegriff eigentlich gar nicht der Fall sein dürfte.

Auch wenn hier mehrfach von Wohnwert geredet worden ist, darf dies nicht so verstanden werden, daß dem Vermieter ein Anspruch auf die „Wohnwertmiete", oder die „Marktmiete" zusteht. Hier war von Wohnwert nur die Rede, um die für andere (Vergleichs-)Wohnungen gezahlten Mieten entsprechend den Wohnwertmerkmalen des § 2 Abs. 1 Ziff. 2 MHG zu erfassen. Für die konkret zu erhöhende Miete hat dies aber nur eine sehr mittelbare Bedeutung. Der Gesetzgeber wollte durch das Vergleichsmietensystem Mieterhöhungen in bestehenden Mietverhältnissen auf die ortsüblichen Entgelte für vergleichbare Wohnungen in der Gemeinde begrenzen[12]. Dem Ver-

[11] Für alle z.B.: Goch, WuM 1980, 69.

[12] BVerfGE 14, 248.

mieter sollte gerade kein Anspruch auf die Miete eingeräumt werden, die er für den Fall der Neuvermietung erzielen könnte. Man muß sich deshalb immer vor Augen halten, daß der Gesetzgeber aus diesem Grund einen unbestimmten Rechtsbegriff geschaffen hat. Es handelte sich zunächst um die üblichen Entgelte, die in der Gemeinde für nicht preisgebundenen Wohnraum vergleichbarer Art, Größe, Ausstattung, Beschaffenheit und Lage vereinbart worden sind[13]. Bis zur gesetzlichen Neuregelung im Jahre 1982 war durchaus umstritten, ob die ortsübliche Vergleichsmiete im Sinne einer Durchschnittsmiete oder im Sinne einer Marktmiete zu verstehen war. Unter der Durchschnittsmiete wird dabei derjenige Mietpreis bezeichnet, der für die Gesamtheit der bestehenden Mietverhältnisses unabhängig von ihrem Zustandekommen gezahlt wird[14]. Marktmiete ist dagegen derjenige Preis, der im Augenblick bei einer Neuvermietung aufgrund der herrschenden Angebots- und Nachfragesituation erzielt werden kann[15]. Bereits im Jahre 1981 hat das BayObLG[16] entschieden, daß unter dem Begriff der üblichen Entgelte ein repräsentativer Querschnitt der Mieten zu verstehen sei, die in der Gemeinde unter gewöhnlichen Umständen tatsächlich und üblicherweise gezahlt werden. Zur Ermittlung dieses Entgelts waren auch diejenigen Mietzinsvereinbarungen zu berücksichtigen, die seit längerer Zeit unverändert bestanden. Damit war der damalige Streit zugunsten einer Durchschnittsmiete entschieden.

Der Vergleichsmietenbegriff hat im Laufe der Zeit dreimal eine inhaltliche Änderung erfahren. Von 1971 bis 1974 gehörten alle in der Gemeinden gezahlten Mieten hierzu. Von 1975 bis 1982 waren es zeitlich weiterhin alle Mieten, aber sachlich wurden klarstellend die preisgebundenen Mieten ausgenommen. Von 1982 bis 1993 wurden zeitlich nur noch die Mieten berücksichtigt, die in den letzten 3 Jahren neu vereinbart oder verändert wurden, seit 1993 ist diese Frist auf 4 Jahre verlängert.

Durch diese zeitliche Begrenzung der mietspiegelrelevanten Mieten im Jahre 1982 hat der Gesetzgeber auch einen Kompromiß zwischen den oben beschriebenen beiden Auffassungen, ob die ortsübliche Vergleichsmiete eine Durchschnittsmiete oder eine Marktmiete sein soll, dahingehend gefunden, daß nunmehr unter der ortsüblichen Vergleichsmiete eine modifizierte Durchschnittsmiete[17] zu verstehen ist. Also nicht die höchste vereinbarte Miete oder die zuletzt vereinbarte Miete bestimmt die ortsübliche Vergleichsmiete, sondern ein durch Gewichtung zu ermittelnder Mittelwert aus den in den letzten 4 Jahren vereinbarten Mieten.

[13] Wegen der Einzelheiten hinsichtlich dieser Wohnwertmerkmale kann wegen des eingeschränkten Raumes hier nur verwiesen werden auf Börstinghaus, Mieterhöhungen bei Wohnraummietverträgen, Herne, 1995 Rdn. 164 ff.

[14] Rupp, DWW 1979, 279; Schmidt-Futterer/Blank a.a.O., C 54a.

[15] S. ebenda.

[16] BayObLG, NJW 1981, 1219 = WuM 1981, 100.

[17] Schmidt-Futterer/Blank, a.a.O., Rdn. C 54b.

Der Streit darüber, welche Mieten nun zu erfassen sind, geht aber ungeachtet dieser gesetzlichen Änderung und der damit eigentlich getroffenen gesetzgeberischen Grundentscheidung weiter. Die verschiedensten Auffassungen werden nach wie vor zu der Frage vertreten, in welchem Verhältnis die Mieten der einzelnen Jahre sowie die Neuvertrags- und Bestandsmieten bei der Ermittlung der ortsüblichen Vergleichsmiete zugrunde zu legen sind[18].

Aber auch der Begriff der Üblichkeit ist weiterhin strittig. Gerade auch vor dem Hintergrund, daß in den neuen Ländern überproportional viele mietpreiswidrige Mieten existieren[19], stellt sich die Frage, wie diese Mieten bei der Datenerhebung ggf zu eliminieren sind. Hier besteht in den neuen Ländern die begründete Furcht, daß durch die Einführung von Mietspiegeln diese rechtswidrigen Mieten legalisiert werden und das allgemeine Mietenniveau anheben. Da eine vollständige Eliminierung solcher Mieten wahrscheinlich aus tatsächlichen Gründen gar nicht möglich ist, stellt sich dort die Frage, inwieweit man diesem Problem durch Pauschalierungen gerecht werden kann[20]. Hinzu kommt die Frage, wieviel Prozent der Mieten jeweils die Ortsüblichkeit bestimmen sollen. Gegen die in der Praxis übliche Zwei-Drittel-Spanne wird immer wieder eingewandt, daß dadurch insbesondere die Neuvertragsmieten in starkem Umfang ausgegrenzt würden[21].

Bereits zum 1. WKSchG wurde die Auffassung vertreten, daß der Gesetzgeber mit der Schaffung des Begriffs der ortsüblichen Vergleichsmiete die Gerichte vor eine „**nahezu unlösbare Aufgabe**" gestellt habe[22]. Es wurde vermutet, daß sich die „**Vorschrift zu einer Quelle immerwährender Streitigkeiten entwickeln**"[23] würde[24]. Ferner wurden ernstliche Bedenken gegen die Ermittelbarkeit der ortsüblichen Entgelte geäußert[25]. Schnell wurde festgestellt, daß der Begriff der ortsüblichen Ver-

[18] Neuerdings plädieren Sotelo/Waltz, GE 1995, 1513, aus ökonomischer Sicht wieder für eine stärkere Berücksichtigung der Neuvertragsmieten.

[19] Z.B. weil Wohnraum am 3.10.1990 tatsächlich nicht unbewohnbar war oder weil bei den Modernisierungskosten grundsätzlich nicht umlegbare Instandsetzungskosten mit umgelegt wurden.

[20] Erstmals beim Hamburger Mietspiegel 1993 wurden vorab der obere Rand der Spanne um 2% und der untere Rand um 1% gekappt. Damit sollte der Tatsache Rechnung getragen werden, daß es erhebungstechnisch nicht möglich war, unzulässig überhöhte Mieten gem. § 5 WiStrG, § 302a StGB vor der Datenverarbeitung auszusondern. Am Ende der Spanne erfolgte die geringere Kappung, um Gefälligkeitsmieten auszusondern (dazu LG Hamburg, WuM 1996, 45, 46).

[21] Voelskow, WuM 1993, 21.

[22] So Löwe, NJW 1972, 2017, 2020.

[23] Siehe ebenda.

[24] Auch wenn der DMB behauptet, ca. 21,5% aller gerichtlicher Mietauseinandersetzungen beträfe Mieterhöhungen (Quelle FAZ 18.6.1996), so kann ich dies nicht bestätigen. Für die Zeit vom 1.1.1991 bis 31.3.1992 sind am AG Dortmund monatlich 24 Mieterhöhungsverfahren anhängig gemacht worden (Börstinghaus, Mieten und Vermieten in Dortmund, Mieterhöhung, Gelsenkirchen, 1992, Seite 9). Das entspricht einer Quote von unter 2%.

[25] Roquette, ZMR 1972, 138; Klien, NJW 1973, 974, 975.

gleichsmiete „objektiver, empirischer Natur ist"[26] und sich deshalb durch örtlich repräsentative, soziologisch-statistische Umfragen ermitteln lasse[27].

Dabei darf eins nicht vergessen werden: Die vom Gesetzgeber zugelassenen verschiedenen Begründungsmittel besagen an sich noch gar nichts über die Höhe der ortsüblichen Vergleichsmiete. 3 willkürlich ausgesuchte, mehr oder weniger vergleichbare Wohnungen können über die Frage, wie hoch der Wert eines durch Gewichtung aus unzähligen Einzelwerten der letzten 4 Jahre zu ermittelnden unbestimmten Rechtsbegriffs ist, gar nichts aussagen.

Auf der anderen Seite hat der Begriff der ortsüblichen Vergleichsmiete trotz aller Auseinandersetzungen über Einzelfragen im Grundsätzlichen durchaus eine soziale und friedensstiftende Funktion in den letzten 25 Jahren gehabt. Hinter dem Begriff steht unausgesprochen eine gewisse Ausgewogenheit, die beiden Parteien Opfer abverlangt. Der Vermieter bekommt nicht ganz so viel wie bei einer Neuvermietung, der Mieter kann sich aber auch nicht darauf verlassen, auf Dauer seinen ursprünglichen, u.U. ehemals niedrigen Mietzins weiterzahlen zu können.

Beide Jubilare haben also in den vergangenen Jahren durch ihre Tätigkeit oder Existenz zum sozialen Klima in unserem Land erheblich beigetragen. Als jemand, der bisher beide Jubilare nur eine kleine Wegstrecke beruflich begleiten durfte, kann ich mir nur wünschen, daß beide uns mit ihrem Wirken noch lange erhalten bleiben.

Herzlichen Glückwunsch!

Auch im Hinblick auf die anstehenden - abschließenden - Änderungen in den neuen Ländern sollten die methodisch formalen Probleme der Vergleichsmietenermittlung nicht weiter überbewertet werden. Jedes Bemühen, die erforderlichen Daten zu ermitteln und daraus eine praxisgerechte Mietwerttabelle zu erstellen, sollte unterstützt werden. Durch immer weitere methodische Anforderungen kann dies natürlich verhindert werden. Das System muß für ein Massenverfahren, wie die jährlichen Mieterhöhungsverfahren, einfach und überzeugend ausgelegt sein. Der heute häufig anzutreffende Versuch, jeden Einzelfall im Gesetz zu regeln und auszudifferenzieren, ist da der falsche Weg. Die Justiz kann mit Generalklauseln im übrigen besser leben als die Parteien. Für diese ist die Prognostizierbarkeit gerichtlicher Entscheidungen wichtig, die Justiz benötigt als Entlastung die Akzeptanz der gesetzlichen Regelung und der Entscheidungen. Diesen Spagat in der Zukunft in einem so politischen Bereich wie dem des Mietrechts zu gehen, wird Aufgabe der Mietrechtsreform der kommenden Zeit sein. Der Blick in die vergangenen 25 Jahre läßt da m.E. zuversichtlich in die Zukunft schauen.

[26] Höfel, WuM 1973, 152, 153.

[27] LG Mannheim, ZMR 1973, 157, 158.

Dr. Wolf-Rüdiger Bub

DIE BEWEISKRAFT DES PROTOKOLLS DER EIGENTÜMERVERSAMMLUNG

Nach § 24 Abs. 6 S. 1 WEG ist über die in einer Wohnungseigentümerversammlung gefaßten Beschlüsse eine Niederschrift aufzunehmen. Durch das Erfordernis, eine unterschriebene Niederschrift über gefaßte Beschlüsse zu erstellen, wollte der Gesetzgeber die nötige Gewähr für den Inhalt der gefaßten Beschlüsse bieten und eine zuverlässige Kenntnisnahme von ihnen ermöglichen[1], was angesichts der gemäß § 10 Abs. 3 WEG verdinglichten Wirkung von Beschlüssen der Wohnungseigentümer auch erforderlich ist[2].

1. Das Protokoll ist Privaturkunde i.S.d. § 416 ZPO.[3] Nur wenn die Niederschrift von einem Notar aufgenommen wird, ist sie eine öffentliche Urkunde i.S.d. § 415 Abs.1 ZPO. In der Teilungserklärung können die Wohnungseigentümer vereinbaren, daß das Protokoll stets einer notariellen Beurkundung bedarf.[4]

Die Niederschrift ist als solche Beweismittel[5] mit der Beweiskraft einer Privaturkunde; sie hat also weder gesetzliche, formelle Beweiskraft[6] noch die Wirkungen einer öffentlichen Urkunde i.S.d. § 417 ZPO. Sie ist also nicht geeignet, den Beweis für die inhaltliche Richtigkeit der niedergelegten Erklärungen zu erbringen, da die Wohnungseigentümer nicht die Befugnis haben, eine Privaturkunde einer öffentlichen Urkunde gleichzustellen.[7]

Haben die Wohnungseigentümer gemäß § 12 WEG vereinbart, daß zur Veräußerung des Wohnungseigentums die Zustimmung der Versammlung erforderlich ist, kann diese dem Grundbuchamt allerdings durch Vorlage einer Niederschrift über die Beschlußfassung in der Versammlung, bei der die Unterschriften der in § 24 Abs. 6 WEG bezeichneten Personen in der Form des § 29 GBO öffentlich beglaubigt sind[8], und eine Bescheinigung des zuständigen Amtsgerichts darüber, daß der Beschluß nicht

---

[1] BayObLGZ 1961, 392, 396; OLG Oldenburg, ZMR 1985, 30.

[2] KG, NJW 1989, 532; Weitnauer/Lüke, Komm. z. WEG, 8. Aufl., § 24 Rn. 17.

[3] BayObLGZ 1973, 68, 75; Z 1982, 445, 448; WuM 1988, 98; WuM 1990, 94; Bärmann/Pick/Merle, Komm. z. WEG, 6. Aufl., § 24 Rn. 22; Staudinger/Wenzel, Komm. z. BGB, 12. Aufl., vor § 43 WEG, Rn. 102.

[4] Bärmann/Pick/Merle, a.a.O., § 24 Rn. 25.

[5] Weitnauer/Lüke, a.a.O., § 24 Rn. 20.

[6] BayObLGZ 1973, 68, 75; Z 1982, 445, 448; Z 1984, 213, 216; WuM 1988, 98; WuM 1990, 173, 175; KG, Rpfleger 1979, 65; WuM 1989, 347; NJW-RR 1991, 530.

[7] BayObLG, WuM 1988, 98.

[8] BayObLGZ 1961, 392, 396.

angefochten oder ein Anfechtungsantrag rechtskräftig zurückgewiesen wurde[9], nachgewiesen werden. Die Eigenschaften der Unterzeichner, die zur Unterschrift verpflichtet sind - also gemäß § 24 Abs. 6 S. 2 WEG der Vorsitzende der Versammlung und ein Wohnungseigentümer sowie gegebenenfalls der Verwaltungsbeiratsvorsitzende oder sein Vertreter -, müssen aber nicht in der von § 29 GBO vorgeschriebenen Form nachgewiesen werden.[10] Aus dem Zusammenhang von § 24 Abs. 6 mit § 26 Abs. 4 WEG ergibt sich nämlich, daß nur die Verwaltereigenschaft gemäß § 26 Abs. 4 WEG[11] oder durch Bezugnahme auf die die Bestellung enthaltende Teilungserklärung oder -vereinbarung[12] nachzuweisen ist.

Sind die Unterschriften unter der Niederschrift, die den Beschluß über die Bestellung des Verwalters und deren Dauer enthält, öffentlich beglaubigt, so kann sie im übrigen auch den Nachweis für die Verwaltereigenschaft erbringen[13], was § 26 Abs. 4 WEG ausdrücklich klarstellt. Die öffentliche Beglaubigung erfolgt dadurch, daß die Unterschriften von einem Notar beglaubigt werden (§ 129 BGB, § 40 BeurkG). Die Fortdauer der Bestellung wird vermutet, solange nicht Anhaltspunkte für die Beendigung der Verwaltertätigkeit vorliegen[14]; für den Nachweis der Verwaltereigenschaft reicht die Vorlage eines Verwaltervertrages nicht aus[15]. Im Grundbuchverkehr liefert also eine dem Abs. 6 entsprechende Niederschrift auch den Nachweis für die inhaltliche Richtigkeit in bezug auf die protokollierten Beschlüsse.[16]

Im übrigen erstreckt sich die Beweiskraft aber nur auf die Urheberschaft des Verfassers und der weiteren Unterzeichner, nicht aber auf die inhaltliche Richtigkeit und Vollständigkeit[17], so daß der Inhalt der gefaßten Beschlüsse im Streitfall im Wege der freien Beweiswürdigung durch das Gericht gemäß § 286 ZPO zu ermitteln ist. Dabei hat die Niederschrift wegen ihres Beweissicherungszwecks, insbesondere in bezug auf die nach § 10 Abs. 3 WEG bestehende dingliche Wirkung der beurkundeten Beschlüsse, einen maßgeblichen Beweiswert[18]; ihr kommt nach den zu § 286 ZPO entwickelten Grundsätzen die Vermutung der Richtigkeit zu[19]. Für die Feststellung,

---

9 Vgl. LG Bielefeld, Rpfleger 1981, 355.

10 LG Aachen, MittRhNotK 1985, 13, 14; LG Köln, MittRhNotK 1984, 121, 123; LG Lübeck, Rpfleger 1991, 309; LG Wuppertal, MittRhNotK 1985, 11, 13; Röll, Rpfleger 1986, 4.

11 LG Aachen, a.a.O.; LG Wuppertal, a.a.O.

12 OLG Oldenburg, DNotZ 1979, 33.

13 BayObLGZ 1964, 237.

14 BayObLG, WuM 1991, 361; OLG Oldenburg, DNotZ 1979, 33.

15 LG Köln, MittRhNotK 1984, 121.

16 Röll, FS Bärmann und Weitnauer (1990), 523, 528.

17 BayObLGZ 1982, 445, 448; Z 1984, 213, 216; DWE 1987, 56, 57; WuM 1990, 173, 175; KG, WuM 1989, 347; NJW-RR 1991, 530; WE 1992, 283; Soergel/Stürner, Komm. z. BGB, 12. Aufl., § 24 WEG Rn. 9; Staudinger/Wenzel, a.a.O., vor § 43 Rn. 102; Wangemann, WuM 1989, 53.

18 BayObLGZ 1973, 68, 75; Z 1982, 445, 448.

19 Röll, a.a.O.; a.A. OLG Köln, OLGZ 1979, 282 (ohne Beweiswert); Bärmann/Pick/Merle, a.a.O., § 24 Rn. 22.

mit welchem Inhalt ein Beschluß gefaßt wurde, können aber gegenbeweislich auch andere Beweismittel - z.B. die Einvernahme der Beteiligten - herangezogen werden, wobei sich die zu fordernden, objektiven, also für alle - insbesondere die künftigen - Wohnungseigentümer erkennbaren wesentlichen Umstände gerade aus der Niederschrift ergeben müssen[20]. Der Beweiswert in bezug auf die Richtigkeit und Vollständigkeit der Niederschrift wird durch das Fehlen der nach § 24 Abs. 6 S. 2 WEG erforderlichen Unterschriften geschmälert.[21]

Wollen die Wohnungseigentümer den vollen Beweis für die inhaltliche Vollständigkeit und Richtigkeit der Niederschrift durch eine öffentliche Urkunde sichern, so bleibt nur der Weg, die Niederschrift notariell beurkunden lassen.

2. Da die Protokollierung vor allem der Beweissicherung und der Klarstellung dient, ist die Niederschrift keine Voraussetzung für die Gültigkeit eines Beschlusses; sie hat also keine konstitutive Wirkung.[22]

Ob die Wohnungseigentümer dem Protokoll konstitutive Wirkung durch eine entsprechende Vereinbarung beilegen können, ist umstritten. Das Kammergericht hat eine Klausel, wonach zur Gültigkeit eines Beschlusses dessen Protokollierung erforderlich sein soll, für unwirksam erachtet[23] und zur Begründung ausgeführt, eine derartige Modifizierung des § 23 Abs. 4 WEG vertrage sich nicht mit dem von dieser gesetzlichen Bestimmung verfolgten Zweck, innerhalb einer kurzen Frist Rechtssicherheit für die Wohnungseigentümer und den Verwalter in Gemeinschaftsangelegenheiten zu schaffen. Die Gründe, weshalb ein Beschluß ungültig sei, könnten durch Vereinbarung nicht beliebig erweitert werden. Die Handlungsfähigkeit der Eigentümergemeinschaft werde durch § 23 Abs. 4 WEG verfahrensrechtlich abgesichert. Danach seien Beschlüsse nur dann ungültig, wenn sie binnen der materiellrechtlichen Ausschlußfrist von einem Monat nach der Beschlußfassung angefochten und in dem Verfahren nach § 43 Abs. 1 Nr. 4 WEG für ungültig erklärt worden sind. Würde die Protokollierung zur zusätzlichen Gültigkeitsvorausssetzung gemacht, so würde die Rechtssicherheit entscheidend beeinträchtigt. Die gesetzliche Regelung gehe davon aus, daß ein Mehrheitsbeschluß mit entsprechender Stimmabgabe in der Eigentümerversammlung zustande kommt. Von diesem Zeitpunkt an laufe auch die einmonatige

[20] BayObLG, WuM 1990, 93, 94; WE 1992, 228; vgl. BGH, NJW 1989, 3086; NJW 1988, 2741.

[21] BayObLG, WuM 1990, 173, 174; Bärmann/Pick/Merle, a.a.O., Rn. 26, 28 ff.

[22] BayObLGZ 1973, 68, 75; Z 1980, 29, 35; WuM 1993, 487, 488; KG, NJW-RR 1991, 530; OLG Hamm, DNotZ 1967, 36, 39; OLG Köln, NJW-RR 1993, 844, 845 (für einen im Beschlußbuch nicht aufgenommenen Beschluß); AG Mannheim, PuR 1996, 444, 445: kein Anfechtungsgrund; BGB-RGRK/Augustin, Komm. z. BGB, § 24 WEG Rn. 10; Weitnauer/Lüke, a.a.O., § 24 Rn. 19; Röll, a.a.O., 526; a.A. Bärmann/ Pick/Merle, a.a.O., Rn. 26, 28: kein Nichtigkeits-, aber ein Anfechtungsgrund.

[23] KG, ZMR WuM 1993, 709 (Vorlagebeschluß, über den der BGH wegen Antragsrücknahme nicht mehr zu entscheiden hatte).

Anfechtungsfrist. Die Verkündung des Beschlusses und die Protokollierung hätten nur Beweisfunktion. Wäre jedoch die Protokollierung zusätzliche Gültigkeitsvoraussetzung eines Beschlusses, so könnten Zweifel auftauchen, ob ein Beschluß überhaupt gefaßt wurde und die Anfechtungsfrist zu laufen begonnen hat. Da für die formgerechte Protokollierung eine zeitliche Begrenzung nicht vorgesehen sei, könnte diese jederzeit, auch noch während des gerichtlichen Verfahrens, nachgeholt werden. Es entstünden somit Unsicherheiten, ob vom Zeitpunkt der formgerechten Protokollierung an etwa eine weitere Anfechtungsfrist zu laufen begonnen habe. Vor allem aber hätten die abstimmenden Wohnungseigentümer keinen hinreichenden Einfluß auf die Protokollierung. Umgekehrt könnten die Unterzeichnungsberechtigten eine ordnungsgemäße Protokollierung durch Verweigerung ihrer Unterschriften verhindern und allenfalls durch ein gerichtliches Verfahren zur Nachholung veranlaßt werden. Sowohl für die Eigentümergemeinschaft wie für den Verwalter, der die Eigentümerbeschlüsse entweder sofort oder jedenfalls nach Ablauf der Anfechtungsfrist auszuführen hat, entstünde eine unerträgliche Unsicherheit über die Gültigkeit bzw. Anfechtbarkeit des betreffenden Eigentümerbeschlusses. Im Ergebnis würden deshalb die Wohnungseigentümer durch zusätzliche Formerfordernisse entmündigt, die Gemeinschaftsangelegenheiten durch Mehrheitsbeschlüsse in der Eigentümerversammlung zu regeln. Demgemäß könne die Verletzung gesetzlicher wie auch durch die Gemeinschaftsordnung festgelegter Protokollierungsvorschriften selbst bei fristgerechter Anfechtung nicht allein zur Ungültigerklärung von Eigentümerbeschlüssen führen. Die unterbliebene formgerechte Protokollierung könne die vorhergehenden Aktivitäten der Wohnungseigentümer nicht mehr rechtlich fehlerhaft machen.

Demgegenüber hatte das OLG Oldenburg die Auffassung vertreten, daß in der Teilungserklärung eine entsprechende Vereinbarung wirksam getroffen werden könne.[24] Aufgrund der Vertragsfreiheit könnten die Wohnungseigentümer den Inhalt der Teilungserklärung grundsätzlich frei bestimmen, sofern nicht zwingende Vorschriften des WEG oder anderer Gesetze entgegenstehen. Allein der - auch vom Kammergericht herangezogene - Gesichtspunkt, daß ein Wohnungseigentümer durch die Verweigerung der Unterschrift die Unwirksamkeit der von den Wohnungseigentümern gefaßten Beschlüsse herbeiführen könne, vermöge nicht die Unwirksamkeit einer entsprechenden Bestimmung zu begründen. Zudem sei die Gefahr, daß ein Wohnungseigentümer grundlos seine Unterschrift verweigert, nicht allzu groß. Auch würde er sich hierdurch schadensersatzpflichtig machen. Für den Fall aber, daß der Wohnungseigentümer wegen berechtigter Bedenken gegen den Inhalt des Protokolls dieses nicht unterschreibt, könne die in der Teilungserklärung angeordnete Rechtsfolge der Unwirksamkeit der gefaßten Beschlüsse durchaus sinnvoll sein. Notfalls müßten die Wohnungseigentümer erneut einen Beschluß fassen, um den Streit oder die Ungewißheit über den Inhalt eines gefaßten Beschlusses auszuräumen. Nicht zuletzt sei zu berücksichtigen, daß die Beschlüsse der Wohnungseigentümer nach § 10 Abs. 3 WEG auch

[24] OLG Oldenburg, ZMR 1985, 30.

ohne Eintragung ins Grundbuch[25] dingliche Wirkung gegenüber einem Rechtsnachfolger entfalteten.

Zu folgen ist insoweit der Auffassung des OLG Oldenburg. Eine solche Regelung bezweckt nicht nur und nicht primär eine Beweiserleichterung[26], sondern vor allem den Schutz der Wohnungseigentümer, die an einer Versammlung nicht teilgenommen haben, sowie der Sonderrechtsnachfolger von Wohnungseigentümern vor der Existenz von Beschlüssen, die nicht oder unrichtig oder unvollständig protokolliert wurden und die gleichwohl gemäß § 10 Abs. 3 und 4 WEG für sie verbindlich würden. Demgegenüber hat die Befürchtung zurückzutreten, der Verwalter könnte - sei es dolos oder infolge von Mißverständnissen - der Sitzung einen anderen Inhalt geben, als sie tatsächlich hatte, da den Wohnungseigentümern ein Anspruch auf Protokollergänzung und -berichtigung zusteht (s. u. 3), den geltend zu machen ihnen auch zugemutet werden kann. Nicht zu folgen ist dem OLG Oldenburg allerdings darin, daß die gefaßten Beschlüsse als Folge der fehlenden Beurkundung lediglich - innerhalb der Anfechtungsfrist des § 23 Abs. 4 WEG - anfechtbar seien[27], wodurch zwar die fehlende Beurkundung - abweichend von der Rechtslage ohne diese Regelung - sanktioniert wird, gleichwohl aber der beabsichtigte Zweck, insbesondere für Sonderrechtsnachfolger, die darauf vertrauen können sollen, daß nicht protokollierte Beschlüsse auch nicht gefaßt wurden, nicht erreicht wird. Vielmehr ist ein nicht beurkundeter Beschluß zunächst schwebend unwirksam. Nicht zu verkennen ist allerdings, daß die Klausel nicht den Anspruch der Wohnungseigentümer auf ordnungsmäßige Protokollierung gegen den Vorsitzenden beseitigen soll und kann. Dieser Anspruch kann jedoch nur innerhalb der Monatsfrist des § 23 Abs. 4 WEG geltend gemacht werden, dessen entsprechende Anwendung den Schutzzweck der Klausel erfüllen kann, ohne das anzuerkennende Interesse der beschlußfassenden Wohnungseigentümer an der Herbeiführung der Wirksamkeit ihrer Beschlüsse zu vernachlässigen; diesen ist es zumutbar, nötigenfalls eine ordnungsmäßige Protokollierung gerichtlich durchzusetzen, wenn sie ihrem geäußertem Willen Geltung verschaffen wollen.

Ist in der Teilungserklärung eine entsprechende Klausel enthalten und ein Beschluß unrichtig oder unvollständig beurkundet, so hat die Beurkundung keine konstitutive Wirkung, so daß die Niederschrift widerlegt werden kann, da die Klausel der Niederschrift keine formelle Beweiskraft hinsichtlich der inhaltlichen Richtigkeit und Vollständigkeit verleihen kann und soll.[28] Dem wirklich gefaßten Beschluß kann dann gleichfalls nur im Wege des Berichtigungsverfahrens zur Gültigkeit verholfen werden. Die Klausel kann also nur vor der Gültigkeit nicht protokollierter Beschlüsse schützen,

---

[25] Zur mangelnden Eintragungsfähigkeit BayObLG, DNotZ 1984, 101; BGH, ZIP 1994, 1605; WE 1995, 183; Weitnauer/Lüke, a.a.O., § 10 Rn. 57; a.A. Soergel/Stürner, a.a.O., § 10 WEG Rn. 11.

[26] So aber OLG Köln, OLGZ 1979, 282.

[27] Ebenso Soergel/Stürner, a.a.O., § 24 Rn. 10; Bärmann, Wohnungseigentum - Kurzlehrbuch, Rn. 523; Sauren, Komm. z. WEG, § 24 Rn. 35.

[28] OLG Köln, OLGZ 1979, 282.

nicht aber die Gültigkeit protokollierter Beschlüsse gewährleisten. In Analogie zum Handelsrecht könnte man insoweit von einer „negativen Publizität" der Niederschrift sprechen: Die Wohnungseigentümer und deren Sonderrechtsnachfolger können nur ihrem Schweigen vertrauen, nicht aber ihrem Sprechen. Allerdings können nach der hier vertretenen Auffassung die Wohnungseigentümer der Niederschrift auch eine „positive Publizität" verleihen, indem sie durch Vereinbarung festlegen, daß die Niederschrift den Inhalt der Beschlüsse konstitutiv festlegt. In diesem Fall muß ihnen aber, damit sie ihren tatsächlichen Willen zur Geltung bringen können, die Möglichkeit eingeräumt werden, innerhalb einer bestimmten Frist ab Kenntnis des Protokolls dessen Berichtigung gerichtlich geltend zu machen.

3. Da die Niederschrift wenn auch keine konstitutive Wirkung, so doch eine indizielle Beweiskraft hat, haben die Wohnungseigentümer, falls ein Beschluß[29] oder zur Auslegung eines Beschlusses heranzuziehende Umstände[30], aber auch sonstige rechtlich erhebliche Erklärungen[31] nicht oder unrichtig oder unvollständig protokolliert werden, einen Anspruch auf Berichtigung, bei fehlender Protokollierung auf Nachholung[32], der gemäß § 43 Abs. 1 Nr. 1 oder 2 WEG gerichtlich durchgesetzt werden kann, es sei denn, daß sämtliche Unterzeichner die Niederschrift in Form eines berichtigenden Nachtrags ändern. Erklärungen, die wie protokolliert abgegeben wurden, aber inhaltlich unrichtig sind, z. B. aufgrund einer falschen rechtlichen Beurteilung, sind nicht berichtigungsfähig.[33]

Hat der Vorsitzende aufgrund einer unrichtigen rechtlichen Beurteilung die Stimmen falsch ausgezählt, indem er z. B. gemäß § 25 Abs. 5 WEG ruhende Stimmen mitzählte, kann in analoger Anwendung von § 256 Abs. 1 ZPO das zutreffende Beschlußergebnis gerichtlich festgestellt werden[34]; hat er hingegen Wohnungseigentümer gemäß § 25 Abs. 5 WEG zu Unrecht ausgeschlossen, so kann ein gefaßter Beschluß nur für ungültig erklärt werden, nicht aber ein - tatsächlich nicht gefaßter - Beschluß anderen Inhalts festgestellt werden[35]. Auch wenn sich das bei zutreffender Beurteilung ergebende Abstimmungsergebnis nicht ermitteln läßt, ist der Beschluß für ungültig zu erklären.[36]

---

[29] OLG Hamm, OLGZ 1979, 296; OLG Köln, NJW-RR 1993, 844, 845.

[30] OLG Hamm, OLGZ 1989, 314.

[31] BayObLG, WuM 1990,173,175; WE 1992, 86; WE 1992, 87; WE 1992,178,179; KG, WE 1989,139; LG Hildesheim, ZMR 1986, 21.

[32] OLG Köln, NJW-RR 1993, 844, 845.

[33] KG, WE 1989,139.

[34] KG, OLGZ 1979, 28, 30; WuM 1990, 324; OLG Hamm, WEM 1979,175,177; a.A. KG, OLGZ 1989, 423, das das Beschlußergebnis im Wege der Protokollberichtigung umkehrt.

[35] KG, ZMR 1989, 388, 389.

[36] KG, OLGZ 1979, 28, 30.

Analog § 23 Abs. 4 WEG unterliegt ein solcher Antrag nach h.M. in bezug auf die Berichtigung eines Beschlusses der Monatsfrist.[37] Nach deren Ablauf soll eine Wiedereinsetzung in den vorigen Stand möglich sein.[38] Diese Auffassung ist abzulehnen; sie steht im Widerspruch zu der ebenfalls h.M., daß - de lege lata - die Protokollierung nicht Gültigkeitsvoraussetzung von Beschlüssen ist und die Niederschrift nicht die Richtigkeit ihres Inhalts beweist. Der Niederschrift kommt aber auch nach Ablauf der Monatsfrist keine konstitutive Wirkung dahingehend zu, daß nunmehr nicht mehr der tatsächlich gefaßte, sondern der unrichtig beurkundete Beschluß gültig ist. Eine entsprechende Anwendung des § 23 Abs. 4 WEG kommt deshalb nur in Betracht, wenn die ordnungsmäßige Niederschrift als Gültigkeitsvoraussetzung vereinbart wurde. Berichtigungsanträge in bezug auf andere Protokollinhalte unterliegen keinesfalls der Monatsfrist.

4. Die verbreitete Praxis, in der nächsten Versammlung die Niederschrift über die letzte Versammlung durch Mehrheitsbeschluß zu genehmigen, schafft mehr Probleme, als sie löst. Ist sie nicht in der Gemeinschaftsordnung vorgeschrieben, so widerspricht schon deshalb ein Mehrheitsbeschluß den Grundsätzen ordnungsmäßiger Verwaltung gemäß § 21 Abs. 3 WEG und ist auf Anfechtung für ungültig zu erklären.[39]

Wird nämlich die Niederschrift genehmigt, so bedeutet dies nichts anderes, als daß die Mehrheit der abstimmenden Wohnungseigentümer die Niederschrift für korrekt hält, was rechtlich keine Bedeutung hat.

Da ein solcher Genehmigungsbeschluß in seiner Wirkung aber nicht über den Beschluß selbst hinausgehen kann, verbleibt es bei der eingeschränkten Beweiskraft der Niederschrift, so daß er auch keinen Wohnungseigentümer daran hindert, eine Niederschrift weiterhin als inhaltlich unrichtig oder unzutreffend zu beanstanden.[40]

Streitig ist nun, ob ein solcher Beschluß - wenn er nicht durch Vereinbarung vorgeschrieben ist - auf Antrag gemäß § 23 Abs. 4 WEG für ungültig zu erklären ist, weil er den unzutreffenden Anschein erweckt, Einwendungen gegen die Niederschrift seien nunmehr ausgeschlossen[41] oder ob er als reine - allenfalls die Beweiskraft erhöhende - Meinungsäußerung nicht der Willensbildung dient, so daß er wegen Fehlens der Beschlußqualität einer Anfechtung nicht unterliegt[42]. Der Auffassung des BayObLG

---

[37] OLG Frankfurt, OLGZ 1984, 257; OLG Hamm, OLGZ 1985,147; OLG Köln, OLGZ 1979, 284.

[38] OLG Hamm, OLGZ 1985,147.

[39] BayObLG, NJW-RR 1987,1363; WuM 1988, 98 (das offengelassen hat, ob der Beschluß nichtig ist).

[40] Vgl. BGHZ 49, 209, 211 zur Beweislastumkehr im Vereinsrecht.

[41] BayObLG, NJW-RR 1987,1363.

[42] Weitnauer/Lüke, a.a.O., Rn. 20.

ist im Ergebnis zuzustimmen, da es möglich sein muß, schon den falschen Schein eines konstitutiven Aktes aus der Welt zu schaffen.

Wird die Genehmigung hingegen versagt, so ist nach der Art der Beschlußfassung zu differenzieren:

- Findet der Antrag auf Genehmigung keine Mehrheit, so ist ein Beschluß nicht zustande gekommen, der für ungültig erklärt werden könnte.
- Wird positiv beschlossen, daß die Genehmigung versagt wird, so kann die hierin liegende Meinungsäußerung, die Niederschrift sei nicht ordnungsgemäß erstellt worden, nicht isoliert angefochten werden, weil die Ungültigerklärung dieses Beschlusses keine Auswirkungen auf die in der beanstandeten Niederschrift beurkundeten Beschlüsse hat.[43]
- Wird hingegen eine Berichtigung der Niederschrift beschlossen, durch die der Wortlaut der dort beurkundeten Beschlüsse und damit der Inhalt geändert werden, so ist eine solche ,,Berichtigung" anfechtbar, da es sich um einen Zweitbeschluß über ein nicht in der Tagesordnung gemäß § 23 Abs. 2 WEG angekündigtes Thema handelt.

5. Aus Gründen der Rechtssicherheit - insbesondere für Sonderrechtsnachfolger von Wohnungseigentümern, denen gegenüber ein Beschluß gemäß § 10 Abs. 3 und 4 WEG auch ohne Eintragung ins Grundbuch wirkt - sollte der Gesetzgeber de lege ferenda § 24 WEG um folgenden Abs. 7 ergänzen:

> „Die Niederschrift gilt als inhaltlich richtig und vollständig. Im Fall der Unrichtigkeit oder Unvollständigkeit kann jeder Wohnungseigentümer ihre Berichtigung verlangen. § 23 Abs. 4 gilt entsprechend. Ein nicht protokollierter Beschluß ist auch ohne Anfechtung unwirksam."

Die Sätze 1 bis 3 betreffen die „positive Publizität" der Niederschrift: Ein Beschluß gilt, auch wenn er unrichtig oder unvollständig beurkundet worden ist, als in der Form gefaßt, in der er protokolliert wurde. Den Wohnungseigentümern steht ein Anspruch auf Protokollberichtigung bzw. -ergänzung zu, der innerhalb der Monatsfrist des § 23 Abs. 4 WEG geltend zu machen ist. Satz 4 regelt ergänzend die „negative Publizität" der Niederschrift: Haben die Wohnungseigentümer einen Beschluß gefaßt, der nicht falsch oder unvollständig, sondern überhaupt nicht protokolliert wurde, bedarf es für seine Unwirksamkeit keiner Anfechtung. Davon unberührt bleibt jedoch der den Wohnungseigentümern zustehende Protokollergänzungsanspruch, für den nach Satz 3 § 23 Abs. 4 WEG gilt.

[43] BayObLGZ 1965, 34.

Dr. Wolf-D. Deckert

VEREINBARUNG DER VERWALTERZUSTIMMUNG ZUR WOHNUNGSVERÄUSSERUNG (gem. § 12 WEG)

WENIG EFFEKTIV, OFT MISSVERSTANDEN UND NICHT SELTEN HAFTUNGSRELEVANT!

Da sich gerade Herr Seuß mit seiner langjährigen Erfahrung auch in der Verwalterpraxis in Gesprächen und Veröffentlichungen vor noch nicht allzu langer Zeit mehrfach grundsätzlich positiv über die Festschreibung einer Verwalterzustimmung zu Wohnungs- bzw. Teileigentumsveräußerungen geäußert hat, darf ich heute versuchen, ihn mit nachfolgenden Gedanken (auch unter Hinweis auf einige wesentliche Rechtsprechungsergebnisse zu dieser recht häufig umstrittenen Thematik) zwar nicht zu anderer Auffassung zu überreden, sondern ihn vielmehr davon zu überzeugen, daß in heutigen Teilungserklärungen auf solche verfügungseinschränkenden Vereinbarungen tunlichst verzichtet werden sollte.

1. ZUM (WESENTLICHEN) REGELUNGSINHALT DES § 12 WEG

Als Inhalt eines jeden Sondereigentums **kann** in grundbuchrechtlich verdinglichter Form vereinbart werden (also i.d.R. in Teilungserklärungen mit Gemeinschaftsordnungen, § 10 Abs. 2 WEG), daß ein Eigentümer zur Veräußerung seines Sondereigentums der Zustimmung anderer Wohnungseigentümer oder eines Dritten (üblicherweise des amtierenden Verwalters) bedarf (§ 12 Abs. 1 WEG); Zustimmungsverweigerung ist nur aus wichtigem Grund möglich und zulässig (§ 12 Abs. 2, Satz 1 WEG); im Falle einer solchen Vereinbarung sind eine Veräußerung und auch ein Veräußerungsverpflichtungsvertrag unwirksam, solange die erforderliche Zustimmung fehlt (schwebende Unwirksamkeit, § 12 Abs. 3, Satz 1 WEG); einer rechtsgeschäftlichen Veräußerung steht im übrigen eine solche im Wege der Zwangsvollstreckung oder durch den Konkursverwalter (ab 1.1.1999 „Insolvenzverwalter"[1]) gleich.

In früheren (teilweise auch noch heutigen) Teilungserklärungen wurde (wird) sehr häufig von dieser gesetzlichen „Kann-Bestimmung" Gebrauch gemacht, vielfach ohne weitere vereinbarte Einschränkungen und Freistellungen vom Zustimmungserfordernis, mitunter allerdings auch (zulässigerweise) eingeschränkt auf Befreiung von solchen Zustimmungsgeboten bei Erstveräußerung durch den nach § 8 WEG teilenden Alleineigentümer (Bauträger-Verkäufer), Veräußerungen durch einen Konkursverwalter, Eigentumswechsel im Falle einer Zwangsversteigerung und Veräußerungen an Verwandte.

[1] Vgl. Art. 35 EGInsO v. 5.10.1994, BGBl. I, S. 2911.

2. KEIN GRUNDBUCHVOLLZUG BEI FEHLENDER ZUSTIMMUNG

Gefordert wird die Zustimmung (bei entsprechender Vereinbarung) im Falle rechtsgeschäftlicher Veräußerung vom Verkäufer; der wichtige Grund für eine (ggf. berechtigte) Zustimmungsverweigerung kann und muß sich jedoch allein (ausschließlich) auf die Person des Erwerbers beziehen, also nicht auf den Inhalt der Vertragsurkunde (vgl. hierzu Ziff. 4. unten). Veräußerung und schuldrechtlicher Verpflichtungsvertrag sind gegenüber jedermann (d. h. absolut, nicht relativ) unwirksam, solange eine erforderliche Zustimmung nicht bedingungsfrei erteilt ist (schwebende Vertragsungültigkeit); Vertrag und Auflassung können ohne nachgewiesene und erfolgte Zustimmung nicht im Grundbuch vollzogen werden; entsprechende Fälligkeitsvoraussetzungen für Kaufpreiszahlungen treten nicht ein. Das Grundbuchamt hat neben der Prüfung einer wirksamen Auflassungserklärung (§ 20 GBO) damit auch von Amts wegen die Prüfungspflicht erfolgter Dritt-Zustimmung (nach den §§ 182 ff. BGB), es muß mit anderen Worten feststellen, ob zum Vollzug einer Auflassung Zustimmung erforderlich und - wenn ja - die erforderliche Zustimmung erteilt ist[2]; das Bestehen eines Zustimmungsanspruches prüft allerdings das Grundbuchamt nicht. Analog der §§ 5 und 6 der Erbbaurechtsverordnung (Vorbildcharakter für die Regelung des § 12 WEG[3]) unterliegen also auch im Falle des § 12 WEG sowohl das schuldrechtliche Grundgeschäft als auch der dingliche Übertragungsvorgang einer solchen vereinbarten Veräußerungsbeschränkung; ein ohne Zustimmung vorgenommenes Rechtsgeschäft würde im Grundbuchvollzugsfalle zu einer unrichtigen Grundbucheintragung führen; die Veräußerungsbeschränkung bewirkt damit eine Grundbuchsperre, die auch vom Grundbuchamt von Amts wegen zu beachten ist[4].

Erfolgte eine Zustimmungsverweigerung zu Recht, ist im übrigen ein hinsichtlich des dinglichen Vollzuges schwebend unwirksamer Veräußerungsvertrag durch eine solche Zustimmungsverweigerung endgültig unwirksam geworden, so daß eine Zustimmung zu **diesem** Veräußerungsvertrag auch dann nicht nachträglich erteilt werden kann, wenn - bezogen auf einen späteren Zeitpunkt - wichtige Gründe zur Zustimmungsversagung nicht mehr als gegeben angesehen werden können[5].

[2] BayObLG v. 12.8.91, ETW, G. 2, S. 1552.

[3] Vgl Begründung zum WEG-Gesetzentwurf, BR-Drs. 75/51 zu § 12.

[4] Vgl. OLG Hamm v. 7.4.94, ETW, G. 2, S. 2266 (auch zu § 878 BGB).

[5] OLG Hamm v. 29.9.92, ETW, G. 2, S. 1836.

3. INTENTION DES GESETZGEBERS

§ 12 WEG ist als Schutzvorschrift gedacht, die das Gemeinschaftsverhältnis der Eigentümer betrifft. Als Ausnahmevorschrift von § 137 Satz 1 BGB ist diese, die Verkehrsfähigkeit einschränkende Bestimmung stets eng/restriktiv auszulegen. Die durch § 12 WEG eröffnete Möglichkeit, abweichend von § 137 Satz 1 BGB eine Veräußerungsbeschränkung herbeizuführen, soll ausschließlich dem Schutz der (aller) Eigentümer vor der Eingliederung und Aufnahme persönlich oder wirtschaftlich unzuverlässiger Mitglieder in die Gemeinschaft dienen.[6] Meines Erachtens befindet sich diese Ausnahmeregelung bereits „hart an der Grenze" der verfassungsrechtlich geschützten Eigentumsgarantie bzw. freien Verfügbarkeit auch über eigenes Immobilvermögen (Art. 14 Abs. 1 GG), vergleicht man auch die Institutsgarantien des § 903 Satz 1 BGB und die entsprechende Spezialregelung des § 13 WEG (7). Gemeinschaftsnotwendige Einschränkungen der Eigentümer-Individualinteressen ergeben sich ohnehin aus den speziellen §§ 14 und 15 WEG. Liegt kein wichtiger Zustimmungsversagungsgrund im Falle beabsichtigter Wohnungsveräußerung vor, besitzt der verkaufende Eigentümer auf jeden Fall einen (einklagbaren) Anspruch auf Zustimmungserteilung (einschließlich entsprechender Schadensersatzforderungen bei unberechtigter Verweigerung (vgl. hierzu Ziff. 6. unten)[8]. So mancher ursprünglich vielleicht wirtschaftlich und/oder persönlich bzw. charakterlich als zuverlässig anzusehende Eigentumserwerber kann sich unverschuldet oder auch selbstverschuldetermaßen unvorhersehbar sehr rasch zu einem „Störfaktor" in einer Gemeinschaft entwickeln. Insoweit kann auch § 12 WEG als prophylaktische Schutzbestimmung einer Gemeinschaft nicht helfen; vielmehr stehen in diesen Fällen der Gemeinschaft andere, zumutbare Rechtsbehelfe zur Verfügung, wie z. B. Wohngeldsäumnisvollstreckungen, Abtrennmaßnahmen von der Energieversorgung (über Grundsätze des § 273 BGB), Titulierung bestimmter Handlungs-, Duldungs- und Unterlassungsverpflichtungen unter gerichtlichem Beugestrafzwang bis hin zur evtl. Wohnungseigentumsentziehung nach den §§ 18, 19 WEG in letzter Konsequenz. Diese rechtlichen (wenn auch „nachträglichen") „Verteidigungsmöglichkeiten" gegen einen jeden sich gemeinschaftswidrig verhaltenden Eigentümer müßten m. E. für den Schutz einer Gemeinschaft ausreichen.

---

6 U.a. BayObLG v. 14.3.90, ETW, G. 2, S. 1143 und Fn. 9.

7 Sehr starke Einschränkung der „Verkehrsfähigkeit" auch unter Berücksichtigung von Verhältnismäßigkeitsgesichtspunkten.

8 Vgl. Fn. 5.

4. ZUSTIMMUNGSVERWEIGERUNG ZWINGEND NUR AUS WICHTIGEM GRUND

Zur Zustimmung bzw. Zustimmungsverweigerung berechtigt sind - je nach Vereinbarung - eine Gemeinschaft (Beschlußfassung) und/oder auch ein Dritter (also im Regelfall der Verwalter); Verweigerung ist nur möglich aus wichtigem Grund (gewichtigen Gründen) in der Person eines Erwerbers; § 12 Abs. 2 Satz 1 WEG ist nach h.R.M. unabdingbar und zwingend, so daß auch in einer Teilungserklärung mit Gemeinschaftsordnung keine weiteren, vom Gesetz abweichenden Gründe für eine Zustimmungsverweigerung vereinbart werden können. Damit ist auch ein die Zustimmung des Verwalters ersetzender oder weisungsgebender Versagungsbeschluß der Eigentümer (mehrheitlich, einstimmig oder auch allstimmig) ohne bestehenden wichtigen Grund zur Versagung zum Zeitpunkt der Beschlußfassung nichtig[9], ebenso ist die Zustimmungsverweigerung des Verwalters rechtswidrig und unwirksam. Beim „wichtigen Grund" im Sinne des Gesetzes handelt es sich um einen unbestimmten Rechtsbegriff, der Normenklarheit und Justitiabilität vermissen läßt und stets im Streitfall gerichtlicher Auslegung unter Berücksichtigung sämtlicher Umstände des Einzelfalles bedarf[10]. Festgeschrieben hat sich zwischenzeitlich eine Definition des wichtigen Grundes dahin, daß solche Gründe für eine berechtigte Zustimmungsverweigerung dann und nur dann vorliegen, wenn im Einzelfall begründete Zweifel hinsichtlich der finanziellen oder persönlichen Integrität des Erwerbers bestehen, es also zu erwarten ist, daß rechtlich geschützte Gemeinschaftsinteressen bei Eintritt eines solchen Erwerbers in die Gemeinschaft verletzt werden. Es müssen also konkrete Anhaltspunkte (Befürchtungen) dafür bestehen, daß ein Erwerber z. B. nicht in der Lage ist, die Kosten und Lasten (§ 16 Abs. 2 WEG) seines von ihm erworbenen Eigentums nachhaltig aufzubringen; die Feststellungslast hierfür liegt bei den oder dem Zustimmungsberechtigten. Kann ein Erwerber einen vereinbarten Kaufpreis bezahlen - wovon im Regelfall auszugehen sein dürfte -, werden m. E. wohl selten Solvenz- und Bonitätszweifel hinsichtlich zukünftiger Wohngeldzahlungspflichten begründbar sein. Nur in seltenen Fällen, wie z. B. einer beabsichtigten Eigentumsübertragung auf eine prima facie vermögens- und einkommenslose minderjährige Person[11], auf eine solvenzgefährdete, unterkapitalisierte Erwerbs-GmbH[12] oder gar eine (betrügerische) Schein- oder Briefkastenfirma[13] könnte eine berechtigte Zustimmungsverweigerung auch einer Gemeinschaft zum Schutz vor finanziellen Schäden (Wohngeldausfallshaftung) zur Folge haben. Insoweit gab es in der bisherigen Praxis des WEG nur einige wenige Fälle dieser Art, die auch die „Filterwirkung" des § 12 WEG rechtfertigten. Was die persönliche/charakterliche Zuverlässigkeitsprognose eines Erwerbers betrifft, müßten schon

[9] Vgl. OLG Saarbrücken v. 21.6.93, ETW, G. 2, S. 2041 und Fn. 5 sowie BayObLG v. 1.2.90, ETW, G. 2, S. 1104.

[10] BayObLG v. 4.1.95, ETW, G. 2, S. 2431; OLG Frankfurt v. 19.11.93, ETW, G. 2, S. 2138.

[11] Vgl. KG Berlin v. 11.10.89, ETW, G. 2, S. 1068.

[12] Vgl. BayObLG v. 29.6.88, ETW, G. 2, S. 777 und OLG Saarbrücken, Fn. 9.

[13] Vgl. ETW, G. 2, S. 715 zu „Buckingham-Modell" (Private limited Company).

dem Zustimmungsberechtigten und -verpflichteten positiv konkrete und beweisbare „Negativerkenntnisse" zum Zeitpunkt der Zustimmungserteilung vorliegen. Auf puren Verdacht hin kann niemand zum störenden oder gar gemeingefährlichen Trinker, Schläger, Geistesgestörten, Zuhälter, Callboy/Callgirl abgestempelt werden. Auch ausländischen Wohnungserwerbern kann trotz evtl. anderer kultureller und landmannschaftlicher Lebensgewohnheiten allein aus diesen Gründen unter keinerlei Gesichtpunkt eine Erwerbszustimmung versagt werden. Allein bisheriges gemeinschaftswidriges Verhalten eines bereits in der Gemeinschaft vorhandenen Eigentümers kann bei weiterem beabsichtigten Wohnungserwerb zu berechtigter Zustimmungsverweigerung führen, so z. B. bei schon vorgenommenen eigenmächtigen baulichen Veränderungen und Umbauten sowie aufgelaufenen erheblichen Wohngeldrückständen[14].

Schwierig und problematisch ist die Beurteilung der Frage des wichtigen Grundes bei Erwartung/Kenntnis einer zweck- und vereinbarungswidrigen Nutzung des Eigentums durch einen Erwerber; abgesehen vom eindeutigen Fall berechtigter Zustimmungsverweigerung bei bekannter widerrechtlicher oder gar sittenwidriger zukünftiger Nutzungsabsicht (z. B. Betrieb eines Bordells) sind hier strittige Grenzfälle denkbar (z. B. bei Nutzungsabsicht von Laden- oder Kellerteileigentum zu Vereinszwecken, speziell durch sog. ausländische Kulturvereine, insbesondere wenn es sich dabei um getarnte politische Organisationen handeln sollte). Zweckentfremdung kann also eine Zustimmungsverweigerung rechtfertigen, wenn dadurch schutzwürdige Interessen der Gemeinschaft gefährdet werden. Vom Voreigentümer vorgenommene bauliche Veränderungen stellen allerdings keinen in der Person des Erwerbers liegenden wichtigen Versagungsgrund dar; in einer Verwalterzustimmung liegen im Regelfall allerdings auch keine Billigung und Genehmigung baulicher Veränderungen oder eines bisherigen oder beabsichtigten Gebrauchsverhaltens. Gleiches gilt bei langjährig von der Gemeinschaft geduldeter zweckwidriger Nutzung eines Sondereigentums durch einen Veräußerer, da insoweit ein Erwerber nicht eine solche etwaige Zweckentfremdung herbeiführt, sondern nur fortsetzt. Die Zustimmungsfrage kann also nicht mit anderen Streitfragen in einer Gemeinschaft verknüpft werden.[15]

5. PASSIVLEGITIMATION DES VERWALTERS BEI ENTSPRECHEND VEREINBARTER ZUSTIMMUNGSVERPFLICHTUNG

Zur Zustimmung verpflichtet ist bei entsprechender Vereinbarung der Verwalter als Treuhänder in verdeckter, mittelbarer Stellvertretung im Interesse aller Eigentümer[16]; er hat in eigenem Namen und in eigener Kompetenz zu handeln und auch die Folgen

[14] Vgl. LG Düsseldorf v. 17.6.91, ETW, G. 2, S. 1591 = WE 11/91, 334.

[15] BayObLG, NJW 73, 152; OLG Hamm v. 3.2.92, ETW, G. 2, S. 1678 = NJW-RR 13/92, 785; BayObLG v. 14.3.90, ETW, G. 2, S. 1143 = NJW-RR 90, 657; OLG Hamburg v. 15.4.94, DWE 4/94, 148 = ETW, G. 2, S. 2483.

[16] Vgl. OLG Saarbrücken, Fn. 9.

seiner etwaigen Fehlentscheidung zu tragen (vgl. hierzu nachfolgende Ziff. 6.). Dies gilt insbesondere dann, wenn eine Gemeinschaft keine „ersetzende" eigene Entscheidung trifft, was grundsätzlich möglich sein dürfte. Hat ein primär zustimmungsverpflichteter Verwalter Zweifel, wird er als berechtigt anzusehen sein, unverzüglich in einzuladender außerordentlicher Eigentümerversammlung eine Beschlußentscheidung der Gemeinschaft herbeizuführen. Lehnt die Gemeinschaft mehrheitlich Zustimmung ab, kann der Veräußerer die Gemeinschaft auf Zustimmungsverpflichtung und Schadensersatz verklagen[17]. Beschließt die Gemeinschaft die Zustimmungsverweigerung (positiver Beschluß mit negativem Sachinhalt), besteht Anfechtungsberechtigung des Verkäufers (ebenfalls verbunden mit evtl. Schadensersatzverpflichtungsantrag).

6. FEHLERHAFTES VERWALTERHANDELN UND HAFTUNGSFOLGEN

Nicht gerechtfertigt ist eine auf die Person des Erwerbers zu beziehende Zustimmungsverweigerung bzw. ein Zurückbehaltungsrecht gegenüber einem Zustimmungsanspruch des Veräußerers, wenn z. B.

- eine Zustimmungserteilung abhängig gemacht wird von der Zahlung rückständiger Wohngelder durch den Veräußerer (selbst bei unzutreffender Erklärung des Veräußerers im Kaufvertrag über nicht bestehende Wohngeldrückstände)[18];
- die Zustimmung unter rechtsgeschäftliche Bedingungen (§ 158 BGB), Befristungen und einschränkende Maßgaben gestellt wird, um insoweit in vermeintlichem Gemeinschaftsinteresse Druck auf einen Veräußerer zu erzeugen; die Zustimmung ist aus Gründen der Grundbuchklarheit und -bestimmtheit bedingungsfrei zu erteilen[19];
- eine Zustimmung z. B. zurückgehalten wird bis zur Vorlage einer Selbstauskunft des Erwerbers durch ihn oder den Verkäufer;
- die Zustimmungsverweigerung auf bauordnungsrechtliche Gründe gestützt wird[20];
- die Zustimmung erst erteilt werden soll, wenn durch den Veräußerer oder Erwerber notarielle Beglaubigungsgebühren und/oder ein evtl. vereinbartes Sonderhonorar an den Verwalter bezahlt sind;
- die Zustimmung von einer Wohngeldvorauszahlung[21] oder Sicherheitsleistung[22] abhängig gemacht wird;

[17] OLG Zweibrücken v. 18.2.94, ETW, G. 2, S. 2265; BayObLG v. 29.6.88, Fn. 12.

[18] Schon BayObLG v. 29.12.83, ETW, G. 2, S. 143.

[19] OLG Hamm v. 3.2.92, Fn. 15.

[20] BayObLG v. 25.4.91, ETW, G. 2, S. 1463 (Zweckentfremdung von Stellplatz-Teileigentum).

[21] KG Berlin v. 11.10.89, ETW, G. 2, S. 1068 = WM 89, 652.

[22] OLG Saarbrücken v. 21.6.93, Fn. 9.

- Meinungsverschiedenheiten zwischen einem Erwerber und einem schon vorhandenen Wohnungseigentümer in der Gemeinschaft bestehen[23];
- die Zustimmung einem ausländischen Erwerber allein wegen dessen kulturellem andersartigen Wohnverhalten (andere Sprache, unterschiedliche Sitten) versagt werden soll[24].

Unabhängig von diesen beispielhaft vorerwähnten Gründen unberechtigter Zustimmungsverweigerung kann sich allerdings ein Verwalter in angemessener kurzer Frist Aufklärung über die wirtschaftlichen und persönlichen Verhältnisse eines Erwerbers verschaffen, ohne hier jedoch zeit- und kostenaufwendige Recherchen anstellen zu müssen. Informationspflichtig ist auf berechtigten Wunsch des Verwalters insoweit der Veräußerer, der ggf. auch eine Selbstauskunft eines Erwerbers veranlassen kann und muß. Es stellt nämlich die Nebenpflicht eines Veräußerers dar, alles ihm Zumutbare zu tun, einem Verwalter die Erfüllung seiner Prüfungspflicht zu erleichtern (§ 242 BGB)[25]. Da es bei diesen Fragen allein um die Person des Erwerbers geht, hat sich ein Verwalter auch nicht am sonstigen Inhalt einer notariellen Erwerbsurkunde zu orientieren; so kommt es auch nicht auf die etwaige Frage an, ob ein notarieller Vertrag z. B. wegen Formmangels nichtig wäre[26] oder gar erwerberseits mit Erfolgsaussicht wegen arglistiger Täuschung angefochten werden könnte. Ein Verwalter darf hier gar keine Rechtsauskünfte erteilen. Zu Unrecht verweigerte Zustimmung kann zur Schadensersatzhaftung der Gemeinschaft bzw. des zustimmungsverpflichteten Verwalters gegenüber dem allein aktivlegitimierten Veräußerer führen. Anspruchsgrundlage sind hier primär die gesetzlichen Verzugsvorschriften (§§ 284, 286 Abs. 1 BGB), die insoweit vorrangig sein dürften gegenüber Haftungsansprüchen aus positiver Vertragsverletzung[27]. Bereits mehrfach mußten Verwalter in der Vergangenheit bei unberechtigter Zustimmungsverweigerung Schadensersatz leisten für entgangene Festgeldzinsen, Telefonkosten, außergerichtliche Rechtsanwaltskosten usw.[28] Selbst den vermeidbaren und damit verschuldeten Rechtsirrtum eines beauftragten Rechtsanwalts muß sich ein zustimmungsverpflichteter Verwalter nach § 278 BGB zurechnen lassen[29]. Schon 1983 hat im übrigen das BayObLG[30] festgeschrieben, daß für die Erteilung einer Zustimmung keine längere Prüfungsfrist zuzubilligen sei als etwa 1 Woche. Damit können tatsächlich sehr rasch haftungsrelevante Verzugsfolgen mit entsprechenden Schadensersatzverpflichtungen eintreten. Die obergerichtliche Recht-

---

[23] BayObLG v. 4.1.95, Fn. 10.

[24] AG Velbert v. 3.3.82, DWE 3/82, 97.

[25] Vgl. KG Berlin v. 11.10.89, Fn. 21; OLG Köln, OLGZ 84, 162; BayObLG v. 5.7.82, DWE 1/83, 26; Weitnauer, 7. Aufl., § 12, Rn. 5a.

[26] OLG Frankfurt v. 19.11.93, Fn. 10.

[27] BayObLG v. 22.10.92, ETW, G. 2, S. 1838.

[28] BayObLG v. 29.12.83, Fn. 18.

[29] OLG Hamburg v. 15.4.94, Fn. 15.

[30] Urteil v. 29.12.83, Fn. 18, 28.

sprechung geht verfestigt ab etwa 1989 in solchen Zustimmungs-Streitverfahren auch nicht mehr von einem vollen Geschäftswert, d. h. dem Kaufpreis einer zu veräußernden Eigentumswohnung, aus, sondern berechnet den Wert solcher Verfahren mit etwa 10 bis 20 % des Kaufpreises[30a], was zwischenzeitlich auch durch die verfassungsgerichtliche Rechtsprechung abgedeckt sein dürfte. Auch bei diesen Werten sind jedoch die Gerichtskosten und insbesondere Anwaltskosten im Falle streitiger Auseinandersetzungen nicht unerheblich.

7. ZUSTIMMUNG AUCH BEI ERSTVERÄUSSERUNG (BGH VON 1991; ÜBERGANGS- UND HEILUNGSREGELUNG DES § 61 WEG)

Überraschend und in Änderung vorheriger h.R.M. entschied der BGH am 21.2.199[31], daß im Falle grundsätzlich vereinbarter Verwalterzustimmung dieses Zustimmungsgebot auch für die Erstveräußerung aus der Hand des teilenden Eigentümers nach Entstehung der Wohnungseigentümergemeinschaft gelte, soweit nicht ausdrücklich in der Vereinbarung ausgeschlossen. Abgestellt wurde insoweit auf den Zeitpunkt „nach Entstehung der Wohnungseigentümergemeinschaft", die bekanntlich mit der Eintragung eines weiteren Ersterwerbers im Grundbuch eintritt (neben dem bisherigen Alleineigentümer/Bauträger); erst ab diesem Zeitpunkt kann von in Vollzug gesetzter Gemeinschaft nach WEG gesprochen werden. Die schon vorher begründete sog. faktische Gemeinschaft (analog WEG) wurde insoweit vom BGH - m. E. zu Recht - nicht angesprochen. Von einer Verwalterzustimmung könnte ohnehin frühestens ab Beginn einer faktischen Gemeinschaft ausgegangen werden, da erst von diesem Zeitpunkt an (im Anschluß an notariellen Erwerbsvertrag und Auflassungsvormerkung zugunsten eines Erwerbers sowie Übergabe einer ersten fertiggestellten Wohnung an diesen) von Verwaltungsnotwendigkeit (frühester Amtszeitbeginn) und damit der Existenz eines zustimmungsverpflichteten Verwalters auszugehen wäre[32]. Im Vorstadium der faktischen Gemeinschaft gäbe es noch gar keinen zustimmungskompetenten Verwalter hinsichtlich erster schuldrechtlicher Veräußerungsverträge.

Um zwischenzeitlich eingetretene Grundbuchunrichtigkeiten zum Schutz eingetragener Eigentümer rückwirkend „zu heilen", wurde im übrigen ein „neuer" § 61 mit Wirkung 15.1.1994 in das WEG aufgenommen (zur Vermeidung entstandener Rechtsunsicherheit und als Vorbeugemaßnahme gegen mögliche spekulative Ausnützung der veränderten Rechtslage).[33]

[30a] KG Berlin, ETW, G. 2, S. 1068; BayObLG 2, 1143; OLG Hamm 2, 1678 u. 1836 sowie OLG Frankfurt 2, 2138.

[31] NJW 91, 1613 = ETW, G. 2, S. 1415.

[32] Vgl. ETW, G. 4, Abschn. 2 u. 3.4.7.

[33] ETW, G. 2, S. 1833; vgl. auch OLG Köln v. 20.1.92, NJW-RR 23/92, 1430 = ETW, G. 2, S. 1835.

Daß die Zustimmung zur Erstveräußerung erst mit rechtlicher Invollzugsetzung der Wohnungseigentümergemeinschaft Wirksamkeit entfalten kann, wurde nachfolgend auch vom OLG Hamm[34] ausdrücklich bestätigt (selbst wenn die Veräußerungsbeschränkung in den bereits angelegten Wohnungsgrundbüchern eingetragen war). Damit wurde auch klargestellt, daß § 12 WEG auf die sog. werdende Wohnungseigentümergemeinschaft nicht anwendbar sei (ausgehend vom Norm- und Schutzzweck der Regelung des § 12 WEG); jedes andere Ergebnis würde zu kaum überwindlichen grundbuchrechtlichen Schwierigkeiten bei der Eigentumsumschreibung im Rahmen der einzelnen Erwerbsvorgänge führen.

Im übrigen entschied das KG Berlin 1994[35], daß § 61 WEG nur dann anzuwenden sei, wenn es sich um die „erstmalige Veräußerung" des Wohnungseigentums nach seiner Begründung im Wege der Teilung gem. § 8 WEG handele; der Gesetzgeber habe den Begriff „erstmalige Veräußerung" nur auf die Fälle beschränken wollen, in denen schon nach bisheriger Rechtspraxis der vereinbarten Zustimmung Bedeutung zugekommen sei, d. h. Eigentumsbegründungsfällen gem. § 8 WEG, nicht solchen einer Teilung gem. § 3 WEG; dieses Ergebnis werde auch durch die eindeutigen Gesetzesmaterialien zu § 61 WEG in Neufassung bestätigt.

8. NACHWEIS DER VERWALTEREIGENSCHAFT

Im Falle vereinbarter Verwalterzustimmung hat das Grundbuchamt nicht nur einen formgerechten Nachweis der Verwalterbestellung zu verlangen, sondern auch einen solchen Nachweis für die Fortdauer der Verwalterstellung, sofern konkrete Zweifel bestehen sollten, daß die Verwaltereigenschaft bei Abgabe der Zustimmungserklärung nicht fortbestand[36]. Die Zustimmungserklärung ist nach § 29 Abs. 1 Satz 1 der Grundbuchordnung durch öffentliche oder öffentlich beglaubigte Urkunde nachzuweisen, was das Grundbuchamt wegen § 12 Abs. 3 WEG von Amts wegen zu beachten hat. In gleicher Form oder in der Form des § 26 Abs. 4 WEG muß darüber hinaus nachgewiesen werden, daß diejenige Person, die die Zustimmungserklärung abzugeben hat, auch tatsächlich (noch) Verwalter der Wohnanlage ist. Dieser Nachweis kann durch öffentlich beglaubigte oder beurkundete Teilungserklärung geführt werden. Grundsätzlich kann das Grundbuchamt vom Fortbestand der Verwaltereigenschaft bis zum Ablauf der gesetzlichen Maximalfrist von 5 Jahren ausgehen. Könnte allerdings die Verwalterstellung bei Zustimmungserklärung schon beendet sein, hat das Grundbuchamt weitere Überprüfungen anzustellen, ob der Verwalter diese Stellung noch zum Zeitpunkt der Abgabe seiner Erklärung innehatte. Möglich ist auch die

[34] Beschluß v. 7.4.94, ETW, G. 2, S. 2266/2267, vgl. auch Fn. 4.

[35] Beschluß v. 7.6.94, ETW, G. 2, S. 2345 = WM 9/94, 499 (a.A. Pause, NJW 94, 501, 502).

[36] Vgl. BayObLG v. 16.4.91, ETW, G. 2, S. 1459.

Vorlage eines den §§ 26 Abs. 4, 24 Abs. 6 WEG genügenden Protokolles über diejenige Eigentümerversammlung, in der ein bisheriger Verwalter erneut oder ein neuer Verwalter bestellt wurde.

In Rechtsprechung und Literatur offensichtlich noch nicht behandelt wurde die Frage erfolgter Zustimmung eines beschlußweise neubestellten Verwalters, wenn der entsprechende Bestellungsbeschluß nachträglich erfolgreich angefochten wurde mit dem Ergebnis rückwirkender Ungültigkeit dieses Beschlusses. Der Grundbuchvollzug muß m. E. insoweit wirksam bleiben und kann hier nicht nachträglich zu unrichtigem Grundbuchinhalt führen. Jedes andere Ergebnis würde bedeuten, daß auch dem Grundbuchamt neben einer Beschlußbestellung sozusagen ein Negativattest über die Nichtanfechtung eines solchen Verwalterbestellungsbeschlusses vorgelegt werden müßte, was m. E. eine „überformalistische" Forderung wäre und zu neuen „Heilungsentscheidungen" führen müßte. Auch ein „Schein"- oder „Pseudo"-Verwalter erscheint mir deshalb unter Beachtung der Grundsätze einer Geschäftsführung ohne Auftrag während der Ausführung seiner Amtsgeschäfte für solche Zustimmungserklärungen mit „Grundbuch-Verbindlichkeitswirkung" legitimiert.

9. BEGLAUBIGUNGSGEBÜHREN; VERWALTER-SONDERHONORAR

Kosten für die Zustimmungserklärung sind grundsätzlich Verwaltungskosten im Sinne des § 16 Abs. 2 WEG. Ist einem Verwalter für eine Zustimmungserklärung nach Verwaltervertrag eine gesonderte Gebühr (Sonderhonorar) zu leisten, betrifft eine solche Vertragsregelung bei entsprechender Vereinbarung ausschließlich den Veräußerer als Vertragspartner[37], also nicht den Erwerber als zukünftigen Eigentümer (ihm gegenüber wäre eine Regelung als Rechtsgeschäft zu Lasten Dritter nichtig). Besteht über die grundsätzliche Sonderhonorierung keine weitere Regelung über die Schuldnerschaft, hat die gesamte Gemeinschaft das Honorar zu bezahlen, da die Zustimmung und vorausgehende Prüfung im Interesse der Gesamtgemeinschaft erfolgt[38]. Allerdings kann die Zustimmung nicht von einer Kostenübernahme (insbesondere nicht durch den veräußernden Wohnungseigentümer) abhängig gemacht werden. Individualvertraglich kann jedoch eine Kostenfreistellungsverpflichtung des Veräußerers für sämtliche Vertragsvollzugskosten mit Zahlungspflicht zu Lasten des Erwerbers vereinbart werden.

[37] BayObLG v. 6.10.86, ETW, G. 2, S. 491; vgl. auch KG Berlin v. 17.5.89, ETW, G. 2, S. 955.

[38] Vgl. OLG Hamm v. 7.4.89, NJW-RR 16/89, 974 = DWE 3/90, 92.

[39] Beschluß v. 13.2.92, ETW, G. 2, S. 1694.

10. VERMIETUNGSZUSTIMMUNG

Mitunter findet sich sogar eine Verwalterzustimmung für Vermietungen von Sondereigentum in Teilungserklärungen unter Hinweis auf analoge Anwendung der Grundsätze des § 12 WEG. Das BayObLG ist 1992[39] von der Zulässigkeit einer solchen Gebrauchsvereinbarung (gem. § 5 Abs. 4, § 10 Abs. 1 Satz 2 und § 15 Abs. 1 WEG) ausgegangen. Mit der Einschränkung auf Verweigerungsmöglichkeit nur aus wichtigem Grund sei auch ein solcher Vermietungsvorbehalt verfassungsrechtlich unbedenklich und mit Fällen einer Veräußerung vergleichbar. Sachdienlich erscheint mir eine solche Ausweitung und Vermietungseinschränkung allerdings nicht, insbesondere nicht in Ferienwohnanlagen mit meist ständig wechselnden Mietern. Nicht zulässig ist insoweit im übrigen eine generelle (Blanko-)Zustimmungserklärung (für alle zukünftigen Vermietungsfälle).

ERGEBNIS: ABLEHNUNG VON ZUSTIMMUNGSVEREINBARUNGEN

11. REGELUNGSALTERNATIVE[40]

Vorgenannte Hinweise dürften deutlich machen, daß solche Vereinbarungen nach § 12 WEG die freie Verfügbarkeit über Immobileigentum doch ganz wesentlich einschränken, ein endgültiger Schutz der Gemeinschaftsinteressen nur selten durch Zustimmungsverweigerung herbeigeführt werden kann und insbesondere zustimmungsverpflichtete Verwalter einer Art „Haftungszwickmühle" ausgesetzt sein können. In der Vergangenheit haben gerade Verwalter in vermeintlich wohlverstandenem Interesse einer vertretenen Gemeinschaft rechtsirrig Zustimmungen verweigert und die engen Grenzen berechtigter Verweigerung verkannt. Hier mußten zum Teil verwalterseits hohe Schadensersatzleistungen an einen veräußerungswilligen Eigentümer bezahlt werden, da sich eine Gemeinschaft wohl bisher noch nie zu einer Haftungsfreistellung des Verwalters bekannte, sollte dieser rechtsirrig eine falsche Entscheidung getroffen haben. Erteilen Verwalter demgegenüber zu leichtfertig Zustimmungen, könnten sie sich andererseits einer Haftung den restlichen Eigentümern gegenüber aussetzen, wenn im Nachhinein dem Verwalter zu Recht vorgeworfen werden könnte, er hätte die Zustimmung zu einem bestimmten Veräußerungsgeschäft aus

[40] Vgl. ergänzend auch meine Ausführungen in ETW, G. 4, Abschn. 6.7.3.5.3 (alte Fassung, Stand Aug. 87) m.w.N.; ablehnend auch Sauren, WEG, 2. Aufl. vor § 10, S. 45; ebenso Müller, Praktische Fragen des WE, 2. Aufl. Rz. 61, S. 74; kritisch wohl auch Weitnauer/Lüke, Ktr. 8. Aufl., § 12, Rz. 12 („Allerdings kann eine solche Vereinbarung den Wert des Wohnungseigentums und dessen Kreditmöglichkeiten beeinträchtigen"). Von „nicht zweifelsfreier" Regelung gehen auch Henkes/Niedenführ/Schulze zu § 12 a.E. aus. Vgl. auch Bielefeld, Der Wohnungseigentümer, 5. Aufl., S. 93 ff.; Bub, WE von A-Z, 6. Aufl.; Bärmann, WE, 191, Rz. 228; Röll, Handbuch, 6. Aufl. 1994, Rz. 378 ff.; Seuß, Die Eigentumswohnung, 9. Aufl., S. 273 ff.; anschaulich und ausführlich zur Gesamtproblematik nunmehr Belz, Handbuch des WE, 3. Aufl. 96, Rz. 91 ff.

erkennbaren wichtigen Ablehnungsgründen verweigern müssen. In der Regel dürfte ein Verwalter wenig ausreichende Anhaltspunkte dafür besitzen, eine richtige Ermessenswertung zum Schutz der Eigentümer im Rahmen der engen gesetzlichen Grenzen des § 12 WEG vornehmen zu können. Zutreffende Prognosen über wirtschaftliche oder persönliche Zuverlässigkeit eines bestimmten Erwerbers - noch dazu in sehr kurzer Frist zu ermitteln - festzustellen, ist Verwaltern kaum möglich und zumutbar. Aus diesem Grund ist eine Zustimmungspflicht in der Praxis bereits zur Farce geworden (selbst im Zweifel Zustimmungserteilung!), die obendrein zu unnötigen Mehrbelastungen aller Beteiligten führt. Der gesetzlich mit dieser Bestimmung verfolgte Zweck der Interessenswahrung aller Eigentümer ist in der arbeitsbelasteten Verwalterpraxis kaum in gebotener Weise zu realisieren, denkt man gerade an Großwohnanlagen, in denen oftmals beinahe jede Woche eine Zustimmung erteilt werden muß. Wenn man zum Teil in einer solchen Vereinbarung noch den Vorteil darin zu erkennen glaubt, daß einem Verwalter im Zuge seiner Zustimmungserteilung zumindest sehr rasch der Name eines Erwerbers (zukünftigen Eigentümers) bekannt wird, ggf. auch der Zeitpunkt für einen Besitz-, Lasten- und Nutzungsübergang, so ist diese Feststellung zwar richtig und ein begrüßenswerter Nebeneffekt einer solchen Zustimmung, zwingt jedoch m. E. nicht zu einem solchermaßen förmlichen, zeit- und kostenaufwendigen sowie oftmals haftungsrelevanten Verfahren. Es wäre ohne weiteres möglich, in einer Teilungserklärung mit Gemeinschaftsordnung auch dinglich wirksam festzuschreiben, daß in Veräußerungsfällen ein Veräußerer bei grundsätzlich freier Veräußerung verpflichtet ist, dem Verwalter unverzüglich ab Kaufbeurkundung Name und Anschrift eines Erwerbers anzuzeigen; daneben könnte und sollte u. U. auch eine Gesamtschuldhaftung für Wohngeldforderungen gegen Veräußerer und Erwerber vereinbart werden, ggf. auch nur eine Haftung des Veräußerers für Zahlungsverpflichtungen des Erwerbers bis zur Erfüllung entsprechender Anzeigepflicht. Wohngeldrückstände sind im übrigen kein Kriterium im Sinne eines wichtigen Grundes für eine Zustimmungsverweigerung in Richtung Person eines Erwerbers, was bisher häufig in der Verwalterpraxis verkannt wurde.

Selbst ohne eine solche (vorerwähnte) Vereinbarungsvariante (statt vereinbarter Zustimmungen nach § 12 WEG) könnte sich auch ein entsprechender Organisationsbeschluß für solche Anzeigepflichten einer Veräußerung (evtl. sogar jeglicher Vermietung) durch jeden Eigentümer/Verkäufer anbieten, der im Regelfall unangefochten bleiben dürfte.

Prof. Dr. Peter Derleder

ZUR GRUNDRECHTSBINDUNG IM PRIVATRECHT
– DARGESTELLT AM DREIECKSVERHÄLTNIS ZWISCHEN WOHNUNGSEIGENTÜMERGEMEINSCHAFT, VERMIETENDEM WOHNUNGSEIGENTÜMER UND MIETER –

I. EINLEITUNG

Unter den das Mietvertragsverhältnis und die Rechtsbeziehungen der Wohnungseigentümer untereinander überformenden Grundrechten hat dasjenige des Art. 5 Abs. 1 Satz 1 2. Halbsatz GG, sich aus allgemein zugänglichen Quellen ungehindert zu unterrichten, in den letzten Jahren am meisten Aufsehen erregt. Die Parabolantennen ausländischer Mitbürger biegen sich unter einer Bürde von Ideologien, ästhetischen Perhorreszenzen, Baumaßnahmen und Prozeßkosten. Der Empfang ausländischer Fernsehsender ist geradezu zum Symbol dafür geworden, wieviel Multikulturalismus in einem unerklärten Einwanderungsland wie der Bundesrepublik Deutschland möglich ist. Die Protagonisten der Mehrheit beklagen dramatisch, daß deutsche Televisionäre gegenüber den Ausländern benachteiligt sind, nicht das Mailänder Lokalderby mit italienischem Kommentar genießen können, nicht den hochromantischen Liebestragödien bis auf den Augenschlitz verhüllter Schöner ihre Aufmerksamkeit schenken dürfen und womöglich das unheilvolle Wirken fundamentalistischer Immoderatoren mit fremdartigen Religionsbezügen zu spüren bekommen werden. Die Vertreter der Minderheit beanspruchen vor allem, den informatorischen und kulturellen Defiziten der ersten Ausländergeneration in Deutschland und den Identitätsproblemen der zweiten und dritten Generation Rechnung zu tragen, die hier ebenso wenig wie dort ganz zu Hause ist. Ob und inwieweit der Empfang weiterer Fernsehprogramme deswegen unerläßlich ist, wo das Fernsehen doch in entscheidender Weise Kindheit verödet und Aktionsarmut hervorruft, wird dabei nicht in die Waagschale geworfen. In jedem Fall hat das BVerfG[1] wohlmeinend das Verständnis für ausländische Mitbürger und ihre soziale Situation zu vertiefen versucht und diesen deswegen zu Parabolantennen verholfen, die womöglich die ordentliche Gerichtsbarkeit nicht zugestanden hätte.

Auch die teilweise vehemente Kritik[2] hat das Gericht nicht wanken gemacht. Nach und nach wurde die verfassungsrechtliche Wertentscheidung zivilrechtlich kleingearbeitet, zunächst für das Mietverhältnis, dann für das Verhältnis der Wohnungseigentümer untereinander. Die dritte rechtsdogmatische Dimension scheint nun mit

---

[1] BVerfG 90, 27, 35; NJW 1995, 1665.

[2] Die Kritik am BVerfG rügt teilweise zu weitreichende Interventionen ins Zivilrecht und in die Gestaltungsspielräume der Fachgerichte, s. zuletzt Isensee in seiner Rede zum 61. DJT (s. den Bericht in NJW 1996, 2987). Die Fachgerichte haben der Parabolantennenentscheidung zum Teil ressentimenthafte Vorbehalte entgegengesetzt (s. z.B. LG Berlin, DWW 1995, 115 m. Anm. Pfeifer; vgl. auch AG Berlin-Spandau, Grundeigentum 1988, 1115; AG Hamburg, in: Hamburger Grundeigentum 1989, 359.

einem Kammerbeschluß vom 11.7.1996 erreicht[3], nach dem zwar im Verhältnis der Mietvertragsparteien untereinander wie im Verhältnis des Vermieters zu seiner Wohnungseigentümergemeinschaft die Grundrechtsbindung zu beachten ist, nicht aber im direkten Verhältnis des Mieters zur Wohnungseigentümergemeinschaft, die dementsprechend im Beschwerdefall unbeanstandet dem Mieter die Beseitigung einer Parabolantenne abverlangen konnte. Ist das nun eine neue Nuance von judicial self-restraint? Ist das Dreiecksverhältnis vielleicht gar ein Bermudadreieck, in dem die Grundrechtsbindung verlorengehen kann? Oder muß sich das Verfassungsrecht einfach der zivilistischen Geometrie fügen, wie sie insbesondere aus dem Recht der Leistungskondiktion geläufig ist, die bei Dreiecksverhältnissen nur im Doppelschritt erfolgen darf[4], weil jeder Beteiligte sich an den von ihm nach seinem Vertragsprogramm zunächst erwarteten Partner halten soll? Da das Verhältnis von Verfassungsrecht und Zivilrecht in besonderem Maße von Mißverständnissen geprägt ist, die zivilrechtliche Seite den verfassungsrechtlichen Wertungsimpetus oft als unmethodischen politischen Übergriff wahrnimmt und die verfassungsrechtliche Seite das Zivilrechtshandwerk in vordemokratische und sozialstaatsfremde Denkgewohnheiten verstrickt findet, läßt sich eigentlich nicht ohne Ironie die tiefere Bedeutung der Konflikte erörtern. Der Respekt vor dem Jubilar, dessen Lebenswerk gerade auch den Wohnbedürfnissen bedrängter Minderheiten gilt und dessen Persönlichkeit von einem tiefen, aber zugleich frohen Ernst in allen beruflichen und gesellschaftlichen Bezügen geprägt ist, verlangt aber eine entsprechende Problembehandlung. In diesem Sinne sollen zunächst die Struktur der Grundrechtsbindung Privater (dazu II), dann die Grundrechtsüberformung des Mietverhältnisses im Hinblick auf Art. 5 Abs. 1 Satz 1 2. Halbsatz GG (dazu III), die Relevanz des Grundrechts für das Verhältnis der Wohnungseigentümer untereinander (dazu IV), die materiellrechtlichen Konsequenzen für das Dreiecksverhältnis (dazu V) und die möglichen prozessualen Konstellationen (dazu VI) angesprochen werden.

II. DIE STRUKTUR DER GRUNDRECHTSBINDUNG PRIVATER

Nach dem Sprachgebrauch des zitierten Beschlusses vom 11.7.1996 ist dem Grundrecht des Art. 5 Abs. 1 GG in dem Vertragsverhältnis zwischen Vermieter und Mieter und den Rechtsverhältnissen der Wohnungseigentümer „Geltung zu verschaffen". Die Struktur der Grundrechtswirkung zwischen Privaten ist damit höchst unscharf angesprochen. Der jahrzehntelang übliche Diskurs zur mittelbaren Drittwirkung der Grundrechte ist verunsichert. Nach Nipperdeys frühem und methodisch naiven Versuch, die Grundrechte nicht nur auf das Verhältnis von Individuum und Staat zu beziehen, sondern auch gegen Private, insbesondere Arbeitgeber, wirken zu lassen[5], hat sich die Theorie der mittelbaren Drittwirkung der Grundrechte weitgehend durch-

---

[3] NJW 1996, 2858.

[4] Siehe dazu nur Esser/Weyers, Schuldrecht Bd. 2, 7. Aufl., § 48 III m.w.N.

gesetzt, auch wenn sie teilweise als Zersetzung der zivilrechtlichen Dogmatik geschmäht wurde[6]. Entwickelt wurde sie mit Vorzug anhand des Art. 5 Abs. 1 Satz 1 GG, dessen objektivrechtlicher Gehalt schon in der Lüth-Entscheidung[7] herausgearbeitet wurde. Die Grundrechte wurden als wesentliche Elemente einer Grundrechtsordnung verstanden, die die Sphären von Staat und Gesellschaft nicht mehr streng separiert, weil Individualrechtsschutz sowohl gegenüber staatlicher wie gegenüber gesellschaftlicher Macht geboten ist. Die Grundrechte haben danach eine Ausstrahlungswirkung auf das Privatrecht und sind vom zivilrechtlichen Gesetzgeber wie vom Rechtsanwender zu beachten. Aber nicht weil der Richter letztlich über Privatrechtsstreitigkeiten und die Normauslegung zu entscheiden hat und Teil der staatlichen Gewalt ist, sondern weil die materiellrechtlichen Rechte und Pflichten der Privaten selbst der verfassungsrechtlichen Überformung aufgrund der mittelbaren Grundrechtswirkung unterliegen, sind die objektivrechtlichen Gehalte in die privatrechtliche Normfindung und Normauslegung zu integrieren. Dabei respektiert die Drittwirkungslehre, daß sich die Rechtssubjekte des Zivilrechts in ihren privatrechtlichen Beziehungen frei entfalten, daß ihre Privatautonomie selbst ein tragendes Grundrechtselement ist und sogar Toleranz gegenüber einem privatrechtlichen Handeln gebietet, das nicht von den Grundrechtswertungen geleitet ist. Die Toleranz soll aber dort enden, wo sie auf eine „Kapitulation" vor dem Einsatz wirtschaftlicher und sozialer Macht hinauslaufen würde.[8] Zu diesem Zweck sind die Grundrechtswertungen in erster Linie bei der Interpretation der zivilrechtlichen Generalklauseln einzubeziehen.

Der Widerstand gegen dieses Modell mittelbarer Drittwirkung ist in den achtziger Jahren wieder wirkungsvoller geworden, allerdings weitgehend nicht durch Wiederbelebung des altkonservativen Duktus der fünfziger und sechziger Jahre, der auf die Herausnahme der Grundrechtswertungen aus dem Privatrecht gerichtet war, den Staat also Staat und die Gesellschaft Gesellschaft sein lassen wollte. Die neue Linie wendet sich weniger gegen die Rezeption von Grundrechtswertungen, sondern versucht ihren Rücktransfer in das Verhältnis von Individuum und Staat. Bemerkenswerterweise war es ein Privatrechtler, Canaris, der - ausgerechnet auch noch in der Zeitschrift des heiligen zivilrechtlichen Grals[9] - die Grundrechtswirkung auf Normstruktur und Normadressaten hin erneut überdacht hat. Er pocht weiterhin darauf, daß in Art. 1 Abs. 3 GG die Bindung an die Grundrechte nur für Gesetzgebung, vollziehende Gewalt und Rechtsprechung statuiert ist und daß eine Drittwirkung die Privatautonomie[10] gefährde. Er insistiert, daß das Bestehen eines sozialen Machtgefälles zwischen Partnern des

[5] Nipperdey, Grundrechte und Privatrecht, 1961; ders. in: Bettermann/Nipperdey, Die Grundrechte, Bd. IV/2, S. 747 ff.; ihnen folgt das BAG, s. insb. BAG AP Nr. 1 zu Art. 6 GG Ehe und Familie; AP Nr. 4, 6, 77, 87 und 110 zu Art. 3 GG.

[6] Siehe z.B. Roellecke, JZ 1981, 690.

[7] BVerfG 7, 198.

[8] So insb. die Formulierung von Hoffmann-Riem, in: AK-GG, Art. 5 Rdnr. 36.

[9] Canaris, AcP 184 (1984), 201, 225 ff.

[10] So schon Dürig, Festschrift für Nawiasky, 1956, S. 158 ff.

Privatrechtsverkehrs keineswegs ohne weiteres eine Intervention, insbesondere keine unmittelbare Grundrechtswirkung zwischen Privaten erfordere, da soziale Macht durch Wettbewerb entschärft sein könne. Zugestanden wird aber, daß auch Privatrechtsnormen Grundrechtseingriffe enthalten können. Deren Legitimation bedarf aber nach Canaris nicht notwendig der Begründung mit einem schützenswerten Gemeinschaftsgut, gar einem überragenden; vielmehr kann schon der Schutz eines entgegenstehenden Individualinteresses, auch mittels einer dispositiven Norm, genügen[11]. Der Privatrechts**gesetzgeber** wird mit dieser Modifikation der unmittelbaren Wirkung der Grundrechte unterworfen.

Soweit es dagegen um das Verhalten der Privatrechtssubjekte, insbesondere die Vornahme von Rechtsgeschäften geht und die Lehre von der mittelbaren Drittwirkung diese über die Generalklauseln kontrolliert, wirft ihr Canaris nicht zu Unrecht Einseitigkeit vor. Wenn etwa ein nachvertragliches Wettbewerbsverbot an eine Karenzentschädigung gebunden wird, wird das Berufsgrundrecht keineswegs über eine Generalklausel, sondern über § 74 HGB verwirklicht, ist seine Argumentation. Bei einem Verständnis als Grundsatznormen für das Privatrecht bliebe zudem die subjektivrechtliche Seite der Grundrechte unberücksichtigt. Deswegen konstruiert Canaris die Grundrechte nicht mehr als „Eingriffsverbote gegen den Staat", sondern auch als „Schutzgebote an den Staat". Dieser ist verpflichtet, die in den Grundrechten zum Ausdruck kommenden Werte und Rechtsgüter gegen Verletzungen zu schützen.

Danach muß der Gesetzgeber oder an seiner Stelle der Richter auf die Grundrechtsgefährdungen, die durch die „Zulassung der Privatautonomie" entstehen, mit der Schaffung ausreichender Schutzbestimmungen reagieren, wobei aber ein weiter Gestaltungs- und Konkretisierungsspielraum bestehen soll. Demgemäß handelt es sich keineswegs um eine „unmittelbare Drittwirkung" der Grundrechte, da es keine unmittelbare Ableitung der privatrechtlichen Ergebnisse gebe. Soweit Akte von Privatrechtssubjekten auf ihre Vereinbarkeit mit den Grundrechten geprüft würden, seien nur deren Funktionen als Schutzgebote maßgeblich. Da diese regelmäßig der Umsetzung in einfaches Recht bedürften, gehe es insoweit durchaus um eine „mittelbare Grundrechtswirkung". So seien nicht etwa Wettbewerbsverbote an Art. 12 GG zu messen, sondern nur ihre Regelung in den §§ 74 ff. HGB. Da aber diese Normen im Gegensatz zu den rechtsgeschäftlichen Wettbewerbsverboten nicht in die Berufsfreiheit eingriffen, fungiere Art. 12 GG insoweit nicht als Eingriffsverbot, sondern als Schutzgebot, das zu prüfen aufgebe, ob die Art. 74 ff. HGB hinter dem grundrechtlich gebotenen Schutzminimum zurückblieben. In dieser Weise seien die Grundrechte auch im Verhältnis der Bürger untereinander, also in der Drittrichtung, zu schützen. Hierfür gelte nicht das Übermaßverbot, sondern ein Untermaßverbot, das auf die Gewährleistung eines Minimalschutzes hinauslaufe, das dem einfachen Recht aber einen erheblichen Konkretisierungsspielraum belasse. Dieser sei nicht nur mittels der Generalklauseln, sondern auch bei der Auslegung vieler anderer Vorschriften auszufüllen.

[11] AcP 184, 215.

Diese Konzeption ist dadurch geprägt, daß sie die Wertungen der Grundrechte keineswegs aus dem Privatrecht herauszunehmen versucht, obwohl sie die Grundrechtswirkung in das Verhältnis von Individuum und Staat zurückholt. Das private Rechtssubjekt muß also auch gegenüber einem Vertragspartner oder dem subjektiven Recht eines anderen Privaten keine verfassungsrechtlichen Werte verwirklichen; es stößt lediglich auf staatlich gesetzte Grenzen, soweit Gesetzgeber und Rechtsanwender einem verfassungsrechtlichen Schutzgebot zu genügen haben. Canaris' Differenzierungen zwischen Privatrechtsgesetzgeber und Richter sind dabei nicht überzeugend, da die Arbeitsteilung zwischen ihnen flexibel ist und der Gesetzgeber mit den privatrechtlichen Normen vielfach nicht (oder nicht nur) selbst Eingriffe realisiert, sondern die Privatautonomie strukturell ebenso kanalisiert wie der Rechtsanwender bei der Auslegung etwa der Generalklauseln. Die Normstruktur grundrechtlicher Schutzgebote bindet dementsprechend nicht nur den Richter, wenn er Normen mit besonders großem Interpretationsspielraum konkretisiert. Das grundrechtliche Schutzgebot greift auch nicht nur zugunsten von Unterlegenen gegenüber wirtschaftlicher und sozialer Macht, wie Canaris einzuräumen ist, aber doch vor allem dieser gegenüber. Bei deren Ermittlung ist auch durchaus zu berücksichtigen, inwieweit wirtschaftliche Macht durch Wettbewerb entschärft ist, was zum Beispiel im Hinblick auf den meist praktisch fehlenden Konditionenwettbewerb gegenüber den Verwendern von AGB regelmäßig zu verneinen ist. Es kann aber auch sein, daß eine Abrede von Partnern ohne Gefällelage, etwa geschiedener Eheleute, von denen einer sich verpflichtet hat, an einen anderen Ort zu ziehen, aufgrund einer zivilrechtlich aufgenommenen Grundrechtswertung nichtig sein kann. Mit diesen Differenzierungen läßt sich also normlogisch die Grundrechtsfindung als Schutzgebotsauftrag in die klassische Schutzrichtung zurücknehmen. Es geht dann der Sache nach nicht mehr um eine „Drittwirkung" der Grundrechte, die sich doch auch als Schutzgebote nur gegen den Staat richten, aber insoweit um eine mittelbare Grundrechtswirkung, als Grundrechte dem privatautonomen Handeln der Bürger letztlich Grenzen setzen.

Das BVerfG hat in seinen jüngeren Leitentscheidungen zur Grundrechtsbindung im Privatrechtsverkehr die Schutzgebotsfunktion der Grundrechte aufgenommen. In der Handelsvertreterentscheidung[12] hat es im Gegensatz zu Canaris auf das Vorliegen von Ungleichgewichtslagen abgestellt. Der Verfassung sei zwar nicht zu entnehmen, wann diese so schwer wögen, daß die Vertragsfreiheit durch zwingendes Gesetzesrecht begrenzt oder ergänzt werden müsse. Der Gesetzgeber habe hier einen weiten Spielraum. Im Bereich der Generalklauseln habe der Richter der objektivrechtlichen Wertentscheidung der Grundrechte in Fällen gestörter Vertragsparität mit den Mitteln des Zivilrechts „Geltung zu verschaffen". In der Bürgschaftsentscheidung[13] ist diese Linie dahin konturiert worden, daß trotz des Prinzips der Privatautonomie „nicht nur das Recht des Stärkeren gelten" könne. Nicht bei jeder Störung des Verhandlungsgleichgewichts, wohl aber bei struktureller Unterlegenheit des einen Vertragsteils, muß da-

[12] BVerfG 81, 242 = JZ 1990, 691 m.Anm. Wiedemann.

[13] BVerfG, NJW 1994, 36.

nach die Zivilrechtsordnung auf ungewöhnliche Belastungen reagieren. Dabei wurde die Handlungsfreiheit des Unterlegenen mit derjenigen des anderen Teils kontrastiert. Von der Vertragsfreiheit der formal Gleichen führt insoweit der Weg zur materialen Ethik sozialer Verantwortung für die Ergebnisse des marktwirtschaftlichen Prozesses.[14] Es wäre allerdings überzogen, den Staat zum Schutzpatron der Marktteilnehmer mit der Verpflichtung zu erklären, „für eine gerechte Privatrechtsordnung zu sorgen"[15]. Vielmehr kann der Staat für die Marktwirtschaft als Modell einer leistungsfähigen Ökonomie nur eine Privatrechtsordnung zur Verfügung stellen, durch die die Rechtsfolgen unerträglicher Ungleichgewichte korrigiert werden. Damit scheint die Normstruktur der Grundrechte für das Privatrecht auch in der Judikatur des BVerfG durch ihren Schutzgebotscharakter gekennzeichnet zu sein.

Obwohl insoweit die Normstruktur aus Canaris' Konzept teilweise übernommen ist, ist eine grundsätzliche verfassungstheoretische Umstellung von der mittelbaren Drittwirkung der Grundrechte auf die Ausrichtung gegen den Staat, der den Schutzgeboten durch Gesetzes- oder Richterrecht Rechnung zu tragen hat, eher zweifelhaft. Dagegen spricht auch, daß das BVerfG die wenig konsistente Ableitung aus der objektivrechtlichen Wertordnung der Grundrechte beibehalten hat, obwohl es doch um die subjektiven Rechte strukturell Unterlegener geht. Und doch ist damit zumindest die Tendenz zur Rückholung der Grundrechte in das Verhältnis zum Staat auf dem Sektor des Privatrechts unverkennbar, ein nicht durch neue und überraschende Rechtsfolgen legitimierter, sondern als strukturelle Klarstellung präsentierter Wandel. Er provoziert die Frage, ob damit auch ein materieller Perspektivenwechsel verbunden ist.

Ist der Staat alleiniger Normadressat grundrechtlicher Bindungen, durch Eingriffsverbote wie durch Schutzgebote, dann entfällt im Ausgangspunkt die gesamtgesellschaftliche Verantwortung des privatrechtlichen Kontrahenten und der Inhaber wirtschaftlicher und sozialer Macht. Ein solcher braucht, wenn die Grundrechte sich nur gegen den Staat richten, nicht die subjektiven Rechte der Gegenseite zu reflektieren und sein Handeln nicht auf Wertungen auszurichten, die etwa den Schutz von Minderheiten betreffen. Er ist das Subjekt eine Präneoliberalismus, das kein Recht gegen dominante Partner zu verinnerlichen braucht. Verantwortungsentlastet kann er das Werk der Entfaltung seiner produktiven und distributiven Kräfte in Angriff nehmen. Es ist allein Sache des Staates, die Schwachen und Übervorteilten, die Minoritären und ins Abseits Geratenen vor dem Äußersten zu bewahren. Mag der Staat, ohnehin überfordert und rechtsstaatlich vielfältig restringiert, seiner Schutzpflicht genügen, bis dahin gilt auch das dem Unterlegenen Abgerungene oder ihm Oktroyierte. Berücksichtigt man zugleich den Deregulierungsdruck, der auf dem Staat lastet, dann birgt die normtheoretische Basis einer solchen Schutzgebotsdoktrin zugleich ein „Im Zweifel für die Freiheit des Mächtigen", auch wenn dies weder dem BVerfG noch Canaris als normative Strategie unterstellt werden soll.

---

[14] Siehe dazu Derleder, Kritische Justiz 1995, 320, 325.

[15] So aber Wiedemann, a.a.O.

Die traditionelle Drittwirkungslehre macht demgegenüber den Teilnehmer am Privatrechtsverkehr durchaus mit gutem Grund zum Normadressaten der Grundrechte, weil er selbst eine Internalisierungsleistung zu erbringen hat. Er soll ein strukturelles Ungleichgewicht in seinen privaten Rechtsbeziehungen von selbst verarbeiten, und zwar nicht nur die objektivrechtlichen, sondern auch die subjektivrechtlichen Grundrechtselemente. Er darf zwar eine Abwägung seiner Privatautonomie, seiner Handlungsfreiheit im Sinne von Art. 2 Abs. 1 GG, mit dem grundrechtlichen Unterlegenenschutz, der Handlungsfreiheit des anderen, erwarten und braucht nur bei der Überschreitung der Erträglichkeitsgrenze dem Fremdinteresse den Vorrang zu geben. Die Grundrechte gelten ihm gegenüber deswegen in ganz anderer Weise als gegenüber dem Staat, der selbst keine Grundrechte in eine Abwägung einzubringen hat. Insofern bedeutet die Grundrechtswirkung zwischen den Subjekten des Privatrechts eine Art Kernbereichssicherung vor ungewöhnlichen und unerträglichen Belastungen. Diese Drittwirkung überformt das materielle Privatrecht nicht nur im Bereich der Generalklauseln und bedeutet auch mehr als den staatlichen Schutz im Konfliktfall. Daß die meisten Privatrechtsbeziehungen ohne Einschaltung des Gesetzgebers und des Richters abgewickelt werden, beruht gerade auf der Internalisierungsleistung der Teilnehmer des Rechtsverkehrs in einer freien und sozialen Marktwirtschaft. Sie richtet sich darauf, daß von vornherein unzumutbare Belastungen eines Vertragspartners vermieden werden.

Es kommt danach nicht in erster Linie darauf an, ob etwa der staatliche Gesetzgeber rechtzeitig Schutzgesetze erläßt und ob diese dem rechtsstaatlichen Rückwirkungsverbot genügen. Vielmehr muß es sich der die Grenzen überschreitende Privatrechtskontrahent gefallen lassen, daß ihm mangels hinreichender Internalisierungsleistung wegen nicht hinnehmbarer Ausnutzung eines strukturellen Ungleichgewichts vertragliche oder deliktische Rechtspositionen rückwirkend und von Anfang an aberkannt werden. In diesem Sinne wird nur eine mittelbare Drittwirkung des Grundrechtskernbereichs der Rolle des Staats bei der Hegung des Privatrechtsverkehrs gerecht. Der Staat wird nicht von vornherein in die Rolle eines allzuständigen Reparateurs gedrängt, sondern die Gesellschaft ist als selbstverantwortliches wirtschaftliches und soziales Ensemble angelegt, das nur auf der Grundlage der Internalisierung von Grundrechtsbindungen funktionieren kann und zusätzlich auf eine praktikable Korrektivfunktion des Staates angewiesen ist. Die Schutzgebotsdoktrin sollte daher, wenn überhaupt, nur in der Weise konstruiert werden, daß Gesetzgeber und Richter die zwischen Privaten schon gültige Grundrechtsbindung zur Gewährleistung eines effektiven Rechtsschutzes zu konkretisieren und zu verdeutlichen haben.

III. DIE GRUNDRECHTSBINDUNG NACH ART. 5 ABS. 1 SATZ 1 2. HALBSATZ GG

Die Parabolantennenentscheidung des BVerfG[16] verhält sich in verfassungstheoretischer Hinsicht sehr vorsichtig und spricht weder von mittelbarer Drittwirkung der Grundrechte noch von Schutzgeboten. Sie betont für den Kommunikationsprozeß, den Art. 5 Abs. 1 GG im Interesse der freien individuellen und öffentlichen Meinungsbildung schützen will, die Bedeutung der Empfängerperspektive, also der Informationsaufnahme, die im zweiten Halbsatz des Art. 5 Abs. 1 Satz 1 GG umfassend geschützt werde, allerdings nur hinsichtlich allgemein zugänglicher Quellen, zu denen auch die Massenkommunikationsmittel, insbesondere Hörfunk und Fernsehen, gehören. Einen Unterschied zwischen in- und ausländischen Informationsquellen mache das GG nicht, heißt es lakonisch, so daß auch der Empfang ausländischer Programme erfaßt ist. Der Grundrechtsschutz erstrecke sich auch auf die Beschaffung und Nutzung der erforderlichen technischen Anlagen einschließlich der Einrichtung von Parabolantennen zum Empfang von Satellitenausstrahlungen. Soweit bei Konflikten über die Errichtung von Empfangsanlagen zwischen Mietvertragsparteien ein Anspruch aus §§ 535, 536, 242 BGB geltend gemacht werde, sei dem Grundrecht auf Informationsfreiheit bei der Auslegung dieser Normen „Rechnung zu tragen". Andererseits sei das Grundrecht des Eigentümers aus Art. 14 GG berührt, wenn ihm eine Duldungspflicht auferlegt werde. Das erfordere eine fallbezogene Abwägung zwischen der - auch optisch ungeschmälerten - Erhaltung des Wohnhauses und den Mieterinformationsinteressen. Da keines der Grundrechte dem anderen generell vorgehe, sei beim Interessenausgleich zu prüfen, welche Beeinträchtigung schwerer wiege.

Die dazu entwickelten Rechtsgrundsätze der Mietgerichte[17] hat das BVerfG gebilligt. Der Empfang von Hörfunk- und Fernsehprogrammen sei ein wesentlicher Bestandteil des häuslichen Lebens und gehöre zur üblichen Nutzung einer Wohnung. Dem Interesse des Eigentümers an der Bewahrung des Erscheinungsbildes eines Hauses wird danach dadurch Rechnung getragen, daß er die Anbringung von Parabolantennen durch Bereitstellung eines Kabelanschlusses abwenden kann. Die Beeinträchtigung der Informationsfreiheit des Mieters, der keine Parabolantenne anbringen darf, fällt daher im allgemeinen nicht ins Gewicht, wohl aber bei Ausländern, die angesichts der kleinen Zahl ausländischer Programme in inländischen Kabelnetzen erheblich in ihrem Interesse beeinträchtigt würden, sich über das Geschehen ihres Heimatlandes zu unterrichten und die kulturelle und sprachliche Verbindung aufrecht zu erhalten. Der Mieter, der sich in dieser Lage befinde, könne in der Regel vom Vermieter die Zustimmung zur Einrichtung einer Parabolantenne verlangen.[18] Darin liege auch kei-

[16] BVerfG 90, 27 = NJW 1994, 1147.

[17] Siehe insb. BayObLG, NJW 1981, 1275; KG, NJW 1985, 2031; OLG Frankfurt, NJW 1992, 2490.

[18] Vgl. OLG Karlsruhe, NJW 1993, 2815; OLG Hamburg, WM 1993, 527; OLG Hamm, DWW 1993, 331.

ne gegen Art. 3 Abs. 2 GG verstoßende Bevorzugung von Ausländern, da auch bei deutschen Mietern außergewöhnliche Umstände einen solchen Anspruch rechtfertigen könnten. Der Inländerstatus führe nicht notwendig zur Versagung, der Ausländerstatus nicht notwendig zur Anerkennung des Anspruchs. Es gehe vielmehr nur um einen Abwägungsfaktor. Das Grundrecht werde verkannt, wenn die Errichtung einer Parabolantenne als Sondernutzung verstanden werde, die den vertragsgemäßen Gebrauch überschreite. Dagegen könne der Umstand, daß zahlreiche Mieter eines Wohnkomplexes aufgrund ihrer je besonderen Umstände ein berechtigtes Interesse an einer solchen Antenne haben und dieses nicht durch eine Gemeinschaftsantenne befriedigen könnten, durchaus bei der Abwägung berücksichtigt werden. Die Verweisung auf andere Informationsmöglichkeiten oder gar die Übersetzung deutschsprachiger Sendungen sei grundrechtswidrig. Daher wurde der Verfassungsbeschwerde eines türkischen „Gastarbeiters" der ersten Ausländergeneration mit großer Familie stattgegeben, für dessen Wohnung die Verkabelung noch bevorstand.

Verfassungstheoretisch betrachtet handelt es sich hier somit um den Alltag der Grundrechtswirkung zwischen Privaten, insbesondere in ihren Vertragsbeziehungen. Die mittelbare Grundrechtswirkung ist selbstverständlich, von staatlichen Schutzgeboten ist nicht die Rede, wohl aber von der „Berücksichtigung" der Grundrechte, damit ihr „wertsetzender Gehalt für die Rechtsordnung auch auf der Rechtsanwendungsebene zur Geltung kommt". Der Kernbereich des Grundrechts der Informationsfreiheit, der auch in den Vertragsbeziehungen gesichert wird, erfaßt nicht nur die Grundversorgung mit einem einzigen ausländischen, hier türkischen, Fernsehprogramm, sondern schließt eine gewisse Programmvielfalt zur Sicherung der sprachlichen und kulturellen Verbindungen mit dem Heimatland ein. Das ist ein relativ hohes Niveau grundrechtlicher Sicherung. Es wird aber den Identitätsproblemen der ausländischen Minderheiten gerecht, die weder in Deutschland noch in ihrem Heimatland voll integriert sind. Die sozialwissenschaftlichen Untersuchungen ergeben, daß dies auch noch für die zweite Generation gilt.[19]

IV. DIE GRUNDRECHTSBINDUNG UNTER WOHNUNGSEIGENTÜMERN

Tritt der Konflikt um die Informationsfreiheit im Verhältnis der Wohnungseigentümer untereinander auf, so geht es um bauliche Maßnahmen, die nach § 22 Abs. 1 Satz 2 i.V. mit § 14 Nr. 1 WEG ohne Zustimmung aller übrigen Wohnungseigentümer nur dann zulässig sind, wenn sie keinen über das bei einem geordneten Zusammenleben unvermeidliche Maß hinausgehenden Nachteil bedeuten. Diese Generalklausel gibt nach der Entscheidung der 3. Kammer des 1. Senats des BVerfG vom 13.3.1995[20] Raum für eine das Informationsgrundrecht und die Eigentümergrundrechte berücksichtigende Auslegung.

[19] Siehe Lajios, Konstantin, Die 2. und die 3. Ausländergeneration, Opladen, 1991.

[20] BVerfG, NJW 1995, 1665.

Im Wohnungseigentumsrecht hatte zuvor ein Teil der Zivilgerichte den baugestalterischen Belangen der Wohnungseigentümer im Regelfall ein Übergewicht gegenüber den Informationsinteressen zugebilligt, weil zum üblichen Wohnkomfort nur der mittels herkömmlicher Empfangsanlagen mögliche Empfang gängiger Rundfunk- und Fernsehprogramme gehöre.[21] Dagegen wandte sich die Kammer mit dem Argument, das Informationsinteresse des Wohnungsnutzers hänge nicht wesentlich davon ab, ob eine vermietete Wohnung im Wohnungseigentum stehe oder zu einem ungeteilten Eigentumsobjekt gehöre. Das Interesse von Wohnungseigentümern, Verunstaltungen des Gebäudes abzuwehren, unterscheide sich nicht von demjenigen des Vermieters. Ein einzelner Wohnungseigentümer könne zwar nicht durch Mehrheitsbeschluß der anderen zur Duldung einer baulichen Maßnahme verpflichtet werden, wohl aber aufgrund eines Übergewichts des Informationsinteresses anderer zur Duldung einer Parabolantenne.

Danach sind die zum Mietrecht entwickelten Rechtsgrundsätze für eine verfassungsmäßige Interessenabwägung auf das Wohnungseigentumsrecht übertragbar. Wohnungseigentümer mit ausländischer Staatsangehörigkeit, die durch Kabelanschluß nur ein einziges Fernsehprogramm ihres Heimatlandes empfangen können, können dementsprechend regelmäßig den Vorrang ihres besonderen Informationsinteresses zugunsten der Anbringung einer Parabolantenne in Anspruch nehmen. Beeinträchtigungen der Bausubstanz oder Kostenrisiken lassen sich nach Auffassung der Kammer durch Zustimmungsvorbehalte zugunsten der Wohnungseigentümer vermeiden.

Eine störende Häufung von Parabolschüsseln an Wohnungseigentumsanlagen ist danach aber nicht ganz ausgeschlossen. Die Kammer hat zu deren Vermeidung auf mögliche Zustimmungsvorbehalte des Inhalts hingewiesen, daß sich die an einem Satellitenempfang interessierten Wohnungseigentümer mit einer Gemeinschaftsparabolantenne einverstanden erklären. Im Einzelfall wird die Einrichtung einer solchen Antenne aber davon abhängen, wie nach der Zusammensetzung der Wohnungseigentümer den verschiedenen Individualinformationsgrundrechten Rechnung getragen werden kann.

Diese Kammerentscheidung ist zunächst einmal von dem Informationsgrundrecht des selbstnutzenden Wohnungseigentümers ausgegangen, das dieser in die Grundrechtsabwägung bei Auslegung der §§ 22 Abs. 1 Satz 2, 14 Nr. 1 WEG einbringen kann. Sie hat ihm aber zugleich das Recht zugesprochen, das Grundrecht seines Mieters zur Geltung zu bringen, sozusagen in Prozeßstandschaft für diesen.

Das Grundrecht des Art. 5 Abs. 1 Satz 1 2. Halbsatz GG ist nicht auf eine bestimmte zivilrechtliche Rechtsposition des Wohnungsnutzers bezogen, steht diesem also nicht nur aufgrund eines Mietvertrags, sondern gewiß auch aufgrund anderer Nutzungsrechte, etwa aufgrund eines dinglichen Wohnrechts nach § 1093 BGB, zu. Die Rechts-

[21] BayObLG, NJW-RR 1992, 16; OLG Hamm, NJW 1993, 1276, 1277; a. A. OLG Celle, NJW-RR 1994, 977, 978.

stellung eines Wohnungsnutzers gegenüber dem Eigentümer der Wohnung gibt dem Nutzer an sich grundsätzlich keinerlei sachen- und wohnungseigentumsrechtlich wirksame Rechtsstellung gegenüber den übrigen Wohnungseigentümern. Der Mieter, der sich vom Vermieter etwas versprechen läßt, was durch dessen sachenrechtliche Rechtsposition gegenüber derjenigen der anderen Wohnungseigentümer nicht gedeckt ist, kann mit einem Erfüllungsanspruch letztlich nicht durchdringen[22], sondern muß damit rechnen, daß ihm die übrigen Wohnungseigentümer die Beeinträchtigung ihrer Rechtsposition gemäß § 1004 BGB untersagen. Eine schuldrechtliche Abrede zwischen einem Wohnungseigentümer und einem Nutzer hat dementsprechend grundsätzlich keinen Einfluß auf das Verhältnis der Wohnungseigentümer untereinander.

Deswegen ist es schon eine verfassungsspezifische Novität, daß der nicht selbst nutzende Eigentümer das Informationsgrundrecht seines Nutzers mit der Wirkung der Restriktion der Eigentümergrundrechte der anderen Wohnungseigentümer geltend machen kann. Ist der betreffende Wohnungseigentümer nicht selbst Ausländer, hätte er regelmäßig keinen Anspruch auf Duldung einer Parabolantenne; hat er aber seine Wohnung an einen Ausländer vermietet, so kann er - mancher Zivilrechtsdogmatiker wird sich die Augen reiben - quasi dessen Anspruch auf Duldung einer solchen Antenne auch gegenüber den übrigen Wohnungseigentümern geltend machen. Es geht also in der Tat um eine materiellrechtlich gesehen treuhänderische, prozeßrechtlich gesehen eine prozeßstandschaftliche Grundrechtsverwirklichung, die bei einem Nutzerwechsel ihre Berechtigung ebenso verlieren kann wie bei Veräußerung des Wohnungseigentums an den Nutzer. Im letzteren Fall ist dieser selbst zur Verwirklichung seines Rechts im Verhältnis der Wohnungseigentümer in der Lage. Die anderen Wohnungseigentümer müssen also damit rechnen, daß ihre Duldungspflichten sich danach dimensionieren, was die Grundrechtsposition des jeweiligen Nutzers verlangt.

Es ist also von vornherein zu akzeptieren, daß sich die verfassungsrechtlichen Wertungen nicht der zivilrechtlichen Dogmatik der Leistungsbeziehungen unterordnen müssen. Ist aus Art. 5 Abs. 1 Satz 1 2. Halbsatz GG die Wertung zu entnehmen, daß jeder Wohnungsnutzer sich aus den allgemein zugänglichen und für ihn speziell wesentlichen Informationsquellen unterrichten darf, dann bedeutet dies eine Entkoppelung von den verschiedenen zivilrechtlichen Rechtsstatuten für Wohnungsnutzer und -eigentümer. Damit wird auch der zivilrechtliche Grundsatz durchbrochen, daß ein Wohnungseigentümer (etwa ein Inländer) schuldrechtlich nicht mehr Rechte auf einen Wohnungsnutzer übertragen kann (also etwa einen Ausländer), als er selbst hat. Desgleichen erhält der vermietende Wohnungseigentümer aus dem Nutzungsrecht seines Mieters, auch ohne daß es auf den Nachweis einer Zustimmung zur prozeßstandschaftlichen Geltendmachung ankommt, die Legitimation, entsprechende Duldungspflichten gegen die übrigen Wohnungseigentümer geltend zu machen, obgleich grundsätzlich ein Mietverhältnis die Rechte und Pflichten von Wohnungseigentümern

[22] Insofern handelt es sich um eine Unmöglichkeitskonstellation. Will der Mieter einen Erfüllungsversuch vorschalten, kann er über § 283 BGB und § 255 ZPO vorgehen und Erfüllung sowie hilfsweise für den Fall fruchtlosen Fristablaufs Schadensersatz verlangen.

aus ihrem jeweiligen Eigentumsrecht nicht modifizieren kann. Insoweit erweist es sich, daß die mittelbare Drittwirkung der Grundrechte nicht nur die Auslegung von Generalklauseln mit bestimmt, sondern daß sie die zivilrechtlichen Rechtsverhältnisse allgemein zu überformen vermag und sogar Abweichungen von schuld- und sachenrechtlichen Rechtsprinzipien notwendig sein können, hier im Sinne einer Entkoppelung des Informationsrechts des Nutzers von seinem jeweiligen zivilrechtlichen Rechtsstatus. Niemand kann also behaupten, daß Verfassungsrecht vergeht und Zivilrecht besteht. Umgekehrt gilt, daß die verfassungsrechtlichen Wertungen, auch wenn sie in das Zivilrecht zu integrieren sind, nicht notwendig den zivilrechtlichen Denkfiguren unterworfen sind. Es ist daher zu klären, wie sich diese Erkenntnisse auf das Dreiecksverhältnis zwischen Mieter, vermietendem Eigentümer und den übrigen Wohnungseigentümern auswirken, vor allem auf die unmittelbare Rechtsbeziehung zwischen Mieter und Wohnungseigentümergemeinschaft.

V. DIE MATERIELL-RECHTLICHEN KONSEQUENZEN FÜR DAS DREIECKSVERHÄLTNIS

Die verfassungsrechtliche Wertung erlaubt durchaus die zivilrechtliche Verselbständigung der beiden Leistungsverhältnisse, desjenigen zwischen den Mietvertragspartnern und desjenigen zwischen den Wohnungseigentümern, auch wenn in beiden dem Informationsgrundrecht des Wohnungsnutzers je nach seiner Staatsangehörigkeit und kulturellen Zugehörigkeit Rechnung getragen werden muß; davon geht die Kammer in dem zu Beginn angesprochenen Beschluß zu Recht aus.[23] Sie geht dann aber einen Schritt weiter und überläßt es den Fachgerichten, ob die Klärung des Nutzungsrechts jeweils nur zwischen Vermieter und Mieter (notfalls also vor dem Mietrichter) und dem vermietenden und den übrigen Wohnungseigentümern (notfalls also vor dem Wohnungseigentumsrichter) erfolgen kann. Dafür könnte sprechen, daß die jeweiligen Prozeßparteien am ehesten berufen sind, ihre internen Abreden und Rechte untereinander zur Geltung zu bringen und etwaige Rechtsunsicherheiten unter sich auszuräumen. Problematisch ist aber, daß die adäquate zeitliche Reihenfolge - zuerst der Mietrechtsstreit, dann der Wohnungseigentümerstreit - nicht ohne weiteres einzuhalten ist, sondern vielmehr von der privatautonomen Gestaltung und der Streitlust der Beteiligten abhängt. Auch kann, wie die Kammer einräumt, eine obligatorische Klärung im Doppelschritt, also der verfahrensrechtlich kompliziertere Weg, zu Verfahrensverzögerungen führen. Die Kammer hält solche Erschwernisse aber nicht für unvereinbar mit dem Grundrecht auf effektiven Rechtsschutz und hat es deswegen hingenommen, daß nach der angegriffenen Entscheidung der Mieter seinen informationsrechtlichen Anspruch nur gegenüber dem vermietenden Eigentümer, nicht aber dessen Rechte gegenüber der Wohnungseigentümergemeinschaft geltend machen durfte.

[23] BVerfG, NJW 1996, 2858.

Damit beugt die Kammer die verfassungsrechtliche Wertung jedoch in inkonsistenter Weise unter das Joch einer zivilrechtsdogmatischen Fehlkonstruktion. Sicher ist es sachgerecht, wenn der Mieter zunächst seine Rechtsposition gegenüber seinem Vermieter zur Geltung bringt. Bei großer Streitlust der übrigen Wohnungseigentümer kann er den zeitlichen Vorrang des Mietprozesses aber nicht sichern. Zudem ist es auch durchaus möglich, daß der Vermieter sein Anliegen anerkennt, er den Vermieter aber nicht dazu bringen kann, das Nutzerrecht in geeigneter Weise gegenüber den übrigen Wohnungseigentümern zur Geltung zu bringen, sei es wegen dessen Unvermögen, sei es wegen dessen Nonchalance. Insofern ist der Nutzer unabweisbar darauf angewiesen, auch ohne Rücksicht auf die mögliche Klärung im Doppelschritt und die hier möglichen zwei (eventuell über Jahre laufenden) Prozesse auch unmittelbar im Verhältnis zu den ihm gegenüber nicht vertraglich gebundenen Wohnungseigentümern sein Nutzungsrecht geltend zu machen, wenn diese einen negatorischen Abwehranspruch nach § 1004 BGB gegen ihn reklamieren. Art. 5 Abs. 1 Satz 1 2. Halbsatz GG könnte glatt unterlaufen werden, wenn die endgültige Rechtsstellung des Nutzers von einem Prozeß abhängig gemacht würde, an dem er nicht als Partei beteiligt ist und sein kann und durch den er von der ungesicherten effektiven Rechtswahrnehmung seitens des vermietenden Eigentümers abhängig wäre. Ein Grundrecht, dessen Realisierung erst nach rechtskräftigem Abschluß zweier Prozesse mit unterschiedlichen Parteien gesichert wäre, könnte nur noch als schwerkrankes Mitglied im Kreis der Grundrechte bezeichnet werden. Im Hinblick auf den schnellen technischen Fortschritt bei der Telekommunikation würde sich die Mühe der Geltendmachung vielleicht gar nicht lohnen. Die aus Art. 5 Abs. 1 Satz 1 GG zu entnehmende Wertung und das Gebot eines effektiven Rechtsschutzes erfordern es daher, daß der Mieter notfalls auch gegenüber der Wohnungseigentümergemeinschaft direkt sein Informationsgrundrecht durchsetzen kann, wenn er von dieser mit einer Klage überzogen wird, bevor er selbst die Klärung gegenüber seinem Vermieter herbeiführen kann. Nur wenn er eigenmächtig handelt und keine Klärung mit dem vermietenden Eigentümern sucht, mag ein Abwehranspruch der Wohnungseigentümergemeinschaft aus § 1004 BGB im Einzelfall begründet sein.

Erfordern Verfassungsgründe aber im allgemeinen die Beachtung des Nutzerrechts auch durch die Wohnungseigentümergemeinschaft, dann ist zivilrechtlich § 1004 Abs. 2 BGB sedes materiae. Die entsprechende Duldungspflicht folgt daraus, daß der Nutzer sein Informationsrecht aus der zwischen den Wohnungseigentümern gebotenen Rücksichtnahme auf die Nutzer herleiten kann. Dies könnte dafür sprechen, dem § 14 Nr. 1 WEG eine auf den Nutzer gerichtete Schutzwirkung zu entnehmen[24] oder ein Besitzrecht des Nutzers in analoger Anwendung des § 986 Abs. 1 Satz 2 BGB zu konstruieren[25]. Beide Begründungen mögen der verfassungsrechtlichen Wertung noch genügen, vermögen aber nicht zu überzeugen, da es verfassungsrechtlich gerade nicht der Mieter ist, der seinen Anspruch vom Vermieter ableiten kann, insbesondere

[24] So Soergel/Stürner, BGB, 12. Aufl., § 14 WEG Rdnr. 1.

[25] So Staudinger/Gursky, BGB, 12. Aufl., § 1004 Rdnr. 184.

wenn dieser Inländer ist, sondern umgekehrt richtet sich das Verhältnis der Wohnungseigentümer untereinander nach der Rücksicht auf den Nutzer. Auch beim Vertrag mit Schutzwirkung zugunster Dritter ist das Verhältnis der Vertragsparteien die Quelle für Ansprüche des Dritten, nicht das Recht des Dritten bestimmend für das Vertragsverhältnis. Es bedarf daher keiner aufwendigen zivilrechtlichen Dreieckskonstruktion. Vielmehr kann der Nutzer aus seinem auf die verfassungsrechtliche Wertung gestützter Informationsanspruch sowohl gegenüber dem Vermieter wie gegenüber den anderen Wohnungseigentümern direkt eine Duldungspflicht im Sinne des § 1004 BGB herleiten.

VI. PROZESSUALE KONSTELLATIONEN

Die prozessualen Konstellationen, die der Kammerbeschluß des BVerfG hervorrufen könnte, sind furchterregend. Es könnte danach dazu kommen, daß die Wohnungseigentümergemeinschaft mit ihrem Abwehranspruch gegen den Mieter obsiegt, dieser dann wieder anschließend seinen Duldungsanspruch gegen seinen Vermieter und dieser wiederum später seinen Duldungsanspruch gegen die Wohnungseigentümergemeinschaft durchsetzen kann und muß, um so dem Beseitigungsurteil zugunsten der Wohnungseigentümergemeinschaft den Boden zu entziehen.

Das angegriffene Urteil hatte notwendigerweise zugleich der Beseitigungsklage des Vermieters als Mitglied der Wohnungseigentümergemeinschaft stattgegeben. Auch darin sah die Kammer keinen Beschwerdegrund des Mieters. Selbst wenn das angegriffene Urteil insoweit aufgehoben würde, bliebe der Mieter zur Beseitigung gegenüber den anderen Wohnungseigentümern verpflichtet, meinte die Kammer. Die Entscheidung gegenüber dem Vermieter präjudiziere auch nicht eine nachfolgende Klage des Mieters gegenüber dem Vermieter zur Realisierung von dessen möglicher Duldungspflicht, da es sich um einen unterschiedlichen Streitgegenstand handele. Denn die mietvertragliche Seite werde bei der Prüfung des Abwehranspruchs der Wohnungseigentümergemeinschaft nicht untersucht.

Damit werden noch schnell die Streitgegenstandslehre und die Rechtskraftwirkung modifiziert. Während ansonsten die rechtskräftige Bestätigung eines Beseitigungsanspruchs eine Klage „auf das kontradiktorische Gegenteil", nämlich auf Duldung, ausschließt[26], muß hier schleunigst eine Ausnahme gemacht werden, damit der Nutzer seinen auf die verfassungsrechtliche Wertung gestützten Anspruch aus den §§ 535, 536 242 BGB überhaupt später noch geltend machen kann. Damit führt sich die Kammer vollends ad absurdum. Um den Fachgerichten eine extrem komplizierte Klärung der Nutzeransprüche im Doppelschritt und damit in zwei Prozessen unter unter-

[26] Siehe allgemein zu dieser materiellen Rechtskraftwirkung nur MünchKomm/ZPO/Gottwald, § 322 Rdnr. 39 ff. m.w.N.

schiedlichen Parteien offenhalten zu können, muß die Kammer tief ins Zivilprozeßrecht intervenieren, um daraus sonst resultierende unhaltbare prozeßrechtliche Folgen zu vermeiden. Die ganze prozessuale Artistik ist jedoch verfehlt, da sie die effektive Grundrechtswahrnehmung gerade vereiteln würde. Im Prozeß der auf Beseitigung klagenden Wohnungseigentümer kann der Nutzer seinem Vermieter vielmehr selbstverständlich seine mietvertraglichen Rechte entgegenhalten und muß dies auch, ebenso wie er gegenüber den anderen Wohnungseigentümern die Duldungspflicht des § 1004 Abs. 2 BGB geltend machen muß, die der Drittwirkung seines Informationsgrundrechts in sämtlichen Rechtsbeziehungen des Dreiecks entspricht. Damit kann auch eine Konzentration des Streits um die Parabolantenne auf diesen Prozeß erreicht werden. Zivilprozessualer Ausnahmeregelungen in puncto Rechtskraftwirkung bedarf es nicht, schon gar nicht von Gnaden eines nicht durchdachten verfassungsgerichtlichen obiter dictum.

VII. FAZIT

Das Beispiel der Parabolantennen verdeutlicht die zu Beginn strukturierte mittelbare Drittwirkung der Grundrechte, hier desjenigen aus Art. 5 Abs. 1 Satz 1 GG. Diese beschränkt sich keineswegs auf die Interpretation von Generalklauseln und objektivrechtliche Wertungen. Sie kann sich sogar auf Beziehungen von Parteien erstrecken, die mit dem Grundrechtsträger nicht identisch sind. Sie kann auch dazu führen, daß die Grundrechtsträgerschaft nicht an bestimmten zivilrechtlichen Rollen oder Rechtspositionen festgemacht wird, wenn es das Grundrecht erfordert. Die Wohnungseigentümer haben die Grundrechte der jeweiligen Wohnungsnutzer, seien sie nun Eigentümer, Mieter oder sonstige Berechtigte, zu internalisieren und entsprechende Duldungspflichten zu tragen, gleichgültig, in welcher Rechtsbeziehung des Dreiecksverhältnisses sie reklamiert werden. Eine effektive Grundrechtswahrung schließt aus, daß der Anspruch der Nutzer nur im Doppelschritt von Mietprozeß und Wohnungseigentumsprozeß zur Geltung gebracht werden kann. Wenn die besprochene Kammerentscheidung an dieser Stelle gegenüber der Kritik, das BVerfG interveniere zuviel in die fachgerichtlichen Spielräume, zurückgewichen ist, so hat sie sich dafür eine besonders falsche Stelle ausgesucht, aber damit wenigstens zugleich ein lehrreiches Exempel für die Struktur der Grundrechtsbindung unter Privaten geliefert. Die mittelbare Grundrechtsdrittwirkung kann sich nicht in einem Schutzgebot dem Staat gegenüber erschöpfen, wenn damit den Parteien jede Grundrechtsinternalisierung erspart würde. Es kann nicht sein, daß der Staat ihnen bei erheblicher Streitlust im Dreiecksverhältnis und entsprechend komplexen Prozeßsituationen nur ein kleines Loch am Ende des Tunnels läßt. Vielmehr muß er auf eine Verarbeitung der Grundrechtswertungen durch die Parteien setzen und beim dennoch unvermeidbaren Streit um sie eine effektive gerichtliche Klärung sicherstellen.

Michael Drasdo

DIE ZULÄSSIGKEIT DES LASTSCHRIFTEINZUGSVERFAHRENS

1. EINLEITUNG

Das sogenannte Lastschrifteinzugsverfahren hat sich in der Praxis allgemein als adäquates Mittel zur Vereinfachung und Rationalisierung des Zahlungsverkehrs, insbesondere bei periodisch wiederkehrenden und gleichbleibenden Leistungen, entwickelt[1]. Insoweit verwundert es nicht, daß es auch im Bereich der Wohnungseigentumsverwaltung zur Erleichterung vielfach Anwendung findet. Für die Gemeinschaften ist es vorteilhaft, weil ein - die Deckung des bezogenen Kontos vorausgesetzt - schnellerer und pünktlicher Zahlungsfluß erfolgt sowie die Kosten der Verwaltung minimiert werden. Für die Verwalter wird die Arbeit der Überwachung der Zahlungseingänge wesentlich erleichtert, so daß zum Nutzen der Wohnungseigentümer die Verwaltungskosten sinken. Konsequenz ist vielfach, daß die Verwalter nur für diejenigen Eigentümer ein erhöhtes Verwaltungsentgelt forderten, die nicht an dem Lastschrifteinzugsverfahren teilnehmen.

Spätestens nach der Entscheidung des OLG Düsseldorf vom 17.11.1989[2] schien geklärt, daß das Lastschrifteinzugsverfahren für die Mitglieder der Wohnungseigentümergemeinschaft bei entsprechender Vereinbarung in der Gemeinschaftsordnung zulässig ist[3]. Der Senat hatte insoweit ausgeführt, daß rechtliche Bedenken aus §§ 9 AGBG, 242 BGB nicht bestünden. Die Teilnahme an dem Lastschrifteinzugsverfahren diene der Vereinfachung der Verwaltung und garantiere - die Deckung des jeweiligen Kontos vorausgesetzt - einen schnellen und sicheren, wegen der Bewirtschaftung auch notwendigen Zahlungseingang[4]. Die Literatur hat sogar sich dafür ausgesprochen, daß ein dahingehender Beschluß[5] oder eine Vereinbarung in dem Verwaltungsvertrag[6] möglich sei.

---

1 Vgl. Deckert, Gruppe 2, Seite 1943 f. und Gruppe 4, Seite 76, 105 f.

2 Vgl. OLG Düsseldorf WuM 1990, 46.

3 Vgl. BayObLG MDR 1996, 143; LG Frankfurt DerWE 1983, 121; AG Düsseldorf DerWE 1987, 140 (Ls); AG Mainz, Beschluß vom 28.2.1992, 34 II 1/92 (nicht veröffentlicht); Bärmann/Pick/Merle, § 16 Rz. 98; Henkes/Niedenführ/Schulze, § 16 Rz. 21; Bielefeld, Seite 548; Bub, A-Z, Seite 166; Deckert, Gruppe 5 Seite 62r.

4 Vgl. OLG Karlsruhe, Beschluß vom 4.3.1991, Az.: 11 W 181/90, wonach der Verwalter aus einer vorliegenden Einzugsermächtigung vorgehen muß, anderenfalls ein Verzug des Eigentümers nicht eintreten soll.

5 Vgl. nur Henkes/Niedenführ/Schulze, § 16 Rz. 21; Bub, A-Z, Seite 166; Deckert, Gruppe 4, Seite 76 f. und Gruppe 5, Seite 62r.

6 Vgl. Henkes/Niedenführ/Schulze, § 16 Rz. 21.

Nunmehr haben jedoch das AG Schwäbisch-Gmünd[7] und als Beschwerdegericht das LG Ellwangen[8] die Meinung vertreten, daß ein Beschluß, der den einzelnen Eigentümer zur Teilnahme an dem Lastschrifteinzugsverfahren verpflichte, wegen Verstoßes gegen die Grundsätze ordnungsmäßiger Verwaltung im Sinne des § 21 Absatz 4 WEG aufzuheben sei. Gleiches gelte auch für eine Regelung, die dem Verwalter im Falle der Nichtteilnahme eines Eigentümers ein höheres Entgelt zubillige. Zusammenfassend haben beide Instanzen ihre Bedenken gegen die Zulässigkeit des Lastschrifteinzugsverfahrens damit begründet, daß ein Verstoß gegen die Grundsätze ordnungsmäßiger Verwaltung vorliege, weil unabhängig von der jeweiligen Person des Verwalters ein fehlerhafter Gebrauch oder ein Mißbrauch der Ermächtigung nicht ausgeschlossen werden könne. Die sechswöchige Rückrufsfrist sei zu kurz bemessen, um einen effektiven Schutz zu gewährleisten, da wegen Abwesenheit oder Unerfahrenheit diese übersehen werden könne. Darüber hinaus binde das sogenannte Lastschriftabkommen[9] nur die Kreditinstitute, so daß eine vertragliche Verpflichtung zur Erteilung einer Lastschrifteinzugsermächtigung unsinnig sei. Eine erhöhte Vergütung des Verwalters von jeweils 10 DM für jeden Fall der Nichtteilnahme an dem Verfahren sei zudem weit überhöht.

Das OLG Stuttgart[10] ist dem nunmehr insoweit gefolgt, als daß die Verpflichtung zur Teilnahme am Lastschriftverfahren zumindest für nicht regelmäßige Leistungen nicht durch einen Beschluß begründet werden könne, sondern dies einer Vereinbarung vorbehalten sei. Eine gesonderte Vergütung für die Nichtteilnahme zugunsten des Verwalters könne nicht beschlossen werden.

2. DIE ALLGEMEINE ZULÄSSIGKEIT DER VERPFLICHTUNG ZUR TEILNAHME AM LASTSCHRIFTEINZUG

Es ist anerkannt, daß jeder sein Rationalisierungsinteresse verwirklichen darf[11]. Auf die berechtigten Belange eines anderen Vertragspartners ist jedoch Rücksicht zu nehmen[12]. Soweit jedoch Nachteile, die von einigem Gewicht sein müssen[13], für einen Vertragsteil auftreten, hat eine Abwägung der gegenseitigen Interessen zu erfolgen[14].

[7] Vgl. AG Schwäbisch-Gmünd WuM 1996, 176 f. unter Berichtigung des dort genannten Aktenzeichens in WuM 1996, 441.

[8] Vgl. LG Ellwangen WuM 1996, 441.

[9] Vgl. Lastschriftabkommen vom 7.4.1993, abgedruckt bei Baumbach/Duden/Hopt, HGB Kommentar, Teil 2, IV Nummer 10 = ZIP 1982, 750.

[10] Vgl. OLG Stuttgart, PuR 1996, 518 ff., wobei hinsichtlich der regelmäßigen Zahlungen eine Entscheidung durch den Senat nicht zu treffen war, da für diese bereits durch einen früheren bestandskräftigen Beschluß die entsprechende Verpflichtung begründet worden ist.

[11] Vgl. Ulmer/Brandner/Hensen, § 9 Rz. 117.

[12] Vgl. BGH NJW 1981, 118; WuM 1996, 295 ff. (206).

[13] Vgl. OLG Hamm NJW 1981, 1050.

[14] Vgl. Ulmer/Brandner/Hensen, § 9 Rz. 117.

Von diesen allgemeinen Grundsätzen ausgehend, ist die Vereinbarung zur Teilnahme an einem Lastschriftverfahren anerkannt worden, wenn ein wirtschaftlicher Rationalisierungserfolg eintritt[15]. Der damit verbundene Zwang zur Errichtung einer Bankverbindung sei wegen der zwischenzeitlich vorliegenden Üblichkeit der bargeldlosen Zahlungsverkehrs hinzunehmen. Die Möglichkeit des Widerrufes biete, zumal dieser ohne Begründung erfolgen könne[16], einen ausreichenden Schutz[17]. Der Verpflichtete sei als Inhaber eines Kontos ehedem gehalten, die Kontobewegungen regelmäßig zu überprüfen[18], so daß auch die sechswöchige Widerrufsfrist hinreichend bemessen sei. Als Nachteil könne allenfalls in Betracht kommen, auf dem bezogenen Konto eine hinreichende Deckung vorzuhalten[19]. In den Fällen, in denen mit einer aus der Lastschrifteinzugsermächtigung folgenden Abbuchung besonders bei höheren Summen nicht terminlich genau kalkuliert werden kann, läge der Nachteil in der Bereitstellung einer größeren Summe über einen ungewissen Zeitraum[20]. Zinsgünstige Anlagen würden damit vereitelt. Bei geringen Beträgen können diese Gesichtspunkt jedoch außer Betracht bleiben[21]. Bei regelmäßig wiederkehrenden Zahlungen kann sich der Inhaber des Kontos auf die erforderlichen Deckung einrichten[22]. Als Rückschluß aus den genannten Grundsätzen ergibt sich jedoch auch, daß ein Lastschrifteinzug bei höheren Beträgen, die nicht regelmäßig anfallen, vereinbart werden kann, wenn eine rechtzeitige Benachrichtigung über die zu erwartende Abbuchung erfolgt, weil der Vertragspartner sich dann auf diesen Tatbestand ebenfalls einstellen und für eine rechtzeitige Deckung ohne Aufgabe anderweitiger und lukrativerer Anlagemöglichkeiten Sorge tragen kann.

Vor diesem Hintergrund ist die Verpflichtung zur Teilnahme an einem Lastschriftverfahren für die Gebühren eines Breitbandkabelanschlusses[23], der Wohnraummiete[24], der Hausgeldzahlungen die Wohnungseigentümergemeinschaft[25] und das Abonnement von Fahrtausweisen bei Verkehrsbetrieben[26] anerkannt worden.

[15] Vgl. BGH WuM 1996, 295 ff. (206).

[16] Vgl. BGHZ 74, 309 ff. (312); OLG Koblenz NJW-RR 1994, 688 ff. (691); ebenfalls OLG Stuttgart, PuR 1996, 518 ff.

[17] Vgl. BGHZ 73, 207 ff. (209); 95, 103 ff. (108).

[18] Vgl. BGHZ 72, 9 ff. (14 f); 95, 103 ff. (108).

[19] Vgl. BGH WuM 1996, 205 ff. (206).

[20] Vgl. BGH WuM 1996, 205 ff. (206).

[21] Vgl. BGH WuM 1996, 205 ff. (206).

[22] Vgl. BGH WuM 1996, 205 ff. (206 f).

[23] Vgl. BGH WuM 1996, 205 ff.

[24] Vgl. Bub/Treier, Kapitel II 423; Sternel, Kapitel III 110; Weimar in DB 1977, 667.

[25] Vgl. OLG Düsseldorf WuM 1990, 46 für die entsprechend vereinbarte Verpflichtung in der Gemeinschaftsordnung.

[26] Vgl. OLG Celle VersR 1989, 68.

3. DIE ZULÄSSIGKEIT DES LASTSCHRIFTEINZUGSVERFAHREN BEI DER WOHNUNGSEIGENTUMSVERWALTUNG

Ausgehend von der grundsätzlichen Zulässigkeit der Verpflichtung zur Teilnahme an dem Lastschriftverfahren stellt sich die Frage, ob diese Möglichkeit auch im Rahmen der Wohnungseigentumsverwaltung besteht.

Von der grundsätzlichen Möglichkeit der Verpflichtung zur Teilnahme an dem Lastschriftverfahren auch im Bereich des Wohnungseigentumsrechtes wird man spätestens seit der Entscheidung des BGH[27] ausgehen können. Die Situation, die der Teilnahme am Lastschriftverfahren zugrunde liegt, ist nicht anders zu beurteilen wie bei verschiedenen anderweitigen Rechtsverhältnissen. Mit den Zahlungen nach dem Wirtschaftsplan werden regelmäßige und damit vorhersehbare Leistungen verlangt. Die zu erbringenden Zahlungen haben auch nicht eine solche Höhe, die regelmäßig die präsente Leistungsfähigkeit des Schuldners übersteigen wird. Die vorhandenen Widerrufsmöglichkeiten bieten auch im Bereich der Wohnungseigentumsverwaltung einen hinreichenden Schutz des einzelnen Eigentümers vor unberechtigten Geldabflüssen. Die Gefahr des Mißbrauches ist insoweit auch nicht höher als bei anderen Rechtsbeziehungen zu beurteilen.

Ungeklärt sind jedoch die verschiedenen Möglichkeiten, mit denen die Teilnahmeverpflichtung geregelt werden kann.

a. Die Vereinbarung in der Gemeinschaftsordnung

Die Wohnungseigentümer können die Verpflichtung zur Teilnahme an dem Lastschriftverfahren in der Gemeinschaftsordnung regeln. Durch das OLG Düsseldorf[28] ist dies ausdrücklich bestätigt worden. Der BGH[29] scheint sich dieser Auffassung, was durch die Bezugnahme auf den Beschluß des OLG Düsseldorf angenommen werden kann, angeschlossen zu haben. Das LG Ellwangen[30] und das OLG Stuttgart[31] sind offensichtlich ebenfalls der Meinung, daß eine solche Vereinbarung zulässig sei, wollen jedoch, wie ausgeführt, einen dahingehenden Beschluß nicht mit den Grundsätzen ordnungsmäßiger Verwaltung in Einklang sehen. Von der Literatur wird eine entsprechende Regelung in der Gemeinschaftsordnung für zulässig gehalten[32] und sogar empfohlen[33].

---

[27] Vgl. BGH WuM 1996, 205 ff.

[28] Vgl. OLG Düsseldorf WuM 1990, 46.

[29] Vgl. BGH WuM 1996, 205 ff.

[30] Vgl. LG Ellwangen WuM 1996, 441.

[31] Vgl. OLG Stuttgart PuR 1996, 518 ff.

[32] Vgl. Henkes/Niedenführ/Schulze, § 16 Rz. 21.

[33] Vgl. Deckert, Gruppe 5, Seite 62r.

Insoweit besteht Einigkeit, daß die Wohnungseigentümer in der Gemeinschaftsordnung eine entsprechende Vereinbarung zur Verpflichtung der Teilnahme am Lastschrifteinzugsverfahren treffen können. Es sind auch keine Aspekte ersichtlich, die zu einer Nichtigkeit einer solchen Bestimmung führen könnten.

b. Die Regelung durch Beschlußfassung

Anders gestaltet sich möglicherweise die Lage bei einer entsprechenden Beschlußfassung. Während der BGH[34] und das OLG Düsseldorf[35] auf diese Problematik nicht einzugehen brauchten, haben die Instanzengerichte[36] und offensichtlich auch das OLG Stuttgart[37] Bedenken gegen eine solche Vorgehensweise. In der Literatur wird zum Teil die Zulässigkeit einer entsprechenden Beschlußfassung bejaht[38], zum Teil wird zumindest auf Bedenken hingewiesen[39].

Einigkeit dürfte jedoch insoweit bestehen, daß ein solcher Beschluß für den Fall, daß eine Anfechtung nicht erfolgt, mangels Nichtigkeit für die Zukunft und auch für den jeweiligen Rechtsnachfolger Wirkung entfaltet[40].

---

[34] Vgl. BGH WuM 1996, 205 ff.

[35] Vgl. OLG Düsseldorf WuM 1990, 46.

[36] Vgl. LG Ellwangen WuM 1996, 441; AG Schwäbisch-Gmünd WuM 1996, 176 f. unter Berichtigung des dort genannten Aktenzeichens in WuM 1996, 441.

[37] Vgl. OLG Stuttgart, a.a.O., wobei hinsichtlich der regelmäßigen Zahlungen eine Entscheidung durch den Senat nicht zu treffen war, da für diesen bereits durch einen früheren bestandskräftigen Beschluß die entsprechende Verpflichtung begründet worden ist.

[38] Vgl. Henkes/Niedenführ/Schulze, § 16 Rz. 21; Bertram, Seite 103.

[39] Vgl. Deckert, Gruppe 5, Seite 62r.

[40] Vgl. ausdrücklich für das Lastschrifteinzugsverfahren OLG Stuttgart, PuR 1996, 518 ff.; vgl. zur Änderung der Gemeinschaftsordnung für die Zukunft durch bestandskräftige Beschlußfassungen BGHZ 54, 65 ff. (69); 73, 302 ff. (307); 74, 258 ff. (267); 78, 167; WuM 1983, 1412; NJW 1994, 3230 f.; 1995 2036 f. (2037); BayObLG WE 1989, 178; NJW-RR 1992, 81 ff. (83); 1993, 85 f. (86); NJW 1995, 202 f.; WuM 1995, 217 f. (217); OLG Düsseldorf NJW-RR 1996,210; OLG Köln NJW-RR 1993, 844; RGRK-Augustin, § 10 WEG Rz. 42; Erman-Ganten, § 23 WEG Rz. 4a; Röll in Münchener Kommentar, § 23 WEG Rz. 9; Soergel-Stürmer, § 10 WEG Rz. 10c; Bärmann/Pick, § 23 Rz. 17; Palandt-Bassenge, § 10 WEG Rz. 19; Deckert in PiG 34, Seite 77 ff. (84 ff.); Müller in FS für Bärmann und Weitnauer, Seite 505 ff.; Belz in DerWE 1991, 130; Sauren in DerWE 1992, 50; ders. in NJW 1995, 178 f.; Röll in WE 1992, 244; a. A. zur Begründung von Sondernutzungsrechten und Eingriffen in den Kernbereich des Wohnungseigentumsrechtes durch Beschlußfassungen vgl. OLG Düsseldorf WuM 1996, 441 ff.; OLG Karlsruhe WE 1991, 110; OLG Köln NJW-RR 1992, 598 mit zustimmender Anmerkung von Bielefeld in DerWE 1991, 138 und von Hauger in WE 1993, 231 ff., die jedoch anders als die herrschende Meinung nicht von einer Änderung der Gemeinschaftsordnung durch den bestandskräftigen Beschluß ausgeht, sondern der Auffassung ist, daß die Bestimmungen der Gemeinschaftsordnung durch den ändernden Beschluß solange außer Kraft gesetzt wird, wie die Gemeinschaft diesen nicht aufhebt oder modifiziert; ebenso wohl Weitnauer, § 10 Rz. 56 und Weitnauer in WE 1995, 163 ff., zuletzt jedoch mit der Maßgabe, daß eine Aufhebung auch aufgrund einer jederzeitigen gerichtlichen Feststellung möglich sei, weil eine Bestandskraft wegen der bestehenden Nichtigkeit nach § 23 Absatz 4 WEG nicht eintreten könne.

Eine Verpflichtung der Wohnungseigentümer zur Teilnahme an dem Lastschriftverfahren durch eine Beschlußfassung wäre im Falle der Anfechtung aufzuheben, wenn es sich um eine Änderung der Gemeinschaftsordnung handelte oder ein Verstoß gegen die Grundsätze ordnungsmäßiger Verwaltung im Sinne des § 21 Absatz 4 WEG darstellte.

aa. Änderung der Gemeinschaftsordnung

Eine solche Änderung der Gemeinschaftsordnung setzt zunächst voraus, daß in dieser oder im WEG über die Zahlungsweise Regelungen getroffen sind. Im Gesetz ist dies nicht der Fall. In den Gemeinschaftsordnungen wird regelmäßig nur der Zeitpunkt der einzelnen Zahlungsverpflichtung geregelt. Sofern in manchen Vereinbarungen eine Überweisung der Kostenbeiträge angesprochen wird, kommt dadurch nur zum Ausdruck, daß eine bargeldlose Erfüllung der Schuld erfolgen kann und soll. Zudem ist auch bei der Teilnahme am Lastschrifteinzugsverfahren eine Überweisung im rechtlichen und banktechnischen Sinne gegeben[41].

Demzufolge liegt in einer Beschlußfassung über eine Teilnahme an dem Lastschrifteinzugsverfahren weder eine Änderung der Gemeinschaftsordnung noch eine Abweichung von gesetzlichen Bestimmungen vor.

bb. Verstoß gegen die Grundsätze ordnungsmäßiger Verwaltung

Nach § 21 Absatz 4 WEG kann jeder Wohnungseigentümer eine Verwaltung verlangen, die den Interessen aller Mitglieder der Gemeinschaft nach billigem Ermessen gerecht wird[42]. Abzustellen ist daher nicht primär auf das Interesse des einzelnen, sondern auf das objektivierte Interesse aller Eigentümer[43]. Maßstab ist die allgemeine Verkehrsauffassung[44]. Das Einzelinteresse kann nur ein notwendiges Korrektiv bei der Beurteilung des billigen Ermessens sein.

Unter anderem entspricht es den Grundsätzen ordnungsmäßiger Verwaltung nach § 21 Absatz 5 Nummer 5 WEG, einen Wirtschaftsplan aufzustellen, damit die Bewirtschaftung der Gemeinschaft gewährleistet ist. Denn ohne einen solchen Wirtschaftsplan und den diesbezüglichen Beschluß werden Forderungen gegen die einzelnen Wohnungseigentümer nicht fällig[45]. Nach § 28 Absatz 2 WEG besteht korrespondierend eine entsprechende Zahlungsverpflichtung. Durch diese gesetzgeberische Kon-

---

[41] Es handelt sich um eine sogenannte „rückläufige Überweisung", vgl. BGHZ 69, 84 ff. (187); Baumbach/Duden/Hopt (7) BankGsch III A Anm. 1, weil die Veranlassung nicht von dem Schuldner als Auftraggeber der Überweisung, sondern von dem Gläubiger ausgeht.

[42] Vgl. BayObLG DerWE 1984, 124; WE 1992, 177 f.; OLG Düsseldorf WE 1991, 251 f.

[43] Vgl. BayObLGZ 1975, 201 ff.; Bielefeld, Seite 222.

[44] Vgl. Weitnauer, § 21 Rz. 12.

[45] Vgl. BayObLG WuM 1990, 455; Henkes/Niedenführ/Schulze, § 28 Rz. 8; offen gelassen BGH WuM 1990, 468 für den Wirtschaftsplan; a.A. KG NJW-RR 1990, 395.

zeption kommt deutlich zum Ausdruck, daß der Sicherstellung der Bewirtschaftung der Wohnungseigentümergemeinschaft ein sehr hoher, im Interesse aller Eigentümer liegender Stellenwert eingeräumt wird.

In einem solchen übergeordneten Interesse liegt auch neben der rechtlichen eine tatsächliche Sicherstellung der Bewirtschaftung. Auf einen regelmäßigen und pünktlichen Zahlungseingang ist die Gemeinschaft wegen der laufenden Kosten angewiesen[46]. Entsprechend geeignete Mittel müssen dies innerhalb der Verwaltung gewährleisten. Es liegt auf der Hand, daß die Verfolgung eines solchen Zwecks möglicherweise nicht den Interessen eines jeden einzelnen Eigentümers gerecht wird. Dies ist jedoch auch nicht erforderlich. Auf sie ist nur in angemessenem Rahmen Rücksicht zu nehmen.

Durch die Verpflichtung zur Teilnahme an dem Lastschriftverfahren werden die Interessen des einzelnen Wohnungseigentümers nicht in einem solchen erheblichen Maße betroffen, daß ein dahingehender Beschluß unwirksam wäre. Wie bereits oben erwähnt, hat der BGH[47] ausgeführt, daß die Abwicklung des bargeldlosen Zahlungsverkehrs heute als üblich anzusehen ist. Dies bedingt, daß auch von diesem einschließlich der technischen und rechtlichen Neuerungen hinreichend Gebrauch gemacht werden kann. Durch die Möglichkeit des Widerrufes der Abbuchung wird der Wohnungseigentümer auch hinreichend gegen die Gefahren eines Mißbrauches geschützt. Daß, wie die Instanzengerichte[48] angenommen haben, wegen langer Urlaubsabwesenheit ein solcher Schutz verloren gehen kann, ist zwar zutreffend, jedoch wegen der Dauer der Widerrufsfrist von sechs Wochen praxisfremd. Gegebenenfalls kann er seine Bank vor einer längeren Abwesenheit anweisen, den Lastschriftauftrag nicht auszuführen. Die Sicherungsinteressen des Einzelnen sind damit hinreichend gewahrt.

In Abwägung der Interessen der Gemeinschaft an einem pünktlichen Zahlungseingang und an einer Minimierung des Verwaltungsaufwandes, die durch die Teilnahme an dem Lastschriftverfahren gewährleistet sind, mit den Sicherungsinteressen des einzelnen Wohnungseigentümers ist davon auszugehen, daß ein Beschluß zur Verpflichtung der Teilnahme am Lastschriftverfahren nicht den Grundsätzen ordnungsmäßiger Verwaltung im Sinne des § 21 Absatz 4 WEG widerspricht.

---

[46] Vgl. OLG Düsseldorf WuM 1990, 46; vgl. offensichtlich auch vgl. OLG Stuttgart PuR 1996, 518 ff.

[47] Vgl. BGH WuM 1996, 205 ff.

[48] Vgl. LG Ellwangen WuM 1996, 441; AG Schwäbisch-Gmünd WuM 1996, 176 f. unter Berichtigung des dort genannten Aktenzeichens in WuM 1996, 441.

c. Die Verpflichtung in dem Verwaltungsvertrag

Bei dem Verwaltungsvertrag, dem eine Dienstleistung zu Grunde liegt, handelt es sich nach allgemeiner Auffassung[49] um einen Geschäftsbesorgungsvertrag im Sinne des § 675 BGB. Grundsätzlich wird das Verhältnis der Wohnungseigentümer und des Verwalters durch den Grundsatz der Vertragsfreiheit im Sinne des § 305 BGB bestimmt. Die Parteien können daher jedwede Regelungen treffen, die ihnen nützlich oder sinnvoll erscheinen. Gewisse Grenzen sind dennoch durch unabdingbare Bestimmungen des Gesetzes vorgegeben. Sie werden lediglich durch die Regelungen des WEG, der Teilungserklärung, der Gemeinschaftsordnung und durch die von der Gemeinschaft bereits gefaßten Beschlüsse sowie die Vorschriften des AGBG eingeengt.

Der Vertrag bezieht sich allerdings nur auf die Verwaltung des gemeinschaftlichen Eigentumes. Nicht unter ihn fällt die Verwaltung des jeweiligen Sondereigentumsrechtes[50]. Ebensowenig können einzelne Pflichten der Wohnungseigentümer untereinander in der Vereinbarung geregelt werden[51]. Der Beschluß über den Verwaltungsvertrag dürfte eine interne Regelung auch nicht decken, da dies nicht dessen Gegenstand ist. Eine solche Regelung wäre zudem nachteilig, da sie immer von dem Bestand des Verwaltungsvertrages abhängig ist und daher keine generelle Gültigkeit hat[52].

Andererseits handelt es sich bei der Vereinbarung zwischen den Eigentümern und dem Verwalter um einen gegenseitigen Vertrag im Sinne der §§ 320 ff. BGB. Die Eigentümer und der Verwalter sind wechselseitig Gesamtgläubiger beziehungsweise -schuldner[53]. Die Wohnungseigentümer stehen dem Verwalter in ihrer Gesamtheit gegenüber. Seine Ansprüche richten sich daher gegen alle Eigentümer, er ist auch allen Eigentümern gegenüber verpflichtet. Dies wird offensichtlich von dem OLG Stuttgart[54], das davon ausgeht, daß der Anspruch des Verwalters für die Sondergebühr unmittelbar gegenüber dem einzelnen Eigentümer entsteht, verkannt.

---

[49] Vgl. BGHZ 59, 58 ff. (61); 78, 57 ff. (65); 78, 166 ff. (173);BayObLGZ 1969, 209; BayObLG NJW 1972, 1377; 1974; 2136; BayObLG WE 1996, 314 f. (315); OLG Frankfurt NJW 1972, 1376; OLG Hamm NJW 1973, 2301 f. (2302); OLG Karlsruhe NJW 1969, 1968; OLG Oldenburg MDR 1970, 761 f. (762); Seiler in Münchener Kommentar, § 675 Rz. 44; Soergel/Stürner, § 26 WEG Rz. 6; Niedenführ in: Der Immobilienverwalter 1996, Heft 4, Seite 8 ff.; Pick in PiG 9, 111 ff. (114); Weimar in JR 1973, 8 ff.

[50] Vgl. BayObLG WuM 1996, 445 f.; KG WuM 1991, 707 f. für die Abwicklung von Versicherungsschäden im Sondereigentum; Sauren, Verwaltervertrag, Seite 2.

[51] Vgl. BayObLG WuM 1989, 534 ff. (536); Sauren, Rz. 6 der Einleitung.

[52] Die offensichtlich gegenteilige Auffassung des BayObLG, vgl. BayObLG WuM 1995, 56 f., nach der in dem Verwaltungsvertrag geregelt werden können soll, daß die rückständigen Wohngelder mit einem bestimmten Prozentsatz zu verzinsen sind, ist nicht zutreffend. Zu den Möglichkeiten, einen Beschluß über die Verzinsung der rückständigen Beträge zu fassen vgl. BGHZ 115, 151.

[53] Vgl. LG Frankfurt MDR 1978, 936; Soergel-Stürner, § 26 WEG Rz. 6; vgl. aber auch teilweise anders OLG Koblenz NJW 1977, 55.

[54] Vgl. OLG Stuttgart PuR 1996, 518 ff.

Wesen der Gesamtschuld ist, daß eine Leistung von mehreren Personen gemeinschaftlich erbracht werden muß. Dies ist bei der Teilnahme am Lastschriftverfahren jedoch nicht möglich, da die einzelnen Eigentümer die erforderliche Zustimmung zu dem Einzug nur jeweils bezogen auf Ihr Konto erteilen können.

Es liegt bei einer solchen Verpflichtung der Wohnungseigentümer zu der Teilnahme an dem Lastschriftverfahren aber eine sogenannte im Gesetz nicht geregelte gemeinschaftliche Schuld vor. Bei dieser wird eine zunächst unteilbare Leistung aus tatsächlichen oder rechtlichen Gründen nur durch das Zusammenwirken aller Schuldner erbracht[55]. Da keiner der Eigentümer über das Konto des anderen verfügen kann, ist eine gegenüber dem Verwalter eingegangene Verpflichtung nur durch die sich summierenden Handlungen aller möglich.

Eine Verpflichtung zur Teilnahme an dem Lastschriftverfahren in dem Verwaltungsvertrag kommt daher ebenfalls in Betracht[56].

4. DIE MÖGLICHKEIT EINER SONDERVERGÜTUNG BEI NICHTTEILNAHME

Geht man davon aus, daß die Teilnahmeverpflichtung an dem Lastschrifteinzugsverfahren zulässigerweise vereinbart oder beschlossen werden kann, ist damit noch nicht geklärt, ob mit dem Verwalter insoweit für den Falle der Weigerung eines Eigentümers auch eine erhöhte Vergütung vereinbart werden darf.

Für die Höhe der Vergütung des Verwalters der Wohnungseigentümergemeinschaft gibt es keine gesetzlichen Grundlagen. Die Regelungen der §§ 26, 41 II. Berechnungsverordnung[57] sind nicht anwendbar, weil es sich bei der Wohnungseigentümergemeinschaft nicht um Wohnungen des sozialen Wohnungsbaues handelt[58]. Die analoge Anwendung dieser Vorschrift kommt nicht in Betracht, weil eine Gesetzeslücke nicht vorliegt. Im gesamten Gesellschaftsrecht gibt es keine Bestimmung über die Höhe der Vergütung für die Geschäftsführungstätigkeit. Es sind keine Gründe ersichtlich, warum dies bei der Wohnungseigentümergemeinschaft anders sein soll.

---

[55] Vgl. OLG Stuttgart NJW 1982, 2672; Selb in Münchener Kommentar zum BGB, § 421 Rz. 5; Palandt-Heinrichs, Überbl. v. § 420 Rz. 7.

[56] So im Ergebnis, wenn auch ohne nähere Begründung OLG Düsseldorf WuM 1990, 46.

[57] Unerheblich ist in diesem Zusammenhang, daß die Sätze der §§ 26, 41 II. Berechnungsverordnung möglicherweise einen objektivierten Maßstab für die Höhe der Vergütung der Verwaltung setzen.

[58] Insoweit ist die Verwaltung des sozialen Wohnungsbaues mit der des freifinanzierten Wohnungseigentumes auch nur schwer vergleichbar, weil zum einen ein anderweitiger Verwaltungsgegenstand (Gesamtgebäude/Gemeinschaftseigentum ohne Sondereigentum) vorliegt und zum anderen, da es sich bei der Verwaltungsgebühr des sozialen Wohnungsbaues um eine kostendeckende Aufwandsentschädigung, bei der des freifinanzierten Wohnungseigentumes jedoch um ein gewinnorientiertes Entgelt handelt.

Die Höhe der Vergütung hat sich in dem Rahmen einer ordnungsgemäßen Verwaltung nach § 21 Absatz 4 WEG zu halten. Überzogene Vergütungssätze sind nicht zulässig[59]. Was angemessen ist, muß im Einzelfall entschieden werden. Mit der Vergütung sind alle Tätigkeiten des Verwalters abgegolten.

Dies schließt nicht aus, daß für einzelne Aufgaben gesonderte Ansprüche in dem Vertrag vereinbart werden[60]. Solche sich nach einem gesonderten Aufwand bestimmende Zusatzvergütungen sind zulässig[61]. Ohne eine dahingehende Vereinbarung bestehen Ansprüche auf eine Vergütung über die vereinbarten Sätze hinaus nicht[62].

Allgemein wird man davon ausgehen können, daß, je höher die einheitliche Vergütung für jede Verwaltungseinheit monatlich ist, desto geringer werden die von den Verwaltern verlangten Nebengebühren sein. Diese Relation gilt auch im umgekehrten Sinne. Eine höhere Anzahl von Zusatzgebühren verschafft in der Regel eine größere Einzelfallgerechtigkeit, weil diese Gebühren nur anfallen, wenn der Verwalter die Leistung tatsächlich erbringt. Soweit es sich um Mahn-, Klage- oder sonstige Gebühren handelt, die durch ein Verhalten eines Wohnungseigentümers verursacht werden, kann die Gemeinschaft diese gegen den betroffenen Wohnungseigentümer regelmäßig nach den Grundsätzen der sogenannten „positiven Vertragsverletzung"[63] als Schadensersatz erstattet verlangen[64]. Denn dem Verwalter stehen die entsprechenden Vergütungsansprüche zunächst aus dem Verwaltungsvertrag gegenüber allen Mitgliedern der Gemeinschaft zu. Sie sind Gesamtgläubiger beziehungsweise -schuldner[65]. Sie stehen dem Verwalter in ihrer Gesamtheit gegenüber.

---

[59] Vgl. BayObLG WuM 1996, 491; OLG Köln, Beschluß vom 23.8.1991, 16 Wx 91/91, (nicht veröffentlicht); zur Höhe der Vergütung des Verwalters vgl. Bielefeld, Seite 416: 25,00 DM bis 30,00 DM monatlich; Bub, A-Z, Seite 480: 20,00 DM bis 45,00 DM monatlich; Deckert, Gruppe 4, Seite 71: 25,00 DM bis 50,00 DM für Wohnungen und 3,00 DM 5,00 DM für Stellplätze jeweils monatlich; Müller, Rz. 174: 15,00 DM bis 60,00 DM monatlich; Seuß, Seite 521: 200,00 DM bis 500,00 DM jährlich; OLG Köln, Beschluß vom 23.8.1991, 16 Wx 91/91 (nicht veröffentlicht): 76,47 DM monatlich zu hoch; AG Aachen VDM 1990, 372: 44,90 DM zu hoch.

[60] Für die Zulässigkeit einer Gebühr wegen der Nichtteilnahme am Lastschrifteinzugsverfahren wohl auch Deckert, Gruppe 2, Seite 76 f. und Gruppe 4, Seite 106 m. z. w. N.

[61] Vgl BayObLG WuM 1996, 491; LG Hamburg ZMR 1988, 188 für Sondervergütung einer weiteren Wohnungseigentümerversammlung; BayObLG DerWE 1985, 124 im Rahmen einer Baubetreuung; BayObLG NJW-RR 1987, 1368 für die EDV-Kosten einer Buchführung.

[62] Vgl BayObLGZ 1985, 63 ff. (69); LG Düsseldorf, Beschluß vom 6.5.1996, Az.: 19 T 343/95 (nicht veröffentlicht).

[63] Vgl. zu diesem von der Rechtsprechung geschaffenen, gesetzlich nicht geregeltem Rechtsinstitut allgemein nur RGZ 66, 289 ff., 291; 106, 22 ff., 25; BGHZ 11, 80 ff. (83); BGH BB 1962, 1221 f.; Palandt-Heinrichs, § 276 Rz. 104 ff.

[64] KG WuM 1989, 93 ff.; OLG Köln WuM 1990, 462 ff.; OLG Frankfurt WuM 1990, 457 f.

[65] Vgl. LG Frankfurt MDR 1978, 936; Soergel-Stürner, § 26 WEG Rz. 6; vgl. aber auch teilweise anders OLG Koblenz NJW 1977, 55.

Je nach Strukturierung der jeweiligen Wohnungseigentümergemeinschaft muß daher von beiden Seiten eine entsprechende Abwägung erfolgen, ob viele Sondergebühren oder eine höhere einheitliche Vergütung entrichtet werden soll.

Es verbleibt die Frage, welcher Betrag als Sondervergütung für die Nichtteilnahme an dem Lastschriftverfahren angemessen ist. Allgemeine Aussagen erscheinen insoweit schwierig. Der abzudeckende Arbeitsaufwand muß letztlich bewertet werden.

Das AG Schwäbisch-Gmünd[66], das LG Ellwangen[67] und das OLG Stuttgart[68] haben einen Betrag von 10,00 DM je Buchungsvorgang für zu hoch gehalten. Das BayObLG[69] geht davon aus, daß 11,50 DM im Einzelfall unangemessen sind. Deckert[70] nimmt an, daß 5,00 DM insoweit ausreichend seien. Da die Verwalter regelmäßig Unternehmer im Sinne des § 2 UStG sind, wird man trotz anderweitiger Angaben an den genannten Stellen davon ausgehen können, daß es sich um Bruttobeträge handelt.

Grundlage für die Angemessenheit der Kostenpauschale kann nur der Aufwand des Verwalters wegen der Nichtteilnahme am Lastschriftverfahren sein. Dieser muß bewertet werden[71]. Dabei kann ein geringer Gewinn im Rahmen unternehmerischer Grundsätze durchaus Berücksichtigung finden. Die Höhe der Zusatzvergütung in Relation zu dem zu leistenden Betrag zu messen[72], erscheint auch wenig sachgerecht, da mit ihm ein zusätzlicher Aufwand, der unabhängig von der Höhe der Hauptschuld entsteht, abgegolten werden soll.

Nimmt ein Eigentümer nicht am Lastschriftverfahren teil, ist bei jedem Fälligkeitszeitpunkt zu prüfen, ob ein Zahlungseingang erfolgte. Es muß zunächst durch Einsicht in den Einzelwirtschaftsplan in Erfahrung gebracht werden, welchen Betrag der Eigentümer schuldet. Danach folgt die Prüfung des Zahlungseinganges. Diese zieht sich eventuell über mehrere Tage hin, weil nicht sichergestellt ist, daß eine Zahlung zu einem bestimmten Termin eingeht. Eine datentechnische Erfassung kann nicht automatisiert, sondern nur manuell erfolgen, weil eine Übertragung zwischen Bank und Verwalter nicht möglich ist. Insgesamt dürfte unter Berücksichtigung der Überwachung des Zahlungseinganges über mehrere Tage ein Zeitaufwand von fünf bis zehn Minuten monatlich für einen Sachbearbeiter in der Buchhaltung erforderlich sein.

---

[65] Vgl. AG Schwäbisch-Gmünd WuM 1996, 176 f. unter Berichtigung des dort genannten Aktenzeichens in WuM 1996, 441.

[67] Vgl. LG Ellwangen WuM 1996, 441.

[68] Vgl. OLG Stuttgart PuR 1996, 518 ff.

[69] Vgl. BayObLG WuM 1996, 491.

[70] Vgl. Deckert, Gruppe 4, Seite 72.

[71] Offen gelassen von OLG Stuttgart, a.a.O.

[72] So das BayObLG MDR 1996, 143.

Geht man davon aus, daß ein Sachbearbeiter in der Wohnungswirtschaft monatlich 5.000,00 DM Bruttoeinkommen zuzüglich einem Monatsgehalt Weihnachts- und Urlaubsgeld erzielt, ergeben sich für das Unternehmen unter Berücksichtigung der Sozialabgaben, vermögenswirksamen Leistungen, Berufsgenossenschaftsbeiträgen und sonstigen Lohnnebenleistungen Gesamtaufwendungen in der Höhe von etwa 91.000,00 DM jährlich. Hinzuzurechnen sind die Kosten der Einrichtung und des Betriebes des Arbeitsplatzes sowie anteilige sonstige allgemeine Aufwendungen von geschätzt monatlich etwa 500,00 DM, so daß sich ein durchschnittlicher Kostenaufwand von etwa 97.000,00 DM je Mitarbeiter errechnet Bei durchschnittlich 220 Arbeitstagen je acht Stunden errechnet sich eine Belastung von 0,92 DM je Minute. Bei einem kalkulierten Unternehmergewinn oder -lohn von 10 % - auch als Vergütung für die Überwachung des Mitarbeiters - errechnen sich Kosten von etwa 1,00 DM je Minute Arbeitszeit.

Daraus folgt, daß sich für die Nichtteilnahme am Lastschriftverfahren für die Verwaltung je Einzelüberweisung ein Mehraufwand zwischen 5,00 DM und 10,00 DM errechnet. Unter Hinzurechnung der gesetzlichen Mehrwertsteuer von 15 % müssen damit der Wohnungseigentümergemeinschaft Beträge zwischen 5,75 DM und 11,50 DM in Rechnung gestellt werden, um kostendeckend die Leistung zu erbringen. Ein Betrag, der sich in diesem Rahmen hält, kann daher entgegen der vorliegenden Rechtsprechung[73] nicht unangemessen sein.

5. ZUSAMMENFASSUNG

Als Ergebnis ist festzuhalten, daß die Wohnungseigentümer verpflichtet sein können, an einem Lastschriftverfahren teilzunehmen. Diese Verpflichtung kann durch die Gemeinschaftsordnung oder durch Beschluß sowie gegenüber dem Verwalter durch eine vertragliche Vereinbarung mit diesem begründet werden. Für die Nichtteilnahme an dem Verfahren kann mit dem Verwalter eine Sondervergütung in angemessener Höhe je Einzelfall vereinbart werden. Zur Zeit erscheint eine Vergütung in der Höhe bis zu 10,00 DM netto angemessen. Sie wird von den Wohnungseigentümern als Gesamtheit geschuldet.

[73] Vgl. BayObLG MDR 1996, 143; OLG Stuttgart, a.a.O.; LG Ellwangen WuM 1996, 441; AG Schwäbisch-Gmünd WuM 1996, 176 f. unter Berichtigung des dort genannten Aktenzeichens in WuM 1996, 441.

Norbert Eisenschmid

ELEKTROSMOG UND GEWÄHRLEISTUNG IM MIETRECHT

Ähnlich wie bei den Wohngiften beginnt die Diskussion um die Gefährlichkeit von „Elektrosmog" eher verhalten und widersprüchlich. Worum geht es bei diesem Thema?

I. Die zunehmende Technisierung führt dazu, daß wir nicht nur in unseren eigenen vier Wänden von vielerlei elektronischen Geräten umgeben sind (Mikrowelle, Radio, Fernseher, Heizdecke etc.), sondern daß auch außerhalb unserer Räume elektrische, magnetische und elektromagnetische Felder auf uns einwirken. Hier sind insbesondere überirdische Stromleitungen wie Hochspannungsleitungen und Bahnoberleitungen sowie Funkstationen hervorzuheben.

In jüngster Zeit sind in den Print-Medien[1] immer wieder Stimmen zitiert worden, die entweder vor allzu großer Sorglosigkeit im Umgang mit elektromagnetischen Feldern und Strahlen warnen oder die Gefahren - jedenfalls für bestimmte Anwendungsbereiche - ausschließen wollen.

So hat die Forschungsgemeinschaft Funk (FGF) laut Pressebericht der Frankfurter Rundschau vom 1.2.1996 (S. 32) ein Auftragsgutachten vorgestellt, wonach elektromagnetische Felder im Mobilfunknetz weder Krebs auslösen noch fördern sollen. Trotz dieser Entwarnung haben die beauftragten Gutachter von der Ruhr-Universität Bochum keine absolute Unbedenklichkeitsbescheinigung erteilt. „Ich kann nicht sagen, daß es ungefährlich ist", wird ein Forscher zitiert.

Einen Tag später, am 2.2.1996, wird der SPD-Umweltexperte Michael Müller in der Frankfurter Rundschau zitiert mit dem Hinweis, daß eine Studie der amerikanischen Umwelt- und Gesundheitsbehörden zu anderen Ergebnissen komme als denen, die die Bochumer Forscher im Auftrag der FGF vorgelegt hätten. Überdies seien die Auswirkungen hochfrequenter Strahlen nur sehr unzureichend erforscht.

Es gibt in diesem Zusammenhang zudem viele widersprüchliche epidemiologische Studien über die Erkrankung insbesondere von Kindern an Leukämie und Gehirntumoren. Nach einer Untersuchung des Instituts für medizinische Statistik und Doku-

[1] Vgl. Andreas, SZ vom 8.6.1995, Wenn der Elektrosmog ins Zimmer kriecht; Kelch, Handelsblatt vom 12.7.1995, Am besten möglichst wenig; SZ vom 12.8.1995, Grenzziehung auf elektromagnetischen Feldern; FAZ vom 9.2.1996, Der Elektrosmog bleibt verdächtig; FAZ vom 14.2.1996, Der Wirkung von Elektrosmog auf der Spur; FAZ vom 06.11.1996, Kein Beweis für Krebs durch Stromleitungen.

mentation der Johannes-Gutenberg-Universität Mainz[2] ergebe sich aus diesen aber kein klares Bild zur Gefährlichkeit des Elektrosmogs, und es bestehe noch weiterer Forschungsbedarf.

Zusammenfassend läßt sich unter dem Schlagwort „Elektrosmog“ somit alles einordnen, was im weitesten Sinne mit den elektrischen, magnetischen und elektromagnetischen Feldern und Strahlungen und einem dadurch möglicherweise verursachten Krankheitsgeschehen zusammenhängt.

II. Will man das mögliche Gefährdungspotential von Elektrosmog näher untersuchen, müssen verschiedene Strahlungsarten unterschieden werden.

1. Unbestritten ist, daß hochfrequente elektromagnetische Felder (30 Kilohertz [kHz] bis 300 Gigahertz [GHz] = 30.000 bis 300 Milliarden Schwingungen pro Sekunde) für den Menschen gefährlich sind. Dabei ist der sog. thermische Effekt der Strahlung entscheidend, also der vom menschlichen Körper aufgenommene Energieanteil der Felder. Dieser führt zu einer Erwärmung des Gewebes, da der größte Teil der absorbierten Energie in Wärme umgewandelt wird.

2. Nicht unproblematisch sind aber auch die Niederfrequenzanlagen (bis 30 kHz = 30.000 Schwingungen/Sekunde).

Niederfrequenzanlagen sind z.B. Mittel- (110 Kilovolt [KV]) und Hochspannungsfreileitungen (380/220 KV) mit einer Frequenz von 50 Hertz (Hz) oder Elektroumspannanlagen mit einer Frequenz von 50 Hz und einer Oberspannung von mindestens 1.000 Volt. Weiterhin gehören hierzu Bahnstromfern- und Bahnstromoberleitungen einschließlich der Umspann- und Schaltanlagen mit einer Frequenz von üblicherweise 16 2/3 Hz oder 50 Hz.

3. Umstritten ist, in welche der beiden vorgenannten Kategorien Anlagen einzuordnen sind, die, wie Funkanlagen (Digital-Funk), Hochfrequenzfelder besitzen, diese aber niederfrequent getaktet (gepulst) werden.

---

[2] Vgl. Michaelis, Elektromagnetische Felder und Krebserkrankungen im Kindesalter, Deutsches Ärzteblatt 92, Heft 38, C-1648; vgl. auch Hauf, Gesundheitliche Aspekte zur Wirkung energietechnischer Felder, Beton im Wohnungsbau, 2. Aufl. 1991, S. 45.

III. Mit einem Verordnungsentwurf vom 17. Mai 1995, in der Fassung vom Mai 1996 (BR-Drs. 393/96), hat das Bundesministerium für Umwelt, Naturschutz und Reaktorsicherheit diese Anlagen in einen Katalog von Feld-Grenzwerten aufgenommen. Der Entwurf orientiert sich an den Empfehlungen der Strahlenschutzkommission vom 10. Mai 1995[3] und löst die Richtwerte der DIN-Fachkommission (DIN-VDE 0848) ab. Er orientiert sich auch an den Empfehlungen der Internationalen Strahlenschutzvereinigung (IRPA) und der Internationalen Kommission für den Schutz vor nicht ionisierenden Strahlen (ICNIRP).

1. Hochfrequenzanlagen sind zum Schutz vor schädlichen Umwelteinwirkungen nach § 2 des Verordnungsentwurfs so zu errichten und zu betreiben, daß sie in ihrem Einwirkungsbereich in Gebäuden oder auf Grundstücken, die zum nicht nur vorübergehenden Aufenthalt von Menschen bestimmt sind, bei höchster betriebener Anlagenauslastung und unter Berücksichtigung von Immissionen durch andere ortsfeste Sendefunkanlagen bestimmte Grenzwerte nicht übersteigen.

Diese Grenzwerte wurden unter dem Gesichtspunkt der thermischen Effekte ermittelt.

Der Grenzwertfestsetzung liegt daher die Energieabsorption als Bezugsgröße zugrunde, die als spezifische Absorptionsrate (SAR) in Watt pro Kilogramm Körpermasse (W/kg) angegeben wird. Getaktete bzw. gepulste Felder dürfen das 32fache der Grenzwerte für sonstige hochfrequente Felder nicht überschreiten.

2. Bei Niederfrequenzanlagen ist das grenzwertbestimmende Kriterium die im menschlichen Körper induzierte Stromdichte (Milliampere pro Quadratmeter [mA/m^2]). Da die im Körper induzierten Ströme nicht leicht gemessen werden können, hat man - ausgehend von 2 mA/m^2 - den Körperstromdichtewert in praktikable Meßgrößen der elektrischen Feldstärke (Kilovolt pro Meter [kV/m]) und der magnetischen Flußdichte (Mikrotesla [µT]) umgerechnet. Die Werte wurden ermittelt für die allgemeine Bevölkerung, die 24 Stunden pro Tag und über die ganze Lebenszeit solchen Wechselfeldern ausgesetzt sein kann.[4]

a) Der Verordnungsentwurf empfiehlt bei 50-Hz-Feldern eine maximale elektrische Feldstärke von 5 kV/m und eine max. magnetische Flußdichte von 100 µT. Im Bereich der 16 2/3 Hz getakteten Felder erhöhen sich die Grenzwerte auf 10 kV/m bzw. 300 µT.

b) Auf diese Werte hatte sich auch der Bay. Verwaltungsgerichtshof[5] mit Urteil vom 27.1.1993 gestützt, da die zuvor genannten Werte auch den Empfehlungen der

---

[3] Bundesanzeiger vom 8. August 1995, Beilage Nr. 147a, Seite 5.

[4] Empfehlungen der Strahlenschutzkommission, Seite 12.

[5] WM 1993, 419.

Strahlenschutzkommission[6] aus dem Jahre 1991 entnommen werden konnten. Mit dieser Entscheidung wurde die Klage eines Eigentümers abgewiesen, der wegen der Verlegung einer 110 kV Bahnstromleitung entlang seines Grundstücks gesundheitliche Nachteile befürchtete. Da die von der Strahlenschutzkommission vorgegebenen Werte eingehalten wurden, hatte das Gericht keine entscheidungserhebliche Gefährdung erkennen können.

Eine ebenfalls abweisende Entscheidung erging auch schon gegen einen Mieter, der sich gegen den Einfluß elektromagnetischer Wechselfelder zur Wehr setzte.[7]

Auch der Hessische Verwaltungsgerichtshof hat eine 110 Kilovolt-Bahnstrom-Freileitung für unbedenklich gehalten, wenn die vorgeschlagenen Grenzwerte der Strahlenschutzkommission eingehalten werden.[8] Ebenso haben sich das Bundesverwaltungsgericht[9] sowie der Verwaltungsgerichtshof München[10] bei ihren Entscheidungen auf die Empfehlungen der Strahlenschutzkommission bezogen.

c) Von politischer Seite werden die Grenzwerte für hoch- und niederfrequente Anlagen als zu hoch eingestuft. So wird gefordert, daß niederfrequente Magnetfelder auf 0,3 µT zu begrenzen sind und im hochfrequenten Bereich die Grenzwerte um den Faktor 10 unterschritten werden müßten.[11]

3. Ein besonderes Problem stellt bei diesem Streit die biologische Relevanz gepulster Strahlung dar.

Dieses Problem hat einen hohen praktischen Stellenwert, weil für ein flächendeckendes Mobilfunksystem mehr als 10.000 Senderanlagen mit Leistungen um 50 Watt benötigt werden.[12] Die in der DIN/VDE 0848 beschriebenen Sicherheitsabstände sollen thermische Wirkungen auf den Menschen in unmittelbarer Nähe vermeiden.

Es geht den Kritikern bei der Gefahrdiskussion aber nicht um thermische, sondern um athermische Effekte von Anlagen, die, wie das D-Netz (digitaler Mobilfunk), im Puls/Pausen-Verhältnis 1 zu 8 niederfrequent mit 217 Hz getaktet werden.[13] Nach dem Verordnungsentwurf dürfen solche gepulsten Felder einen um das 32fache höheren

---

[6] Bundesanzeiger vom 18./19. April 1991, S. 5206.

[7] AG Köln, ZMR 1994, 369. Das Gericht lehnt m. E. aber fälschlicherweise einen Minderungsanspruch des Mieters deshalb ab, weil es keine DIN-Norm für derartige Grenzwerte gäbe.

[8] Hessischer Verwaltungsgerichtshof, DVBl 1993, 1156 = DÖV 1993, 833.

[9] NJW 1995, 475.

[10] NVwZ 1993, 1121.

[11] Pressemeldung vom 10.7.1995 der Bundestagsfraktion Bündnis 90 / Die Grünen.

[12] Neitzke, EMF Monitor, Dezember 1995, S.1.

[13] Klitzing, Gutachten zu möglichen Gesundheitsgefährdungen im Zusammenhang mit dem Betrieb einer D-Netz-Feststation, Lübeck, 8.3.1995, S. 5.

Grenzwert der hochfrequenten Anlagen beanspruchen (§ 2 Abs. 2 des Entwurfs), was zeigt, daß diese Strahlungen auch von der Bundesregierung nur unter thermischen Aspekten als problematisch eingestuft wurden.

Die Kritiker heben hervor, daß neben thermischen Wirkungen, also dem Energieaustausch vom Feld zum Körper, in der Pulsfolge niederfrequenter Anlagen selbst ein biologisch relevanter Informationsgehalt steckt[14], auch wenn die magnetische Flußdichte weit unter dem Grenzwert von 100 μT liegt. Die Strahlenschutzkommission weist in ihren Empfehlungen zwar auf solche Ergebnisse von Laborversuchen hin, meint aber, daß diese Befunde noch einer Überprüfung bedürften.[15]

Eine Schlüsselrolle nimmt dabei das Hormon Melatonin ein. Die Produktion dieses Hormons folgt einem ausgeprägten Tag-Nachtrhythmus. Nachts steigt die Produktion des Hormons auf das 5- bis 15fache der Tagesmenge an. Die niederfrequente Pulsgebung wirkte nach den Versuchen als äußerer Zeitgeber und verursachte dadurch eine verminderte nächtliche Melatoninproduktion. Für die das Melatonin produzierende Zirbeldrüse sei es durch die Pulsgebung weiter Tag, so daß die erhöhte Nachtproduktion praktisch ausgeschaltet wird.[16]

Diese verminderte Hormonproduktion führe zu diversen körperlichen Gesundheitsbeeinträchtigungen wie Depressionen, Schlafstörungen und Immunschwäche. Melatonin soll bestimmte biologische und chemische Mechanismen hemmen und dadurch indirekt krebsauslösend wirken.[17] Nachweisbar seien diese Folgen aber nur in einer Langzeitstudie.[18]

IV. Ob und in welchem Umfang der Mieter Einwirkungen durch Elektrosmog hinnehmen muß, beurteilt sich nach den mietrechtlichen Regeln des Gewährleistungsrechtes. Will der Mieter wegen der ihn belastenden Strahlung die Wohnung z.B. fristlos kündigen, die Miete mindern oder Schadensersatz verlangen, setzt dies einen Mangel der Mietsache voraus. Die Wohnung muß also wegen des Elektrosmogs einen Fehler aufweisen, der die Tauglichkeit der Mietsache zu dem vertragsgemäßen Gebrauch aufhebt oder mindert.

1. Fehler läßt sich definieren als Abweichung der Ist-Beschaffenheit von der Soll-Beschaffenheit, was meint, daß der aktuelle Zustand der Wohnung nicht abweichen

---

[14] Klitzung, a.a.O., S. 12.

[15] Empfehlungen, a.a.O., S. 9.

[16] Braun von Gladiss, „Das biologische System Mensch", S. 155.

[17] Depner, Konferenz der Bioelectromagnetics Society in Boston, USA, EMF Monitor, Dezember 1995, S. 4; Süddeutsche Zeitung vom 12.8.1995, a.a.O.; Handelsblatt vom 12.7.1995, a.a.O.

[18] Klitzing, a.a.O., S. 13.

darf von dem vertraglich vereinbarten Zustand. Diese scheinbar klare Abgrenzung führt in dem hier zu behandelnden Bereich zu Problemen, weil die Abweichung des Wohnungszustandes vom vertraglich vereinbarten Zustand zumindest nachweisbar sein muß. Hat eine Wohnung z.B. schadhafte Fenster oder Dächer, haftet der Mangel der Mietsache in ihrer Substanz an und ist für jedermann sichtbar. Wirken dagegen unsichtbare Stoffe und Strahlen auf den Menschen ein, müssen zunächst deren Existenz und dann ihre Wirkung nachgewiesen werden.

Ausgangspunkt für die Beantwortung der Frage, wann ein Fehler bzw. Mangel vorliegt, ist in diesem Zusammenhang eine Entscheidung des OLG Hamm aus dem Jahre 1987.[19] In dem der Entscheidung zugrunde liegenden Fall mußte geprüft werden, ob ein Mangel bzw. ein Fehler bereits dann vorliegt, wenn sich das Mietobjekt auf durch giftige Chemikalien verseuchtem Untergrund befindet, wobei die Frage der Gesundheitsgefährdung für die Mieter nicht geklärt werden konnte. Das OLG Hamm erklärte, eine Mietsache mit Beziehung zu einer Gefahrenquelle sei nicht erst dann mangelhaft, wenn der Mieter wirklich Schaden erleide, sondern schon dann, wenn die Mietsache nur in der Befürchtung der Gefahrverwirklichung benutzt werden könne. Denn auch eine bloß latente Gefahr könne die Wertschätzung und den ungestörten Gebrauch der Sache beeinträchtigen. Haltlose Befürchtungen seien allerdings unbeachtlich.

Keine Rolle für den Fehlerbegriff und für die Gewährleistungsansprüche des Mieters spielt dagegen die Frage, ob der Vermieter die Schadstoffbelastungen verschuldet oder gar von ihnen bei der Vermietung gewußt hat.

Gibt es für einen bestimmten Wohnungsstandard DIN-Normen[20], führt der Fehlerbegriff dann zu einem Mangel, wenn die Einhaltung des technischen Standards der jeweiligen DIN-Vorschrift Vertragsgrundlage war.

Nun wird man allgemein unterstellen können, daß die Mietvertragsparteien einer Wohnung unausgesprochen davon ausgehen, daß geltende DIN-Normen eingehalten werden, wie z.B. Schallschutznormen. Das gilt aber gleichermaßen für die Erwartung des Mieters, daß von den Stoffen innerhalb der Wohnung keine toxischen Wirkungen und Gesundheitsgefährdungen zu erwarten sind. Die gesundheitlich unbedenkliche Wohnung dürfte daher regelmäßig als Vertragsgrundlage angesehen werden.

Dennoch führt diese Überlegung noch nicht zwingend zur Haftung des Vermieters.

Unproblematisch dürfte dies nur sein, wenn wie bei der Nichteinhaltung von DIN-Normen bestimmte Grenzwerte von Gefahrstoffen überschritten werden und daher

---

[19] OLG Hamm, WM 1987, 248.

[20] Vgl. OLG Hamm, NJW-RR 1995, 143.

nach den aktuellen wissenschaftlichen Erkenntnissen mit Gesundheitsgefährdungen zu rechnen ist. Liegen keine derartigen Grenzwerte vor, dann wird der Mieter aus mietrechtlicher Sicht keine Möglichkeit haben, den Vermieter zu irgendwelchen Maßnahmen anhalten zu können. Denn für die Frage, ob ein Mangel der Mietsache gegeben ist, ist der Mieter beweispflichtig.

Zu berücksichtigen ist weiter, daß nicht etwa von einem überdurchschnittlich empfindlichen Mieter ausgegangen werden darf, sondern der Durchschnittsbürger als Grundlage für die Frage der Beeinträchtigung und Gefährdung angesehen werden muß.[21]

2. Für die durch Elektrosmog belastete Wohnung bedeutet dies, daß nach geltendem Recht sich der Mieter nur dann mit Erfolg auf das Gewährleistungsrecht berufen kann, wenn die zur Zeit geltenden Grenzwerte DIN-VDE 0848 bzw. die Empfehlungen der Strahlenschutzkommission nicht eingehalten sind. Künftig wird man auf die Elektrosmogverordnung der Bundesregierung zurückgreifen können.

V.

Es ist erst zwei Jahre her, daß die ärztlichen Kreisverbände es den Medizinern ermöglichten, durch einen 200stündigen Kurs die Zusatzbezeichnung „Umweltmediziner" zu erwerben. Es gab einen Riesenansturm von Medizinern zu diesem Fortbildungsangebot.[22]

Inzwischen gibt es in allen Teilen Deutschlands Ärzte, die nicht warten wollen, bis der letzte wissenschaftliche Nachweis für Zusammenhänge zwischen Umweltgiften und Krankheiten erbracht ist. Oft gleicht die Arbeit eines Umweltmediziners allerdings der Suche nach der Nadel im Heuhaufen. Zu viele Substanzen aus der Umwelt wirken tagtäglich auf uns ein, und es ist deshalb schlechterdings unmöglich, eine Diagnose aus dem Ärmel zu schütteln.

Ähnliche Probleme treten auf, wenn haftungsrechtliche Fragen im Zusammenhang mit Umweltgiften zu beantworten sind. Die hiermit beschäftigte Justiz muß sich trotz vieler Warnungen und Bedenken - auch und insbesondere von Medizinern - auf offizielle Grenzwerte stützen, weil ihr sonst allzu leicht der Vorwurf der Willkür gemacht werden könnte.

---

[21] Vgl. für die durchschnittliche Lärmempfindlichkeit LG Köln, WM 1987, 272; AG Düren, DWW 1995, 288; AG Münster, WM 1991, 545; LG Kaiserslautern, WM 1989, 514; AG Kiel, WM 1989, 570.

[22] Weltbild 9/96, S. 52.

Volker Emmerich

MONOPOLE IM EUROPÄISCHEN GEMEINSCHAFTSRECHT

I. EINLEITUNG

Monopole sind Ausschließlichkeitsrechte, die eine bestimmte wirtschaftliche Tätigkeit in einem Gebiet einem einzigen Unternehmen unter Ausschluß aller übrigen vorbehalten. In der Europäischen Union gibt es solche Monopole auf einer Vielzahl von Märkten in den unterschiedlichsten Formen. Für die Zwecke des Gemeinschaftsrechts unterscheidet man üblicherweise entsprechend den Vorgaben des Vertrags[1] im einzelnen Waren-, Dienstleistungs- und Finanzmonopole sowie innerhalb der ersteren weiter Handels-, Produktions- und Vertriebsmonopole.

Monopole sind, wenn man einmal von den ganz seltenen natürlichen Monopolen absieht, die fleichschgewordene Verneinung des Wettbewerbsprinzips. In einer marktwirtschaftlichen Ordnung, die vom Wettbewerb einer Vielzahl von Anbietern und Nachfragern lebt, bilden sie daher mit Notwendigkeit einen Fremdkörper. Das erklärt zugleich ihre besondere Problematik im europäischen Binnenmarkt; denn dieser soll, wie der Vertrag nicht müde wird zu betonen, den Charakter einer „offenen Marktwirtschaft" tragen, gesteuert in erster Linie durch ein „System unverfälschten Wettbewerbs".[2] Auch die Grundfreiheiten des Vertrags[3], das Herz des Binnenmarktes, zielen, bei Lichte besehen, auf nichts anderes als auf einen einheitlichen europäischen Wettbewerbsmarkt ab, den Art. 7a Abs. 2 EGV als „einen Raum ohne Binnengrenzen" beschreibt, „in dem der freie Verkehr von Waren, Personen, Dienstleistungen und Kapital" gewährleistet ist. Genau zu diesem Zweck werden nach Möglichkeit die Handelsschranken beseitigt und die Märkte liberalisiert.

Es liegt nun aber auf der Hand, daß all dies nichts oder doch fast nichts nutzt, wenn die Mitgliedstaaten, unberührt von dem europäischen Votum für den Wettbewerb, befugt sein sollten, für beliebige Märkte nationale Monopole beizubehalten oder gar, wie es auch schon geschehen ist, neu einzuführen.[4] Denn die Folge wäre, zugespitzt gesagt, daß von der Beseitigung der Binnengrenzen in der Union letztlich allein das Monopol, nicht aber seine Abnehmer und seine Konkurrenten aus den anderen Mitgliedstaaten profitierten, da sich das Monopolunternehmen nach der Beseitigung

---

[1] S. besonders die Art. 37 und 90.

[2] S. insbesondere die Art. 3 lit. g, 3a, 85, 86, 92 Abs. 1, 101 und 102, 102a S. 2, 105 Abs. 1 S. 2 und 129b Abs. 2 S. 1 EGV, wo immer wieder die grundsätzlich marktwirtschaftliche oder wettbewerbliche Ordnung des Binnenmarktes betont wird.

[3] S. die Art. 12, 30, 48, 52, 59 und 73a EGV.

[4] Besonders schlimm war die Verstaatlichung der Gas- und Stromwirtschaft in Italien und ihre Monopolisierung in der Hand der ENEL durch das Gesetz Nr. 1643 vom 6. Dezember 1962, das einen klaren Verstoß gegen die Art. 37 und 90 Abs. 1 EGV darstellte; s. dazu grdlg. EuGH Slg. 1964, S. 1251 „Costa/ENEL" (wo sich der Gerichtshof letztlich um eine Entscheidung „gedrückt" hat).

der Binnengrenzen frei auf den Märkten der Union bewegen könnte, während es selbst auf dem ihm reservierten Heimatmarkt weiterhin keinen Wettbewerb anderer Unternehmen zu befürchten hätte, ein schon auf den ersten Blick nur schwer erträgliches Ergebnis.

Angesichts dessen sollte man eigentlich erwarten, daß der Vertrag mit Nachdruck Position gegen nationale Monopole bezieht und ihre Beseitigung anordnet. Jedoch weit gefehlt. Nichts dergleichen findet sich, zumindest auf den ersten Blick, im EGV. Im Gegenteil: Von den wenigen Bestimmungen, die sich überhaupt mit der Monopolproblematik beschäftigen, ordnet lediglich Art. 37 Abs. 1 EGV eine „Umformung" der Handelsmonopole während der Übergangszeit an, wohlgemerkt also nicht ihre Abschaffung, während Art. 90 Abs. 1 und 2 EGV sogar von dem Fortbestand der Unternehmen mit Ausschließlichkeitsrechten einschließlich (ausgerechnet) der Finanzmonopole auszugehen scheint. Es verwundert deshalb nicht, daß lange Zeit die Meinung vorherrschte, das Gemeinschaftsrecht respektiere grundsätzlich die nationalen Monopole und verlange lediglich bei den besonders schädlichen Handelsmonopolen ihre schonende Anpassung an die Erfordernisse des Binnenmarktes.

Das kann indessen in einer marktwirtschaftlichen Ordnung, die diesen Namen verdient, nicht das letzte Wort sein. Und in der Tat trifft es auch nicht zu, wie wir inzwischen wissen. Aus heutiger Sicht ergeben sich vielmehr sogar ausgesprochen enge Zulässigkeitsschranken für Monopole aus dem Vertrag, so daß diese, wenn nicht alle Zeichen trügen, im Binnenmarkt ihre beste Zeit bereits hinter sich haben. Konsequent angewandt, bietet der Vertrag tatsächlich jede nur gewünschte Handhabe zur Beseitigung der vielen überflüssigen, heute nahezu „altständisch" anmutenden Monopole der Mitgliedstaaten.

II. HANDELSMONOPOLE

1. Überblick

Unter Handelsmonopolen versteht man staatliche Einrichtungen, die über ein ausschließliches Einfuhr- oder Ausfuhrrecht für Waren verfügen. Verbreitet waren derartige Monopole bei Gründung der Gemeinschaft vor allem in den südlichen Mitgliedstaaten. Es genügt, in diesem Zusammenhang an die französischen, italienischen, spanischen und griechischen Monopole für Tabak, Alkohol und Erdöl zu erinnern. Die französischen und italienischen Staatsmonopole für Gas und Strom gehören gleichfalls hierher, da es sich bei ihnen nicht nur um Produktions- und Netzmonopole, sondern auch um Handelsmonopole handelt, deren Umformung nach Art. 37 EGV buchstäblich seit Jahrzehnten überfällig ist.[5]

[5] Die Kommission hat deshalb mittlerweile unter anderem gegen Frankreich und Italien wegen der bisher ausgebliebenen Umformung ihrer Staatsmonopole für Gas und Strom Vertragsverletzungsverfahren eingeleitet, über die der Gerichtshof noch nicht entschieden hat; s. Kommission, 24. Wettbewerbsbericht (WB) 1994, Tz. 228 f.; Dehmer, RdE 1993, S. 91.

Handelsmonopole sind mit einem Binnenmarkt zwischen mehreren Staaten von vornherein unvereinbar, da das Monopol die Abschaffung der Zölle und Kontingente (Art. 9 ff., 30 ff. EGV) mühelos durch seine eigene Ein- und Ausfuhrpolitik konterkarieren kann. Darüber bestand bereits während der (überaus schwierigen) Vertragsverhandlungen Einigkeit. Gleichwohl konnte man sich wegen des heftigen Widerstandes namentlich Frankreichs und Italiens gegen eine Abschaffung ihrer Handelsmonopole nicht zu deren generellem Verbot durchringen, sondern beschränkte sich in Art. 37 EGV auf ein wenig klares Umformungsgebot.

An sich sollte die Umformung der Handelsmonopole nach Art. 37 Abs. 1 S. 1 EGV bis zum Ablauf der Übergangszeit am 31. Dezember 1969 abgeschlossen sein. Tatsächlich ist sie jedoch wegen der vielfältigen Widerstände der Mitgliedstaaten bis heute noch keineswegs überall zu einem erfolgreichen Ende gebracht. Auf einzelnen Gebieten, namentlich bei Strom und Gas, hat sie überhaupt noch nicht begonnen. Auch in den neuen Mitgliedstaaten erweist sich die Umformung der Handelsmonopole als ein überaus schwieriges Unterfangen. Besondere Probleme wirft hier in jüngster Zeit etwa das österreichische Tabakmonopol auf.[6]

2. Begriff

Der Vertrag erfaßt in Art. 37 als Handelsmonopole sämtliche staatlichen Einrichtungen, die eine gewisse organisatorische Verselbständigung aufweisen, durch die ein Mitgliedstaat in der Lage ist, den Handel zu kontrollieren, zu lenken oder zu beeinflussen.[7] Den Gegensatz bilden staatliche Interventionssysteme, die ohne organisatorische Verselbständigung den Wirtschaftsverkehr lediglich allgemein beeinflussen. Beispiele sind staatliche Systeme von Importlizenzen oder von parafiskalischen Abgaben, die auf den Einzelhandelspreis aufgeschlagen werden[8]. Derartige staatliche Interventionssysteme können nicht an Art. 37, sondern nur an den Art. 5 Abs. 2 und 90 EGV sowie an der vom Gerichtshof entwickelten Effet-utile-Doktrin gemessen werden.

Eine weitere Einschränkung ergibt sich aus der Stellung des Art. 37 EGV im Vertrag[9], aus der allgemein der Schluß gezogen wird, daß sich sein Anwendungsbereich auf **Warenmonopole** im Gegensatz zu Dienstleistungsmonopolen beschränkt. Dienstleistungsmonopole unterliegen daher jedenfalls nicht dem Umformungsgebot des Art. 37

---

[6] Wegen aller Einzelheiten s. zuletzt Emmerich, in: Dauses, Handbuch des EG-Wirtschaftsrechts, 1996, H II Rdnrn. 5 ff. m. Nachw.

[7] Art. 37 Abs. 1 S. 2 EGV; EuGH Slg. 1988, S. 2507 (2511, Tz. 13) „Bodson"; Slg. I 1994, S. 1508 (1517, Tz. 29) „Almelo"; I 1995, S. 4683 (4692, Tz. 26) = EuZW 1996, S. 437 (439) „Banchero".

[8] EuGH Slg. 1970, S. 1085 (1095) „Cinzano"; 1976, S. 91 (100) „Manghera"; 1983, S. 2079 (2094) „Rinderbesamung"; 1988, S. 2507 (2511 f) „Bodson"; Slg. I 1990, S. 4747 (4789 f) I 1992, S. 1873 (1883 f., Tz. 36 f.) „Comp. commerciale de l'Ouest"; I 1995, S. 4683 (4693, Tz. 29) = EuZW 1996, S. 430 (439) „Banchero".

[9] 3. Teil, Titel I: Der freie Warenverkehr.

Abs. 1 EGV.[10] Ist jedoch ein derartiges Monopol, wie es häufig der Fall ist, mit einem Handelsmonopol für Waren verbunden - man denke nur an die Endgerätemonopole der früheren Postverwaltungen -, so bleibt es bei der Geltung des Art. 37 EGV für das Handelsmonopol, welchem Umstand etwa der deutsche Verbraucher den segensreichen Wettbewerb beim Telefonhauptanschluß zu verdanken hat.[11]

3. Umformung

Die Handelsmonopole waren nach Art. 37 Abs. 1 EGV bis zum Ende der Übergangszeit am 31. Dezember 1969 in der Weise umzuformen, daß schließlich „jede Diskriminierung in den Versorgungs- und Absatzbedingungen zwischen den (d.h. allen) Angehörigen der Mitgliedstaaten ausgeschlossen ist". Gemeint ist damit, wie aus den Art. 3 lit. g, 7a und 37 Abs. 6 EGV zu schließen ist, die **Anpassung** der Handelsmonopole an das System unverfälschten Wettbewerbs im Binnenmarkt.

In einem wettbewerblich geordneten Binnenmarkt haben die Angehörigen der Mitgliedstaaten, d.h. alle Anbieter und Nachfrager, ohne Unterschied gleichen Zugang zu den Märkten der Union. Diskriminierungen zwischen ihnen bestehen nicht (Art. 6, 86 Abs. 2 lit. c EGV). Bereits hieraus folgt, daß ein Fortbestand der Handelsmonopole im Verhältnis zwischen den Mitgliedstaaten mit Art. 37 Abs. 1 EGV unvereinbar ist, weil anderenfalls die Abnehmer des Monopols gegenüber den anderen Abnehmern in Europa ebenso diskriminiert würden wie die übrigen Anbieter in der Union gegenüber dem Handelsmonopol, da ihnen dessen Markt versperrt bliebe, während dem Monopol ihr Markt (weit) offenstände.

Es besteht aus diesem Grund heute Einigkeit darüber, daß im Verhältnis zwischen den Mitgliedstaaten für den Fortbestand der ausschließlichen Ausfuhr- und Einfuhrrechte der Handelsmonopole kein Raum mehr ist.[12] Auch der Gerichtshof hat sich bereits in einzelnen Fällen in diesem Sinne geäußert.[13] Da Art. 37 Abs. 1 EGV zudem unmittelbare Wirkung besitzt[14], sind bereits seit 1970 im Verhältnis zwischen den Mitgliedstaaten diejenigen nationalen Vorschriften nicht mehr anwendbar, auf denen die ausschließlichen Einfuhr- und Ausfuhrrechte der Handelsmonopole beruhen.

---

[10] EuGH Slg. 1994, S. 409 (429, Tz. 10) „Sacchi"; 1983, S. 2057 (2072 f., Tz. 8) „Coop de Bearn"; 1988, S. 2479 (2511, Tz. 10) „Bodson"; Slg. I 1993, S. 5267 „Lagauche".

[11] S. die Endgeräterichtlinie von 1988, ABl. 1988 Nr. L 131/73; bestätigt, freilich unter Berufung auf die Art. 30 und 36 EGV, durch EuGH Slg. I 1991, S. 1259 (1267 ff., Tz. 31 ff.).

[12] Z.B. Beraud, RTDE 1979, S. 573; Bach, Wettbewerbsrechtliche Schranken für staatliche Maßnahmen, 1992, S. 69 ff.; Deringer, EuR 1971, S. 193 (198 ff.); Mestmäcker, Europäisches Wettbewerbsrecht, 1974, § 52 I (S. 628 ff.); Nöll, Die staatlichen Handelsmonopole im gemeinsamen Markt, 1977, S. 100, 165 ff.

[13] Insbesondere EuGH Slg. 1976, S. 91 (111, Tz. 9 ff.) „Manghera"; ebenso im Ergebnis unter Berufung auf die Art. 30 und 36 EGV EuGH Slg. I 1991, S. 1269 (1267 ff., Tz. 33 ff.) „Endgeräterichtlinie".

[14] So schon EuGH Slg. 1964, S. 1251 (1275) „Costa/ENEL".

III. SONSTIGE WARENMONOPOLE

Die Handelsmonopole des Art. 37 EGV bilden lediglich einen Ausschnitt aus den Warenmonopolen. Weitere Beispiele sind Produktionsmonopole, etwa für Strom und Gas oder für Kriegswaffen,[15] sowie Vertriebsmonopole, namentlich auf der Einzelhandelsstufe, wie sie viele Mitgliedstaaten z.B. für Alkohol und Tabak kennen.

Die Behandlung solcher Monopole ist noch wenig geklärt. Sicher ist nur, daß auf sie Art. 37 EGV anwendbar ist, sofern sie unmittelbar oder mittelbar den Handel mit den Gegenständen des Monopols zwischen Mitgliedstaaten beeinflussen können und deshalb als Handelsmonopole zu qualifizieren sind. Jenseits dieser Fälle haben die Gemeinschaftsorgane hingegen derartige Monopole bisher nicht angegriffen.[16] Dabei wird jedoch übersehen, daß solche Monopole häufig dieselben schädlichen Wirkungen wie Einfuhrbeschränkungen haben und meistens zugleich eine Niederlassungssperre gegenüber Ausländern bedeuten, so daß durchaus an die Anwendung der Art. 30 und 52 EGV, gegebenenfalls in Verbindung mit Art. 90 Abs. 1 EGV, zu denken ist. In der Tat können diese Monopole auf die Dauer im Binnenmarkt nicht großzügiger als die im folgenden näher zu betrachtenden Dienstleistungsmonopole behandelt werden.[17]

IV. FINANZMONOPOLE

Finanzmonopole sind staatlich begründete Warenmonopole mit dem primären Zweck der Einnahmeerzielung. Der Sache nach handelt es sich bei ihnen um eine besondere Form der Verbrauchsbesteuerung. Beispiele waren in Deutschland früher das Branntwein- und das Zündwarenmonopol und sind heute noch in Frankreich und Italien das Tabak- und das Alkoholmonopol.

Finanzmonopole sind meistens zugleich Handelsmonopole und unterliegen dann dem Umformungsgebot des Art. 37 Abs. 1 EGV, wie Art. 90 Abs. 2 S. 1 EGV nochmals ausdrücklich hervorhebt. Die dort zugleich vorgesehene Ausnahme[18] hat keine Bedeutung für Finanzmonopole erlangt, so daß sie im Ergebnis im Verhältnis zwischen den Mitgliedstaaten durch Systeme der Verbrauchsbesteuerung zu ersetzen sind.[19]

---

[15] Für Kriegswaffen besteht freilich nach dem merkwürdigen Art. 223 Abs. 1 lit. b EGV ein Ausnahmebereich.

[16] Zuletzt EuGH, Slg. I 4683 (4692 ff.) = EuZW 1996, S. 437 (439) „Banchero" für das italinische Konzessionssystem für den Einzelhandel mit Tabak.

[17] Ebenso die überwiegende Meinung, z.B. Dehmer, RdE 1993, S. 91 (96); Ehlermann, EuR 1991, S. 307 (324 ff.); ders., ECLR 1993, S. 61 (67); Heinemann, Grenzen staatlicher Monopole im EG-Vertrag, 1996, S. 106, 137 ff.; Schwintowski, RabelsZ Bd. 58 (1994), S. 232 (270 ff.).

[18] Vertragsdurchbrechungen sind erlaubt, wenn ohne sie die Erfüllung der übertragenen (fiskalischen) Aufgabe unmöglich sein sollte.

[19] So schon Emmerich, Das Wirtschaftsrecht der öffentlichen Unternehmen, 1969, S. 469 f.; ebenso z.B. Heinemann, Grenzen, S. 117; Pais Antunes, RTDE 1991, S. 187 (196 f.).

V. DIENSTLEISTUNGSMONOPOLE

1. Überblick

Die Dienstleistungsmonopole, d.h. staatlich begründete Ausschließlichkeitsrechte von Unternehmen oder Verwaltungsträgern bei der Erbringung von Dienstleistungen im Sinne des Art. 59 EGV[20], sind heute neben den Energiemonopolen einiger Mitgliedstaaten[21] die praktisch bedeutsamsten Monopole. Beispiele bildeten bis vor kurzem in Deutschland das Briefbeförderungs-, das Fernmelde- und das Arbeitsvermittlungsmonopol des Bundes, das Monopol ebenfalls des Bundes bei dem Einsatz von Satelliten für die Verbreitung von Nachrichten und Rundfunkprogrammen, die Prüfmonopole der Technischen Überwachungsvereine, die bisher nur wenig eingeschränkten Sendemonopole der öffentlich-rechtlichen Rundfunkanstalten, die Monopole der Wahrnehmungsgesellschaften sowie die Versicherungsmonopole der Sozialversicherungsträger und verschiedener landesrechtlicher Versicherungsanstalten, namentlich in der Gebäudeversicherung. In den anderen Mitgliedstaaten finden sich noch weitere Dienstleistungsmonopole, z.B. für das Bestattungswesen, für die Rinderbesamung oder für die Veranstaltung von Lotterien.

Die Zulässigkeit der genannten Monopole galt noch bis in die frühen achtziger Jahre hinein als im wesentlichen unproblematisch.[22] Das änderte sich erst, als man sich zunehmend des großen Rückstands bei der Verwirklichung der Dienstleistungsfreiheit gegenüber der Warenverkehrsfreiheit ebenso wie der verhängnisvollen Rolle bewußt zu werden begann, die die Dienstleistungsmonopole in diesem Zusammenhang spielen. Die Gemeinschaftsorgane nähern sich seitdem der intrikaten Problematik Schritt für Schritt auf unterschiedlichen Wegen. Insgesamt ist die Entwicklung noch ganz im Fluß. Aber deutlich ist doch schon jetzt, daß für die Dienstleistungsmonopole nicht weniger als für die Warenmonopole die Luft im Binnenmarkt immer dünner wird.

2. Praxis der Gemeinschaftsorgane

Dienstleistungsmonopole bedeuten die prinzipielle Verneinung der Dienstleistungsfreiheit für den monopolisierten Markt. Um dies zu belegen, genügt ein Blick auf das jedenfalls im Kern bisher nicht ernsthaft angegriffene Briefmonopol des Bundes auf-

[20] S. aus der umfangreichen Literatur z.B. Emmerich, in: Festschr. f. Keller, 1989, S. 685; ders., BB 1989, Beil. 3 zu H 4, S. 9; Esteva Mosso, CDE 1993, S. 445; Grabitz, EWS 1990, S. 4; Fesenmair, Öffentliche Dienstleistungsmonopole im europäischen Recht, 1996; Giesen, Sozialversicherungsmonopol und EG-Vertrag, 1995; ders., ECLR 1993, S. 279; Hailbronner, NJW 1991, S. 593; Heinemann, Grenzen (o. Fn. 17); J. Müller, Dienstleistungsmonopole im System des EWG-Vertrages, 1988; M. Schröder, Das Arbeitsvermittlungsmonopol der Bundesanstalt für Arbeit im europäischen Binnenmarkt, 1995; Temple Lang, Fordham Corp. Law Institute, 1985, S. 543; Wachsman/Berrod, RTDE 1994, S. 39; w. Nachw. s. u. Fn. 29.

[21] In Italien die ENEL, in Frankreich EdF und GdF.

[22] S. für das italienische Rundfunkmonopol EuGH Slg. 1974, S. 409 (430, Tz. 14) „Sacchi".

grund des Postgesetzes von 1969.[23] Deshalb läge es an sich nahe, solche Monopole in erster Linie an der Gewährleistung der Dienstleistungsfreiheit durch Art. 59 EGV, gegebenenfalls in Verbindung mit Art. 90 EGV zu messen. Tatsächlich hat der Gerichtshof indessen diesen Ausgangspunkt bisher nur verhältnismäßig selten seinen Entscheidungen zu Dienstleistungsmonopolen zugrunde gelegt. Statt dessen bevorzugt er deutlich den Rückgriff auf die Wettbewerbsregeln des Vertrages (Art. 86 und 90), wodurch es ihm möglich wurde, der Zulässigkeit der Monopole von Fall zu Fall immer neue Grenzen zu ziehen, ohne doch zu einer allgemeinen Aussage genötigt zu sein. Daneben findet gelegentlich noch Art. 30 EGV auf sogenannte akzessorische Dienstleistungsmonopole, d.h. mit Warenmonopolen verbundene Monopole, Anwendung. In einem weiteren Fall hat der Gerichtshof außerdem Zulässigkeitsschranken für Dienstleistungsmonopole bereits unmittelbar aus Art. 90 EGV abgeleitet[24].

a) Wettbewerbsregeln

Der Gerichtshof geht in seiner Praxis meistens von der grundsätzlichen **Zulässigkeit** der Dienstleistungsmonopole aus, gelegentlich unter Hinweis auf die Art. 90 Abs. 1 und 222 des Vertrages.[25] Bereits in dem ersten einschlägigen Urteil, dem Sacchi-Urteil vom 30. April 1974[26], hatte er freilich einschränkend hinzugefügt, daß (lediglich) die Begründung von Monopolen aus „Gründen, die im öffentlichen Interesse nichtwirtschaftlicher Art liegen"[27], unbedenklich sei. In späteren Urteilen hat er dann folgerichtig verschiedene Ansätze entwickelt, um die Gründe wirtschaftlicher oder nichtwirtschaftlicher Art näher zu präzisieren, die es ihm im Einzelfall gestatten sollen, der weiteren Ausdehnung oder auch bereits der Begründung von Dienstleistungsmonopolen Grenzen zu ziehen. In der Mehrzahl der Fälle setzt der Gerichtshof hierzu bei den Wettbewerbsregeln des Vertrages, d.h. bei den Art. 86 und 90 ein.[28]

In Art. 86 wendet sich der Vertrag (lediglich) gegen die mißbräuchliche **Ausnutzung** einer (bereits **bestehenden**) beherrschenden Stellung zumindest auf einem wesentlichen Teilmarkt der Union. Schon auf den ersten Blick ist daher erkennbar, daß Art. 86 EGV letztlich nur wenig als genereller Maßstab für die Zulässigkeit von Dienstleistungs-

[23] S. dazu den Vorschlag einer Richtlinie über gemeinsame Vorschriften für die Entwicklung der Postdienste vom 22.11.1995, ABl. 1995 Nr. C 322/22; dazu kritisch Basedow, EuZW 1996, S. 143; Gröner/Knorr, EWS 1996, S. 225.

[24] EuGH Slg. I 1993, S. 2533 = EuZW 1993, S. 422 „Corbeau".

[25] Grdlg. EuGH Slg. 1974, S. 409 (430, Tz. 14) „Sacchi" usw. bis EuGH Slg. I 1994, S. 1812 (1825, Tz. 42) „Corsica Ferries"; 1994, S. 5097 (5104, Tz. 18) „Centre d'insemination de la Crespelle"; 1995, S. 4683 (4699, Tz. 51) = EuZW 1996, S. 437 (440) „Banchero".

[26] Slg. 1974, S. 409 (430, Tz. 14).

[27] Dieser Zusatz fehlt infolge eines Übersetzungsfehlers im deutschen Text; s. EuGH Slg. I 1991, S. 2951 (2957, Tz.10) „ERT".

[28] Zu der bisher nicht gelösten Frage, von welchen Überlegungen sich der Gerichtshof bei der Auswahl seines jeweiligen Kontrollansatzes leiten läßt, s. Emmerich, in: Dauses, Handbuch, H II Rdnrn. 49 f; Heinemann, Grenzen, S. 172 ff; Wachsman/Berrod, RTDE 1994, S. 39 (54).

monopolen taugt.[29] Zwar kann durchaus auch die bloße Verstärkung einer bereits bestehenden beherrschenden Stellung oder ihre Ausdehnung auf neue Märkte als Mißbrauch über Art. 86 EGV erfaßt werden; aber die **erstmalige** Begründung eines Dienstleistungsmonopols durch einen Mitgliedstaat läßt sich auf diesem Weg nur schwer angreifen.

In der Annahme der **beherrschenden Stellung** eines Dienstleistungsmonopols ist der Gerichtshof im Regelfall ausgesprochen großzügig. Dies wird vor allem daran deutlich, daß er es in seiner jüngsten Praxis bereits als ausreichend bezeichnet hat, wenn das Monopol in einem ländlichen französischen Bezirk[30] oder sogar in einer einzigen Stadt besteht.[31] Das bedeutet nichts anderes, als daß Art. 86 **grundsätzlich** jedes nationale Dienstleistungsmonopol erfaßt, vorausgesetzt, daß es seine beherrschende Stellung mißbräuchlich ausnutzt und daß außerdem nicht im Einzelfall die Ausnahmevorschrift des Art. 90 Abs. 2 EGV eingreift.

Die wichtigste hierher gehörende Fallgruppe ist die **grundlose Ausdehnung** des Monopols auf benachbarte Märkte durch wettbewerbswidrige Mittel. Der Gerichtshof hat sich unter diesem Gesichtspunkt immer wieder gegen die künstliche Ausweitung nationaler Dienstleistungsmonopole gewandt. Beispiele sind die vielfältigen Versuche der Fernmeldeverwaltungen (neudeutsch: Telekommunikationsunternehmen), ihre Monopole über den Netzbereich hinaus auf Nachbarmärkte zu erstrecken, etwa auf die Märkte für Endgeräte, für den Vertrieb und die Wartung von Endgeräten sowie für zusätzliche Dienstleistungen in den Netzen[32], weiter die Ausdehnung des Briefmonopols auf den benachbarten Markt für Eilkurierdienstleistungen[33] und die des Rundfunkmonopols auf die Herausgabe von Programmzeitschriften[34], sowie die Ausdehnung der Flughafenmonopole auf die Erbringung von Versorgungsleistungen für Passagiere, Flugzeuge und Fracht.[35] Die Weigerung von **Netzmonopolisten**, Konkurrenten den Zugang zu ihren Netzen zu öffnen, ist gleichfalls auf diesem Wege angreifbar, weil und soweit dadurch das Monopol verstärkt oder die Entstehung neuer zusätzlicher Märkte verhindert wird.[36]

---

[29] Vgl. zum folgenden außer den Genannten (o. Fn. 20) insbesondere noch van Bael/Bellis, Competition Law of the EEC, 3. Aufl. (1994), § 1318 (p. 896 ff.); Basedow/Jung, Postmonopol, in: Basedow, Das neue Wirtschaftsrecht der Postdienste, 1995, S. 179 (234 ff.); Basedow, EuZW 1994, 359; Ehlermann, ECLR 1993, S. 61; Esteva Mosso, CDE 1993, S. 445 (452 ff.); Mestmäcker, in: Festschr. f. Deringer, 1993, S. 79 (89 ff.); ders., in: Festschr. f. Raisch, 1995, S. 441 (450 ff.), sowie zusammenfassend Emmerich, in: Dauses, Handbuch H I Rdnrn. 241 ff, H II Rdnrn. 66 ff.

[30] So für die lokalen französischen Rinderbesamungsstationen EuGH Slg. I 1994, S. 5097.

[31] So für Monopole im Hafen von Genua EuGH Slg. I 1991, S. 5923; 1994, S. 1812; ebenso für den dänischen Hafen Rodby Kommission, Entsch. v. 21.12.1993, ABl. 1994 Nr. L 55/52 (54, Tz. 7 ff.).

[32] EuGH Slg. 1985, S. 880 (887, Tz. 26) „BT"; Slg. I 1991, S. 5973 (5979 ff, Tz. 18 ff.) „RTT/GB-Inno"; 1992, S. 5859 (5868, Tz. 36 f.) „Wettbewerbsrichtlinie".

[33] EuGH Slg. I 1993, S. 2533 = EuZW 1993, S. 422 „Corbeau".

[34] EuGH Slg. I 1995, S. 808 (824 f., Tz. 54 f) „RTE/ITP".

[35] Kommission, 22. WB 1992, Tz. 518 ff; 23. WB 1993, Tz. 365 ff.; 24. WB 1994, Tz. 227.

[36] Kommission, Entsch. v. 21.12.1993, ABl. 1994 Nr. L 55/52 (55, Tz. 12) „Hafen von Rodby".

Eine weitere hierher gehörende Fallgruppe ist die Ausdehnung des Monopols auf Teilmärkte, die von dem Monopolisten selbst überhaupt **nicht** oder nur mangelhaft **bedient** werden. Ein Monopolunternehmen handelt mißbräuchlich, wenn es zwar selbst außerstande ist, die Nachfrage nach bestimmten Dienstleistungen in ausreichender Weise und zu angemessenen Bedingungen zu befriedigen, gleichwohl aber private Anbieter an der Erbringung solcher Leistungen hindert.[37] „Typische" Mißbräuche von Monopolen sind schließlich noch **Diskriminierungen** zwischen den Angehörigen der Mitgliedstaaten[38] sowie die Durchsetzung überhöhter Preise und Gebühren[39].

Das Gesagte hat über Art. 90 Abs. 1 EGV auch Bedeutung für die hinter den Dienstleistungsmonopolen stehenden **Mitgliedstaaten**.[40] Denn für die Anwendung des Art. 90 Abs. 1 EGV auf sie genügt es bereits, wenn sie durch ihre Gesetzgebung das Monopolunternehmen in eine Lage versetzen, in der mißbräuchliche Verhaltensweisen des Monopols wie die geschilderten ausgesprochen naheliegen.[41]

Auf diese Weise ist es tatsächlich möglich geworden, jedenfalls die grundlose Ausdehnung von Dienstleistungsmonopolen durch Gesetze der Mitgliedstaaten zu kontrollieren. Das ist (immerhin) ein erster Ansatz, aber auch nicht mehr. Unbefriedigend ist und bleibt vor allem, daß die letztlich alles entscheidende **Begründung** des Dienstleistungsmonopols auf solchem Wege weiterhin kaum kontrollierbar ist. Hier muß deshalb nach anderen Lösungen Ausschau gehalten werden. Der Blick fällt dabei notwendigerweise zunächst auf die Grundfreiheiten des Vertrages (Art. 52 und 59).

b) Grundfreiheiten

Monopole der Mitgliedstaaten tangieren gleichermaßen die Dienstleistungs- wie die Niederlassungsfreiheit der Angehörigen der anderen Mitgliedstaaten (Art. 52 und 59 EGV). Gleichwohl hat sich die bisherige Diskussion nahezu ausschließlich auf die Frage der Vereinbarkeit von Dienstleistungsmonopolen mit der Dienstleistungsfreiheit des Vertrages konzentriert, während die Niederlassungsfreiheit in diesem Zusammenhang bis heute (bedauerlicherweise) keine Rolle gespielt hat.[42]

Die Dienstleistungsfreiheit des Vertrages wurde früher meistens verhältnismäßig eng als bloße Ausprägung des allgemeinen Diskriminierungsverbots des Art. 6 EGV ver-

[37] Grdlg. EuGH Slg. I 1991, S. 2010 (2018, Tz. 31) „Macrotron"; 1991, S. 5923 (5928 f., Tz. 17 ff.) „Porto di Genova"; 1995, S. 808 (824, Tz. 24) „RTE/ITP"; 1995, S. 4683 (4699, Tz. 53) = EuZW 1996, S. 437 (441) „Banchero".

[38] Art. 86 Abs. 2 lit. c EGV; EuGH Slg. I 1991, S. 2951 (2962, Tz. 37) „ERT"; 1994, S. 1812 (1825, Tz. 43) „Corsica Ferries".

[39] Art. 86 Abs. 2 lit. a EGV; EuGH Slg. I 1994, S. 5097 (5106, Tz. 25 f.) „Centre d'insemination de la Crespelle".

[40] S. Emmerich, in: Dauses, Handbuch H II Rdnrn. 75, 87 ff.

[41] Grdlg. EuGH Slg. I 1991, S. 2010 (2018, Tz. 31) „Macrotron"; 1991, S. 5973 (5980, Tz. 20 ff.) „RTT/GB-Inno"; 1992, S. 5859 (5868 f., Tz. 36 ff.) „Wettbewerbsrichtlinie"; 1995, S. 4683 (4697 f., Tz. 46 ff.) = EuZW 1996, S. 437 (440 f.) „Banchero".

[42] S. zum folgenden mit Nachw. Emmerich, in: Dauses, Handbuch, H II Rdnrn. 53 ff.

standen, während sie heute durchweg wesentlich weiter im Sinne eines **generellen** Verbots der den zwischenstaatlichen Dienstleistungsverkehr behindernden und erschwerenden Maßnahmen der Mitgliedstaaten interpretiert wird, soweit nicht im Einzelfall solche Maßnahmen aus Gründen des Allgemeininteresses gerechtfertigt sind (s. Art. 36 EGV). Daß Dienstleistungsmonopole mit der in diesem Sinne materiell verstandenen Dienstleistungsfreiheit unvereinbar sind, sollte außer Frage stehen, da keine schwerwiegendere Beeinträchtigung des Dienstleistungsverkehrs zwischen den Mitgliedstaaten als die Monopolisierung eines Marktes in der Hand eines nationalen Unternehmens denkbar ist. Richtig verstanden, stellen Dienstleistungsmonopole indessen auch schon eine Verletzung der als besonderes Diskriminierungsverbot interpretierten Dienstleistungsfreiheit dar. Dies folgt bereits aus der einfachen Überlegung, daß durch solche Monopole die Angehörigen der anderen Mitgliedstaaten ohne Ausnahme gegenüber dem einen nationalen Unternehmen benachteiligt werden. Wichtig ist das vor allem deshalb, weil bei dieser Sicht der Dinge Dienstleistungsmonopole nur noch in den engen Grenzen des Art. 66 in Verbindung mit den Art. 55 und 56 des Vertrages gerechtfertigt werden können, während die überwiegende Meinung - auf der Grundlage des materiellen Verständnisses der Dienstleistungsfreiheit - bereits (beliebige) Gründe des Allgemeininteresses (analog Art. 36 EGV) als Rechtfertigung für Dienstleistungsmonopole genügen läßt.

Wie dem aber auch sei: Auf jeden Fall erweist sich **Art. 59 EGV** als der geeignete Prüfungsmaßstab für die Zulässigkeit nationaler Dienstleistungsmonopole im Binnenmarkt. Die (erwünschte) Folge ist freilich das gemeinschaftsrechtliche Verbot wohl der allermeisten herkömmlichen Dienstleistungsmonopole. Vielleicht ist das der Grund, warum sich der Gerichtshof bisher nur in wenigen Fällen zu diesem Ansatz bekannt hat, wobei er offenbar außerdem bereit ist, den Mitgliedstaaten bei der Definition der Gründe des Allgemeininteresses, die Dienstleistungsmonopole damit allein noch zu rechtfertigen vermögen, ein weites Ermessen einzuräumen.[43] In weiteren Fällen, in denen Dienstleistungsmonopole eng mit Warenmonopolen verbunden waren (sogenannte akzessorische Monopole), ist der Gerichtshof gelegentlich über die unmittelbare Anwendung der Art. 30 und 36 EGV zu demselben Ergebnis gelangt[44].

[43] Grdlg EuGH Slg. I 1991, S. 4088 (4095 ff., 4099 ff., Tz. 22, 35, 42, 45) = EuZW 1992, S. 56 „Mediawet II"; wesentlich enger aber schon wieder EuGH Slg. I 1991, S. 2951 (2958 ff., Tz. 13, 20 f.) = EuZW 1991, S. 507 „ERT"; Slg. I 1994, S. 1078 (1096 f., Tz. 56 ff.) = NJW 1994, S. 2013 „Schindler"; s. dazu Stein, EuZW 1994, S. 315.

[44] So für die Dienstleistungsmonopole der Postunternehmen in bezug auf Endgeräte EuGH Slg. I 1991, S. 1259 (1269 f., Tz. 40 ff.) = EuZW 1991, S. 345.

c) Corbeau-Doktrin

Das Corbeau-Urteil von 1993[45], das - zu Recht - starke Beachtung gefunden hat[46], zeigt, daß auch noch ein anderer Ansatz zur Lösung der Monopolproblematik denkbar ist. In diesem Urteil, das die Ausdehnung des belgischen Postmonopols auf Kurierdienstleistungen betraf, hat der Gerichtshof entschieden, daß sich die Zulässigkeit solcher Monopole **allein nach Art. 90 EGV** richtet, und zwar nach den als Einheit zu verstehenden Abs. 1 **und** 2 der Vorschrift. Die Folge sei, daß (allein) Dienstleistungsunternehmen im Sinne des Art. 90 Abs. 2 S. 1 EGV noch Monopolrechte verliehen werden dürften, und auch dies nur, soweit die Monopolbegründung gerade erforderlich sei, um die Erfüllung der dem Unternehmen übertragenen besonderen Aufgaben sicherzustellen. Der Gerichtshof hatte dabei vor allem einen Verlustausgleich zwischen rentablen und weniger rentablen Tätigkeitsbereichen solcher Monopolunternehmen im Auge, die einen flächendeckenden Dienst anbieten müssen.[47] Gemeint sind damit in erster Linie die sogenannten Basis- oder Universaldienste, wie sie namentlich von bestimmten Verkehrs- und Energieversorgungsunternehmen prästiert werden müssen.

Der Sache nach läuft das Corbeau-Urteil auf die Einführung eines generellen gemeinschaftsrechtlichen **Verhältnismäßigkeitsgrundsatzes** als Zulässigkeitsmaßstab für Dienstleistungsmonopole (und wohl auch für sonstige Monopole) hinaus. Damit ist zugleich gesagt, daß sich die Ergebnisse, die sich auf diesem Weg ergeben werden, vermutlich weithin mit denen decken dürften, die bei der hier befürworteten primären Anwendung der materiell verstandenen Dienstleistungsfreiheit (Art. 59 EGV) auf Dienstleistungsmonopole zu erwarten sein sollten. Denn wenn die Begründung, die Ausdehnung oder auch die bloße Beibehaltung eines Monopols unverhältnismäßig im Sinne des Art. 90 Abs. 2 EGV ist, sind wohl stets zugleich Allgemeininteressen im Sinne der Art. 59 und 36 EGV verletzt.

Das Ergebnis entspricht im wesentlichen der heutigen Linie der **Europäischen Kommission**, die bis in die jüngste Zeit immer wieder betont hat, daß in ihren Augen für nationale Monopole im Binnenmarkt nur noch Raum ist, wenn sie aus Gründen des Allgemeininteresses zwingend erforderlich sind. Alle anderen Monopole, solche also, die nicht nach Art. 90 Abs. 2 EGV gerechtfertigt werden können, müßten dagegen abgeschafft werden.[48]

---

[45] Slg. I 1993, S. 2533 = EuZW 1993, S. 422 = NVwZ 1993, S. 874.

[46] S. Basedow, EuZW 1994, S. 359; ders./Jung, in: Basedow, Das neue Wirtschaftsrecht der Postdienste, S. 179 (258, 265 ff.); Chung, ECLR 1994, S. 217; Ehlermann, ZögU 1992, S. 377 (286 ff.); Everling, EuR 1994, 386; Fesenmair, Dienstleistungsmonopole, S. 128 ff.; Giesen, Sozialversicherungsmonopol, S. 37, 73 ff.; ders., ECLR 1993, S. 279; Hanscher, CMLR 1994, S. 110; Le Nestour/Zinow, et 1995, S. 78; D. Schroeder, ArchPT 1994, S. 132.

[47] Slg. I 1993, S. 2533, Tz. 14, 16 f. „Corbeau".

[48] 23. WB 1993, Tz. 372 (S. 244); 24. WB 1994, Tz. 216 Abs. 3 (S. 134); Erwägungsgrund Nr. 7 zu der Änderungsrichtlinie vom 13.10.1994, ABl. 1994 Nr. L 268/15 (16).

VI. SCHLUSS

Die im vorstehenden skizzierte Entwicklung der Praxis der Gemeinschaftsorgane zur Zulässigkeit nationaler Monopole im Binnenmarkt ist ein besonders herausragendes Beispiel für die häufig betonte Dynamik des Gemeinschaftsrechts. Ging man ursprünglich von der grundsätzlichen Zulässigkeit nationaler Monopole aus, so hat die Entwicklung des Gemeinschaftsrechts mittlerweile einen Stand erreicht, bei dem man sich ernsthaft fragen muß, ob nationale Monopole im Binnenmarkt überhaupt noch eine Zukunft haben. Sedes materiae sind seitdem - neben Art. 37 EGV, der aber nur Bedeutung für die Handelsmonopole hat - in erster Linie die Art. 52, 59, 86 und 90 EGV, jedenfalls bei dem heute allgemein befürworteten materiellen Verständnis, nicht allein die Dienstleistungs-, sondern auch die Niederlassungsfreiheit. Die Folge ist, daß im Binnenmarkt Raum für Waren- wie für Dienstleistungsmonopole nur noch ist, wenn sie ausnahmsweise aus Gründen des Allgemeininteresses gerechtfertigt werden können, wobei zur Konkretisierung dieses Maßstabs unbedenklich auf Art. 90 Abs. 2 EGV zurückgegriffen werden kann. Besonders wichtig ist, daß sich neben der Kommission mittlerweile auch der Gerichtshof wenigstens in einzelnen Urteilen ausdrücklich zu diesem Konzept bekannt hat.[49]

Monopole sind folglich fortan nur noch zulässig, wenn ihnen von den Mitgliedstaaten besondere Aufgaben übertragen sind, deren Erfüllung im allgemeinen im wirtschaftlichen Interesse liegt, vorausgesetzt, daß die Erfüllung dieser Aufgaben nur im Rahmen eines Monopols möglich ist (Art. 36, 52, 90 EGV). Zu denken ist dabei in erster Linie an die vielberufenen Universaldienste, die, jedenfalls nach verbreiteter Meinung[50], nur praktiziert werden können, wenn ihnen ein Verlustausgleich zwischen rentablen und unrentablen Diensten im Rahmen eines Monopols gestattet wird.[51]

Das Gesagte muß keine bloße Theorie bleiben. Dafür sorgt bereits der Vertrag selbst in Art. 90, der in seinem Abs. 3 der Kommission die nötigen Befugnisse zur Verfügung stellt, um notfalls auch gegen den Widerstand der Mitgliedstaaten die gemeinschaftsrechtlichen Zulässigkeitsschranken für Monopole im Binnenmarkt - endlich - durchzusetzen, zum Segen aller Bürger der Europäischen Union. Hinzu kommt, daß die genannten Bestimmungen des EGV durchweg unmittelbare Wirkung haben und deshalb - eigentlich - auch von den nationalen Gerichten beachtet werden müßten.

[49] EuGH Slg. I 1991, S. 4088 = EuZW 1992, S. 56 „Mediawet II"; Slg. I 1993, S. 2533 = EuZW 1993, S. 422 „Corbeau"; zur Praxis der Kommission s.o. Fußn. 48.

[50] Zur ökonomischen Kritik der zugrundeliegenden statischen Vorstellungen s. zuletzt m. Nachw. Gröner/Knorr, EWS 1996, S. 225.

[51] Stichwort: Ausschluß des sogenannten Rosinenpickens privater Konkurrenten, vermutlich weithin eine Schimäre, erfunden von notorischen Wettbewerbsfeinden.

Hans-Herbert Gather

VERJÄHRUNG MIETRECHTLICHER ANSPRÜCHE

I. ALLGEMEINE HINWEISE

1. Begriff der Verjährung

Unter der Verjährung ist das Recht zu verstehen, nach einem bestimmten Zeitablauf das von einem anderen verlangte Tun oder Unterlassen zu verweigern (§§ 194 Abs. 1, 222 Abs. 1 BGB). Allerdings kann das zur Befriedigung eines verjährten Anspruchs Geleistete nicht zurückgefordert werden. Das gilt ebenfalls dann, wenn die Leistung in Unkenntnis der Verjährung erfolgt ist (§ 222 Abs. 2 S. 1 BGB). Ebenso hat die Unkenntnis des Berechtigten von seinem Anspruch keine Hemmung der Verjährung zur Folge.[1] Dieser Grundsatz ist jedoch für eine Reihe von Ansprüchen mit kurzer Verjährung gelockert.[2] Mit dem Hauptanspruch verjährt gem. § 224 BGB auch der Anspruch auf die von ihm abhängenden Nebenleistungen, selbst wenn die für diesen Anspruch geltende besondere Verjährung noch nicht vollendet ist. Der Anspruch auf die Nebenleistung kann also nicht zu einem späteren Zeitpunkt verjähren als der Hauptanspruch. Zweck der gesetzlichen Regelung ist, den Verpflichteten davor zu schützen, daß er sich zur Verteidigung gegen Ansprüche auf Nebenleistungen zu dem verjährten Anspruch selber materiell einlassen muß. Dies wird als Widerspruch zum Rechtsgedanken der Verjährung angesehen.[3] Abhängige Nebenleistungen setzen zu ihrer Entstehung einen Hauptanspruch voraus.[4] Zu den Nebenleistungen zählen insbesondere Zinsen, Ansprüche des Eigentümers gegen den Besitzer auf Herausgabe von Nutzungen und Schadensersatz (§§ 987 - 993 BGB) sowie auf Ersatz von Verzugsschaden (§ 286 Abs. 1 BGB).[5] Für den letzteren Fall hat der BGH dies mit Urteil vom 23.11.1994[6] bei einem Mietausfallschaden, der durch unterlassene Instandsetzung der Mietsache bei Vertragsende entstanden ist, bekräftigt. Die Bestimmung des § 224 BGB findet jedoch keine Anwendung, wenn der Anspruch auf die abhängige Nebenleistung vor der Verjährung des Hauptanspruchs eingeklagt worden ist.[7]

---

[1] BGH, NJW 1979, S. 1550.

[2] Von Feldmann, in: Müko § 194 Rdnr. 6, S. 1605; § 198 Rdnr. 13 a, S. 1666.

[3] Von Feldmann, a.a.O., § 224 Rdnr. 1, S. 1746.

[4] Hefermehl, in: Ermann § 224 Rdnr. 1, S. 425.

[5] Von Feldmann, a.a.O.

[6] DWW 1995, S. 52.

[7] BGH, DWW 1995, S. 52.

2. Beginn der Verjährung

Nach § 198 BGB beginnt die Verjährung grundsätzlich mit dem Entstehen des Anspruchs. Bei einem Anspruch auf Unterlassen ist der Zeitpunkt der Zuwiderhandlung maßgebend.

In der Regel ist für den Beginn der Verjährung auf die Fälligkeit abzustellen.[8] Dies ist der Zeitpunkt, in dem der Anspruch erstmals geltend gemacht und notfalls im Wege der Klage durchgesetzt werden kann.[9] Hierfür reicht es aus, daß eine die Verjährung unterbrechende Feststellungsklage (§ 209 Abs. 1 BGB) möglich ist.[10]

Abweichend von dieser Grundregel beginnt nach § 558 Abs. 2 BGB die kurze Verjährungsfrist für Ersatzansprüche des Vermieters wegen Veränderungen oder Verschlechterungen der vermieteten Sache mit der Rückgabe des Mietobjekts. Für den Mieter wird dagegen der Beginn der Frist wegen seiner Ansprüche auf Ersatz von Verwendungen oder auf Erstattung der Wegnahme einer Einrichtung mit der Beendigung des Mietverhältnisses verknüpft. Bei der vierjährigen Verjährungsfrist wegen rückständiger Miet- und Pachtzinsforderungen (§ 197 BGB) ist nach § 201 BGB der Schluß des Jahres maßgebend, in dem die Fälligkeit des Anspruchs eintritt. Durch diese Regelung kann sich die Frist im Ergebnis bis zu einem Jahr verlängern, wenn der Anspruch zu Beginn eines Jahres fällig wird.

Die Verjährung eines Anspruchs, der von einer gerichtlichen Leistungsbestimmung abhängt, beginnt nicht vor seiner Bestimmung durch das Urteil.[11] Das ist von Bedeutung, wenn die Parteien eines gewerblichen Mietvertrages einen Leistungsvorbehalt vereinbart haben, die Einigung über eine Mietanpassung nicht zustande kommt und die Miete dann durch das Gericht festgesetzt wird.

3. Verjährung als Einrede

Die Verjährung führt nicht zu einem Erlöschen des Anspruchs, sondern gibt nur ein Leistungsverweigerungsrecht. Es ist im Wege der Einrede geltend zu machen und somit durch das Gericht nicht von Amts wegen zu berücksichtigen. Die Einrede kann außerhalb oder während eines Rechtsstreits erfolgen. Sie setzt nicht die Verwendung einer bestimmten Ausdrucksweise voraus. Es kann daher ausreichen, wenn der Schuldner darauf hinweist, daß die Forderung schon vor langer Zeit entstanden ist.[12]

Die Einrede der Verjährung kann ausnahmsweise eine unzulässige Rechtsausübung darstellen. Das trifft z.B. zu, wenn der Mieter dem Vermieter zu verstehen gibt, er

---

8 BGH, NJW 1970, S. 938, 939.

9 BGH, NJW 1971, S. 979.

10 BGH, NJW 1979, S. 1550; vgl. ferner von Feldmann, in: Müko § 198 Rdnr. 1, S. 1656.

11 BGH, MDR 1996, S. 355.

12 Von Feldmann, in: Müko § 222 Rdnr. 3, S. 1742.

werde sich nicht auf die Verjährung berufen, sie aber trotzdem später geltend macht.[13] Das gleiche gilt, wenn der Mieter mit unbekanntem Aufenthalt auszieht und durch ständigen Ortswechsel das Verfahren zur Feststellung der notwendigen Anschrift beim Einwohnermeldeamt verzögert.[14]

4. Verzicht auf die Verjährung

Nach § 225 S. 1 BGB kann die Verjährung durch Rechtsgeschäft weder ausgeschlossen noch erschwert werden. Aus diesem Grund ist auch ein Verzicht auf die Einrede der Verjährung nichtig, wenn sie zu diesem Zeitpunkt noch nicht eingetreten ist. Nach ihrer Vollendung ist ein einseitiger Verzicht wirksam. Haben die Mietparteien unter Verstoß gegen § 225 S. 1 BGB einen Ausschluß der Verjährung vereinbart, dann tritt an die Stelle der nichtigen Abrede die jeweils geltende gesetzliche Verjährungsfrist.[15]

II. SECHSMONATIGE VERJÄHRUNGSFRIST

1. Inhalt der gesetzlichen Regelung

Nach § 558 Abs. 1 BGB verjähren Ersatzansprüche des Vermieters wegen Veränderungen oder Verschlechterungen der vermieteten Sache sowie Ansprüche des Mieters auf Ersatz von Verwendungen oder auf Gestattung der Wegnahme einer Einrichtung in sechs Monaten. Die Verjährung der Ansprüche des Vermieters beginnt mit dem Zeitpunkt, in welchem er die Sache zurückerhält. Für den Mieter ist dagegen der Beginn mit der Beendigung des Mietverhältnisses verbunden (§ 558 Abs. 2 BGB). Zweck der kurzen Verjährungsfrist ist es, eine rasche Auseinandersetzung der Mietparteien bei der Rückgabe des Mietobjekts hinsichtlich eventuell bestehender Ansprüche wegen des Zustandes der Mietsache zu erreichen. Verstreicht längere Zeit nach der Rückgabe, so wird es um so schwerer, den Zustand des Objekts zu ermitteln. Außerdem kann als Folge einer Neuvermietung die Feststellung der konkreten Verantwortlichkeit des Mieters für eine Verschlechterung der Sache zweifelhaft werden.[16] Der Vermieter soll angehalten werden, das Mietobjekt nach Rückerhalt alsbald und gründlich zu untersuchen.[17]

In § 558 Abs. 3 BGB wird sodann klargestellt, daß mit der Verjährung des Anspruchs auf Rückgabe der Mietsache auch Ersatzansprüche des Vermieters verjähren. Die Vorschrift hat in der Praxis jedoch keine Bedeutung. Sie betrifft nämlich den Fall, daß der Anspruch auf Rückgabe der Mietsache, der erst in 30 Jahren verjährt, während dieses Zeitraumes nicht durchgesetzt wird.

[13] BGH, NJW 1986, S. 1608, 1609.

[14] BGH, NJW 1987, S. 3121.

[15] BGH, NJW 1988, S. 1259.

[16] So BGH, BB 1986, S. 2289.

[17] OLG Düsseldorf, ZMR 1988, S. 57.

Die Vorschrift des § 558 BGB ist gem. § 581 Abs. 2 BGB auch auf den Pachtvertrag anwendbar.

2. Vermieteransprüche mit kurzer Verjährungsfrist

Nach herrschender Auffassung hat § 558 Abs. 1 BGB einen weiten Anwendungsbereich. Die Bestimmung umfaßt alle Ersatzansprüche des Vermieters wegen der durch vertragswidriges Verhalten des Mieters entstandenen Veränderungen oder Verschlechterungen der Mietsache. Sie gilt auch für Ansprüche wegen Beschädigung oder Zerstörung, die auf unerlaubter Handlung beruhen.[18] Hierbei spielt es keine Rolle, ob es um Ansprüche des Vermieters gegen den Mieter selbst oder einen Dritten geht, der, ohne Vertragspartei zu sein, in den Schutzbereich des Mietvertrages einbezogen ist. Zu derartigen Dritten zählen die zum Hausstand gehörenden Personen und bei der Anmietung gewerblicher Räume die Angestellten des Mieters.

Da in § 558 Abs. 1 BGB von „Veränderungen oder Verschlechterungen" die Rede ist, kommt er nicht bei völliger Zerstörung der Mietsache zur Anwendung.[19] Für die Beantwortung der Frage, ob eine völlige Zerstörung gegeben ist, soll es entscheidend auf die Möglichkeit der Wiederherstellung ankommen.[20] Läßt sich die Sache nicht wiederherstellen, so liegt demnach eine Zerstörung vor. Dies hat zur Folge, daß ein Anspruch des Vermieters wegen der Verantwortlichkeit des Mieters für die Zerstörung erst in 30 Jahren verjährt.[21] Der BGH bejaht mit Urteil vom 21.6.1988[22] die Anwendung von § 558 BGB, wenn noch Reste der zurückgegebenen Sache bestehen oder neben dem völlig zerstörten Gebäude auch das Grundstück herauszugeben ist. Im einzelnen unterliegen der kurzen Verjährungsfrist insbesondere Ansprüche auf Vornahme von Schönheitsreparaturen,[23] Instandsetzungen, Instandhaltungen, wegen Wiederherstellung des früheren Zustandes der Mietsache sowie wegen Verletzung der Anzeigepflicht bei Schäden (§ 545 BGB) und der Beseitigung von Einrichtigungen.[24] Auch der auf Geldzahlung gerichtete Schadensersatzanspruch nach § 326 Abs. 1 BGB wegen unterlassener Schönheitsreparaturen verjährt in sechs Monaten.[25] Ist der Anspruch auf Vornahme der Renovierung verjährt, so ist es nicht mehr möglich, ihn in einen Schadensersatzanspruch umzuwandeln.[26] Bei rechtzeitiger Umwandlung wird

[18] BGH, NJW-RR 1988, S. 1358; vgl. ferner BGH, ZMR 1993, S. 458 bzgl. vorsätzlicher Beschädigung der Mietsache.

[19] BGH, NJW-RR 1988, S. 1358.

[20] BGH WM 1981, S. 263.

[21] BGH WM 1981, S. 263.

[22] NJW-RR 1988, S. 1358 im Falle des Vorhandenseins von Fundamenten und wiederverwendbaren Wänden einer Lagerhalle bis zu 1,50 Meter.

[23] OLG München, NJW-RR 1995, S. 461.

[24] OLG Düsseldorf, DWW 1993, S. 138.

[25] OLG München, NJW-RR 1995, S. 461.

[26] BGH, NJW 1988, S. 1778.

jedoch die Frist, die für den Erfüllungsanspruch verstrichen ist, nicht auf die Verjährung des Schadensersatzspruchs angerechnet.[27] Dadurch kann die Verjährung des Schadensersatzanspruchs unter Umständen erst rund ein Jahr nach Rückgabe der Mietsache eintreten. Ferner findet § 558 Abs. 1 BGB Anwendung, wenn die Mietparteien vereinbaren, daß der Mieter anstelle der ihm obliegenden Schönheitsreparaturen oder Instandsetzungsarbeiten einen Geldbetrag leisten soll[28] oder eine Quotenbeteiligung vertraglich festgelegt ist.[29]

Schließlich verjährt in sechs Monaten der Anspruch auf Nutzungsentschädigung, der dadurch entsteht, daß die Wohnung infolge der Rückgabe in einem instandsetzungsbedürftigen Zustand nicht weiter vermietet werden kann[30] sowie der Anspruch wegen erforderlicher Mängelbeseitigungs- undReinigungsarbeiten.[31]

Für jede einzelne Veränderung oder Verschlechterung läuft eine gesonderte Verjährungsfrist.[32]

Die kurze Verjährungsfrist erstreckt sich sowohl auf Ansprüche wegen Schäden an Teilen des Mietobjekts, die der Mieter im alleinigen Besitz hat, als auch an Gegenständen, die nur mitvermietet sind (z. B. Hausflur, Treppen, Waschküche und Trockenraum). Selbst auf Ersatzansprüche wegen Schäden an Sachen, die im ausschließlichen Besitz des Vermieters stehen, ist § 558 Abs. 1 BGB anwendbar.[33]

3. Mieteransprüche mit kurzer verjährung

Die kurze Verjährungsfrist ist anwendbar bei Ansprüchen des Mieters auf Ersatz von notwendigen und sonstigen Verwendungen (§ 547 Abs. 1 u. 2 BGB) sowie auf Gestattung der Wegnahme einer Einrichtung (§ 547 a Abs. 1 BGB). Das gilt auch, wenn derartige Ansprüche auf Vertrag beruhen.[34] Ferner unterliegen der Ersatzanspruch des Mieters wegen Mängelbeseitigung nach § 538 Abs. 2 BGB[35], der Schadensersatzanspruch wegen Verletzung des Wegnahmerechts[36] und der Aufwendungsersatzanspruch im Rahmen einer Modernisierung (§ 541 b Abs. 3 BGB) der sechsmonatigen Verjährungsfrist.

[27] BGH, NJW 1989, S. 1854; OLG Düsseldorf, WM 1995, S. 581.

[28] OLG Düsseldorf, JZ 1989, S. 702.

[29] LG Kassel, WM 1989, S. 135.

[30] LG Berlin, BlnGrdE 1990, S. 823.

[31] LG Berlin, BlnGrdE 1987, S. 683.

[32] OLG Düsseldorf, ZMR 1988, S. 57.

[33] BGH, DWW 1986, S. 241.

[34] Voelskow, in: Müko § 558 Rndr. 18, S. 1395.

[35] BGH, NJW 1974, S. 743 f.

[36] OLG Hamm, MDR 1981, S. 674.

Das OLG Karlsruhe[37] hat Ansprüche wegen des Ersatzes von umfangreichen Um- und Einbauten sowie von Modernisierungsarbeiten der kurzen Frist unterworfen. Die Vorschrift des § 558 Abs. 1 BGB erfaßt auch Ansprüche des Mieters aus Geschäftsführung ohne Auftrag, Bereicherungsrecht oder wegen unerlaubter Handlung, sofern sie auf demselben Sachverhalt beruhen.[38] Sie kommt dagegen nicht auf einen Schadensersatzanspruch nach § 538 Abs. 1 BGB wegen eines Mangels der Mietsache zur Anwendung.[39]

Während die Ansprüche des Vermieters vor der Rückgabe des Mietobjekts entstanden sein müssen, kommt es für diejenigen des Mieters auf die rechtliche Beendigung des Mietverhältnisses an.

4. Fristbeginn für Vermieteransprüche

Da § 558 Abs. 2 BGB es auf den Zeitpunkt abstellt, in dem der Vermieter „die Sache zurückerhält", ist entscheidend, wann er freien Zugang zu ihr hat und in die Lage versetzt wird, das Vorhandensein von Mängeln und deren Ursachen festzustellen.[40] Dies trifft in der Praxis in erster Linie bei Aushändigung der Schlüssel zu.[41] Eine Rückgabe kann im Einzelfall auch vorliegen, wenn das Mietobjekt noch nicht vollständig geräumt ist.[42] Wird dem Vermieter bei fortbestehendem Mietvertrag die teilweise zerstörte Mietsache zur Wiederherstellung überlassen, so beginnt mit der Überlassung die Verjährungsfrist zu laufen.[43] Falls bei weiterlaufendem Mietverhältnis nur ein abgrenzbarer Teil des Mietobjekts zur gründlichen Untersuchung und Reparatur übernommen wird, greift insoweit ebenfalls § 558 Abs. 1 BGB ein.[44] Gibt der Mieter den Besitz einseitig auf und ist es dem Vermieter ohne weiteres möglich, die Sache auf Verschlechterungen hin zu prüfen, so verjähren Schadensersatzansprüche von dem Zeitpunkt an, in dem er Kenntnis von der Besitzaufgabe erhält.[45]

5. Fristbeginn für Mieteransprüche

Maßgebend ist die rechtliche Beendigung des Mietverhältnisses durch Kündigung oder Ablauf der vereinbarten Mietdauer. Tritt eine Verlängerung des Vertrages aufgrund der Sozialklausel (§§ 556 a ff. BGB) oder der Fiktion des § 568 BGB ein, so ist

---

[37] NJW-RR 1986, S. 1394 f.

[38] Voelskow, a.a.O.

[39] Voelskow, a.a.O.

[40] BGH, DB 1987, S. 886.

[41] Emmerich, in: Emmerich/Sonnenschein, Miete, Handkommentar, § 558 Rdnr. 7 a, S. 271.

[42] BGH, WM 1981, S. 262.

[43] BGH, DWW 1986, S. 240.

[44] OLG Düsseldorf, DWW 1993, S. 139.

[45] OLG Düsseldorf, MDR 1987, S. 937; i.d.S. ferner OLG Karlsruhe, DWW 1994, S. 82.

der sich daraus ergebende Termin entscheidend. Dagegen ist die Gewährung einer Räumungsfrist auf den Beginn der Verjährungsfrist ohne Einfluß.[46]

Wird das Grundstück während der Mietzeit veräußert, dann endet das Mietverhältnis hinsichtlich der Ansprüche des Mieters auf Ersatz von Verwendungen im Zeitpunkt der Veräußerung. Er muß jedoch von der Veräußerung Kenntnis erlangen.[47]

6. Abdingbarkeit der sechsmonatigen Verjährungsfrist

Während eine vertragliche Verkürzung der Frist möglich ist, kann wegen § 225 S.1 BGB die Verlängerung nicht vereinbart werden.[48] Zulässig ist aber eine „mittelbare Verlängerung" in der Weise, daß z. B. die Fälligkeit des Schadensersatzanspruchs des Vermieters durch Vereinbarung hinausgeschoben wird[49], sofern der Eintritt der Fälligkeit nicht allein von einer Handlung des Vermieters abhängen soll.[50] Die Abrede kann grundsätzlich auch formularmäßig getroffen werden, wenn sie nicht eindeutig den Interessen des Verwenders des Formularvertrages dient.[51] Es ist möglich, vertraglich festzulegen, daß die sechsmonatige Verjährungsfrist erst nach einem Scheitern der Verhandlungen über eine Schadensregulierung zu laufen beginnt.[52] Nicht zulässig ist jedoch ein Hinausschieben der Fälligkeit um sechs Monate nach dem Auszug des Mieters.[53]

III. LÄNGERE VERJÄHRUNGSFRISTEN

Nach § 197 BGB verjähren in vier Jahren u.a. Rückstände von Miet- und Pachtzinsen, soweit es sich nicht um die gewerbsmäßige Vermietung beweglicher Sachen handelt (§ 196 Nr. 6 BGB). Das gleiche gilt für die Nachforderung des Vermieters von Nebenkosten, Ansprüche auf Nutzungsentschädigung und aus einer Mietgarantie.[54] Erstattungsansprüche des Mieters aufgrund überbezahlter Miet- und Pachtzinsen[55] und Nebenkosten[56] verjähren ebenfalls in vier Jahren.

[46] Gramlich, in: Bub/Treier, Hdb. der Geschäfts- und Wohnraummiete VI Rdnr. 49, S. 1307.

[47] BGH, NJW 1965, S. 1225.

[48] Emmerich, in: Emmerich/Sonnenschein, a.a.O. § 558 Rdnr. 10, S. 273.

[49] BGH, MDR 1994, S. 885; derselbe, WM 1991, S. 486, 487.

[50] BGH, NJW 1988, S. 1608.

[51] BGH, MDR 1994, S. 885.

[52] BGH, NJW 1989, S. 1854.

[53] OLG Düsseldorf, NJW-RR 1991, S. 208.

[54] OLG Düsseldorf, NJW-RR 1994, S. 11.

[55] OLG Düsseldorf, DWW 1995, S. 84.

[56] OLG Düsseldorf, DWW 1990, S. 84; OLG Hamburg, DWW 1988, S. 39.

Die Regelfrist von 30 Jahren (§ 195 BGB) gilt für Ansprüche auf Rückgabe der Mietsache einschließlich des Zubehörs[57], für Ansprüche auf Unterlassung eines vertragswidrigen Gebrauchs (§ 550 BGB) sowie grundsätzlich für Schadensersatzansprüche wegen Verletzung des Mietvertrages und ungerechtfertigter Kündigung.[58]

Von seiten des Mieters ist die lange Frist auf die Rückforderung der Kaution einschließlich der Zinsen[59], Ansprüche wegen vertragswidriger Entziehung der Mietsache und wegen Rechts- und Sachmängel (§§ 538, 541 BGB) anwendbar. Die 30jährige Verjährungsfrist beginnt mit dem Entstehen des Anspruchs (§ 198 BGB). Sie kann formularvertraglich abgekürzt werden.

IV. VERWIRKUNG

Von der Verjährung ist die Verwirkung zu unterscheiden, die auf Ausnahmefälle beschränkt ist.[60] Voraussetzung ist, daß außer einem Zeitablauf noch besondere Umstände hinzukommen, die die Annahme rechtfertigen, daß die Forderung nicht mehr geltend gemacht wird.[61]

V. HEMMUNG UND UNTERBRECHUNG DER VERJÄHRUNG

Ist die Verjährung gehemmt, so wird der Zeitraum der Hemmung in die Verjährung nicht eingerechnet (§ 205 BGB). Gründe für eine Hemmung sind z. B. ein Stillhalteabkommen und das Schweben von Verhandlungen zwischen den Mietparteien.

Sofern die Verjährung unterbrochen ist, kommt die bis zur Unterbrechung verstrichene Zeit nicht mehr in Betracht (§ 217 BGB). Gründe für eine Unterbrechung sind in erster Linie das Anerkenntnis und die gerichtliche Geltendmachung. Keine Unterbrechung bewirkt ein selbständiges Beweissicherungsverfahren.[62]

---

[57] BGH, NJW 1975, S. 2103.

[58] BGH, ElnGrdE 1994, S. 275, 277 f.

[59] Gramlich, in: Bub/Treier, a.a.O., VI Rdnr. 76, S. 1313.

[60] OLG Düsseldorf, DWW 1993, S. 161.

[61] BGH, DWW 1984, S. 165.

[62] BGH, DWW 1995, S. 52.

Albert Hanke

LEGT DIE RECHTSFORM DER WOHNUNGSBAU-GENOSSENSCHAFT FÜR DIESE UNTERNEHMENS-GRUPPE DIE AUFHEBUNG DES GESETZES ZUR REGELUNG DER MIETHÖHE (MHG) NAHE?

I. EINLEITUNG

Dieser Beitrag stammt von einem Praktiker, der über Jahrzehnte als Justitiar eines genossenschaftlichen Prüfungsverbandes Wohnungsbaugenossenschaften berät und der daher die Problemstellungen im Zusammenhang mit der Bildung der Nutzungsentgelte für die Überlassung von Genossenschaftswohnungen aus nächster Nähe kennt.

In der BRD kommt den Wohnungsbaugenossenschaften in der Wohnraumversorgung eine große Bedeutung zu. Das Ausmaß wird durch die Anzahl der Wohnungsbaugenossenschaften von rund 2.000 mit einem Wohnungsbestand von 2,2 Mio. verdeutlicht. Somit wohnen ungefähr 6 Mio. Bürgerinnen und Bürger bei Wohnungsbaugenossenschaften. Die Wohnungsbaugenossenschaften unterscheiden sich aufgrund der sich aus der Rechtsform ergebenden Folgen wesentlich von anderen Vermietern.

Als Selbsthilfeeinrichtungen errichten und verwalten sie Genossenschaftswohnungen nach den Grundsätzen der Selbstverwaltung und Selbstkontrolle. D.h., daß die Mitglieder, die eine Genossenschaftswohnung nutzen, gleichzeitig über ihre Mitgliedschaft Träger der Genossenschaft sind und als solche an den wirtschaftlichen Ergebnissen der Genossenschaft teilhaben. Außerdem stehen ihnen nach der Satzung außerhalb des Nutzungsverhältnisses Rechte zu, insbesondere die Beschlußrechte in der Mitgliederversammlung.

Der genossenschaftliche Förderauftrag nach § 1 Abs. 1 GenG, der in der wirtschaftlichen Förderung der Mitglieder besteht, ist der „Motor" genossenschaftlichen Handelns und Denkens. Die wirtschaftliche Förderung der Mitglieder bedeutet für Wohnungsbaugenossenschaften die Überlassung von Genossenschaftswohnungen an die Mitglieder zu preiswerten Bedingungen, also zu Entgelten, die zwar möglichst kostendeckend sind, die aber, je nach örtlicher Situation, meist hinter den ortsüblichen Vergleichsmieten zurückbleiben.

Außerdem setzt die Nutzung der Genossenschaftswohnung die Mitgliedschaft des Nutzers in der Genossenschaft voraus, was bedeutet, daß die Genossenschaftswohnung grundsätzlich unkündbar ist, sofern das Mitglied die Mitgliedschaft aufrecht erhält und sich vertragsgerecht verhält. Insofern hat das Mitglied ein abgesichertes Recht zur Nutzung der Genossenschaftswohnung, das der Stellung eines wirtschaftlichen Eigentümers sehr nahe kommt. Denn es kann aus dieser Position grundsätzlich nicht mehr verdrängt werden. In diesem Zusammenhang hat das FG des Landes Sachsen-Anhalt im Urteil vom 07.03.1996 (EFG 96, 587) eine aufsehenerregende Entscheidung getroffen. Es hat nämlich die Auffassung vertreten, daß ein Genossenschaftsmitglied, das ein Einfamilienhaus aufgrund eines Nutzungsvertrags nutzt, als wirtschaftlicher Eigentümer i.S. des Steuerrechts anzusehen ist. Hieraus folgt, daß das Mitglied nach Ansicht des FG die vor dem Eigenheimzulagengesetz bestehende steuerliche Vergünstigung gem. § 10 e EStG in Anspruch nehmen kann.

Unabhängig davon, ob dieses Urteil verallgemeinert werden kann, nimmt diese steuerliche Beurteilung die gesetzliche Regelung des § 17 Eigenheimzulagengesetz vorweg. Danach wird erstmals den Mitgliedern von Wohnungsbaugenossenschaften die Zulage für Einzahlungen auf übernommene Geschäftsanteile gewährt. Diese betragen immerhin DM 1.200 pro Jahr bei Einzahlungen auf Geschäftsanteile von DM 40.000, so daß bei diesem Beispiel insgesamt der finanzielle Vorteil über die Laufzeit von 8 Jahren DM 9.600 ausmacht. Pro Kind wird zusätzlich eine Zulage von DM 500 pro Jahr gewährt.

Voraussetzung für diese Förderung ist allerdings, daß die Wohnungsbaugenossenschaft ab dem 01.01.1995 gegründet worden ist und außerdem die Merkmale einer einkommensorientierten Wohnungsbaugenossenschaft durch entsprechende Satzungsregelungen erfüllt. Danach muß die Satzung eine unabänderbare Regelung vorsehen, daß die Genossenschaft die Umwandlung von Genossenschaftswohnungen in Eigentumswohnungen und die Veräußerung an die Nutzer vornehmen muß, wenn mehr als 50 % der in dem Objekt wohnenden Mitglieder, die die Zulagen nach dem Eigenheimzulagengesetz erhalten haben, dies wünschen. Diese gesetzliche Möglichkeit ist zur Erleichterung der Erfüllung der Privatisierungsauflage nach dem Altschuldenhilfegesetz geschaffen worden, der die Wohnungsbaugesellschaften und die Wohnungsbaugenossenschaften in den neuen Bundesländern unterliegen. Danach müssen spätestens bis zum Ablauf des Jahres 2003 möglichst 15% des Wohnungsbestandes durch Veräußerung an Mieter bzw. Mitglieder privatisiert werden. Die Gründung von einkommensorientierten Wohnungsbaugenossenschaften nach dem Eigenheimzulagengesetz und die Übertragung des Wohnungsbestandes auf diese Genossenschaften wird als Erfüllung dieser Privatisierungspflicht angesehen. Die Bundesregierung prüft zur Zeit Überlegungen, die Regelungen nach dem Eigenheimzulagengesetz auch auf bereits bestehende Wohnungsbaugenossenschaften auszudehnen, um damit Impulse für den Neubau und für umfassende Modernisierungsmaßnahmen von Genossenschaftswohnungen auszulösen. Diese Überlegungen sind jedoch auf heftigen Widerstand des Gesamtverbandes der Wohnungswirtschaft (GdW) und seiner Regionalverbände gestoßen. Es wird befürchtet, daß durch diesen Anreiz die Struktur der existierenden Wohnungsbaugenossenschaften zerstört wird. Denn es wird die Gefahr gesehen, daß durch die Umwandlung von Genossenschaftswohnungen in Eigentumswohnungen die besserverdienenden Mitglieder zu Lasten der anderen Mitglieder Eigentum an den Genossenschaftswohnungen erwerben. Hierdurch könnten die ursprünglich als generationsübergreifend gebauten Genossenschaftswohnungen den später eintretenden Mitgliedern verloren gehen. Außerdem würden zwei Klassen von Mitgliedern mit unterschiedlichen Interessen entstehen, was leicht zu Unzuträglichkeiten innerhalb der Mitglieder und innerhalb der Organe führen kann.

Aufgrund der von der Organisation erhobenen massiven Bedenken ist über die neue Förderung der bestehenden Wohnungsbaugenossenschaften noch keine Entscheidung getroffen worden. Vielleicht besteht der Ausweg aus dieser Situation, indem die Förderung entsprechend der Regelung nach dem Eigenheimzulagengesetz für bestehende Wohnungsbaugenossenschaften davon abhängig gemacht wird, daß diese nur für Einzahlungen auf Geschäftsanteile gewährt wird, die zur Finanzierung von neu errichteten Genossenschaftswohnungen und für umfassende Modernisierungsmaßnahmen nach den Merkmalen des § 17 II. WoBauG verwandt werden. Zudem ist hierbei zu berücksichtigen, daß die Wohnungsbaugenossenschaften zur Vermeidung von verdeckten Gewinnausschüttungen im Fall der „Privatisierung" der Genossenschaftswohnungen gehalten sind, den Kaufpreis für die Veräußerung nach dem Verkehrswert unter Anrechnung eines bestimmten Anteils der eingezahlten Geschäftsanteile festzusetzen. Hierdurch erhält die Wohnungsbaugenossenschaft die Möglichkeit der Schöpfung von Eigenkapital, das dann für vielfältige Zwecke eingesetzt werden kann (z. B. für Neubaumaßnahmen und für die Begründung bzw. Verbesserung von genossenschaftlichen Serviceleistungen). Die Förderung der Einzahlungen auf Geschäftsanteile hat ein besonderes Gewicht erhalten, nachdem nunmehr der Bundesminister der Finanzen in Übereinstimmung mit den Landesfinanzministern die Auffassung vertritt, daß auch Mitglieder die Förderung nach dem Eigenheimzulagengesetz erhalten, die nicht die Nutzung einer Genossenschaftswohnung beabsichtigen. Durch diese Klarstellung wird das Tor für privates Kapital geöffnet, das in die Hände von Wohnungsbaugenossenschaften zur günstigen Finanzierung von Neubauwohnungen gelegt wird.

Die Wohnungsbaugenossenschaften sollten die hierdurch geschaffenen Chancen erkennen und nutzen. Wenn die bisher ablehnende Haltung hinsichtlich der steuerlichen Förderung bestehender Wohnungsbaugenossenschaften nach dem Eigenheimzulagengesetz beibehalten wird, wäre es angebracht, zumindest Überlegungen anzustellen, wie diese staatlichen „Finanzierungshilfen" durch die Gründung von einkommensorientierten Tochtergenossenschaften ausgeschöpft werden können. An solchen Wohnungsbaugenossenschaften können sich mehrere bestehende Genossenschaften beteiligen, die dann in Kooperation eine umfassende Geschäftsbesorgung für die neu gegründete Wohnungsbaugenossenschaft übernehmen würden.

Diese neue, nur die Wohnungsbaugenossenschaften begünstigende staatliche Hilfe ist ein zusätzlicher Anlaß, über die Notwendigkeit bzw. Zweckmäßigkeit der Aufhebung der Regelungen über die Mieterhöhung nach dem MHG nachzudenken.

II. ABSCHAFFUNG DES MHG WEGEN DER BESONDERHEIT DES GENOSSENSCHAFTLICHEN NUTZUNGSVERHÄLTNISSES?

Das genossenschaftliche Nutzungsverhältnis entsteht aufgrund der körperschaftsrechtlichen Bindung des Mitglieds an die Wohnungsbaugenossenschaft und der Zuweisung zu einer bestimmten Genossenschaftswohnung. Hierdurch erhält das Nutzungsverhältnis einen besonderen rechtlichen Charakter, dem beispielsweise die vom GdW herausgegebenen Musterverträge durch die Bezeichnung Nutzungs- bzw. Dauernutzungsvertrag Rechnung tragen. In den Satzungen ist das Recht der Mitglieder zur Nutzung einer Genossenschaftswohnung verankert. Häufig wird durch Satzungsregelung auch bestimmt, daß die Überlassung einer Genossenschaftswohnung von der Übernahme zusätzlicher Geschäftsanteile abhängig ist.

Trotz des körperschaftsrechtlich ausgestalteten Nutzungsverhältnisses wird einhellig die Meinung vertreten, daß die mietrechtlichen Vorschriften des BGB und des MHG das genossenschaftsrechtlich geprägte Nutzungsverhältnis überlagern, so daß diese Vorschriften unmittelbar auch auf die Überlassung von Genossenschaftswohnungen angewandt werden.

Lediglich die in einigen Mietrechtsvorschriften enthaltenen unbestimmten Rechtsbegriffe werden als „Einbruchstellen" für die Berücksichtigung der genossenschaftsrechtlichen Besonderheiten angesehen, soweit sie insbesondere zu einer Interessenabwägung der Belange des Vermieters und des Mieters führen. Als Beispiel hierfür wird das „berechtigte Interesse" des Vermieters gem. § 564 b Abs. 1 BGB zur Kündigung eines Mietverhältnisses angeführt. Der unbestimmte Rechtsbegriff „berechtigtes Interesse" wird in der Weise ausgefüllt, daß gefragt wird, ob gerade das berechtigte Interesse an der Kündigung durch die genossenschaftliche Eigenart einer Genossenschaftswohnung gerechtfertigt ist. So wird eine Rechtfertigung von der Rechtsprechung anerkannt, wenn das Mitglied die Mitgliedschaft gekündigt oder durch Ausschluß verloren hat und die Genossenschaftswohnung dringend für die Versorgung eines anderen Mitglieds benötigt wird. Weitere Voraussetzung, die manchmal übersehen wird, ist allerdings, daß die Satzung zumindest hinsichtlich der Nutzung von Genossenschaftswohnungen kein Nichtmitgliedergeschäft zuläßt.

Als berechtigtes Interesse zur Kündigung einer Genossenschaftswohnung wird im Rechtsentscheid des OLG Stuttgart (ZfG 93, 248) auch die Tatsache gewertet, daß ein zur Nutzung überlassenes Einfamilienhaus erheblich unterbelegt ist und das Mitglied das Tauschangebot der Genossenschaft hinsichtlich einer kleineren Genossenschaftswohnung nicht angenommen hat. Diese Entscheidung ist auch teilweise kritisiert worden. Denn es liegt nicht auf der Hand, daß in einem solchen Fall das Kollektivinteresse der Wohnungsbaugenossenschaft das durch den Nutzungsvertrag geschützte Individualinteresse des Mitglieds stets überwiegt. In diese Abwägung sollten noch andere Kriterien einbezogen werden, wie die Dauer der Mitgliedschaft, Dauer des

Nutzungsrechts und vor allen Dingen die Höhe der Finanzierungsbeiträge des Mitglieds für die Errichtung der Genossenschaftswohnung. Gerade letzteres Kriterium wird ein besonderes Gewicht bei den neuen einkommensorientierten Wohnungsbaugenossenschaften erhalten. Denn die Zulagen nach dem Eigenheimzulagengesetz setzen hohe Finanzierungsbeiträge durch die Übernahme entsprechender Geschäftsanteile voraus.

Es ist dann wohl folgerichtig, daß sich durch den hohen Finanzierungsanteil des Mitglieds an der Gesamtfinanzierung die Rechtsposition hinsichtlich der Nutzung einer Genossenschaftswohnung im Vergleich zum jetzigen Zustand noch verstärkt, was bedeutet, daß das Nutzungsrecht trotz Unterbelegung unantastbar bleiben muß. Die Vererbbarkeit des Nutzungsrechts wäre in diesen Fällen ebenfalls sachgerecht und sollte daher in der Satzung geregelt werden.

Anerkannt ist die genossenschaftliche Treuepflicht, die über die schuldrechtliche Treuepflicht gem. § 242 BGB noch hinausgeht. Sie wird damit begründet, daß sich jedes Mitglied durch seinen Beitritt zur Genossenschaft den besonderen Geboten des kooperativen Verhaltens unterwirft. Das bedeutet, daß es bei aller berechtigten Wahrnehmung eigener Interessen stets auch auf die Belange der Gesamtheit der Mitglieder und der Genossenschaft Rücksicht zu nehmen hat.

Für die Leitung der Genossenschaft, also für den Vorstand, folgt hieraus umgekehrt das Treuegebot, die bestmöglichen Förderungsleistungen zu bieten.

Im Zusammenhang mit dem Nutzungsverhältnis gibt es viele Fragestellungen, ob nämlich die genossenschaftliche Treuepflicht mietrechtlichen Bestimmungen vorgeht. Sofern die mietrechtlichen Vorschriften zwingend sind, d.h. jede vertragliche Abweichung unwirksam ist, kann auch mit Hilfe der Treuepflicht die Unwirksamkeit nicht aufgehoben werden. Allerdings wird die Auffassung vertreten, daß das einzelne Mitglied auf individualrechtliche Rechtspositionen verzichten muß, wenn die berechtigten Belange der weit überwiegenden Mehrheit der Genossenschaftsmitglieder eine Änderung wünscht, die zudem für das einzelne Mitglied ohne größeren Nachteil ist.

So hat beispielsweise das LG Duisburg im Urteil vom 29.11.1994 - Az.: 7 S 126/94 - die Treuepflicht des Mitglieds bejaht, mit der Änderung der Mietzinsstruktur einverstanden zu sein (Herausnahme der Betriebskosten aus dem Nutzungsentgelt mit der hieraus folgenden Abrechnungspflicht bei entsprechender Senkung des Nutzungsentgelts).

Die Berufung auf die genossenschaftliche Treuepflicht ist um so wirkungsvoller, wenn sie ausdrücklich in der Satzung geregelt ist. In der neuen Mustersatzung des Gesamtverbandes - Ausgabe 1995 - wird in § 16 Abs. 5 folgende Regelung getroffen:
„Bei der Erfüllung von Pflichten und der Wahrnehmung von Rechten auch aus abgeschlossenen Verträgen sind im Rahmen der genossenschaftlichen Treuepflicht die Belange der Gesamtheit der Mitglieder angemessen zu berücksichtigen."

Die Tragweite der genossenschaftlichen Treuepflicht spielt in dem eigentlichen Kernbereich der Leistungsbeziehung zwischen Wohnungsbaugenossenschaft und Mitglied eine entscheidende Rolle. Hier geht es um die Frage, ob das Mitglied im Rahmen des § 10 Abs. 1 MHG einer Erhöhung des Nutzungsentgelts zustimmen muß, die über die gesetzlichen Kappungsgrenzen des § 2 Abs. 1 Nr. 3 MHG hinausgeht (maximale Mieterhöhung von 20 % bzw. 30 % innerhalb von drei Jahren), wenn aber hierdurch grobe und ungerechtfertigte Mietenverzerrungen beseitigt werden und die weit überwiegende Mehrheit selbst der hierdurch nachteilig betroffenen Mitglieder dieser Änderung zustimmt. Zu dieser wichtigen Frage gibt es noch keine Rechtsprechung.

Die Mietenverzerrungen in den Wohnungsbeständen der ehemals gemeinnützigen Wohnungsunternehmen und hierbei insbesondere der Wohnungsbaugenossenschaften sind aus folgenden Gründen besonders belastend:
Für Genossenschaften gilt der oberste Grundsatz der genossenschaftlichen Gleichbehandlung, der sich aus dem Verbot der besseren Förderung einzelner als anderer Mitglieder ergibt.

Zweifellos wird aber ein Mitglied besser als ein anderes gefördert, wenn es für eine Wohnung desselben Wohnwerts ein weitaus niedrigeres Nutzungsentgelt als die anderen Mitglieder entrichtet.

Die Unterschiede der Nutzungsentgelte für vergleichbare Wohnungen haben verschiedene Ursachen:
Zum einen liegen sie in der Tatsache begründet, daß ein Großteil des Bestandes der Wohnungsbaugenossenschaften aus öffentlich geförderten Genossenschaftswohnungen besteht. Je nach Zufall der Förderungsart und der Förderungshöhe und der damit verbundenen unterschiedlichen Kapitalkostenbelastung sind völlig unterschiedlich hohe Kostenmieten entstanden, ohne daß die im wesentlichen gleichen Wohnwertmerkmale diese Unterschiede rechtfertigten.

Die laufenden erheblichen Steigerungen der Grundstücks- und Baukosten sind weitere Ursachen für die Mietenverzerrungen. Nach Auslaufen der Bindungen für die öffentlich geförderten Genossenschaftswohnungen sind daher oftmals Mieten (Nutzungsentgelte) entstanden, die in keinem vernünftigen Verhältnis zu dem Wohnwert stehen.

Dies trifft in gewissem Maße auch auf die nicht preisgebundenen Wohnungen der ehemals gemeinnützigen Wohnungsunternehmen zu, also auch der gemeinnützigen Wohnungsbaugenossenschaften. Denn diese waren bis zur Aufhebung des Wohnungsgemeinnützigkeitsgesetzes zum 31.12.1989 verpflichtet, für diese Wohnungen die Kostenmiete nach § 13 der Durchführungsverordnung zum Wohnungsgemeinnützigkeitsgesetz zu erheben. Die Berechnung der Kostenmiete erfolgte nach dem Schema der öffentlich geförderten Wohnungen, jedoch mit der Besonderheit, daß bei den Kapitalkosten hinsichtlich des Eigenkapitals und der sonstigen Bewirtschaftungskosten (Abschreibung, Verwaltungs- und Instandhaltungskosten sowie

Mietausfall) nicht die Pauschalen der II. BV, die meist nicht kostendeckend sind, in der Wirtschaftlichkeitsberechnung zur Berechnung der Kostenmiete angesetzt werden durften, sondern die tatsächlich nachhaltig entstehenden Kosten. Insofern wurden also für die nicht preisgebundenen Wohnungen die laufenden Aufwendungen nach betriebswirtschaftlichen Kriterien und somit auch nach Gesichtspunkten der Substanzerhaltung ermittelt. Aber auch in diesem Bereich entstanden aufgrund des Grundsatzes der Kosteneinfrierung der ursprünglichen Grundstücks- und Baukosten bei den Mieten (Nutzungsentgelten) Verzerrungen, die abgewendet worden wären, wenn es zulässig gewesen wäre, die Abschreibung nach dem jeweiligen Wiederbeschaffungswert zu bemessen.

III. MASSNAHMEN DES GESETZGEBERS ZUR BESEITIGUNG DER MIETENVERZERRUNGEN

Hinsichtlich der öffentlich geförderten Sozialmietwohnungen ist in jüngster Zeit der Beschluß der Bundesregierung bekannt geworden, die Mietpreisbildung durch ein entsprechendes Gesetz aufzuheben und in Schritten die Anpassung der Mieten bis zur ortsüblichen Vergleichsmiete zuzulassen.

Damit würden auch die Wohnungsbaugenossenschaften die Möglichkeit erhalten, die Verzerrungen der Nutzungsentgelte zu beseitigen. Denn die ortsüblichen Vergleichsmieten spiegeln im wesentlichen die sich nach Wohnwertkriterien entwickelten Mieten wider.

Für die nicht preisgebundenen Genossenschaftswohnungen wäre eine Entzerrung der Nutzungsentgelte ebenfalls leicht möglich, wenn dem Vorschlag der Expertenkommission zur Änderung des Mietrechts gefolgt würde, die Kappungsgrenzen bei den Mieterhöhungen gem. § 2 Abs. 1 Nr. 3 MHG generell aufzuheben (20 % bzw. 30 % maximale Mieterhöhungen innerhalb von drei Jahren) und jeweils Mietanpassungen bis zur ortsüblichen Vergleichsmiete zuzulassen. Auch hier hätte dann die Wohnungsbaugenossenschaft einen ausreichenden Spielraum, die Verzerrung der Nutzungsentgelte unter Berücksichtigung der unterschiedlichen Wohnwerte zu beseitigen. Erst durch die Realisierung dieser Vorstellungen würden die Wohnungsbaugenossenschaften in die Lage versetzt, das Gebot der genossenschaftlichen Gleichbehandlung durch die Gestaltung der Nutzungsentgelte tatsächlich zu erfüllen.

Die Beseitigung dieser Ungleichbehandlung muß darüber hinaus auch im wohnungspolitischen Interesse liegen, weil damit eine bessere Grundlage für eine effizientere Entwicklung dieser Unternehmensgruppe geschaffen würde.

IV. AUFHEBUNG DES MHG VOR DEM HINTERGRUND DER FÖRDERUNG DURCH DAS EIGENHEIMZULAGENGESETZ

Unabhängig von diesen gesetzlichen Vorhaben zur Mietpreisentzerrung sollte den Wohnungsbaugenossenschaften gerade auch im Zusammenhang mit der neuen steuerlichen Förderung nach dem Eigenheimzulagengesetz die Möglichkeit gewährt werden, das Entgelt für die genossenschaftsrechtliche Leistung - Überlassung einer Genossenschaftswohnung zur dauernden Nutzung - ohne die Einhaltung mietgesetzlicher Vorschriften festzusetzen. Die Forderung lautet daher, für Wohnungsbaugenossenschaften das MHG nicht mehr als verbindlich vorzuschreiben. Denn der mit der Schaffung des MHG bewirkte Schutz, den Mieter vor unangemessenen Mieterhöhungen zu bewahren, wird bei einer Wohnungsbaugenossenschaft bereits durch den genossenschaftlichen Förderauftrag und die satzungsgemäßen Rechte der Mitglieder gewahrt. In diesem Rahmen können die besonderen genossenschaftlichen Belange weitaus besser berücksichtigt werden, als es das Mietrecht hinsichtlich der Behandlung der Miete vorsieht.

Was würde beispielsweise eine Wohnungsbaugenossenschaft daran hindern, Genossenschaftswohnungen zu bauen und diese zu höheren Nutzungsentgelten zu überlassen, als dies nach § 5 Abs. 1 Satz 1 WiStG zulässig ist, also ein Nutzungsentgelt zu vereinbaren, das die 20-%-Grenze oberhalb der ortsüblichen Vergleichsmiete übersteigt, wenn dies die Nutzer ausdrücklich so wollen, weil nur auf diese Weise große Anfangsverluste bei sonst nicht kostendeckenden Nutzungsentgelten vermieden werden und hierbei garantiert wird, daß aufgrund des genossenschaftlichen Förderauftrags der weitere Anstieg der Nutzungsentgelte aller Voraussicht nach gering ausfallen wird, so daß sich die eigentliche Förderung erst zeitverschoben auswirkt.

Die Einhaltung des genossenschaftlichen Förderauftrags, die anläßlich der genossenschaftlichen Pflichtprüfungen regelmäßig überprüft wird, verhindert, daß aufgrund der Überlassung von Genossenschaftswohnungen hohe Gewinne durch unangemessen hohe Nutzungsentgelte entstehen. Außerdem haben die Mitglieder mit der Möglichkeit, dem Vorstand die Entlastung zu verweigern, ein Mittel in der Hand, indirekt auf die Geschäftspolitik Einfluß zu nehmen.

Da die Mitglieder die Satzungsautonomie haben, d.h. Satzungsänderungen mit einer qualifizierten Mehrheit von ¾ der abgegebenen Stimmen herbeiführen können, sind demnach Satzungsregelungen möglich, die ihre Rechte im Zusammenhang mit der Gestaltung der Nutzungsentgelte stärken. Z. B. könnte neben dem Aufsichtsrat durch Satzungsregelung ein Beirat installiert werden, dessen Aufgabe es ist, zusammen mit dem Vorstand Kriterien für die Festsetzung der Höhe der Nutzungsentgelte festzulegen. Wenn keine Einigung zwischen Beirat und Vorstand erzielt wird, könnte den Mitgliedern das Entscheidungsrecht durch Beschlußfassung in der Mitgliederversammlung eingeräumt werden.

Legt die Rechtsform der Wohnungsbaugenossenschaft für diese Unternehmensgruppe die Aufhebung des Gesetzes zur Regelung der Miethöhe (MHG) nahe?

Allerdings wäre es sinnvoll, eine weitere Satzungsregelung zu schaffen, in der Grundsätze über die Festsetzung der Nutzungsentgelte insoweit formuliert werden, daß eine verdeckte Gewinnausschüttung verhindert wird. Denn trotz des genossenschaftlichen Förderauftrags ist auch eine Genossenschaft gehalten, die Grundsätze der verdeckten Gewinnausschüttung zu beachten. Eine verdeckte Gewinnausschüttung wird nach dem Einführungsschreiben des Bundesministers der Finanzen vom 24.07.1989 betreffend die Aufhebung der Steuerbefreiung für gemeinnützige Wohnungsunternehmen und Einführung der Steuerbefreiung für Vermietungsgenossenschaften sowie -vereine durch das Steuerreformgesetz nicht angenommen, wenn die Kostenmiete nicht unterschritten wird. Diese Begrenzung auf die Kostenmiete entfällt selbstverständlich in den Fällen, in denen die tatsächliche Kostenmiete, meist bei Neubauobjekten infolge der hohen Bau- und Grundstückskosten, zumindest für einige Jahre über der ortsüblichen Vergleichsmiete liegt.

Ein sehr brauchbarer Maßstab, der ebenfalls in der Satzung festzulegen wäre, ist auch die Ermittlung der Kostenmiete nach dem aufgehobenen § 13 der Durchführungsverordnung zum Wohnungsgemeinnützigkeitsgesetz, wobei abweichend von dieser Regelung aus Gründen der Substanzerhaltung die Abschreibung auf den Wiederbeschaffungswert gelten sollte.

Es ist keine Frage, daß die selbstverantwortliche Festlegung und die Erhöhung der Nutzungsentgelte außerhalb des MHG den Vorstand einer Wohnungsbaugenossenschaft in die Verlegenheit bringen kann, die Festlegung bzw. Differenzierung der Nutzungsentgelte vor den Mitgliedern zu rechtfertigen, während er aufgrund der bestehenden Rechtslage nur auf die Einhaltung gesetzlicher Bestimmungen zu verweisen braucht, selbst wenn hierdurch infolge der Verzerrungen der Nutzungsentgelte ungerechte Ergebnisse entstehen. Folglich stößt die Forderung des Gesamtverbandes der Wohnungswirtschaft an den Gesetzgeber, die Anwendung des MHG für Wohnungsbaugenossenschaften nicht mehr zwingend vorzuschreiben, auch in den Reihen der Vorstände der Wohnungsbaugenossenschaften teilweise auf Skepsis und Ablehnung. Die „Bequemlichkeit" der bisherigen Situation hat jedoch den erheblichen Nachteil, daß hierdurch ungerechtfertigte Unterschiede in den Nutzungsentgelten zementiert werden, womit auch die unterschiedliche Förderung der Mitglieder perpetuiert wird. Diese genossenschaftswidrige Auswirkung des MHG verhindert die wünschenswerte Veränderung, die für die weitere Entwicklung der Wohnungsbaugenossenschaften wichtig ist, daß nämlich aus dem „Mieterbewußtsein" vieler Mitglieder das sich mitverantwortlich fühlende „Genossenschaftbewußtsein" (wieder) erwächst. Damit würde der Genossenschaftsgedanke in den Wohnungsbaugenossenschaften neue und kräftige Impulse erhalten, die die weitere Entwicklung dieser Unternehmensgruppe hinsichtlich einer größeren Effizienz wesentlich bestimmen können.

Dr. Uwe Hannig

DAS NEUE MIETGESETZBUCH - „STAND UND ÜBERLEGUNGEN ZUR VEREINFACHUNG DES MIETRECHTS"

Die Mietrechtsvereinfachung ist ein Dauerbrenner. Sie steht praktisch auf der Liste einer jeden Koalitionsvereinbarung zu Beginn einer Legislaturperiode, also natürlich auch in der Koalitionsvereinbarung zwischen CDU, CSU, und F.D.P. unter der Regierung Kohl seit 1994. Im Wohngeld- und Mietenbericht 1995 wird sogar der „Abbau von ungerechtfertigten Eingriffen in die Vertragsfreiheit" angekündigt.

Was heißt nun Mietrechtsvereinfachung oder, wie mein Thema heißt, „neues Mietgesetzbuch"?

Es heißt nicht „neues Wohngesetzbuch" oder Drittes Wohnungsbaugesetz. Der Titel „Wohngesetzbuch" ist verbraucht für die Reform des **sozialen Wohnungsbaus**, die der Bundesbauminister angekündigt hat. Es geht auch nicht um die Reform des Mietrechts in den neuen Bundesländern. Die hier anstehende Mietrechtsvereinfachung befaßt sich insbesondere mit den Kündigungsbestimmungen des Bürgerlichen Gesetzbuchs (BGB) und hinsichtlich der Miete mit den Bestimmungen der ortsüblichen Vergleichsmiete, dem Miethöhegesetz (MHG), d.h. untechnisch mit dem freifinanzierten Wohnraum.

Natürlich beeinflußt aber auch ein neues Mietrecht den sozialen Wohnungsbau, wenn es z. B. um die Kündigung wegen Mietschulden geht oder mittelfristig doch nach einer Reform des sozialen Wohnungsbaus die Kostenmiete durch die Vergleichsmiete ersetzt wird. Dies gilt auch für Ostdeutschland. Eine Mietrechtsreform bei der ortsüblichen Vergleichsmiete wäre wichtig für den Übergang in das Recht der Vergleichsmiete in Ostdeutschland. Dieser Übergang ist erforderlich ab 01.07.1997 für die Wiedervermietungsmieten und für die Bestandsmietenanhebungen ab 01.01.1998. Eine Mietrechtsreform ist also zwar zu trennen von der Debatte zum Wohngesetzbuch und zur Mietenüberleitung in den neuen Ländern, aber letztlich bestehen Wechselwirkungen, die es geraten erscheinen lassen, diese reine Mietrechtsdebatte sehr sorgfältig zu beobachten, auch wenn nur sozialer Wohnungsbau oder Wohnungsbau in Ostdeutschland bewirtschaftet wird.

Was heißt nun Mietrechtsvereinfachung nach der bisher bekannt gewordenen Auffassung der Bundesregierung?

„Die Bundesregierung beabsichtigt, die derzeitige unbefriedigende Situation durch eine Vereinfachung des Mietrechts zu ändern:

Ein Lösungsansatz besteht darin, die Regelungen des Mietrechts künftig in einem Abschnitt des Bürgerlichen Gesetzbuchs gestrafft, systematisch und gut lesbar zusammenzufassen. Dabei wird das Mietrecht auch auf Vorschriften durchforstet, die inhaltlich vereinfacht werden können. Das für das Mietrecht federführende Bundesministerium der Justiz hat eine Bund-Länder-Arbeitsgruppe einberufen. In der Arbeitsgruppe werden die einzelnen Vorschläge zur Mietrechtsvereinfachung von Fachleuten der Justiz- und Wohnungsverwaltungen der Länder und des Bundes erörtert. Die Arbeitsgruppe wird Ende des Jahres 1996 Vorschläge für ein neu gefaßtes Mietrecht vorlegen, wahrscheinlich im Frühjahr 1997. Diese Vorschläge sollen dann Ausgangspunkt für einen Gesetzentwurf der Bundesregierung werden."

Mietrechtsvereinfachung bedeutet nach Auffassung der Bundesregierung im wesentlichen Überführung der verstreuten Einzelgesetze, insbesondere des Miethöhegesetzes in das Bürgerliche Gesetzbuch. Vorgeschlagen wird weiterhin eine neue Gliederung, beispielsweise in der zeitlichen Reihenfolge des Ablaufs des Mietverhältnisses, also erst die Bestimmungen über den Vertragsschluß, dann über den vertragsmäßigen Gebrauch, dann die Miete, dann das Pfandrecht, den Wechsel der Vertragsparteien und schließlich die Beendigung des Mietverhältnisses, nämlich die Kündigung.

Als weitere Vereinfachung wird es angesehen, wenn in Zukunft die Paragraphen möglichst nur aus drei Absätzen statt der beim Gesetzgeber so beliebten Mammutparagraphen bestehen. Diese formale Mietrechtsreform, für die gute Aussichten besteht, wird die Juristen noch lange bewegen. Ganze Bibliotheken werden Makulatur werden. Die juristischen Kommentatoren und Verleger werden sich die Hände reiben, weil die Neuauflage der Bücher erforderlich wird. Aber für die Praxis ist diese rein formale Verbesserung eher wenig von Bedeutung. Entscheidend sind die möglichen materiell-rechtlichen Änderungen des Rechts, denn für Rendite und Wohnungsbau ist es nicht wichtig, wo etwas steht, sondern wieweit die Vertragsfreiheit zugelassen wird.

Ausgangspunkt für Überlegungen zu materiellen Änderungen ist ein Bericht, der seit 1994 vorliegt, und zwar der Bericht der Expertenkommission Wohnungspolitik unter dem Titel „Wohnungspolitik auf dem Prüfstand" (Bundestagsdrucksache 13/159 vom 30.12.1994). Dieser Bericht enthält insbesondere auch eine Analyse des Mietrechts von Prof. Sonnenschein. In dem Bericht wird die Problematik der Investitionsverhinderung durch Mietgesetze besonders hervorgehoben. Natürlich ist eine Investition im Wohnungsbau fragwürdig, wenn der Mietpreis unter Kappungsgrenzen, unter das Wirtschaftsstrafgesetzbuch und andere restriktive Maßnahmen fällt. Wenn einem Mieter, der nicht zahlungsfähig ist, praktisch kaum gekündigt werden kann, dann wird deutlich, daß das gesamte Mietrecht, auch das Kündigungsschutzrecht und nicht nur das Recht der Mietanhebung, investitionsfeindlich sein kann.

Es gilt, den schmalen Weg zwischen dem berechtigten Schutz des Mieters und andererseits dem Recht der Investoren oder Vermieter auf eine Rendite abzuwägen. Diese Gutachter der Expertenkommission empfehlen letztlich, die Kappungsgrenzen des § 2 Miethöhegesetz und die Mietüberhöhungsbestimmung des § 5 Wirtschaftsstrafgesetzbuch abzuschaffen und im Kündigungsschutzrecht einige neue Ideen zu verwirklichen. Hierzu gehört insbesondere die Idee des Probejahres für sozial auffällige Mieter, d.h. ein besonderes Kündigungsrecht bis zum 1. Jahresende aufzuführen, wenn der Mieter bereits von vornherein als mietauffällig gilt.

Die Vorschläge der Expertenkommission sind beim Deutschen Mieterbund, im Städtetag und letztlich auch in der Presse auf harte Kritik gestoßen. Dementsprechend war auch die Kritik nicht zimperlich, die der GdW Bundesverband deutscher Wohnungsunternehmen auf seine Stellungnahme zur Mietrechtsvereinfachung (GdW Informationen 38, April 1996) und die F.D.P. auf ihre Vorschläge vom Oktober 1996 erfuhren. Vom „Mietrecht nach Gutsherrenart" und vom „Ausverkauf des sozialen Mietrechts" war die Rede.

Nehmen wir insbesondere diese Meinungsäußerung von Interessenverbänden, Mieterbund und Deutscher Städtetag, so kann man sich vorstellen, wie die Bundespolitiker, die sich 1998 zur Wahl stellen müssen, zu der Vereinfachung des Mietrechts stehen. Eine Renditeverbesserung wird kaum ihr Anliegen sein. Wer will schon als Mietanhebungspolitiker gelten? Das Resümee liegt nahe: Die Zeit für eine Mietrechtsvereinfachung im materiellen Sinne, insbesondere in dem Sinne, auch neue Investitionen in den Wohnungsbau zu locken, ist nicht sehr günstig. Es werden dennoch, abgesehen von den formellen Änderungen, materielle, ja marginale Änderungen kommen. Einzelheiten sollen im folgenden erörtert werden.

1. GESETZESDEFINITIONEN

Derzeit werden in der Bund-Länder-Kommission Gesetzesdefinitionen diskutiert. So soll beispielsweise eine Neuregelung zur Übernahme von Schönheitsreparaturen durch den Mieter getroffen werden.

Diese Definitionen sollen grundsätzlich kein neues materielles Recht schaffen, sondern nur der Klarheit für Mieter und Vermieter dienen. Aber das Beispiel Definition der Schönheitsreparaturen wird zeigen, daß sich hinter dem Begriff Neudefinition letztlich immer auch wieder materielles Recht versteckt.

Nach der derzeitigen Rechtslage verpflichtet das BGB den Vermieter zur Übernahme der Schönheitsreparaturen. Die Rechtsprechung allerdings hat zugelassen, daß in den Mietverträgen diese Verpflichtung auf den Mieter übergewälzt wird. Der Vertrags- und Formularausschuß des GdW Bundesverband deutscher Wohnungsunternehmen beispielsweise hat Mustermietverträge entwickelt, die eine solche Überwälzung vorsehen; Ausschußvorsitzender ist seit mehr als 15 Jahren Hanns Seuß. Nach diesen Mustermietverträgen hat der Mieter die Schönheitsreparaturen in bestimmten Fristen durchzuführen. Bei Auszug sind u.U. anteilige Kosten für nicht geleistete Schönheitsreparaturen zu zahlen.

Ein Vorschlag aus dem Justizministerium Baden-Württemberg übernimmt im wesentlichen diese praktikable Regelung - allerdings mit so vielen unbestimmten Gesetzesbegriffen, daß dies mit Sicherheit keine Hilfe sein wird. Es fängt damit an, daß die Schönheitsreparaturen allein als Maler- und Tapezierarbeiten gekennzeichnet werden. Damit sind die Erneuerungen von Teppichböden, Parkett und sonstigen modernen, für die Gestaltung der Wohnräume erforderlichen Einrichtungen keine Schönheitsreparaturen. Anstelle eines festen Fristenplans heißt es:

„Die Schönheitsreparaturen sind vom Mieter in den vertraglich vereinbarten oder üblichen Zeiträumen unter Berücksichtigung des Zustands der jeweiligen Teile des Wohnraums im vereinbarten oder im üblichen Umfang fachgerecht auszuführen."

Was wird die Rechtsprechung wohl aus diesem Satz machen?

Richtig gefährlich wird die Regelung, wenn sie sich mit dem Tatbestand befaßt, daß die Schönheitsreparaturen zu Beginn des Mietverhältnisses vom Mieter auszuführen sind. Diese Regelung ist nicht unüblich, aber mit erheblichen Gefahren für den Zustand der Wohnung verbunden.

Der Gesetzentwurf sagt nur, daß die Schönheitsreparaturen so vereinbart werden können, daß der Mieter sie zu Beginn des Mietverhältnisses auszuführen hat, erklärt dann aber den folgenden Satz als unabdingbar und damit zum Standard. Dieser lautet: „Zu Schönheitsreparaturen in der Folgezeit ist der Mieter nicht verpflichtet." Also gilt praktisch ein Freibrief für den Mieter, der die Wohnung so völlig verwohnt, daß sie nachher nur unter unverhältnismäßig großem Aufwand repariert werden kann.

Es wird deutlich, daß sich hinter Definitionsüberlegungen des Gesetzgebers letztlich auch immer Abgrenzungsprobleme verstecken, die angesichts der derzeitigen politischen Machtverhältnisse in Bund und Ländern im Zweifel einen besonderen Schutz des Mieters zum Gegenstand haben und damit letztlich das derzeit erreichte Gefüge erschüttern können. Auch dies spricht gegen solche Definitionsüberlegungen.

2. MIETKAUTIONEN (§ 550b BGB)

Weiterhin besteht die Absicht, die Möglichkeit **von Teilzahlungen** im Rahmen der Kautionsleistung nach § 550b BGB zu streichen. Die **derzeitige Mindestverzinsung für Kautionen**, nämlich der für Spareinlagen mit dreimonatiger Kündigung übliche Zinssatz, soll aufgehoben werden. Auf eine Mindestverzinsung soll verzichtet werden.

Die Überlegungen zugunsten von mehr Vertragsfreiheit sprechen für diesen Vorschlag. Aber wenn anstelle der derzeit geregelten Mindestverzinsung, die zwischen 1 und 3 % schwanken dürfte, höhere Zinsen gefordert oder gar keine Zinsen gezahlt werden, beginnt der Streit über die „sittenwidrige" Kautionsverzinsung.

Auch insoweit kann man nur dringend empfehlen, es bei der jetzigen Fassung zu belassen.

Daß die Teilzahlungsregelung Unsinn ist, hat die Praxis schon erwiesen. Die Regelung schadet nicht, aber einer Streichung würde ich nicht widersprechen.

3. RECHT DER FRISTLOSEN KÜNDIGUNG BEI ZAHLUNGSVERZUG NACH § 554 BGB

Aufgrund von Vorschlägen eines Gutachtens über Wohnungslosigkeit in der BRD wird derzeit überprüft, ob § 554 Abs. 2 BGB zugunsten der Sozialhilfebehörde und des Mieters reformiert werden sollte. Es ist es derzeit so, daß die Kündigung wegen Zahlungsverzugs dann unwirksam wird, wenn der Mieter innerhalb eines Monats die versäumten Zahlungen nachholt. Der Vorschlag lautet nun, dies auf 2 Monate zu verlängern, damit die öffentliche Verwaltung eine größere Chance habe, eine Zahlungsverpflichtung abzugeben.

Ähnlich sind die Überlegungen, die Zweijahresfrist, innerhalb der sich der Mieter nicht ein zweites Mal gegen die Kündigung mit einer Zahlung wehren kann, aufzuheben.

In dieselbe Richtung zielt der Vorschlag, auch bedingte Verpflichtungserklärungen der Sozialbehörde als die Kündigung ausschließend zuzulassen. Wenn z. B. dem Mieter einerseits wegen Zahlungsverzugs, aber andererseits auch wegen der Unfähigkeit, vernünftig mit der Wohnung umzugehen, gekündigt werden soll, so könnte eine bedingte Verpflichtungserklärung der Sozialhilfebehörde so aussehen, daß sie zur Auflage macht, auch auf die Kündigung wegen Mietunfähigkeit zu verzichten.

Diese Überlegungen zeigen, daß Mietrechtsvereinfachung, wenn sie erst einmal in die behördlichen Mühlen gerät, letztlich im Zweifel immer zu Lasten der Bürger geht. Denn alle diese hier zuletzt vorgeschlagenen Überlegungen sind zwar in sich nicht unschlüssig und im Einzelfall auch hinnehmbar, sie führen aber letztlich in Zusammenwirkung dazu, daß das Problem eines zahlungsunwilligen Mieters sich weiter verschärft. Nicht nur dies spricht gegen solche Verschlimmbesserungen.

4. KÜNDIGUNGSFRISTEN NACH § 565 BGB

Es werden Überlegungen ins Gespräch gebracht, die alten Fristen des § 565 BGB zu verändern. Derzeit ist die Kündigung bis zum dritten Werktag eines Monats möglich. Das will man ändern und schlägt vor, den Monatsschluß als Bezugspunkt zu nehmen, d.h. also, es würden drei Tage für die Möglichkeit der Kündigung gestrichen.

Weiter verfolgt wird die Idee, zwischen den Kündigungsfristen des Vermieters und des Mieters in Zukunft zu unterscheiden. Der Mieter soll immer in drei Monaten kündigen können, während der Vermieter je nach Dauer der Mietzeit bis zu ein Jahr Kündigungsfrist einzuhalten hat. Zwar entspricht diese Regelung auch den Musterverträgen des GdW, dennoch macht es einen Unterschied, ob die Wohnungsunternehmen im Interesse ihrer Mieter solche Zugeständnisse machen oder ob sie hierzu durch Gesetz gezwungen werden. Es handelt sich hier auch wieder statt um eine Vereinfachung um eine Verbesserung der Positionen der Mieter, die m. E. die Investitionsfeindlichkeit dieser Überlegungen besonders deutlich werden läßt.

5. SONDERVORSCHRIFTEN FÜR WERKSWOHNUNGSBAU

Derzeit ist zugunsten des Werkswohnungsbaus ein Zeitmietvertrag möglich. Im übrigen sind die Kündigungsschutzbestimmungen nach § 564c und 565b zugunsten des Werkswohnungsbaus eingeschränkt. Wenn der Arbeitnehmer nicht mehr für das Werk, das die Wohnung gefördert hat, tätig ist, so gelten hierfür erleichterte Kündigungsmöglichkeiten.

Die Expertenkommission hat darauf aufmerksam gemacht, daß insbesondere die Regelung des Zeitmietvertrages überprüft werden müsse. Derzeit kann ein Zeitmietvertrag nur mit einem Mieter abgeschlossen werden, der Werksangehöriger ist. Dieser Zeitmietvertrag endet, wenn der Mieter aus dem Werk ausscheidet.

Von Interesse für den Werkswohnungsbau ist aber genau der umgekehrte Fall: Wenn Leerstand zu befürchten ist, weil nicht genügend Werksangehörige gefunden werden, soll die Wohnung zu einem Zeitmietvertrag an einen Nichtwerksangehörigen vermietet werden. Die Wohnung soll wieder frei werden, wenn sie für einen Werksangehörigen benötigt wird. Dieser Fall ist derzeit nicht per Zeitmietvertrag möglich. Das ist Unsinn. Eine entsprechende Änderung des Zeitmietvertragsrechts wäre sinnvoll.

6. VERMIETERPFANDRECHT (§ 559 FF. BGB)

Das BGB enthält ein sehr ausgefeiltes Selbsthilferecht, nämlich das Vermieterpfandrecht an den eingebrachten Sachen des Mieters. In der Bund-Länder-Kommission wird derzeit diskutiert, ob es überhaupt in der Praxis solch eine Ausnutzung des Vermieterpfandrechtes gibt, ob diese Regelungen überhaupt noch Bedeutung haben und ob man sie streichen könne. Dagegen wäre wohl aus Sicht der Wohnungswirtschaft nichts einzuwenden.

7. SONDERKÜNDIGUNGSRECHT DER BEAMTEN (§ 570 BGB)

Nach § 570 BGB können Militärpersonen, Beamte, Geistliche und Lehrer in öffentlichen Unterrichtsanstalten im Falle der Versetzung an einen anderen Ort das Mietverhältnis mit dreimonatiger Frist, also in verkürzter Frist, falls sie schon länger in dieser Wohnung wohnen, kündigen. Die Expertenkommission hat im Hinblick auf den Gleichbehandlungsgrundsatz die Streichung dieser Bestimmung vorgesehen. Es ist in der Tat nicht einzusehen, inwieweit nun gerade dem Staat auf Kosten des Vermieters letztlich Versetzungsgelder gespart werden, indem man eben die Kündigungsfristen verkürzt.

Die Alternative gegenüber der Streichung des § 570 BGB wäre eine Ausweitung auf alle Arbeitnehmer. Dann wäre zwar dem Gleichheitsgrundsatz Genüge getan, aber das Recht der Kündigungsfristen würde letztendlich ungleich für Vermieter und Mieter. Ich verstehe dann auch nicht, wieso ein Arbeitsloser beispielsweise dann schlechter behandelt werden sollte als ein Arbeitnehmer. Die gesamte Regelung ist ein alter Zopf und sollte deshalb gestrichen werden.

8. BESONDERHEITEN FÜR DIE WOHNUNGSGENOSSENSCHAFTEN

Im Hinblick auf alte Regelungen aus den Jahren 1949-1960 in § 34 Mieterschutzgesetz sollten m. E. Sonderrechte für Wohnungsgenossenschaften auch im Rahmen der Kündigung vorgesehen werden. So könnte beispielsweise die Einschränkung der ordentlichen Kündigung - nur bei besonderem berechtigten Interesse des Vermieters - generell zugunsten der Wohnungsgenossenschaften abgeändert werden, indem man eben diese Einschränkung des Kündigungsrechtes nicht für den Wohnraum gelten läßt, dessen Eigentümer eine Wohnungsgenossenschaft ist.

Nun ist sicherlich für die Wohnungsgenossenschaften nicht so sehr das Kündigungsschutzrecht von Bedeutung, sondern vor allem die Möglichkeit, auf die starren Fristen des Gesetzes und die formellen Anforderungen an die Mieterhöhungen nach dem Miethöhegesetz zu verzichten. Auch dieser Vorschlag, d.h. die Ausnahme vom Miethöhegesetz, wird von den Wohnungsgenossenschaften vorgetragen. Im Interesse einer Stärkung der Selbsthilfe und Selbstverwaltung der Wohnungsgenossenschaften erscheint dies als eine wichtige Mietrechtsvereinfachung, jedoch steht insoweit eine sehr schwierige Diskussion bevor. Einerseits ist es wenig einsichtig, daß der Schutz des einzelnen Mieters weitergehen soll als der Schutz des einzelnen Nutzers einer Genossenschaftswohnung. Andererseits heißt Vertragsfreiheit in diesem Bereich, daß beispielweise ein deutlich verbesserter Kündigungsschutz unter Umständen gern von den Nutzern der Genossenschaftswohnungen durch Verzicht auf Formalia des Miethöhegesetzes erkauft wird. Eine Sonderbehandlung der Wohnungsgenossenschaften könnte den Einstieg in mehr Vertragsfreiheit zwischen den Anteilseignern der Genossenschaft, nämlich den Genossenschaftsmitgliedern, und der Genossenschaft sein.

9. MIETANHEBUNG AUF DIE ORTSÜBLICHE VERGLEICHSMIETE (§ 2 MIETHÖHEGESETZ)

Derzeit gilt im nichtpreisgebundenen Wohnraum oder, anders ausgedrückt, im freifinanzierten Wohnraum nach dem Miethöhegesetz ein besonderes Verfahren für die Mietanhebung. Das Verfahren ist etwas modifiziert für Ostdeutschland, aber spätestens ab 01.01.1998 wird das reine Mietanhebungsverfahren auf die ortsübliche Vergleichsmiete nach § 2 Miethöhegesetz in der ganzen Bundesrepublik gelten.

Der wesentliche Inhalt ist: Während eines bestehenden Mietverhältnisses kann die Miete verändert werden, wenn die ortsübliche Vergleichsmiete sich ändert. Allerdings wird ein Begründungsmittel für die höhere Vergleichsmiete erforderlich, nämlich Mietspiegel oder Sachverständigengutachten oder Mieten drei vergleichbarer Wohnungen. Die Miete muß ein Jahr oder nach der Rechtsprechung 15 Monate unverändert geblieben sein, und eine Kappungsgrenze von 30 % in 3 Jahren bis zu 8 DM/m² und von 20 % innerhalb von 3 Jahren bei einer Miete, die 8 DM überschreitet, eingehalten werden.

Der GdW hat sich insbesondere mit den Kappungsgrenzen befaßt und wie die Expertenkommission auf einen Verzicht gedrängt. Wie die bisherige Diskussion in der Bund-Länder-Kommission zeigt, bestehen hier nicht die geringsten Aussichten auf eine Änderung. Daß der Deutsche Mieterbund und der Städtetag gegen eine solche Aufhebung polemisieren, ist offensichtlich.

Überlegt wird - auch auf Anregung des GdW -, ob nicht das Zustimmungsverfahren, das hier gewählt ist und das auch Ostdeutschland in § 12 Miethöhegesetz kennt, durch ein § 10 Wohnungsbindungsgesetz (WoBindG) vergleichbares einseitiges Mietanhebungsrecht ersetzt werden soll. Letztlich ist es eine Farce und hat nichts mit Vertragsfreiheit zu tun, wenn der Mieter einerseits das Recht zur Zustimmung hat, aber zustimmen muß, wenn die Mietanhebung richtig dem Gesetz entsprechend begründet wird. Insoweit ist das ganze Zustimmungsverfahren, von der Prozeßträchtigkeit einmal abgesehen, wenig sinnvoll und sollte durch das einseitige Verfahren ersetzt werden, das der Mieter durch Widerspruch unterbrechen kann.

Als weitere Erschwerung des Verfahrens der Mietanhebung hat sich erwiesen, daß die vom Gesetz her **vorgesehene Jahresfrist**, in der eine Miete gleichgeblieben sein muß, von der Rechtsprechung auf **15 Monate** ausgedehnt worden ist. Das Gericht sagt, die Mietanhebungserklärung darf erst nach der Jahresfrist dem Mieter zugehen. Alle Experten haben die Wiederherstellung der Jahresfrist gefordert. Aber in der Bund-Länder-Kommission wird insbesondere unter Federführung der Wohnungspolitiker und des Mieterbundes die weitere Festschreibung der Fünfzehn-Monats-Frist gefordert.

Natürlich gibt es in dem Zusammenhang mit § 2 Miethöhegesetz noch weitere Verschärfungsüberlegungen. So wird insbesondere in von der SPD regierten Ländern gefordert, doch die Möglichkeit zu streichen, eine Mietanhebung auf drei Wohnungen aus dem Bestand - und zwar aus dem eigenen Bestand - zu stützen. Eine Kappungsgrenze bei Neuvermietung gehört weiter zum Arsenal der Wohnungspolitiker.

Besondere Sanktionen für die Einhaltung der Begründungspflichten werden überlegt.

Natürlich soll auch der durch das Vierte Mietrechtsänderungsgesetz 1993 eingeführte Abs. 1a gestrichen werden. Diese Bestimmung setzt die Kappungsgrenze außer Kraft, wenn eine Mietanhebung darauf gestützt wird, daß vorher die Fehlbelegungsabgabe gezahlt worden ist.

Letztlich wird das geltende Recht des § 2 Miethöhegesetz durch diese Vorschläge nur zementiert werden, weil sich die gegensätzlichen Standpunkte aufheben.

10. MIETSPIEGELRECHT

Ein besonderes Kapitel innerhalb der Anwendung des § 2 Miethöhegesetz ist das Mietspiegelrecht. Zweifellos ist der Mietspiegel das einfachste Beweismittel. Gerade bei der Einführung der ortsüblichen Vergleichsmiete in Ostdeutschland läßt sich jetzt schon absehen, daß ohne vernünftige Mietspiegel das ab 01.01.1998 geltende Recht der Mietanhebung nicht funktionieren wird. Erste Probleme können schon ab 01.07.1997 auftreten, wenn nämlich die Mietverträge für Neuabschlüsse in der Miete nicht mehr an die Angemessenheitsbestimmung, d.h. also 15 % über der zulässigen Miete, gebunden sind, sondern völlig frei vereinbart werden können und damit natürlich unter § 5 Wirtschaftsstrafgesetzbuch fallen. Danach führen die Mieten, die 20 % über der ortsüblichen Vergleichsmiete liegen, zur Mietpreisüberhöhung. Wenn ich nicht weiß, wie die ortsübliche Vergleichsmiete aussieht, ist die Gefahr, daß Mieter annehmen, jede Miete sei in dem Sinne überhöht, nicht von der Hand zu weisen. Also auch hierfür wäre es gut, wenn es schon vernünftige abgesicherte Mietspiegel gäbe.

Nun leidet die Diskussion über ein neues Mietspiegelrecht insbesondere unter der Forderung, daß eine Pflicht zur Aufstellung von Mietspiegeln begründet werden soll. Damit hat man natürlich die Kommunen und den Städtetag gegen sich. M.E. würde es schon genügen,

- wenn das Mietspiegelrecht dem Mietspiegel einen besonderen Rang zubilligen würde,
- wenn z.B. die derzeit geltenden Mietspiegel nach Index fortgeschrieben werden könnten und

- wenn insbesondere zugunsten der nach dem Gesetz aufgestellten Mietspiegel eine Beweisvermutung sprechen könnte.

Dies würde den Gerichten die Chance nehmen, jeden Mietspiegel auf seine Relevanz zu untersuchen und ein an sich formell vernünftiges Mietanhebungsverfahren dadurch scheitern zu lassen, daß plötzlich der Mietspiegel in Frage gestellt wird. Mindestens diese Problematik müßte durch ein neues Mietspiegelrecht, ob nun in Ausfüllung der Verordnungsermächtigung nach § 2 oder durch ein neues Gesetz, ausgeräumt werden.

In diese von mir geschilderten Überlegungen zielen auch Vorschläge in der Bund-Länder-Kommission, und zwar:

- die Vereinheitlichung der Kriterien für die Aufstellung eines Mietspiegels,
- die Zulassung von Mietpreisdatenbanken und ihrer Ergebnisse und
- insbesondere die Aufstellung einer besonderen Reihenfolge bei der Begründung, die den Mietspiegel weiter aufwerten würde.

11. MIETANHEBUNG WEGEN MODERNISIERUNG UND ZINSERHÖHUNG (§§ 3, 5 MHG)

Die Mietanhebung wegen Modernisierung und Zinserhöhung nach §§ 3 und 5 Miethöhegesetz sind Möglichkeiten, einseitig die Miete anzuheben. Sie sind deshalb bei der Expertenkommission Wohnungspolitik bei der Erörterung im Jahre 1994 sehr schlecht weggekommen. Die Expertenkommission hat die Streichung als systemwidrig angeregt. Der Deutsche Mieterbund hat diese Anregung begeistert aufgegriffen.

Somit steht diese Frage auch wieder zur Debatte im Rahmen der Bund-Länder-Kommission. Dies wäre nun wirklich eine Vereinfachung, die voll zu Lasten der Investitionsneigung von Vermietern ginge.

Natürlich kann man auch über die Aufhebung der §§ 3 und 5 sprechen, aber nur dann, wenn man ebenso auf Kappungsgrenzen in § 2 verzichtet und natürlich in § 5 Wirtschaftsstrafgesetzbuch entsprechende Kappungen fallen läßt, und ferner, wenn man vernünftige, marktnahe Mietspiegel zuläßt. Aber solange das nicht der Fall ist, besteht eine absolute Notwendigkeit, eben diese Bestimmungen zu erhalten. Gerade für die neuen Bundesländer wird diese Form der Mietanhebung die einzig realisierbare in der Zukunft sein. Ich meine natürlich die einzig praktikable, denn was hilft es, wenn man das Recht hat, auf die ortsübliche Vergleichsmiete zu erhöhen, wenn man diese noch gar nicht kennt oder noch gar nicht fassen kann?

Wenn man eine Verbesserung des § 3 Miethöhegesetz will, sei angemerkt, daß die **Fristen des § 3 Abs. 4** investitionsfeindlich sind, weil sie letztlich dem Vermieter erst die notwendige Mieterhöhungsmöglichkeit geben, wenn er schon längst alle Handwerker bezahlt hat.

Es sei weiterhin darauf aufmerksam gemacht, daß zur Modernisierung auch **ökologische Veränderungen** zu zählen sein sollten. Nicht nur Energieeinsparung, sondern auch CO_2-Einsparung sind also wichtige Modernisierungsmaßnahmen. Im übrigen sollte das Problem des Nachweises von Kosteneinsparung aufgrund von Modernisierung einmal erörtert werden. Derzeit ist es so, daß nur dann eine energieeinsparende Maßnahme nach § 3 umgelegt werden kann, wenn der Nachweis erbracht wird, daß entsprechende Kosteneinsparungen auch in den nächsten Jahren eintreten. Hierbei wird die Langzeitwirkung solcher Einsparungen nicht genügend berücksichtigt. Dies kann zur Verhinderung von wirklich langfristigen Maßnahmen führen.

12. MIETPREISÜBERHÖHUNG (§ 5 WIRTSCHAFTSSTRAFGESETZBUCH)

§ 5 Wirtschaftsstrafgesetzbuch betrifft auch eine Mieterhöhung nach Modernisierung, insbesondere in Ostdeutschland, und verhindert damit Modernisierungen. Denn wenn die Miete nach Umlage von 11 % der Modernisierungskosten bei über 20 % der ortsüblichen Vergleichsmiete liegt, so führt dieser Tatbestand zu Bußgeld. Der früher mögliche Hinweis, die laufenden Aufwendungen seien höher, ist seit 1993 nicht mehr möglich. Wenn man berücksichtigt, daß niemand die ortsübliche Vergleichsmiete kennt - vor allem nicht in Ostdeutschland -, so kann man sehr schnell durch eine Modernisierung in die Gefahr einer Preisüberhöhung und damit zur Anwendung von § 5 Wirtschaftsstrafgesetzbuch geraten.

Es sollte deshalb als konsequente Lösung die Aufhebung des § 5 gefordert werden, wie es übrigens auch die Expertenkommission getan hat. Zumindest muß die Möglichkeit eingeräumt werden, den Nachweis höherer laufender Aufwendungen zu erbringen, um damit der Gefahr der Mietpreisüberhöhung nach § 5 Wirtschaftsstrafgesetzbuch zu entgehen. Aber auch insoweit ist die Zeit für die Gesetzgebung noch nicht gekommen.

Die Bestimmung des § 5 Wirtschaftsstrafgesetzbuch gilt als besonderes Schutzrecht für die Mieter. Nur wenige Politiker werden den Mut haben, in Vorwahlzeiten - und die sind im Jahre 1998, wenn die Gesetzgebung soweit ist - solche Einschnitte vorzunehmen.

13. ZUSAMMENFASSUNG

Letztlich wird das geltende Recht durch die hier erörterten Vorschläge nur weiter in der jetzigen Fassung zementiert werden, weil hier die gegensätzlichen Vorstellungen vom Mietrecht aufeinanderprallen. Die einen verstehen Mietrecht als reines Schutzrecht für den Mieter, die anderen sehen auch die besondere Problematik für die Vermieter zu einer angemessenen Rendite zu kommen. Das führt zum Patt und hoffentlich zu keiner weiteren Verschlechterung.

Dr. Maria Hauger

EINZELPROBLEME DER GEWÄHRLEISTUNG FÜR SACHMÄNGEL BEIM KAUF EINER EIGENTUMSWOHNUNG

I. EINLEITUNG

Der folgende Beitrag hat nicht zum Ziel, die Sachmängelhaftung, wie sie bei der Anschaffung einer Eigentumswohnung auftreten kann, umfassend abzuhandeln. Die Darstellung ist beschränkt auf den Erwerb vom Bauträger oder einen ihm verbundenen Ersterwerber. Untersucht wird ferner der Einfluß, den Baufortschritt und Nutzung des Kaufobjekts auf den Gewährleistungsanspruch wegen eines Sachmangels ausüben können.

II. GRUNDZÜGE DER SACHMÄNGELHAFTUNG

Eine Eigentumswohnung ist eine Sache. Nach den gesetzlichen Vorschriften ist der Erwerber einer Sache grundsätzlich berechtigt, seinen Veräußerer wegen eines Sachmangels, mit dem der Vertragsgegenstand bei Gefahrenübergang behaftet ist, in Anspruch zu nehmen. Je nach dem, ob die Parteien einen Kauf- oder Werkvertrag geschlossen haben, kommen die Regelungen der §§ 459 ff. BGB oder der §§ 631 ff. BGB zur Anwendung. Bei entsprechender Abrede kann anstelle der letztgenannten auch die Verdingungsordnung für Bauleistungen (VOB Teil B), insbesondere deren § 13, treten.

1. Die Sachmängelhaftung nach Kaufrecht

Nach Kaufrecht liegt ein Sachmangel vor, wenn der Kaufgegenstand zum Zeitpunkt des Gefahrenübergangs „mit Fehlern behaftet ist, die den Wert oder die Tauglichkeit zu dem gewöhnlichen oder dem nach dem Vertrage vorausgesetzten Gebrauch aufheben oder nicht unerheblich mindern" (§ 459 Abs. 1 S. 1, 2 BGB) oder ihm eine zugesicherte Eigenschaft fehlt (§ 459 Abs. 2 BGB).[1]

Weist der Kaufgegenstand einen Sachmangel auf, ist der Erwerber berechtigt, den Vertrag zu wandeln oder den Kaufpreis zu mindern (§ 462 BGB), es sei denn, ihm wäre der Mangel bekannt gewesen oder infolge grober Fahrlässigkeit nicht bekannt geworden (§ 460 BGB).

---

[1] Zum Fehlerbegriff allgemein und in bezug auf Mängel von Grundstücken und Gebäuden vgl. Staudinger/Honsell, BGB, 1995, § 459 Rdn. 18 ff., 70 ff., 111 ff.; MünchKomm/Westermann, BGB, 3. Aufl., § 459 Rdn. 7 ff., 32 ff.; RGRK, BGB, 12. Aufl., § 459 Rdn. 4 ff., 9; Erman/Weitnauer, BGB, 8. Aufl., vor § 459 Rdz. 2 ff., § 459 Rdz. 4 ff.; in bezug auf Eigentumswohnungen vgl. Weitnauer, WEG, 8. Aufl., Anh. § 8 Rdn. 42 ff.

Kleinen oder großen Schadensersatz kann der Erwerber nur verlangen, wenn

- dem Kaufgegenstand eine zugesicherte Eigenschaft fehlt,
- der Veräußerer eine Eigenschaft vorgespiegelt oder einen Mangel arglistig verschwiegen hat[2], oder
- der Veräußerer aus positiver Vertragsverletzung haftet.

Eine Nachbesserung der fehlerhaften Kaufsache sieht das BGB nicht vor. Kraft Gesetzes können daher weder Käufer noch Verkäufer eine solche verlangen.

Beim Kauf eines bebauten Grundstücks (§§ 93, 94 BGB) beträgt die im Gesetz vorgesehene Verjährungsfrist für die Sachmängelhaftung ein Jahr ab Übergabe, es sei denn, der Mangel wäre dem Erwerber vom Veräußerer arglistig verschwiegen worden (§ 477 Abs. 1 S. 1 BGB). Ein solcher Anspruch verjährt in 30 Jahren. Das gleiche gilt für die Haftung des Verkäufers wegen Vorspiegelns einer Eigenschaft.

2. Die Sachmängelhaftung nach Werkvertragsrecht

Im Hinblick darauf, daß beim Werkvertrag die Hauptleistungspflicht des Veräußerers und Auftragnehmers in der Herstellung eines bestimmten Werkes besteht, ist die Sachmängelhaftung nicht ein-, sondern zweistufig geregelt.

Da der Unternehmer ein Werk von der vertragsmäßigen Beschaffenheit zu erbringen hat, ist die erste Stufe der Sachmängelgewährleistung auf Beseitigung des Fehlers gerichtet (§ 633 Abs. 2 S. 1 BGB). Dies gilt auch nach VOB.[3]

Gerät der Unternehmer mit der Mängelbeseitigung in Verzug, kann der Besteller gem. § 633 Abs. 3 BGB den Fehler selbst beseitigen oder anderweitig beseitigen lassen und vom Unternehmer Ersatz der Kosten[4] sowie einen Vorschuß hierauf verlangen[5]. Mit der Geltendmachung des Rechts zur Eigenbeseitigung durch den Besteller wird dem Unternehmer das Recht zur Nachbesserung abgeschnitten.

Der Besteller ist jedoch nicht verpflichtet, eine Eigenbeseitigung vorzunehmen. Legt er hierauf keinen Wert, kann er zur zweiten Stufe schreiten und nach Nachfristsetzung und Ablehnungsandrohung den Vertrag wandeln oder den vereinbarten Preis mindern (§ 634 BGB). Dasselbe gilt, wenn die Eigenbeseitigung durch den Besteller fehlschlägt. Ist der Mangel unbehebbar oder kann er nur mit unverhältnismäßig hohem Aufwand beseitigt werden, ist der Anspruch des Bestellers auf die Rechte der zweiten

---

[2] §§ 463, 480 Abs. 2 BGB; letzterer für den Gattungskauf, der beim Erwerb einer Eigentumswohnung aber kaum zum Tragen kommt.

[3] BGHZ 96, 111.

[4] BGH, NJW 1968, 43.

[5] BGHZ 68, 373.

Stufe beschränkt. Dort stehen dem Besteller die gleichen Rechte zu wie dem Käufer einer mangelhaften Sache. Er kann wandeln, mindern oder Schadensersatzanspruch wegen Nichterfüllung verlangen; letzteres allerdings nur, wenn der Unternehmer den Mangel zu vertreten hat (§ 635 BGB). Die Voraussetzungen für einen Schadensersatzanspruch sind mithin andere als nach Kaufrecht.

Gelangt durch Vereinbarung auf einen Werkvertrag statt BGB die VOB zur Anwendung, sind die Rechte des Bestellers in der zweiten Stufe erheblich eingeschränkt. Wandlung und großer Schadensersatz sind ausgeschlossen. Der Umfang des kleinen Schadensersatzes wird vom Grad des Verschuldens des Unternehmers bestimmt oder danach, ob der Schaden hätte versichert werden können.[6]

Die Gewährleistungsansprüche nach Werkvertrag verjähren bei einem Bauwerk nach fünf Jahren; die Frist beginnt mit der Abnahme.[7] Nach der VOB beträgt die Frist regelmäßig immerhin noch zwei Jahre ab Abnahme[8] und läßt sich mit einfacheren Mitteln unterbrechen als nach BGB (§§ 13 Nr. 5 Abs. 1 VOB, 209 BGB)[9].

3. Abdingbarkeit

Bei den Vorschriften über die Gewährleistung für Sachmängel handelt es sich weitgehend um nachgiebiges Recht. Unabdingbar sind z. B. §§ 477 Abs. 1 S. 2 und 638 Abs. 2 BGB, wonach die Verjährungsfrist verlängert, nicht aber verkürzt werden darf, oder §§ 476, 637 BGB, wonach ein Gewährleistungsausschluß im Falle arglistigen Verschweigens eines Mangels durch den Veräußerer nicht greift. Auch das AGBG setzt Grenzen.

3.1. Einbeziehung der VOB

Dies zeigt sich insbesondere, wenn bei einem Erwerbsvertrag über eine neue Eigentumswohnung[10] an die Stelle der werkvertraglichen Bestimmungen des BGB die Regelungen der VOB treten sollen. Zulässig ist, die VOB insgesamt und ohne ins Gewicht fallende Einschränkung in den Vertrag einzubeziehen.[11] Geht die Verwendung dieses Regelungswerks jedoch auf den Auftragnehmer, hier den Veräußerer, zurück, kommen die Bestimmungen über fingierte Erklärungen des anderen Vertragsteils und über die Verjährungsfristen nicht zum Tragen. Gem. §§ 23 Abs. 2 Nr. 5, 10 Nr. 5 und 11 Nr. 10 lit. f sind sie unwirksam.[12]

---

[6] § 13 Nr. 6, 7 VOB.

[7] § 633 Abs. 1 S. 1 BGB.

[8] § 13 Nr. 4 VOB.

[9] Vgl. auch die ausführliche Darstellung bei Weitnauer, a.a.O., Anh. § 8 Rdn. 42 ff.

[10] Vgl. hierzu unten III.2.

[11] BGHZ 86, 135.

[12] BGH, NJW 1984, 1750.

Aber auch eine auf die Gewährleistungsvorschrift des § 13 isolierte Einbeziehung der VOB verstößt gegen das AGBG und ist insoweit unwirksam, als die Verjährungsfrist nach BGB verkürzt werden soll[13], es sei denn, der Auftraggeber ist Verwender der Klausel. Als solcher genießt er nicht den Schutz des AGBG (§ 9 Abs. 1 AGBG).[14]

3.2. Gewährleistungsausschluß
Von der Abdingbarkeit machen die Parteien auch dann Gebrauch, wenn sie die Sachmängelhaftung des Veräußerers gänzlich ausschließen oder auf bestimmte, z. B. alle sichtbaren, Mängel beschränken. Daß ein solcher Ausschluß nicht für einen vom Veräußerer arglistig verschwiegenen Mangel gilt (§§ 476, 637 BGB), ist bereits angesprochen worden.

Im übrigen ist er in einem Kauf- wie in einem Werk- oder einem gemischten Kauf-/Werkvertrag wirksam, wenn er von den Parteien individuell vereinbart wurde.[15] Eine Individualvereinbarung kommt aber nur zustande, wenn die Beteiligten die betreffende Regelung vor Abschluß des Vertrages im einzelnen besprochen haben und der Erwerber über die einschneidenden Folgen eines Ausschlusses eingehend belehrt wurde.[16] Das Vorlesen einer formularmäßigen Klausel, gleich ob sie vom Veräußerer verwendet wird oder vom Notar stammt, genügt diesem Erfordernis auch dann nicht, wenn der Notar dem Erwerber die Regelung nach dem Vorlesen erläutert.[17]

Formularmäßige Freizeichnungsklauseln sind wirksam in reinen Kaufverträgen[18], so beim Verkauf eines unbebauten Grundstücks oder eines Grundstücks mit einem Altbau

Sie sind „unangemessen und deshalb gem. § 242 BGB unwirksam"[19] in Bau- oder Kaufverträgen über ein neues Haus oder eine neue Eigentumswohnung, wenn sich der Veräußerer völlig freizeichnet[20]. Dasselbe gilt, wenn die vom Veräußerer geschuldete Werkleistung auf den Um- oder Ausbau eines Altbaus gerichtet ist.[21] Unwirksam ist auch, wenn die Gewährleistung für einen großen Teil der Sachmängel ausgeschlossen wird.[22]

---

13 BGHZ 96, 129; 100, 391.

14 BGHZ 99, 160; BGH, NJW 1989, 1602.

15 BGH 74, 205; 98, 100.

16 BGH, NJW 1984, 2094 für den Fall eines Kaufangebots.

17 BGH, NJW 1982, 2243.

18 BGHZ 98, 100; BGH, U. v. 16.6.1989 – V ZR 74/88.

19 BGHZ 74, 205, 209; „unbeachtlich", BGH, NJW 1965, 242.

20 BGH, WM 1987, 1018.

21 BGH, WM 1988, 1028; BGHZ 108, 164.

22 BGHZ 101, 350 für „sichtbare Sachmängel"; BGH, ZfBR 1986, 120 für „alle erkennbaren Mängel".

Nicht gegen Treu und Glauben verstößt, wenn der Veräußerer durch eine formularmäßige Klausel sich zwar grundsätzlich freizeichnet, dem Erwerber aber gleichzeitig durch Abtretung seiner Gewährleistungsansprüche und Übermittlung der für eine erfolgreiche Durchsetzung erforderlichen Informationen und Unterlagen das Recht und die Möglichkeit verschafft, wegen Sachmängeln gegen die sonstigen am Bau beteiligten Dritten vorzugehen.[23] Jedoch lebt auch bei einer solchen Vereinbarung die Haftung des Veräußerers wieder auf, wenn und soweit sich der abgetretene Anspruch nicht durchsetzen läßt.[24]

III. RECHTSNATUR DES BAUTRÄGERVERTRAGS

Die aufgezeigten Unterschiede in der Ausgestaltung der Sachmängelhaftung verdeutlichen, daß der Einordnung des Erwerbsvertrags als Kauf- oder Werkvertrag gerade in bezug auf die Sachmängelhaftung des Bauträgers Bedeutung zukommt.

Ob die Parteien einen Kauf- oder Werkvertrag geschlossen haben, bestimmt sich nicht nach der Bezeichnung des Vertragswerks, sondern nach der Art der Leistung, die der Veräußerer zu erbringen hat.[25]

1. Kauf- bzw. kombinierter Vertrag

Da ein Wohnungseigentum aus einem Miteigentumsanteil am gemeinschaftlichen Eigentum und dem Sondereigentum an bestimmten Gebäudeteilen besteht (§ 1 Abs. 2 WEG) und zum gemeinschaftlichen Eigentum zwingend das Grundstück gehört (§ 1 Abs. 5 WEG), ist der Erwerbsvertrag jedenfalls in bezug auf den Grund und Boden kaufrechtlicher Natur. Im übrigen kann er Kauf- oder Werkvertrag sein, je nachdem, ob den Bauträger hinsichtlich des Bauwerks eine irgendwie geartete Verpflichtung zur Herstellung trifft.[26] Auch wenn zu der kaufvertraglichen Komponente eine werkvertragliche hinzutritt, schließen die Parteien einen einheitlichen Erwerbsvertrag[27], bei dem grundsätzlich der eine Teil nicht ohne den anderen bestehen kann. Die Rechte und Pflichten aus einem solchen kombinierten Vertrag beurteilen sich jedoch für jedes Element gesondert.[28] Hiervon ausgenommen ist der Fall, daß der Veräußerer in Konkurs gerät und für den Erwerber eine Auflassungsvormerkung eingetragen ist (§ 24 S. 2 KO).[29]

---

[23] BGH, NJW 1982, 2243.

[24] BGHZ 74, 258; BGH, WM 1989, 420 für den Fall unzureichender Unterstützung durch den Veräußerer.

[25] BGHZ 74, 204; BGHZ 74, 258.

[26] BGHZ 60, 363.

[27] BGHZ 92, 126.

[28] Weitnauer, a.a.O., Anh. § 8 Rdn. 3.

[29] Vgl. hierzu auch Weitnauer, a.a.O., Anh. § 8 Rdn. 25.

2. Werkvertraglicher Teil

2.1 Der Erwerbsvertrag über eine Eigentumswohnung ist hinsichtlich des Gebäudes werkvertraglicher Natur, wenn die Parteien sich auf die Herstellung eines Gebäudes oder einer Eigentumswohnung durch den Veräußerer geeinigt haben. Dies ist zweifelsfrei der Fall, wenn sich der Veräußerer zur Errichtung eines Gebäudes nach einer vereinbarten Baubeschreibung und bestimmten Plänen verpflichtet. Unerheblich ist dann, ob bei Vertragsschluß mit dem Bau bereits begonnen worden oder wie weit der Bau gediehen ist. Der Veräußerer schuldet nicht ein in Bauabschnitte teilbares, sondern das Gebäude insgesamt.[30] Dies gilt auch, wenn nur noch Restarbeiten zu erbringen sind.[31] Aber auch bei vollständiger Fertigstellung des Neubaus hat der Veräußerer eine Werkleistung zu erbringen, wenn vereinbart ist, daß der Erwerber den Vertragsgegenstand abzunehmen hat, Mängel durch den Veräußerer nachzubessern sind[32] oder er seine Gewährleistungsansprüche gegen am Bau beteiligte Dritte an den Erwerber abtritt[33]. In allen diesen Fällen haben sich die Parteien ausdrücklich auf Leistungen geeinigt, die nur nach Werkvertragsrecht geschuldet werden.

Dahinstehen kann, ob die Wohnung ungebraucht auf den Erwerber übergeht oder durch den Veräußerer kurzfristig genutzt wurde.[34]

2.2 Aber auch ohne daß werkvertragliche Regelungen vereinbart werden, kann vielen Kaufverträgen durch systematische Auslegung und Berücksichtigung der den Vertragsschluß begleitenden Umstände gem. § 157 BGB entnommen werden, daß die Parteien in bezug auf das Gebäude einen Werkvertrag geschlossen haben.[35]

So lassen z. B. das Exposé, welches der Veräußerer gegenüber dem Erwerber verwendet hat, und der Inhalt von Vorverhandlungen auf den Vertragsgegenstand schließen. Eine für die Veräußerung an Dritte errichtete, unbenutzte Wohnung wird auch dann noch als neue Wohnung angeboten und gekauft, wenn sie bereits vor einiger Zeit fertiggestellt wurde.

---

[30] BGH, NJW 1979, 2207.

[31] BGH, NJW 1979, 1406 für den Fall, daß ein privater Bauherr ein zunächst für sich erstelltes Gebäude vor Fertigstellung bezieht und es dann mit der Verpflichtung zur vollständigen Herstellung veräußert.

[32] BGH, NJW 1977, 1336.

[33] BGH, NJW 1981, 2344; NJW 1985, 1551

[34] BGH, NJW 1979, 1406 für den Fall, daß das Gebäude vom Bauherrn teils eigengenutzt, teils vermietet wurde; NJW 1982, 2243 für den als Musterhaus genutzten Vertragsgegenstand; NJW 1985, 1551 für die auf Vorrat gebaute Eigentumswohnung, die an den späteren Erwerber zunächst vermietet wurde; a. A. Weitnauer, a.a.O., Anh. § 8 Rdn. 2.

[35] Zur Auslegung: Staudinger/Dilcher, 12. Aufl., §§ 133, 157 Rdn. 25, 28 f.

Zu berücksichtigen ist, daß nur diese Auslegung der wirtschaftlichen Bedeutung des Vertrages und der Interessenslage der Parteien angemessen Rechnung trägt.[36] Von wirtschaftlicher Bedeutung ist, daß ein Wohnungseigentum – wie jedes Bauwerk – einen nicht unerheblichen Wert darstellt und in den ersten Jahren nach seiner Herstellung nicht hinreichend auf Fehler untersucht werden kann. Während beim Altbau Fehler durch sorgfältige Besichtigung, ggf. unter Hinzuziehung eines Sachverständigen, auszumachen sind, treten beim Neubau Sachmängel häufig erst lange Zeit nach der Abnahme in Erscheinung. Finden sich Mängel, liegt eine Nachbesserung nicht nur im Interesse des Käufers, sondern auch des Verkäufers, wenn er sich, wie oben dargelegt, nicht wirksam freizeichnen kann.

2.3 Höchstrichterlich noch nicht entschieden ist der Fall, daß der Bauträger eine auf Vorrat gebaute Wohnung längere Zeit nicht verkaufen konnte, sie zur Finanzierung des Objektes einige Zeit vermietete, ohne deshalb die Verkaufsabsicht aufzugeben und die Wohnung noch vor Ablauf der Gewährleistungsfrist gegenüber den anderen Erwerbern an einen Dritten verkauft mit der Verpflichtung, dem Erwerber die Wohnung renoviert, unvermietet und geräumt zu übergeben.

Die Frage, ob auf einen solchen Vertrag hinsichtlich des Gebäudes Kauf- oder Werkvertragsrecht zur Anwendung gelangt, ist, wenn der Vertrag selbst keine eindeutigen Angaben enthält, auch aufgrund der eingegangenen Räumungs- und Renovierungspflicht zu entscheiden. Zwar stellt der Verkäufer durch Schönheitsreparaturen im Sondereigentum den Kaufgegenstand nicht her. Er hat ihn aber zuvor mit den anderen Eigentumswohnungen dieser Anlage errichtet. Indem er die Wohnung renoviert und sofort beziehbar übergibt, versetzt er sie in einen Zustand, der dem vor der Vermietung gleicht. Daß der Veräußerer den Erwerber so zu stellen hat, als wenn dieser eine bis dahin unbenutzte, auf Vorrat gebaute Wohnung erwirbt, spricht mithin für die Veräußerung eines neu errichteten Wohnungseigentums.

Die Rechtslage wäre nur eine andere, wenn die Parteien für den Vertrag wirksam die Anwendung von Kaufrecht vereinbart hätten. Der Bundesgerichtshof hat bisher offen gelassen, ob die Parteien werkvertragliche Leistungen dem Kaufrecht unterstellen können. Logik und Vertragsfreiheit lassen dies zu. Jedoch bedarf eine solche Abrede einer Individualvereinbarung und der ausdrücklichen Belehrung des Erwerbers über die Rechtsfolgen vor dem Vorlesen des Vertrages.[37] Wie beim Gewährleistungsausschluß ist eine formularmäßig getroffene Abrede gem. § 242 BGB unbeachtlich.

---

[35] BGHZ 60, 362; 74, 205; gegen eine nur auf objektive Kriterien bezogene Auslegung vgl. Weitnauer, a.a.O., Anh. § 8, Rdn. 3.

[37] Vgl. Fußnote 28.

IV. VERÄUSSERUNG DURCH DEN ERSTERWERBER

Veräußert der Ersterwerber oder ein weiterer Rechtsnachfolger eine Eigentumswohnung, ist Vertragsgegenstand grundsätzlich ein gebrauchtes Wohnungseigentum, so daß die Beteiligten hinsichtlich Grundstück und Gebäude einen Kaufvertrag schließen. Dies gilt solange, als den Verkäufer hinsichtlich des Gebäudes keine Herstellungsverpflichtung trifft, die über Instandhaltungsarbeiten hinausgeht.[38]

Zu einer anderen Beurteilung kann es jedoch kommen, wenn der Verkäufer nicht ein beliebiger Dritter ist, sondern eine mit dem Bauträger durch weitgehende Gesellschafteridentität verflochtene natürliche oder juristische Person, die anstelle des Bauträgers den Absatz der auf Vorrat gebauten Eigentumswohnung betreibt. In einem solchen Fall erfolgt die Veräußerung der Wohnung an denjenigen, für den sie erstellt wurde[39], nicht mit der Übertragung auf den Ersterwerber, sondern erst durch den Vertrag zwischen diesem und dem Endabnehmer. Daher schließen diese Beteiligten einen Werkvertrag, auch wenn nicht der Ersterwerber, sondern sein Verkäufer das Bauwerk errichtet hat. Nicht entscheidungserheblich ist der Grund der Übertragung vom Bauträger auf den Ersterwerber, solange nur dieser sich die Vermarktungsabsicht des Bauträgers zu eigen macht. Insbesondere kann dahinstehen, ob der Ersterwerber nur deshalb eingeschaltet wurde, um das Objekt unter Ausschluß der Gewährleistung weiter zu veräußern.

V. ZUSAMMENFASSUNG

Auf einen Vertrag, durch den eine Eigentumswohnung veräußert wird, gelangt hinsichtlich des Gebäudes Werkvertragsrecht immer dann zur Anwendung, wenn Kaufgegenstand eine neue Eigentumswohnung ist. Dasselbe gilt, wenn beim Verkauf eines gebrauchten Wohnungseigentums den Veräußerer eine über die reine Instandsetzung des Sondereigentums hinausgehende Herstellungsverpflichtung trifft, wie im Fall von Eigentumswohnungen, die durch Umbau, Anbau oder grundlegende Altbaumodernisierung bzw. -sanierung entstehen.

Der Vertragsgegenstand und die Art der Leistungspflicht des Veräußerers können sich aus der Urkunde selbst ergeben. Finden sich dort keine Hinweise, ist der Vertrag unter Berücksichtigung von außerhalb der Urkunde liegenden Umständen, seiner wirtschaftlichen Bedeutung und der Interessen der Parteien auszulegen.

---

[38] Vgl. Fußnote 17.

[39] Vgl. BGH, NJW 1982, 2243

Wer z. B. eine neue oder durch Umbau, Ausbau oder Gebäuderenovierung und -sanierung erstmals in dieser Form geschaffene Eigentumswohnung anbietet, hebt auf die Herstellung des Werks ab. Der Erwerber kauft ein für ihn hergestelltes Wohnungseigentum.

Weder für den Inhalt des Vertrages noch für die Interessenslage macht es einen Unterschied, ob der Bauträger selbst oder ein Ersterwerber, dem die Eigentumswohnung zum Zwecke der erstmaligen Vermarktung übertragen wurde, an den ersten Endabnehmer veräußert, so daß in einem solchen Fall anstelle des Bauträgers der Erstkäufer dem ersten Endabnehmer für Sachmängel nach Werkvertragsrecht einzustehen hat.

Frank Heerstraßen

DIE SUBJEKTIVEN GRENZEN DER RECHTSKRAFT IN WOHNUNGSEIGENTUMSSACHEN

ZUR AUSLEGUNG DES § 45 ABS. 2 SATZ 2 WEG

I. EINLEITUNG

Nach § 45 Abs. 2 Satz 2 WEG sind Entscheidungen des Wohnungseigentumsgerichts für alle Beteiligten bindend. Daraus folgt, daß Entscheidungen in Verfahren nach den §§ 43 ff. WEG in materielle Rechtskraft im Sinne des § 322 Abs. 1 ZPO erwachsen und über den Verfahrensgegenstand zwischen denselben Beteiligten keine neue Entscheidung getroffen werden kann.[1] Beschlüsse in echten Streitverfahren sind also in gleicher Weise der materiellen Rechtskraft fähig wie im Zivilprozeß ergehende Entscheidungen.[2] Da bei Verfahren der freiwilligen Gerichtsbarkeit zwischen formellen und materiellen Verfahrensbeteiligten zu unterscheiden ist[3], können die „Beteiligten" im Sinne des § 45 Abs. 2 Satz 2 WEG entweder die materiell oder die formell Beteiligten sein. Im folgenden soll untersucht werden, für welche Beteiligten § 45 Abs. 2 Satz 2 WEG die Bindungswirkung der Entscheidungen anordnet. Es geht, mit anderen Worten, um die subjektiven Grenzen der Rechtskraft von Entscheidungen in Wohnungseigentumssachen.

II. ZUR RECHTSKRAFT BEI FORMELLER BETEILIGUNG ALLER MATERIELL BETEILIGTEN

§ 43 Abs. 4 WEG bestimmt den Kreis der am Verfahren Beteiligten. Nach allgemeiner Ansicht regelt diese Vorschrift die materielle, nicht die formelle Beteiligung, bestimmt also den Kreis der Personen, deren Rechte und Pflichten durch die Entscheidung unmittelbar betroffen werden können.[4] Wegen des aus Art. 103 Abs. 1 GG herzuleitenden Anspruchs auf rechtliches Gehör sind in Wohnungseigentumssachen alle materiell

---

[1] BayObLG, WE 1994, 309.

[2] BayObLGZ 1974, 9 (11); 1980, 29 (36); BayObLG, WuM 1989, 350; WE 1994, 309 m.w.N.

[3] Henkes/Niedenführ/Schulze, WEG, 3. Aufl, 1994, vor § 43 ff. Rz. 47.

[4] Allg. M., vgl. OLG Frankfurt/M., OLGZ 1980, 76; OLGZ 1982, 16 (18); OLG Zweibrücken, NJW-RR 1987, 1367; Henkes/Niedenführ/Schulze, a.a.O., vor §§ 43 ff. Rz. 47; Palandt/Bassenge, Bürgerliches Gesetzbuch, 55. Aufl. 1996, § 43 WEG Rz. 13; Merle, in: Bärmann/Pick/Merle, Wohnungseigentumsgesetz, 7. Aufl. 1996, § 43 Rz. 110; Weitnauer/Hauger, Wohnungseigentumsgesetz, 8. Aufl. 1995, § 43 Rz. 36; Augustin, Wohnungseigentumsgesetz, 1983, § 43 Rz. 96; wohl auch Müller, Praktische Fragen des Wohnungseigentums, 2. Aufl. 1992, Rz. 199 (S. 415).

am Verfahren Beteiligten von Amts wegen auch formell zu beteiligen.[5] Dieser Grundsatz ist keine Besonderheit des wohnungseigentumsrechtlichen Verfahrens, sondern gilt allgemein in allen Verfahrensarten der freiwilligen Gerichtsbarkeit.[6] Sinn und Zweck der formellen Beteiligung der in § 43 Abs. 4 WEG genannten Personen ist es, die Entscheidung des Gerichts für und gegen alle materiell Beteiligten in Rechtskraft erwachsen zu lassen (§ 45 Abs. 2 Satz 2 WEG).[7] Denn nur wenn alle materiell Beteiligten die Möglichkeit hatten, im Verfahren Gehör zu finden und auf das Verfahren Einfluß zu nehmen, ist es gerechtfertigt, sie an die Entscheidung zu binden. Durch die formelle Beteiligung aller materiell Beteiligten am Verfahren wird also erreicht, daß die Entscheidung gegenüber allen Personen in Rechtskraft erwachsen kann, die durch diese in ihren Rechten oder Pflichten betroffen sein können. Erst dieser Grundsatz rechtfertigt damit die in § 45 Abs. 2 Satz 2 WEG angeordnete Bindungswirkung.

Jedenfalls für den Regelfall, daß das Gericht alle materiell Beteiligten auch formell ordnungsgemäß am Verfahren beteiligt, bedarf es folglich keiner Entscheidung, ob mit dem Begriff der "Beteiligten" in § 45 Abs. 2 Satz 2 WEG die materiell oder formell Beteiligten gemeint sind. Werden durch das Gericht alle materiell Beteiligten auch formell am Verfahren beteiligt, ist der Personenkreis der formell Beteiligten mit dem der materiell Beteiligten zwangsläufig identisch. Neben den formell am Verfahren Beteiligten existieren keine weiteren Personen, deren Rechte und Pflichten im Sinne des § 43 Abs. 4 WEG durch die Entscheidung unmittelbar betroffen sein könnten; einer Erstreckung der Rechtskraft über die formell Verfahrensbeteiligten hinaus bedarf es deshalb nicht.

III. ZUR RECHTSKRAFT BEI NICHT FORMELLER BETEILIGUNG ALLER MATERIELL BETEILIGTEN

Die Frage, ob Entscheidungen in Wohnungseigentumssachen nur die formell Beteiligten binden oder unabhängig von der formellen Beteiligung für alle materiell Beteiligten verbindlich sind, wird aber dann relevant, wenn verfahrenswidrig nicht alle materiell Beteiligten auch formell am Verfahren beteiligt werden. Sie wird im Schrifttum durchaus unterschiedlich beantwortet. Teilweise wird davon ausgegangen, daß eine Entscheidung nach § 45 Abs. 2 Satz 2 WEG nur unter denjenigen Beteiligten in Rechtskraft erwächst, die tatsächlich auch formell am Verfahren beteiligt wurden.[8] Dagegen

[5] OLG Zweibrücken, NJW-RR 1987, 1367; OLG Frankfurt/M., OLGZ 1986, 16 (18); Merle, in: Bärmann/Pick/Merle, a.a.O., § 43 Rz. 110; Müller, a.a.O., Rz. 199 (S. 415); Henkes/Niedenführ/Schulze, a.a.O., vor §§ 43 ff.Rz 67; Palandt/Bassenge, a.a.O., § 43 WEG Rz. 14.

[6] Bassenge/Herbst, FGG/RPflG, 7. Aufl. 1995, Einleitung FGG Rz. 23; Amelung, in: Keidel/Kuntze/Winkler, Freiwillige Gerichtsbarkeit, Teil A, FGG, 13. Aufl. 1992, § 12 Rz. 107; weitere Nachweise in Fn. 29.

[7] Merle, in: Bärmann/Pick/Merle, a.a.O., § 43 Rz. 110; § 45 Rz. 115 f.; Henkes/Niedenführ/Schulze, a.a.O., vor §§ 43 ff. Rz. 67.

[8] Müller, a.a.O., Rz. 211 (S. 434 f.); Merle, in: Bärmann/Pick/Merle, a.a.O., § 45 Rz. 116; diese Ansicht wird von Weitnauer/Hauger, a.a.O., § 43 Rz. 37, als h.M. bezeichnet.

nimmt Augustin[9] an, daß alle Beteiligten im Sinne des § 43 Abs. 4 WEG - also alle materiell Beteiligten - gebunden werden, und zwar selbst dann, wenn sie zu Unrecht nicht formell am Verfahren beteiligt worden sind. Ein Teil der Literatur betont, auch diejenigen Wohnungseigentümer, die nicht formell beteiligt wurden, seien gem. § 45 Abs. 2 Satz 2 WEG gebunden, wenn sie die Entscheidung nicht fristgerecht angefochten haben.[10] Weitnauer/Hauger[11] wollen die Bindungswirkung der Entscheidung grundsätzlich auf die formell Beteiligten beschränken und offenbar nur in Beschlußanfechtungsverfahren alle materiell Beteiligten unabhängig von der formellen Beteiligung an die Entscheidung binden, wenn sie die ihnen zugestellte Entscheidung nicht fristgerecht angefochten haben. Auch die Rechtsprechung geht im Grundsatz davon aus, daß nur die formell Beteiligten gem. § 45 Abs. 2 Satz 2 WEG an die Entscheidung gebunden werden, nimmt aber ohne Beschränkung auf Beschlußanfechtungsverfahren generell eine Bindung auch derjenigen materiell Beteiligten an, denen die anfechtbare Entscheidung zugestellt wurde, wenn sie kein Rechtsmittel gegen die Entscheidung eingelegt haben.[12]

1. Wortlaut und Entstehungsgeschichte des § 45 Abs. 2 Satz 2 WEG

Der Wortlaut des § 45 Abs. 2 Satz 2 WEG ist unergiebig. Die Vorschrift spricht von „allen Beteiligten", ohne näher zu definieren, ob damit die materiell oder formell Beteiligten gemeint sind. Der Gesetzgeber hat sich mit der Frage, welche Beteiligten § 45 Abs. 2 Satz 2 WEG an die Entscheidung bindet, nicht beschäftigt. Die in § 45 Abs. 2 WEG getroffene Regelung lehnt sich an die Verfahrensvorschriften der 6. DVO zum Ehegesetz (Hausratsverordnung) an. Deshalb war man der Meinung, daß sich eine nähere Begründung dieser Vorschriften erübrige.[13]

2. Systematische Auslegung

Allerdings scheint § 45 Abs. 2 WEG, liest man die Norm im Zusammenhang mit § 43 Abs. 4 WEG, auf den ersten Blick dafür zu sprechen, daß unter den Beteiligten im Sinne dieser Vorschrift, ohne Rücksicht auf ihre Teilnahme am Verfahren, die materiell Beteiligten zu verstehen sind. Sieht man in § 43 Abs. 4 WEG eine Vorschrift, die den Charakter einer Definitionsnorm für das Verfahren in Wohnungseigentumssachen hat und damit auch für § 45 Abs. 2 WEG anordnet, welche Personen unter den am Verfahren Beteiligten zu verstehen sind, könnte man annehmen, daß auch in § 45 Abs. 2 WEG mit dem Begriff der „Beteiligten" ausschließlich die materiell Beteiligten gemeint sind.

[9] Vgl. Fn. 4, § 45 Rz. 24, anders jedoch bei § 43 Rz. 105.

[10] Henkes/Niedenführ/Schulze, a.a.O., § 45 Rz. 22; Palandt/Bassenge, a.a.O., § 45 Rz. 4.

[11] Vgl. Fn. 4, § 43 Rz. 37, „ähnlich wie im Falle des § 23 Abs. 4 WEG".

[12] OLG Hamm, NJW-RR 1987, 842 (845); vgl. auch BGH, NJW 1980, 2418 (2419), jedoch ohne Bezug zum WEG.

[13] Referentenentwurf des Bundesjustizministeriums vom 22.9.1950, zu § 36, abgedruckt in PiG 8, S. 185, und Bundesratsdrucksache 75/51, Entwurf eines Gesetzes über das Wohnungseigentum und das Dauerwohnrecht, zu §§ 44-50, abgedruckt in PiG 8, S. 238.

Diese Auslegung, durch § 43 Abs. 4 WEG sei für das gesamte wohnungseigentumsrechtliche Verfahren definiert, welche Personen mit dem Begriff der "Beteiligten" gemeint sind, hält jedoch einer näheren Nachprüfung nicht stand. Das WEG verwendet den Begriff der Beteiligten außer in §§ 43 Abs. 4 und 45 Abs. 2 WEG an verschiedenen Stellen. So bestimmt beispielsweise § 44 Abs. 1 WEG, daß der Richter mit den Beteiligten in der Regel mündlich verhandeln soll. Hier können mit Beteiligten nur die formell, also tatsächlich am Verfahren beteiligten Personen gemeint sein, da nur mit ihnen mündlich verhandelt werden kann. Auch in § 45 Abs. 4 WEG kann es nur um die formell Beteiligten gehen, da nur diese in der Lage sind, Anträge im Verfahren zu stellen. Gleiches gilt für § 47 WEG. Soweit Beteiligte die Gerichtskosten zu tragen haben, kann es sich ausschließlich um formell Beteiligte handeln[14]; es wäre verfahrenswidrig, Personen, die nicht formell am Verfahren beteiligt waren, Kosten des Verfahrens aufzuerlegen. Diese Vorschriften verdeutlichen, daß das WEG den Begriff der Beteiligten nicht einheitlich gebraucht. Teilweise sind damit die Beteiligten im formellen Sinne (etwa in den §§ 44 Abs. 1, 45 Abs. 4, 47 WEG), teilweise die im materiellen Sinne gemeint (etwa in § 43 Abs. 4 WEG). Dies entspricht der Verwendung des Begriffs der Beteiligten im FGG, das mit „Beteiligten" auch zum Teil die materiell, zum Teil die formell am Verfahren Beteiligten meint.[15]

3. Teleologische Auslegung

Sinn und Zweck sprechen dafür, daß nach § 45 Abs. 2 Satz 2 WEG die Bindungswirkung der Entscheidung nur für die Beteiligten im formellen Sinne eintritt. § 45 Abs. 2 Satz 2 WEG regelt die Rechtskraft von Entscheidungen für nahezu alle Streitigkeiten, die mit der Gemeinschaft der Wohnungseigentümer zusammenhängen, soweit sie überhaupt im Verfahren der freiwilligen Gerichtsbarkeit zu entscheiden sind. Dies gilt gem. § 43 Abs. 1 WEG insbesondere für alle Streitigkeiten der Wohnungseigentümer untereinander (Nr. 1), für Streitigkeiten über die Rechte und Pflichten des Verwalters (Nr. 2), für Verfahren über die Bestellung eines Verwalters (Nr. 3) und für Beschlußanfechtungsverfahren (Nr. 4). In allen Fällen sind nach § 43 Abs. 4 WEG immer alle Wohnungseigentümer materiell am Verfahren beteiligt, in einigen Verfahren darüber hinaus auch der Verwalter (Nr. 2) oder ein Dritter (Nr. 3).[16] Würden in diesen Fällen alle materiell Beteiligten nach § 45 Abs. 2 Satz 2 WEG an die Entscheidung gebunden, selbst wenn sie nicht formell am Verfahren beteiligt waren, müßte § 45 Abs. 2 Satz 2 WEG entnommen werden, daß im wohnungseigentumsrechtlichen Verfahren eine umfassende Rechtskrafterstreckung angeordnet ist. In allen Verfahren würden ohne Einschränkung alle Wohnungseigentümer an die Entscheidung gebunden. Damit würde das wohnungseigentumsrechtliche Verfahren in weitem Umfang von dem Grundsatz abweichen, daß Entscheidungen nur inter partes wirken und § 45 Abs. 2 Satz 2 WEG für alle Verfahren eine auf den Kreis derjenigen Personen

[14] Vgl. Henkes/Niedenführ/Schulze, a.a.O., § 47 Rz. 13 m.w.N.

[15] Vgl. Kollhosser, Zur Stellung und zum Begriff der Verfahrensbeteiligten im Erkenntnisverfahren der freiwilligen Gerichtsbarkeit, 1970, S. 11.

[16] A.A. Pick, NJW 1970, 2061 (2062).

beschränkte Wirkung der gerichtlichen Entscheidung anordnen, deren Rechte und Pflichten durch das Verfahren unmittelbar beeinflußt werden können. Dies würde im Ergebnis eine personell beschränkte inter-omnes-Wirkung aller Entscheidungen in Wohnungseigentumssachen bedeuten. Daß eine derartige Auslegung des § 45 Abs. 2 Satz 2 WEG im Ergebnis nicht richtig sein kann, zeigen folgende Überlegungen.

Es ist allgemein anerkannt, daß im wohnungseigentumsrechtlichen Verfahren, weil es sich um ein echtes Streitverfahren handelt, Streitverkündung und Nebenintervention in analoger Anwendung der §§ 66 ff. ZPO zulässig sind.[17] Sinn und Zweck dieser Institute ist es, gegenüber Dritten, die am wohnungseigentumsrechtlichen Verfahren nicht beteiligt sind, die Interventionswirkung in analoger Anwendung des § 68 ZPO herbeizuführen. In einem Folgeprozeß kann sich der Dritte dann nicht mehr darauf berufen, der erste Rechtsstreit sei unrichtig entschieden worden, denn der Richter im Folgeprozeß ist weitgehend an die Feststellungen im ersten Prozeß gebunden.[18] Wäre in Wohnungseigentumssachen durch § 45 Abs. 2 Satz 2 WEG generell angeordnet, daß Entscheidungen unabhängig von der formellen Beteiligung gegenüber allen materiell Beteiligten wirken, wären Streitverkündung und Nebenintervention zumindest partiell überflüssig. All diejenigen, die nach § 43 Abs. 4 WEG materiell zu beteiligen sind, wären nach § 45 Abs. 2 Satz 2 WEG ohnehin schon gebunden.

Daß § 45 Abs. 2 Satz 2 WEG mit dem Begriff der "Beteiligten" nur die formell Beteiligten meinen kann, zeigt auch folgende Erwägung. Veräußert ein formell am Verfahren beteiligter Wohnungseigentümer im Verlauf des Verfahrens, also nach Eintritt der Rechtshängigkeit, sein Wohnungseigentum, hat dies auf die formelle Beteiligung keinen Einfluß. Der Veräußerer führt in entsprechender Anwendung des § 265 ZPO das Verfahren weiter.[19] Nach allgemeiner Ansicht wirkt die Entscheidung jedoch in entsprechender Anwendung des § 325 Abs. 1 ZPO für und gegen den Rechtsnachfolger.[20] Die Rechtskraft der Entscheidung wird folglich über den Kreis der formell am Verfahren Beteiligten hinaus auch auf den Rechtsnachfolger erstreckt. Der analogen Anwendung des § 325 ZPO bedürfte es jedoch nicht, wenn nach § 45 Abs. 2 Satz 2 WEG die Entscheidung des Wohnungseigentumsgerichts kraft Gesetzes für alle materiell Beteiligten wirken würde. Denn mit der Übereignung des Wohnungseigentums an einen Dritten wird der Erwerber (zumindest auch) materiell Beteiligter im Sinne des § 43 Abs. 4 WEG. Er wird Wohnungseigentümer, so daß die Entscheidung seine Rechte und Pflichten beeinträchtigen kann. Würde § 45 Abs. 2 Satz 2 WEG anordnen, daß Entscheidungen gegenüber allen materiell Beteiligten in Rechtskraft erwachsen, wäre der Erwerber schon aufgrund dieser Vorschrift an die Entscheidung gebunden. Für eine analoge Anwendung des § 325 ZPO würde es damit an der erforderlichen Regelungslücke fehlen.

---

[17] BayObLGZ 1974, 9 (12 ff.); BayObLGZ 1970, 65 (69 ff.); BayObLG NJW-RR 1987, 1423; vgl. Merle, in: Bärmann/Pick/Merle, a.a.O., § 44 Rz. 41 ff.

[18] Vgl. Henkes/Niedenführ/Schulze, a.a.O., vor §§ 43 ff. Rz. 59.

[19] BayObLG, NJW-RR 1995, 467; OLG Hamburg WE 1994, 377 (378).

[20] Allg. M., vgl. nur Merle, in: Bärmann/Pick/Merle, a.a.O., § 43 Rz. 113.

Diese teleologischen Erwägungen verdeutlichen, daß § 45 Abs. 2 Satz 2 WEG auf die formell am Verfahren Beteiligten abstellt. Eine Interpretation der Vorschrift, die Rechtskraft sei dort für alle Verfahren ausnahmslos gegenüber allen materiell Beteiligten angeordnet, und zwar unabhängig von ihrer formellen Beteiligung, widerspricht dem Grundsatz, daß Entscheidungen nur unter den Verfahrensbeteiligten im formellen Sinne (in der Terminologie der ZPO unter den Parteien) Wirkung entfalten.

4. Verfassungskonforme Auslegung

Bei der Auslegung des § 45 Abs. 2 Satz 2 WEG ist außerdem das verfassungsrechtlich gewährleistete Recht auf rechtliches Gehör nach Art. 103 Abs. 1 GG zu beachten. Danach hat vor Gericht jedermann Anspruch auf rechtliches Gehör. Dieser Anspruch steht demjenigen zu, der durch die gerichtliche Entscheidung unmittelbar in seinen Rechten beeinträchtigt wird.[21] Will man annehmen, daß § 45 Abs. 2 Satz 2 WEG die Rechtskraft der Entscheidung gegenüber allen materiell Beteiligten unabhängig davon anordnet, ob sie formell beteiligt wurden, bedeutet dies eine Verletzung des durch Art. 103 Abs. 1 GG gewährleisteten rechtlichen Gehörs aller nicht formell Beteiligten. Denn als materiell Beteiligte würden sie durch die gerichtliche Entscheidung unmittelbar in ihren Rechten betroffen, ohne daß sie die Möglichkeit gehabt hätten, sich zu den der Entscheidung zugrunde liegenden Tatsachen und zur Rechtslage zu äußern.[22] Die Auslegung, § 45 Abs. 2 Satz 2 WEG ordne die materielle Rechtskraft unabhängig von der formellen Beteiligung gegenüber allen materiell Beteiligten an, verstößt damit zwangsläufig gegen Art. 103 Abs. 1 GG. Im Ergebnis wäre damit allen Wohnungseigentümern, die zwar materiell, aber nicht formell am Verfahren beteiligt waren, in weitem Umfang das grundrechtlich gewährleistete rechtliche Gehör abgeschnitten. Dies kann nicht die ratio des § 45 Abs. 2 Satz 2 WEG sein.

Daraus folgt nicht, daß es wegen des grundgesetzlich gewährleisteten Anspruchs auf rechtliches Gehör überhaupt keine einfachgesetzliche Rechtskrafterstreckung auf nicht am Verfahren beteiligte Dritte geben darf. Normen, die die Rechtskraft von Entscheidungen über die am Verfahren Beteiligten hinaus auf prozeßfremde Dritte erstrecken, finden sich an verschiedenen Stellen (etwa § 407 Abs. 2, 408 BGB, §§ 326, 327, 856 IV ZPO, §§ 248 Abs. 1, 249 Abs. 1 AktG)[23]. Einer Norm kann jedoch nur dann entnommen werden, sie wolle die Rechtskraft der Entscheidung auf prozeßfremde Dritte erstrecken, wenn die Vorschrift diese Rechtsfolge ausdrücklich anordnet.[24] Wegen Art. 103 Abs. 1 GG sind die Grenzen, in denen gerichtliche Entscheidungen gegenüber Dritten wirken, die nicht am Verfahren beteiligt waren, eher eng als weit zu ziehen.[25] Eine Vorschrift, deren Wortlaut wie der des § 45 Abs. 2 Satz 2 WEG die

[21] BVerfGE 21, 132 (137); 60, 7 (13).

[22] Vgl. Schmidt-Aßmann, in: Maunz/Dürig, Kommentar zum Grundgesetz, Stand 1995, Art. 103 Rz. 66.

[23] Umfassende Aufstellung bei Schellhammer, Zivilprozeß, 6. Aufl. 1994, Rz. 871.

[24] Vgl. Ebenda.

[25] Schack, NJW 1988, 865 (872).

Erstreckung der Rechtskraft auf nicht formell am Verfahren beteiligte Dritte gerade nicht ausdrücklich anordnet, sondern unklar ist, darf folglich im Wege verfassungskonformer Auslegung nicht zu einer die Rechtskraft auf Dritte erstreckenden Norm werden. Vielmehr ist die Vorschrift vor dem Hintergrund des Art. 103 Abs. 1 GG eng auszulegen, mit dem Ergebnis, daß die Rechtskraft auf die formell am Verfahren beteiligten Personen beschränkt ist. Aus diesem Grund ist die Interpretation des § 45 Abs. 2 Satz 2 WEG, die Rechtskraft wirke unabhängig von der formellen Beteiligung gegenüber allen materiell Beteiligten, mit dem Grundsatz der verfassungskonformen Auslegung des einfachen Rechts[26] nicht in Einklang zu bringen. Eine verfassungskonforme Auslegung des § 45 Abs. 2 Satz 2 WEG führt zu dem Ergebnis, daß die Norm mit "Beteiligten" grundsätzlich nur die formell am Verfahren beteiligten Personen meint. Nur gegenüber diesen Personen erwächst die Entscheidung folglich in Rechtskraft. Diese Auslegung des WEG gewährleistet, daß allen Personen, die an die Entscheidung gebunden sind, auch rechtliches Gehör gewährt worden ist.

§ 45 Abs. 2 Satz 2 WEG kann auch nicht in der Weise ausgelegt werden, daß die Rechtskraft einer Entscheidung nur in Beschlußanfechtungsverfahren alle materiell Beteiligten betrifft, während in anderen Wohnungseigentumssachen nur die formell am Verfahren Beteiligten gebunden werden.[27] Eine derartige Differenzierung hat sich im Wortlaut der Norm gerade nicht niedergeschlagen.

Dieser Auslegung des § 45 Abs. 2 Satz 2 WEG steht die Rechtsprechung nicht entgegen, wonach selbst diejenigen materiell Beteiligten an die Entscheidung gebunden werden, die zwar zu Unrecht nicht formell beteiligt wurden, sofern ihnen wenigstens die noch anfechtbare Entscheidung förmlich zugestellt und ein Rechtsmittel nicht fristgerecht eingelegt wurde.[28] Der Grundsatz, daß alle materiell Beteiligten von Amts wegen auch formell am Verfahren zu beteiligen sind, ist Ausfluß des grundgesetzlichen Anspruchs auf rechtliches Gehör.[29] Alle Beteiligten müssen deshalb Kenntnis über den für die Entscheidung wesentlichen Streitstoff erlangen können und Gelegenheit zur Stellungnahme haben.[30] Zwar hat die Zustellung der noch anfechtbaren Entscheidung an bis dahin nicht formell Beteiligte nicht zur Folge, daß diese Personen rückwirkend ordnungsgemäß beteiligt werden. Mit der zugestellten Entscheidung wird aber der für die Entscheidung wesentliche Streitstoff bekannt, so daß diejenigen, denen die (noch) anfechtbare Entscheidung zugestellt wird, Gelegenheit haben, durch Einlegung eines Rechtsmittels zur Entscheidung Stellung zu nehmen. Durch Rechtsmitteleinlegung kann dann das Recht auf Gehör verwirklicht werden. Daher liegt in der Zustellung der Entscheidung die formelle Beteiligung im Sinne der §§ 43 ff. WEG.

[25] Dazu Jarass/Pieroth, Grundgesetz für die Bundesrepublik Deutschland, 3. Aufl, 1995, Art. 20 Rz. 23 a m.w.N. zur Rechtsprechung des BVerfG.

[27] In diese Richtung wohl Weitnauer/Hauger, a.a.O., § 43 Rz. 37.

[28] OLG Hamm, NJW-RR 1987, 842 (845).

[29] Kollhosser, a.a.O., S. 26 f.; Amelung, in: Keidel/Kuntze/Winkler, a.a.O., § 12 Rz. 107; Henkes/Niedenführ/Schulze, a.a.O., vor §§ 43 ff. Rz. 67; BayObLG WuM 1989, 350.

[30] Weitnauer/Hauger, a.a.O., Anh. § 43 Rz. 20.

Zwar ergibt sich aus Art. 103 Abs. 1 GG auch, daß den rechtlich Betroffenen vor der gerichtlichen Entscheidung rechtliches Gehör zu gewähren ist.[31] Wird also jemand erst durch Zustellung der noch anfechtbaren Entscheidung förmlich beteiligt, bleibt seine Beteiligung weiterhin eine nicht ordnungsgemäße und verletzt ihn in seinem Grundrecht aus Art. 103 Abs. 1 GG. Dennoch ist es in diesem Ausnahmefall gerechtfertigt, die Rechtskraft der Entscheidung auch gegenüber diesen formell zu spät beteiligten Personen eintreten zu lassen. Da gem. §§ 45 Abs. 1 WEG, 20 Abs. 1 FGG jeder materiell Beteiligte, selbst wenn er nicht formell am Verfahren beteiligt worden ist, gegen die Entscheidung sofortige Beschwerde bzw. sofortige weitere Beschwerde einlegen kann, steht es dem durch die Zustellung der Entscheidung verspätet formell am Verfahren Beteiligten offen, den darin liegenden Verstoß gegen Art. 103 Abs. 1 GG durch Einlegung des Rechtsmittels geltend zu machen. Auf diese Weise kann ihm das rechtliche Gehör nachträglich gewährt und die Verletzung des Art. 103 Abs. 1 GG dadurch geheilt werden.[32] Zur Korrektur von Verletzungen des Art. 103 Abs. 1 GG sind ohnehin primär die Fachgerichte berufen.[33] Legt der zu Unrecht erst mit Zustellung der noch anfechtbaren Entscheidung förmlich Beteiligte jedoch nicht fristgerecht Rechtsmittel ein, ist es deshalb gerechtfertigt, auch ihn an die Entscheidung zu binden.

Darin liegt aber keine Rechtskrafterstreckung. Selbst wenn unter diesen Voraussetzungen ein Beteiligter, der erst verspätet am Verfahren beteiligt wurde, an die Entscheidung gebunden ist, unterscheidet sich dieser Fall doch entscheidend von einer gesetzlich angeordneten Rechtskrafterstreckung, wie sie sich beispielsweise in den §§ 248 Abs. 1, 249 Abs. 1 AktG findet. Im Gegensatz zu der Situation im Aktienrecht hat der verfahrenswidrig verspätet am Verfahren Beteiligte im Wohnungseigentumsrecht die Möglichkeit, den Eintritt der materiellen Rechtskraft durch Einlegung eines Rechtsmittels zu verhindern. Kennzeichen der Rechtskrafterstreckung, wie etwa in den §§ 248, 249 AktG angeordnet, ist es dagegen, daß die Entscheidung von nicht "formell" am Verfahren "Beteiligten" (in der Terminologie der ZPO den Parteien) gerade nicht beeinflußt werden kann. Soweit nach der Rechtsprechung zum Wohnungseigentumsrecht gem. § 45 Abs. 2 Satz 2 WEG auch Personen an Entscheidungen gebunden werden, die nicht ordnungsgemäß beteiligt wurden, wenn ihnen lediglich die noch anfechtbare Entscheidung zugestellt wurde und sie fristgerecht kein Rechtsmittel eingelegt haben, liegt darin in Wahrheit keine Ausnahme vom Grundsatz, daß gem. § 45 Abs. 2 Satz 2 WEG nur die förmlich am Verfahren Beteiligten gebunden werden. Da mit der Zustellung der anfechtbaren Entscheidung auch diese Personen, wenn auch verspätet, formell Beteiligte werden, erwachsen Entscheidungen auch in dieser Situation nur für alle formell am Verfahren Beteiligten in Rechtskraft. In diesem

[31] Schmidt-Aßmann, a.a.O., Art. 103 Rz. 92 m.w.N.

[32] Vgl. Ebenda.

[33] Ständige Rechtsprechung, vgl. nur BVerfGE 73, 322 (326); Schmidt-Aßmann, a.a.O., Art. 103 Rz. 149. Eine andere Frage ist, ob nach Eintritt der Rechtskraft gegen die fehlerhafte Entscheidung Verfassungsbeschwerde eingelegt werden kann, um die Verletzung des rechtlichen Gehörs auf diese Weise zu rügen. Dies ist hier nicht zu entscheiden.

Fall wird folglich lediglich die formelle Beteiligung auf eine besondere Art und Weise, nämlich erst durch Zustellung der Entscheidung, herbeigeführt. Es bleibt also dabei, daß in § 45 Abs. 2 Satz 2 WEG die Bindung der Entscheidung nur für die formell Beteiligten angeordnet ist.

IV. ERGEBNIS

Als Ergebnis läßt sich damit festhalten: Die Rechtskraft einer Entscheidung in Wohnungseigentumssachen wirkt ausnahmslos für und gegen die formell Beteiligten. Wenn § 45 Abs. 2 Satz 2 WEG anordnet, daß die Entscheidung für „alle Beteiligten" bindend ist, sind damit nur die formell am Verfahren beteiligten Personen gemeint. Die Ansicht, die Norm erstrecke die Rechtskraft auf alle materiell Beteiligten, unabhängig von ihrer formellen Verfahrensbeteiligung, ist weder mit Sinn und Zweck der Vorschrift noch mit Art. 103 Abs. 1 GG in Einklang zu bringen. Auch der in Rechtsprechung und Literatur als „Ausnahme" apostrophierte Fall, daß einem materiell Beteiligten lediglich die anfechtbare Entscheidung zugestellt, aber nicht fristgerecht Rechtsmittel gegen die Entscheidung eingelegt worden ist, stellt in Wahrheit keine Ausnahme von dem Grundsatz dar, daß Entscheidungen nach § 45 Abs. 2 Satz 2 WEG nur gegenüber den formell Beteiligten in Rechtskraft erwachsen. Denn mit förmlicher Zustellung der Entscheidung wird der bis dahin nur materiell Beteiligte zum formell Beteiligten. Insofern erwächst die Entscheidung auch in einem solchen Fall nur gegenüber formellen Verfahrensbeteiligten in Rechtskraft. Obwohl dieser formell Beteiligte nicht ordnungsgemäß - nämlich erst verspätet - beteiligt wurde, wird auch er gem. § 45 Abs. 2 Satz 2 WEG gebunden. Darin liegt kein Verstoß gegen Art. 103 Abs. 1 GG, da es dieser Beteiligte selbst in der Hand hat, die Verletzung des rechtlichen Gehörs durch das Rechtsmittelverfahren zu heilen.

Dr. Gerhard Herbst

ABSCHIED VON DER RECHTSBESCHWERDE IN WOHNUNGSEIGENTUMSSACHEN?

I. EIN WEITERES ENTLASTUNGSGESETZ

Das Thema Entlastung der Gerichte durch Vereinfachung der Verfahren beschäftigt den Gesetzgeber seit vielen Jahren[1], und es wird demnächst wieder auf der Tagesordnung des Bundestags stehen. Der Bundesrat hat nämlich am 18. Oktober 1996 beschlossen, beim Deutschen Bundestag den **Entwurf eines Gesetzes zur Vereinfachung des gerichtlichen Verfahrens und des Verfahrens der freiwilligen Gerichtsbarkeit** einzubringen.[2] Zur Begründung des Entwurfs, der von einer Arbeitsgruppe der Justizministerkonferenz vorbereitet und von der 67. Justizministerkonferenz im Juni 1996 gebilligt worden ist, verweist der Bundesrat auf den seit 1991 in ungewöhnlichem Ausmaß gestiegenen Geschäftsanfall, auf die von der Justiz mit dem Inkrafttreten des neuen Betreuungsrechts ab 1992 übernommenen personalintensiven Aufgaben und auf die ab 1999 mit dem Inkrafttreten der neuen Insolvenzordnung zusätzlich entstehenden Belastungen. Im Interesse eines möglichst rationellen Einsatzes der begrenzten personellen Kapazitäten der Justiz schlägt der Bundesrat u.a. vor,

- in Zivilprozessen vor dem Landgericht die Zuständigkeit des Einzelrichters bis zu einem Streitwert von 30.000 DM zu erhöhen,
- den allein entscheidenden Einzelrichter auch in Berufungs- und Beschwerdeverfahren des Landgerichts einzuführen,
- die Berufungssumme auf 2.000 DM zu erhöhen,
- die Möglichkeit zu eröffnen, offensichtlich unbegründete Berufungen durch einstimmigen Beschluß **abzulehnen**,
- bei nicht anfechtbaren Urteilen auf Tatbestand und Entscheidungsgründe zu verzichten, wenn ihr wesentlicher Inhalt in das Sitzungsprotokoll aufgenommen worden ist, und
- dem Landesgesetzgeber die Einführung eines dem Zivilprozeß vorgeschalteten **obligatorischen** Schlichtungsverfahrens zu ermöglichen.[3]

---

[1] Vgl. Gesetz zur Entlastung des Bundesgerichtshofs in Zivilsachen vom 15.8.1969 BGBl. I 1141, Gesetz zur Entlastung der Landgerichte und zur Vereinfachung des gerichtlichen Protokolls vom 20.12.1974 BGBl. I 3651, Gesetz zur Änderung des Rechts der Revision in Zivilsachen vom 8.7.1975 BGBl. I 1863, Gesetz zur Vereinfachung und Beschleunigung gerichtlicher Verfahren (Vereinfachungsnovelle) vom 3.12.1976 BGBl. I 3281, Gesetz zur Erhöhung von Wertgrenzen in der Gerichtsbarkeit vom 8.12.1982 BGBl. I 1615, Rechtspflege-Vereinfachungsgesetz vom 17.12.1990 BGBl. I 2847, Gesetz zur Entlastung der Rechtspflege vom 11.1.1993 BGBl. I 50, Bundesrats-Entwurf eines Gesetzes zur Straffung und Beschleunigung von Zivilverfahren - BR-Drucksache 332/94.

[2] BR-Drucksache 605/96. Die erst im Jahre 1994 eingebrachten Vereinfachungsvorschläge - BR-Drucksache 332/94 - werden vom Bundesrat derzeit nicht weiter verfolgt.

[3] BR-Drucksache 605/96 S. 36 ff. (Entwurfsbegründung Allgemeiner Teil Abschnitt B).

Darüber hinaus sieht der Bundesratsentwurf in Art. 4 und 7 aber auch weitreichende **Änderungen des Verfahrens in Wohnungseigentumssachen** vor:

- Die Landesregierungen werden ermächtigt, Verfahren nach § 43 WEG einem Amtsgericht für die Bezirke mehrerer Amtsgerichte zuzuweisen (Art. 7 Nr. 1).
- Entscheidungen über Zahlungsansprüche sind künftig in entsprechender Anwendung der §§ 709 ff. ZPO für vorläufig vollstreckbar zu erklären (Art. 7 Nr. 2 Buchst. e und f).
- Die sofortige Beschwerde soll nur zulässig sein, wenn der Wert des Beschwerdegegenstandes 2.000 DM übersteigt oder wenn das Amtsgericht in einer Rechtsfrage von einer Entscheidung des Oberlandesgerichts oder des Bundesgerichtshofs abgewichen ist und die Entscheidung auf der Abweichung beruht (Art. 7 Nr. 2 Buchst. b).
- Die Zivilkammer des Landgerichts soll die Möglichkeit erhalten, die Entscheidung über die sofortige Beschwerde einem Einzelrichter zu übertragen, wenn die Sache keine besonderen Schwierigkeiten tatsächlicher oder rechtlicher Art aufweist und die Rechtssache keine grundsätzliche Bedeutung hat (§ 30 Abs. 1 Satz 3 FGG, § 568 Abs. 1 Satz 2 ZPO, § 524 a Abs. 1, 2 und 4 ZPO, jeweils in der Fassung der Art. 4 Nr. 3 und Art. 1 Nr. 25 und 28 des Entwurfs).
- Die sofortige weitere Beschwerde, also die Rechtsbeschwerde in Wohnungseigentumssachen, soll abgeschafft und stattdessen - wie in Mietrechtsstreitigkeiten - vom Landgericht ein Rechtsentscheid des Oberlandesgerichts eingeholt werden, wenn das Landgericht bei der Entscheidung einer Rechtsfrage von einer Entscheidung des Bundesgerichtshofs oder eines Oberlandesgerichts abweichen will oder wenn eine noch nicht durch Rechtsentscheid geklärte Rechtsfrage von grundsätzlicher Bedeutung zu entscheiden ist (Art. 7 Nr. 2 Buchst. b) i.V.m. § 541 Abs. 1 ZPO).

II. ALTE UND NEUE ENTLASTUNGSVORSCHLÄGE

Die Vorschläge des Bundesrats zur Änderung der Zivilprozeßordnung sind in ihrer Mehrzahl seit vielen Jahren Gegenstand einer intensiven rechtspolitischen Diskussion.[4] Diese Vorschläge sind daher im wesentlichen - unabhängig davon wie man zu Ihnen steht - entscheidungsreif. Ganz anders verhält es sich mit den Vorschlägen des Bundesrats zum Verfahren der freiwilligen Gerichtsbarkeit und zum Verfahren in Wohnungseigentumssachen. Vor allem die Initiative zur Abschaffung der Rechtsbeschwerde in Wohnungseigentumssachen ist völlig neu und bisher weder in den beteiligten Fachkreisen noch in der Fachliteratur erörtert worden. Sie ist aus der eingangs erwähnten Arbeitsgruppe der Justizministerkonferenz hervorgegangen und erscheint in der Öffentlichkeit - soweit ersichtlich - erstmals in einem Bericht der Deutschen Richter-

[4] Vgl. insbesondere die Verhandlungen der Abteilung Verfahrensrecht des 61. Deutschen Juristentages Karlsruhe 1996, Bd. I, Gutachten S. A 7 ff. sowie Roth JZ 1996, 805; Schneider, MDR 1996, 865; Vorwerk, MDR 1996, 870.

zeitung über die Entlastungsvorschäge der Arbeitsgruppe[5] und dann am 23.5.1996 in der Antwort der Bundesregierung auf eine Große Anfrage der SPD-Fraktion zum Thema „Erfahrungen und Weiterentwicklung des Wohnungseigentums".[6]

In der **Begründung** seines Vorschlages zur Abschaffung der Rechtsbeschwerde in Wohnungseigentumssachen führt der Bundesrat aus, das geltende Recht halte hier einen weitergehenden Rechtsschutz bereit als das Zivilprozeßrecht. Unter dem Gesichtspunkt des rationellen Einsatzes der Rechtsprechungskapazitäten sei der ausgeprägte Instanzenzug nicht länger zu rechtfertigen, zumal das Verfahren nach dem WEG ohnehin aufwendig sei und mit einer weiteren Zunahme dieser Streitigkeiten gerechnet werden müsse. Wohnungseigentumssachen seien echte Streitverfahren, in denen eine öffentliche mündliche Verhandlung stattfinde. Deshalb könnten geeignete Grundsätze des Zivilprozeßrechts, auch für die Rechtsmittel, auf sie übertragen werden. Vorbild für die vorgeschlagene Neuordnung sei das Verfahren in Streitigkeiten aus Wohnraummietverhältnissen, zu denen auch sachliche Parallelen bestünden.[7] Der Instanzenzug solle daher mit der sofortigen Beschwerde beim Landgericht enden und die Rechtsbeschwerde entfallen. Zur Sicherung einer einheitlichen Rechtsprechung solle der Rechtsentscheid nach § 541 ZPO übernommen werden. Damit werde der Gefahr der Rechtszersplitterung entgegengewirkt und für grundlegende Rechtsfragen der Zugang zu den Obergerichten eröffnet, ohne daß es einer weiteren Instanz bedürfe. Der Rechtsentscheid habe sich in Mietsachen entgegen anfänglicher Kritik bewährt. Er biete den Vorteil, daß es sich nicht um ein Rechtsmittelverfahren, sondern um ein gerichtsinternes, vom Landgericht zu veranlassendes Verfahren handle. Die strengen Anforderungen an den Vorlagebeschluß stellten sicher, daß die Befassung der Obergerichte auf den unabdingbaren Umfang beschränkt, gleichzeitig aber ein hohes Maß an Rechtssicherheit hergestellt werde.

Es ist zu hoffen, daß die zum Teil einschneidenden Änderungsvorschläge des Bundesratsentwurfs in der Fachöffentlichkeit und im Bundestag eingehend erörtert und dabei neben dem berechtigten Rationalisierungsziel auch die **Belange der rechtsuchenden Bürger** hinreichend berücksichtigt werden. Bei den vorgeschlagenen Änderungen des Wohungseigentumsgesetzes scheint mir diese Abwägung nicht durchweg überzeugend gelungen zu sein. Sinnvoll ist ohne Zweifel die Konzentrationsermächtigung für die Verfahren erster Instanz, denn bei vielen Amtsgerichten außerhalb der großstädtischen Ballungsgebiete und außerhalb der Fremdenverkehrsgebiete fallen nur wenige Wohnungseigentumssachen an mit der Folge, daß hier Erfahrung

[5] Renk, DRiZ 1996, 69/70, mit dem nicht weiter begründeten Hinweis, die Angleichung des Rechtsmittelzuges an das streitige Zivilverfahren „dürfte als sachgerecht anzusehen sein".

[6] BT-Drucksache 13/4712 S. 8 und S. 33. Urheber des Vorschlags ist dem Vernehmen nach die Landesjustizverwaltung Berlin. Die mit Rechtsbeschwerden in Wohnungseigentumssachen befaßten Senate der Oberlandesgerichte, z.B. das Kammergericht in Berlin, und der zuständige Senat des Bundesgerichthofs hatten, soweit ich in Erfahrung bringen konnte, bisher keine Gelegenheit zur Stellungnahme, wohl aber das Bayerische Oberste Landesgericht.

[7] BR-Drucksache 605/96, S. 127 ff. (Begründung zu Art. 7 Nr. 2 Buchst. b).

und Routine nicht im wünschenswerten Maß gewonnen werden können. Sachgerecht dürfte auch die Einführung der vorläufigen Vollstreckbarkeit für Zahlungsansprüche sein. Problematisch erscheint die Einführung des allein entscheidenden Einzelrichters in der Beschwerdeinstanz, weil dieser gegenüber dem Amtsrichter kaum eine höhere Entscheidungskompetenz in Anspruch nehmen kann. Ganz erhebliche Bedenken aber müssen gegen die Beseitigung der gerade für den Bereich der Wohnungseigentumssachen bestens bewährten Einrichtung der Rechtsbeschwerde angemeldet werden. Die Rechtsbeschwerde hat es der obergerichtlichen Rechtsprechung ermöglicht, das Recht des Wohnungseigentums neuen Entwicklungen und veränderten Bedürfnissen in sachgerechter Weise anzupassen, und sie hat damit nicht unwesentlich zum Erfolg dieses Rechtsinstituts beigetragen. Die folgenden Überlegungen konzentrieren sich deshalb auf diesen für die weitere Entwicklung und Bewährung des Wohnungseigentums besonders wichtigen Punkt.

III. ZU AUSGEPRÄGTER INSTANZENZUG IN WOHNUNGSEIGENTUMSSACHEN?

Die Ausführungen des Bundesrates in der Begründung des Gesetzentwurfs überzeugen nicht. Schon die einleitende Behauptung, in Wohnungseigentumssachen bestehe ein weitergehender Rechtsschutz als im Zivilprozeß, trifft in dieser Allgemeinheit nicht zu, weil Beschwerde und Rechtsbeschwerde nur zulässig sind, wenn der Beschwerdewert 1.500 DM übersteigt (§ 45 Abs. 1 WEG). Liegt er unter dieser Grenze, dann endet der Rechtszug - wie im Zivilprozeß - beim Amtsgericht, es gibt also keine zweite und auch keine dritte Instanz. Für Zivilprozesse, die in erster Instanz beim Landgericht beginnen (§§ 71, 23 Nr. 1 GVG) besteht, wenn die entsprechende Berufungs- und Revisionssumme erreicht ist, ein dreistufiger Instanzenzug bis zum Bundesgerichtshof, dessen Qualität ohne Zweifel höher einzustufen ist, als der Rechtszug in Wohnungseigentumssachen. Einen längeren Instanzenzug als im Zivilprozeß gibt es - wenn die Beschwerdesumme erreicht ist - lediglich bei Streit- oder Geschäftswerten in der Größenordnung von 1.500 DM bis 10.000 DM: Diese Verfahren enden im Zivilprozeß beim Landgericht, während sie in Wohnungseigentumssachen bis zum Oberlandesgericht als Rechtsbeschwerdegericht gelangen können. Dies wird aber mehr als ausgeglichen dadurch, daß in Wohnungseigentumssachen auch Verfahren mit sehr hohen Geschäftswerten, die sich aus der in § 48 Abs. 3 Satz 1 WEG ausdrückich vorgeschriebenen Berücksichtigung des Interesses aller Beteiligten - also sehr oft aller Wohnungseigentümer - ergeben, nicht in die zweite oder dritte Instanz gelangen können, weil sich der Beschwerdewert allein an dem in der Regel viel geringeren Interesse des Beschwerdeführers orientiert.[8]

[8] BGHZ 119, 216/219: Palandt/Bassenge, 55. Aufl. 1996, § 45 WEG, Rn. 2 und 3.

Nicht haltbar ist es auch, wenn die Entwurfsbegründung im Widerspruch zu den eigenen Ausführungen über die Vorzüge des Rechtsentscheids das Vorlageverfahren nach § 28 Abs. 2 FGG als gleichsam vierte Instanz hinzurechnet, denn hier handelt es sich - ähnlich wie bei dem Rechtsentscheid nach § 541 ZPO und bei dem Vorlageverfahren nach § 541 Abs. 1 Satz 3 ZPO - nicht um eine weitere, den Parteien offenstehende Instanz, sondern um ein gerichtsinternes Verfahren, das die Zuständigkeit des BGH **anstelle** des vorlegenden Gerichts begründet. Von einem „Überangebot an Rechtsmitteln" kann also entgegen der Behauptung der Entwurfsverfasser keine Rede sein, und die angebliche „Annäherung" an den Instanzenzug der streitigen Gerichtsbarkeit erweist sich bei näherer Betrachtung für die zahlreichen Wohnungseigentumssachen mit hohem Geschäftswert jedenfalls von der Zahl der Instanzen her als eindeutige **Verschlechterung**. Im übrigen ist der Prozentsatz der Verfahren, der in die höheren Instanzen gelangt, im Vergleich zum Zivilprozeß eher geringer: Während die Anfechtungsquote bei Urteilen der Amtsgerichte in streitigen Sachen bei ca. 20 % liegt und sogar rund 60 % der landgerichtlichen Urteile mit der Berufung angefochten werden[9], gelangen von allen Wohnungseigentumssachen (im Bundesgebiet jährlich ca. 20.000 Verfahren) nur ca. 20 % in die Beschwerdeinstanz und knapp 4 % in die Rechtsbeschwerdeinstanz.[10] Die Zahl der Vorlagen an den Bundesgerichtshof bewegt sich zwischen 2 und 5 Verfahren pro Jahr. Auch diese Zahlen verdeutlichen, daß Wohnungseigentumssachen keineswegs besonders konfliktträchtig sind und daher kein Anlaß besteht, einen angeblich ausufernden Instanzenzug zu beschneiden.

IV. GLEICHSCHALTUNG VON WOHNUNGSEIGENTÜMERN UND MIETERN IM INSTANZENZUG?

Nicht weniger verfehlt ist der in der Entwurfsbegründung als Rechtfertigung für die Abschaffung der Rechtsbeschwerde und die Einführung des Rechtsentscheids enthaltene Hinweis auf sachliche Parallelen zu Streitigkeiten über Wohnraum-Mietverhältnisse.[11] Wie oberflächlich diese Argumentation ist, ergibt sich schon aus einem Blick auf § 43 Abs. 4, der für die Mehrzahl der Verfahren in Wohnungseigentumssachen alle Wohnungseigentümer als Beteiligte bestimmt, und aus § 45 Abs. 2 Satz 2 WEG, wonach die rechtskräftige Entscheidung **für alle Beteiligten** bindend ist. Während das Wohnungseigentumsgericht also in der Regel über die Rechtsverhältnisse der gesamten, oft aus Dutzenden oder Hunderten von Wohnungseigentümern bestehenden Gemeinschaft entscheidet, geht es im Mietprozeß - auch wenn er für Mieter und

[9] Die Anfechtungsquoten ergeben sich aus einer Gegenüberstellung der in der bayerischen Justizstatistik für 1994 und 1995 (BayJMBl. 1996, 93) ausgewiesenen Zahl der streitigen Urteile mit den Neueingängen an Berufungsverfahren. Für das Bundesgebiet dürften sich ähnliche Zahlen ergeben, vor allem, was die hohe Anfechtungsquote der landgerichtlichen Urteile betrifft, die in diesem Zusammenhang den Wohnungseigentumssachen mit vergleichbar hohem Geschäftswert gegenübergestellt werden muß.

[10] Diese Angaben beruhen auf dem in der Antwort der Bundesregierung auf die Große Anfrage der SPD-Fraktion mitgeteilten - allerdings unvollständigen - Zahlenwerk (BT-Drucksache 13/4712 S. 30, 31, 37).

[11] BR-Drucksache 605/96, S. 129 (Begründung zu Art. 7 Nr. 2 Buchst. b).

Vermieter von großer Bedeutung sein kann - immer nur um eine Auseinandersetzung zwischen zwei einzelnen Parteien. Aber auch von der materiellen Rechtslage her ist die Gleichsetzung von Mietern und Wohnungseigentümern verfehlt. Sie beruht möglicherweise auf einer Verwechslung des Begrifffs Eigentum im sachenrechtlichen Sinne (§ 903 BGB) mit dem notwendigerweise viel weiteren Eigentumsbegriff, des Verfassungsrechts (Art. 14 GG), der alle vermögenswerten Rechtspositionen, also auch schuldrechtliche Forderungen und auch das Besitzrecht eines Mieters an der gemieteten Wohnung umfaßt.[12] Wer aber Änderungen im Wohnungseigentumsrecht vornehmen will, sollte sich vorher darüber klar werden, daß der Erfolg des Wohnungseigentums untrennbar mit seiner Ausgestaltung als **echtes Miteigentum** am Grundstück verbunden ist. Über 3 Millionen Wohnungseigentümer[13] haben - oft unter erheblichen persönlichen Opfern - hohe Investitionen getätigt, weil das Wohnungseigentumsgesetz ihnen bisher echtes Eigentum, nicht nur eine mieterähnliche Rechtsstellung, verschafft hat. Dies muß auch bei der Ausgestaltung der Rechtmittelzüge berücksichtigt werden. Eine Auseinandersetzung mit dieser - hier nur angedeuteten - wirtschafts- und sozialpolitischen Dimension des Wohnungseigentumsrechts sucht man in der Entwurfsbegründung vergebens[14].

V. SCHWERWIEGENDE DEFIZITE DES RECHTSENTSCHEIDVERFAHRENS

Die vom Bundesrat vertretene Auffassung, der Rechtsentscheid habe sich „entgegen anfänglicher Kritik bewährt"[15], ist schon für das Gebiet des Mietrechts nicht oder doch nur sehr bedingt zutreffend. Nach den Erfahrungen der gerichtlichen Praxis muß vielmehr festgestellt werden, daß der Rechtsentscheid in keinem Falle eine mit einem ordentlichen Rechtsmittelverfahren auch nur annähernd vergleichbare Rechtskontrolle gewährleistet.[16] Dies beruht vor allem darauf, daß das mit dem Rechtsentscheid befaßte Obergericht im Rechtsentscheidsverfahren **nicht über die Streitsache selbst** entscheiden kann, sondern nur die ihm vorgelegte Rechtsfrage zu beantworten hat und alle sonstigen Umstände und Problemstellungen des Ausgangsfalls außer acht lassen muß. Insoweit ist das Obergericht im Grundsatz an die Auffassung des vorlegenden Gerichts gebunden; die Richter können also nur - ähnlich wie der Gesetzgeber - eine generelle Rechtsregel aufstellen. Nach der Erfahrung der gerichtlichen Praxis, u. a. auch des für Rechtsentscheide zuständigen Senats des Bayerischen Obersten

[12] Jarass/Pieroth, 3. Aufl. 1995, Art. 14 GG Rn. 6, 7; BVerfGE 83, 201/208 f.; BVerfG, NJW 1993, 2035.

[13] Bielefeld, DWE 1995, 93; Weitnauer, 8.Aufl. 1995, Rn. 90 vor § 1 WEG.

[14] Näheres dazu findet sich z. B. in der Antwort des Bundesregierung auf die Große Anfrage der SPD-Fraktion betr. Erfahrungen und Weiterentwicklung des Wohnungseigentums (BT-Drucksache 13/4712 S. 1 ff.) und bei Bärmann/Pick, WEG 13. Aufl. 1994 Einl. Rn. 2-4; Seuß, WE 1996, 121; Weitnauer, WE 1991, 86.

[15] BR-Drucksache 605/96 S. 129 (Begründung zu Art. 7 Nr. 2 Buchst. b).

[16] Diese Feststellung und die folgenden Ausführungen entsprechen weitgehend der Auffassung der für Wohnungseigentumssachen und Rechtsentscheide in Mietsachen zuständigen Senate des Bayerischen Obersten Landesgerichts.

Landesgerichts, kommt es nicht selten vor, daß das Obergericht das zum Zwecke eines Rechtsentscheids vorgelegte Verfahren nach anderen Gesichtspunkten entscheiden würde, als dies das vorlegende Gericht offenbar beabsichtigt.

Ein weiteres Defizit des Rechtsentscheidverfahrens liegt darin, daß eine **Kontrolle des Verfahrens**, eine Entscheidung über Verfahrensrügen, überhaupt nicht stattfinden kann. Für den Wert eines Rechtsbehelfs ist aber eine solche Verfahrenskontrolle, von der oft die sachgemäße Feststellung des Sachverhalts abhängt, ebenso wichtig wie die Überprüfung der materiellen Rechtsanwendung. Gerade in Wohnungseigentumssachen sind wichtige Verfahrensregeln erst durch die Rechtsprechung der Rechtsbeschwerdegerichte entwickelt worden.[17]

Aber auch zahlreiche Probleme des **materiellen Rechts** eignen sich nicht für einen Rechtsentscheid, weil sie nur anhand des konkreten Einzelfalles abschließend beurteilt werden können. Dies gilt vor allem für die häufigen Entscheidungen im Rahmen von Generalklauseln, die eine Abwägung anhand aller Umstände des Einzelfalles verlangen; sie sind einer typisierenden Betrachtungsweise, wie sie den Rechtsentscheid kennzeichnet, weitgehend entzogen.[18]

Ein ganz wesentlicher Nachteil des Rechtsentscheids liegt schließlich darin, daß seine Einholung - anders als die Einlegung eines Rechtsmittels - der Disposition der betroffenen Verfahrensbeteiligten entzogen ist. Die Einholung eines Rechtsentscheids liegt - nicht rechtlich, aber praktisch - im **unkontrollierten Ermessen** der Landgerichte als Berufungs-(oder Beschwerde)gerichte. Die Praxis zeigt, daß von der Möglichkeit, einen Rechtsentscheid einzuholen, in ganz unterschiedlichem Umfang Gebrauch gemacht wird. Es gibt - nicht nur in Bayern - eine erhebliche Zahl von Landgerichtsbezirken, in denen - bei Berücksichtigung der in Mietsachen eingeholten Rechtsentscheide - scheinbar seit Jahren keine Rechtsfrage von grundsätzlicher Bedeutung aufgetreten ist. Vor kurzem sah sich das **Bundesverfassungsgericht** veranlaßt, eine land-

[17] So z. B. das Erfordernis der Öffentlichkeit der mündlichen Verhandlung (BayObLG, NJW-RR 1989, 1293), und zwar in der zweiten Instanz vor der voll besetzten Kammer (BayObLG, NJW-RR 1993, 280), die Mitwirkungspflicht der Beteiligten und die Begrenzung der Aufklärungspflicht des Gerichts bei unwidersprochenem Sachvortrag (BayObLG, NJW-RR 1988, 1170 und WuM 1994, 105); die gerichtliche Geltendmachung von Ansprüchen der Wohnungseigentümer durch den Verwalter ohne Zuziehung eines Rechtsanwalts (BGH, NJW 1993, 1924), die Funktion des Verwalters als Zustellungsvertreter der Wohnungseigentümer (BayObLGZ 1989, 342 und WE 1994, 187) und die zur Gewährleistung des Zugangs zum Gericht notwendige Ermäßigung allzu hoher Geschäftswerte (BayObLGZ 1988, 319; KG, NJW-RR 1988, 14; jetzt § 48 Abs. 3 Satz 2 WEG in neuer Fassung).

[18] Beispiele sind die Rechtsprechung der Rechtsbeschwerdegerichte zur Frage der modernisierenden Instandsetzung (vgl. BayObLGZ 1988, 271; OLG Hamburg, NJW-RR 1991, 1119; OLG Celle, WE 1993, 224; KG, NJW-RR 1993, 1104), die sich notwendigerweise nur anhand unterschiedlicher Einzelfälle entwickeln konnte. Das gleiche gilt für die Entscheidungen zur Überbelegung bei Vermietung an Asylbwerber (BayObLGZ 1991, 409; OLG Hamm, WE 1993, 225; OLG Stuttgart, WE 1993, 25) und ebenso für Streitigkeiten um die Aufstellung von Parabolantennen zum Zwecke des Empfangs ausländischer Sender (BayObLGZ 1991, 296; OLG Hamm, WE 1993, 108, OLG Düsseldorf, WE 1993, 86). All diesen Fällen ist gemeinsam, daß die Zulässigkeit der umstrittenen Maßnahmen nur anhand aller Umstände des Einzelfalles beurteilt und daher nicht in einem Rechtsentscheidverfahren abstrakt geklärt werden kann.

gerichtliche Beschwerdeentscheidung wegen Nichtbeachtung des Rechts auf den gesetzlichen Richter aufzuheben, weil das Landgericht einen gebotenen Rechtsentscheid nicht eingeholt hatte.[19] Übergroße Arbeitsbelastung bei den Landgerichten, das ungewohnte Vorlageverfahren und der erhebliche Zeitaufwand für die Abfassung eines Vorlagebesschlusses mögen das ihre dazu beitragen, daß die Institution des Rechtsentscheids nur äußerst zurückhaltend benutzt wird. Nahezu 300.000 Mietrechtsstreitigkeiten pro Jahr stehen im Bundesgebiet nur wenige Dutzend Rechtsentscheidverfahren gegenüber.[20] Die Justizverwaltungen mögen dies unter dem Gesichtspunkt der Entlastung der Gerichte begrüßen - so auch die Entwurfsbegründung -, für die **rechtsuchenden Bürger** ist solche Zurückhaltung nicht von Vorteil.

Es gibt inzwischen auch deutliche Hinweise darauf, daß es auf dem Gebiet des Wohnungsmietrechts zu einer nicht unerheblichen **Rechtszersplitterung** und zu regionalen Unterschieden in der Rechtsanwendung gekommen ist. An die Stelle von Rechtseinheit durch eine obergerichtliche Rechtsprechung der ordentlichen Gerichte treten zunehmend bundesweit verbindliche, aber durch Einzelfälle ausgelöste Entscheidungen des **Bundesverfassungsgerichts**, die das materielle Mietrecht ausschließlich unter Gesichtspunkten des Verfassungsrechts prüfen und nachhaltig beeinflussen. Nach Auffassung zahlreicher Beobachter und Kommentatoren wird die Praxis des Mietrechts inzwischen weitgehend von der „ausufernden" Rechtsprechung des Bundesverfassungsgerichts bestimmt.[21] Das Gericht hat wegen dieser weitreichenden Eingriffe, die sich keineswegs auf das Gebiet des Mietrechts beschränken, in letzter Zeit zunehmend Kritik hinnehmen müssen. Von vielen wird dem Bundesverfassungsgericht heute generell eine Überdehnung der verfassungsgerichtlichen Prüfungskompetenz vorgeworfen.[22] Der Gesetzgeber aber sollte bedenken, daß eine solche Kritik dann auf ihn zurückfällt, wenn er durch **unsachgemäße Verkürzung des ordentlichen Rechtsmittelzuges** zwangsläufig die Zahl der Fälle vermehrt, in denen ein Bürger sich mit der im Grundgesetz gewährleisteten Verfassungsbeschwerde gegen eine

---

[19] BVerfG, NJW 1995, 582; ähnlich neuerdings der Verfassungsgerichtshof Berlin (vgl. Schläger, ZMR 1996, 353).

[20] Vgl. die vom Statistischen Bundesamt veröffentlichten Zahlen für 1993 und 1994, in: Rechtspflege Fachserie 10 Reihe 2, S. 20, aus der allerdings die Zahl der Rechtsentscheide in Mietsachen nicht ersichtlich ist. In Bayern fallen pro Jahr bei ca. 30.000 Mietrechtsstreitigkeiten und ca. 2.000 Berufungsverfahren 3 bis 7 Rechtsentscheide an, das sind 0,1 bis 0,2 pro Tausend!

[21] Palandt/Putzo, 55. Aufl. 1996, § 564 b BGB Rn. 42 mit Hinweisen auf zahlreiche einschlägige Entscheidungen des Bundesverfassungsgerichts; ähnlich MünchKomm/Voelskow, 3. Aufl. 1995, § 564 b BGB Rn. 9, 10, 50. Vgl. ferner die Übersicht bei Lammel, NJW 1994, 3320. Speziell für die Eigenbedarfskündigungen weist MünchKomm/Voelskow, a.a.O. Rn. 50, darauf hin, daß trotz des Rechtsentscheids ungewöhnlich viele Verfahren vor das Bundesverfassungsgericht gelangen, das „im Ergebnis zu einer Art Oberstes Bundesmietengericht" geworden sei. Ähnlich bereits Sendler, NJW 1994, 1518 und Lammel, a.a.O.; Schläger, ZMR 1996, 353 stellt fest, die Rechtsentscheid-Rechtsprechung werde „unverändert durch die verfassungsrechtliche Rechtsprechung überlagert".

[22] Vgl. z.B. Sendler, NJW 1994, 1518; Benda, NJW 1995, 429; Isensee, Quo vadis Bundesverfassungsgericht? - Vortrag zur Eröffnung des 61. Deutschen Juristentages Karlsruhe 1996; Schmitt/Glaeser, Meinungsfreiheit, Ehrenschutz und Toleranzgebot, NJW 1996, 873 ff. und speziell zum Mietrecht Diepenheuer, NJW 1993 2561.

im Instanzenzug verhältnismäßig niedrig angesiedelte fachgerichtliche Entscheidung an das Bundesverfassungsgericht wendet. Schon jetzt richten sich die meisten Verfassungsbeschwerden gegen letztinstanzliche Entscheidungen der Amtsgerichte und der Landgerichte. Die Erfolgsquote dieses nicht zu Unrecht als **„Superrevision"** bezeichneten Rechtsbehelfs ist - vor allem wenn es um eine Verletzung des rechtlichen Gehörs geht - erheblich, eben weil die gerade bei solchen Rügen sonst mögliche Korrektur durch die dritte Instanz fehlt. Eine Entlastung der Obergerichte im Bereich der ordentlichen Gerichtsbarkeit führt also unausweichlich zu einer zusätzlichen Belastung des Bundesverfassungsgerichts und dort zu Entscheidungen, die nicht das einschlägige einfache Recht und die aus seiner Anwendung gewonnenen umfassenden Erfahrungen berücksichtigen können, die vielmehr als Prüfungsmaßstab ausschließlich das höherrangige, aber naturgemäß viel allgemeinere und daher unbestimmtere Verfassungsrecht heranziehen. So kommt es dann zuweilen zu merkwürdigen und mißverständlichen Entscheidungen wie etwa die Einstufung des Rechts eines Mieters auf Fortsetzung des Mietverhältnisses als eine auch gegenüber dem Eigentümer nach Art. 14 GG geschützte Rechtsposition.[23]

Es läßt sich nach alledem kaum leugnen, daß die Beschränkung des Rechtszugs in Mietsachen trotz der Institution des Rechtsentscheids zu erheblichen Defiziten in der fachgerichtlichen Eigenkontrolle geführt hat, denen im Interesse der betroffenen Mieter und Vermieter abgeholfen werden sollte, anstatt das unzulängliche Instrument des Rechtsentscheids kurzerhand auf andere Rechtsgebiete zu erstrecken. Es ist weder im Interesse der betroffenen Bürger noch aus der Sicht der Justiz wünschenswert, wenn die Eigenkontrolle innerhalb der Fachgerichtsbarkeit, die wirkungsvoll nur ein Rechtsmittelgericht mit Kompetenz zur Entscheidung der Rechtssache selbst ausüben kann, immer mehr abgebaut wird mit der Folge, daß nach den Tatsacheninstanzen nur noch eine verfassungsgerichtliche Einzelfallkontrolle stattfindet.

Bei einer Bewertung des Rechtsentscheids in Mietsachen und der Beurteilung seiner **Eignung für Wohnungseigentumssachen** sollte im übrigen nicht außer Betracht bleiben, daß das Mietrecht häufig im Mittelpunkt von Rechtspolitik und Gesetzgebung steht. Interesse und Sensibilität für diese sozialpolitisch so bedeutsame Rechtsmaterie sind ausgeprägt, die Zahl der ungeklärten Probleme ist relativ groß, in regelmäßigen Abständen kommen durch Gesetzesnovellen neue Probleme hinzu. Die Zahl aktueller Probleme, die in einer größeren Zahl von Verfahren annähernd gleichzeitig auftreten und deshalb zu Rechtsentscheidsverfahren führen können, dürfte deshalb trotz der aufgezeigten Defizite immer noch vergleichsweise hoch sein. Im Bereich des Wohnungseigentumsrechts, das ungeachtet seiner weitreichenden wirtschafts- und sozialpolitischen Bedeutung weit weniger im Scheinwerferlicht der Öffentlichkeit und der Fachdiskussion steht, sind die tatsächlichen und rechtlichen Voraussetzungen kaum vergleichbar, so daß hier der schon im Mietrecht nur als Notlösung zu wertende Rechtsentscheid keine ausreichende Gewähr für Rechtseinheitlichkeit und Rechtsfortent-

[23] BVerfG NJW 1993, 2035; dazu kritisch Depenheuer, S. 2561, und MünchKomm/Voelskow, 3. Aufl. 1995, § 564 b Rn. 10.

wicklung bieten kann. Dies würde in besonderem Maße für die außerordentlich wichtigen Beschlußanfechtungsverfahren gelten, die das Mietrecht nicht kennt. Die Zahl der Beteiligten, die an bestandskräftige Eigentümerbeschlüsse in der Regel lange Zeit, nämlich bis zu einer Änderung eines solchen Eigentümerbeschlusses gebunden sind, geht weit über die überschaubare Parteistellung in einem Mietprozeß hinaus. Es wäre daher im Wohnungseigentumsrecht angesichts der Vielzahl der jeweils betroffenen Eigentümer noch weniger als im Mietrecht hinnehmbar, daß sich die Rechtsprechung von Landgerichtsbezirk zu Landgerichtsbezirk auseinanderentwickelt. Dabei ist auch zu bedenken, daß kleinere Landgerichte außerhalb der Ballungs- oder Fremdenverkehrsgebiete in der Spezialmaterie des Wohnungseigentumsrechts oft keine ausreichenden Erfahrungen sammeln können. Die schon für den Bereich des Mietrechts höchst problematische Verlagerung der Einzelfallkontrolle und damit auch der Rechtsentwicklung in den Bereich der Verfassungsgerichtsbarkeit würde deshalb im Wohnungseigentumsrecht ein noch weit größeres Ausmaß annehmen.

VI. GERINGFÜGIGER ENTLASTUNGSEFFEKT

Den dargestellten Nachteilen einer Abschaffung der Rechtsbeschwerde in Wohnungseigentumssachen stünde kein genügender Entlastungseffekt gegenüber. In der Begründung des Bundesratsentwurfs sucht man eine Schätzung der erwarteten Personaleinsparungen vergebens, jedoch lassen sich die bei den Rechtsbeschwerdegerichten zu erwartenden Einsparungen anhand der Geschäftszahlen mit ausreichender Sicherheit beziffern. Beim Bayerischen Obersten Landesgericht, bei dem die Wohnungseigentumssachen für einen großen Flächenstaat mit ca. 11 Millionen Einwohnern konzentriert sind, beträgt der jährliche Geschäftsanfall an einschlägigen weiteren Beschwerden im langjährigen Durchschnitt etwa 100 Verfahren.[24] Als langjährigem Vorsitzenden des zuständigen Zivilsenats ist dem Verfasser bekannt, daß mit diesen Verfahren auch bei der hier üblichen sorgfältigen Prüfung knapp zwei Richter ausgelastet sind. Bei einer Ersetzung der Rechtsbeschwerde durch einen Rechtsentscheid könnten also allenfalls 1½ Richterstellen eingespart oder für andere Aufgaben eingesetzt werden. In den anderen Ländern, in denen Zivilsenate der Oberlandesgerichte die Wohnungseigentumssachen neben anderen Geschäften wahrnehmen, dürfte die Personalaustattung eher knapper, die Einsparungsquote also eher niedriger sein, so daß der Einsparungseffekt bundesweit auf höchstens 10 Richterstellen geschätzt werden kann. Es ist zu hoffen, daß der Bundesgesetzgeber nicht bereit ist, für eine derart geringe Einsparung den oben dargestellten hohen Preis an Rechtsunsicherheit und Rechtszersplitterung zu bezahlen und eine zusätzliche Belastung des Bundesverfassungsgerichts in Kauf zu nehmen.

[24] Etwa in der gleichen Größenordnung liegt er beim Kammergericht, und selbst bei den drei Oberlandesgerichten in Nordrhein-Westfalen sind im Jahre 1994 lediglich 202 Rechtsbeschwerden angefallen, vgl. die Antwort der Bundesregierung auf die Große Anfrage der SPD-Fraktion betr. Erfahrungen und Weiterentwicklung des Wohnungseintums - BT-Drucksache 13/4712 S.30, 31, 37.

VII. ALTERNATIVEN

Bei aller berechtigten Kritik an unausgereiften Rationalisierungsvorschlägen soll allerdings nicht übersehen werden, daß die personelle Situation der Justiz ernst, um nicht zu sagen verzweifelt ist.[25] Es ist daher nicht verwunderlich, wenn die Länder, die für das Funktionieren unseres Gerichtswesens die Verantwortung tragen, über den Bundesrat immer wieder eine Entlastung der Justiz zu erreichen versuchen und dabei alle erdenklichen und zuweilen auch höchst bedenkliche Möglichkeiten ausschöpfen wollen. Wenn es deshalb dem Gesetzgeber aus fiskalischen Gründen unerläßlich erscheinen sollte, den Rechtszug in Wohnungseigentumssachen um einen Instanzenzug zu verkürzen, wäre es vielleicht noch eher hinnehmbar, die zweite Tatsacheninstanz, also das **landgerichtliche Beschwerdeverfahren**, einzusparen. Für eine solche Lösung spräche, daß landgerichtliche Beschwerdeentscheidungen nach den Vorstellungen des Bundesratsentwurfs künftig überwiegend von einem Einzelrichter erlassen werden sollen, der weder nach Erfahrung noch nach Qualifikation einen besseren Rechtsschutz gewährleisten könnte als der in erster Instanz zuständige Amtsrichter. Für eine solche Lösung könnte weiter angeführt werden, daß die Sachverhaltsfeststellung in Wohnungseigentumssachen in der Mehrzahl der Fälle keine Schwierigkeiten bereitet, die ein erfahrender Amtsrichter nicht meistern könnte. Einen Rechtszug mit nur einer Tatsacheninstanz gibt es im übrigen im Bereich der schweren Kriminalität und im Ordnungswidrigkeitenrecht. Auch wenn beide Rechtsgebiete inhaltlich in keiner Weise mit dem Wohnungseigentumsrecht vergleichbar sind, bieten sie doch ein Beispiel für eine sachgerechte Beschränkung des Instanzenzuges. Der Entlastungseffekt eines Verzichts auf die zweite Tatsacheninstanz wäre selbstverständlich weit nachhaltiger als bei einem Verzicht auf die Rechtsbeschwerde, und er würde dort eintreten, wo er am notwendigsten ist, nämlich bei den Landgerichten. Jedenfalls sollte eine solche Lösung - die sicherlich eingehender Diskussion bedürfte - nicht von vornherein außer Betracht bleiben.

Eine andere denkbare Alternative wäre eine Beschränkung der Rechtsbeschwerde auf Fälle von **grundsätzlicher Bedeutung**. Auf diese Weise könnte die Zahl der durch Sachentscheidung zu erledigenden Rechtsbeschwerdeverfahren wesentlich vermindert, ein gewisser Entlastungseffekt bei den Oberlandesgerichten erreicht und trotzdem die Qualität des Rechtsschutzes und die Wahrung der Rechtseinheit gewährleistet werden. Die Auswahl der für eine Sachentscheidung geeigneten Rechtsbeschwerden müßte allerdings Sache des Rechtsbeschwerdegerichts sein. Das Annahmeverfahren und die Annahmekriterien könnten in Anlehnung an § 554 b ZPO und seiner durch die Rechtsprechung des Bundesverfassungsgerichts bestimmten Auslegung wie folgt geregelt werden:

[25] Vgl. z. B. Neumann, in DRiZ 1996, 418: „Land unter"; Bericht der Süddeutschen Zeitung vom 16.101996: „Die Justiz am Rande des Abgrunds - Der Kollaps ist programmiert", und Bericht in der Welt vom 28.10.1996: „Gerichten droht der Kollaps".

„Das Oberlandesgericht kann die Annahme der weiteren Beschwerde ablehnen, wenn die Rechtssache keine grundsätzliche Bedeutung und das Rechtsmittel keine Aussicht auf Erfolg hat."

Nach den Erfahrungen der gerichtlichen Praxis könnten auf diese Weise mindestens die Hälfte der Rechtsbeschwerden, wahrscheinlich aber noch mehr ohne besonderen Verfahrensaufwand rasch erledigt, gleichzeitig aber eine ausreichende Einzelfallkontrolle in verfahrensrechtlicher und materiellrechtlicher Hinsicht gewährleistet, Rechtssicherheit und Rechtseinheit gesichert und eine zusätzliche Belastung des Bundesverfassungsgerichts vermieden werden. Auch diese Alternative sollte daher, wenn schon eine Straffung des Instanzenzuges in Wohnungseigentumssachen erwogen wird, sorgfältig geprüft werden.

VIII. ZUSAMMENFASSUNG

Der Instanzenzug in Wohnungseigentumssachen ist sachgerecht ausgestaltet, wird nicht über Gebühr in Anspruch genommen und hat sich bewährt. Eine Ersetzung der Rechtsbeschwerde durch ein Rechtsentscheidverfahren hätte nur geringe Einsparungen, jedoch eine nicht vertretbare Verschlechterung des Rechtsschutzes, eine zusätzliche Belastung des Bundesverfassungsgerichts und mittelfristig eine zunehmende Rechtszersplitterung zur Folge. Als Alternative sollte ein Verzicht auf die zweite Tatsacheninstanz oder eine Beschränkung der Rechtsbeschwerde auf Sachen von grundsätzlicher Bedeutung erwogen werden. Dem Gesetzgeber ist zu empfehlen, Einschränkungen des Instanzenzuges im Bereich der freiwilligen Gerichtsbarkeit mit gleicher Sorgfalt und Zurückhaltung zu prüfen, wie dies auf den Gebieten des Zivilprozeßrechts und des Strafprozeßrechts seit jeher üblich ist. Nur so kann er vermeiden, daß auf einem vielen Juristen weniger geläufigen, aber wirtschafts- und sozialpolitisch wichtigen Rechtsgebiet vermeintliche Rationalisierungserfolge gesucht und gefunden werden, die sich langfristig als Fehlentscheidungen erweisen würden.

Martin W. Huff

DER GESCHEITERTE VERTRAG MIT DEM NACHMIETER UND DIE ANSPRÜCHE DES VORMIETERS*

I. EINLEITUNG

Daß ein Mieter vor Ablauf der gesetzlichen Kündigungsfristen aus dem Mietvertrag entlassen werden will, ist ein in der Praxis häufig vorkommender Fall. Unter dem Stichwort „Mietaufhebungsvertrag" hat diese Problemstellung mittlerweile umfangreich Einzug in die mietrechtliche Literatur gehalten[1], und die Rechtsprechung dazu ist kaum mehr übersehbar. Festzuhalten ist an dieser Stelle nur folgendes: Grundlage für die Zulässigkeit der Stellung eines Nachmieters ist der aktuelle Rechtsentscheid des OLG Hamm vom 22.8.1995.[2] Dort hat das OLG im Anschluß an das OLG Karlsruhe[3] festgestellt:

„Nur wenn der Mieter einen geeigneten Nachmieter stellt und sein Interesse an der Vertragsauflösung dasjenige des Vermieters am Bestand des Mietvertrages überragt, muß ihn der Vermieter vorzeitig aus dem Vertrag entlassen und kann deshalb nicht Weiterzahlung des Mietzinses nach Auszug verlangen."

Somit ist allein die Stellung eines Nachmieters durch den bisherigen Mieter - obwohl in der öffentlichen Meinung vielfach verbreitet - nicht ausreichend, um den Vermieter zum Abschluß eines neues Vertrages mit dem Nachmieter und insbesondere zur Aufhebung des bisherigen Mietvertrages zu bewegen. Hinzu kommen muß vielmehr ein wichtiger Grund des bisherigen Mieters.[4]

Bisher kaum Aufmerksamkeit hat dagegen die Frage der Beziehungen zwischen Vor- und Nachmieter ausgelöst, wenn es nicht um Fragen der Heizkostenabrechnung[5] und die bis zur Neuregelung durch die §§ 3, 4a WoVermittG[6] heftig umstrittenen Fragen der Abstandszahlungen ging.

In diesem Festschriftbeitrag soll es daher um eine praktisch sicherlich nicht selten vorkommende Frage gehen, die den Autor als Anwalt vor einiger Zeit beschäftigt hat.

* Besprechung von: Amtsgericht Köln, Urteil vom 17.6.1996 - 211 C 125/96.

[1] Siehe nur Schmidt-Futterer/Blank, Wohnraumschutzgesetze, 6. Auflage 1988, Rdnrn. B 89 ff.; Sternel, Mietrecht aktuell, 3. Auflage 1996, Rdnrn. 72 ff. und Rdnrn. 970 ff.; Horst, Geld und Mietende, 1996, S. 73 f.

[2] NJW-RR 1995, 1478 = ZMR 1995, 525 = MDR 1995, 1116.

[3] Rechtsentscheid vom 20.3.1981 = NJW 1981, 1741 = ZMR 1981, 269 = WuM 1981, 173.

[4] So ausdrücklich und zustimmend Sternel, Neues Mietrecht, Rdnr. 74.

[5] Siehe dazu Rudolph, MDR 1995, 227 ff. und ders., ZMR 1992, 371 ff.

[6] Geändert durch Art. 3 des Vierten Gesetzes zur Änderung mietrechtlicher Vorschriften vom 21. Juli 1993; BGBl. 1993 I, 1257.

II. DER FALL DES AMTSGERICHTS KÖLN

1. Sachverhalt

Es war eigentlich ein typischer Fall: Die Kläger, ein Ehepaar, waren Mieter einer Wohnung in Frechen. Nachdem der Ehemann eine neue berufliche Stellung in Frankfurt gefunden hatte, kamen beide Mieter mit den Vermietern darüber überein, daß das Mietverhältnis vorzeitig zum 31. Juli 1995 und nicht erst nach dem Ablauf der gesetzlichen Kündigungsfrist am 31. August 1995 enden sollte, wenn die Mieter einen geeigneten Nachmieter fänden. Daraufhin schalteten die Mieter eine Zeitungsannoce mit der Suche nach einem Nachmieter. Es meldeten sich mehrere Interessenten. Mit den jetzigen Beklagten fand am 15. Juli 1995 auch in Anwesenheit der Vermieter eine Besichtigung der Wohnung statt. Nachdem eine Einigung über die wesentlichen Regelungsgegenstände des künftigen Mietvertrages, der am 1. August 1995 beginnen sollte, herbeigeführt worden war, trafen die Vermieter einerseits und die Beklagten (Nachmieter) andererseits eine Vereinbarung dahin, den Beklagten möge ein Formmietvertrag übersandt werden, den diese dann unterschreiben würden. Zudem wurde zwischen Vormietern und Nachmietern ein Vertrag über die Übernahme diverser Einrichtungsgegenstände zum Preis von 900 DM geschlossen, wenn der Mietvertrag zustande käme. Unter Zeugen baten die Beklagten dann die Kläger darum, die Suche nach anderen Nachmietern einzustellen, weil man sich ja einig geworden sei. Im Vertrauen auf diese Erklärung setzten sich die Kläger nicht mehr mit anderen vorhandenen Interessenten in Verbindung.

Völlig unerwartet unterschrieben die Beklagten den Mietvertrag nicht und teilten dies um den 29. Juli 1995 den Vermietern mit. Als Begründung wurde angegeben, daß sie ihr eigenes Haus in Norddeutschland verkaufen müßten und nur bei einem Neukauf und nicht der Neumiete für sie finanzielle Nachteile vermieden werden könnten. Da so schnell kein neuer Nachmieter zu finden war, nahmen die Vermieter die Mieter noch auf Zahlung der August-Miete in Höhe von 1547 DM in Anspruch.

Die Vormieter waren jetzt der Auffassung, daß die Nachmieter verpflichtet waren, diesen Betrag zu zahlen, da sie vorvertragliche Pflichten und Schutzpflichten grob verletzt hätten. Da die Nachmieter sich weigerten, wurde die Klage zum zuständigen Amtsgericht Köln erhoben.

2. Entscheidungsgründe

Das Amtsgericht Köln[7] hat die Klage als zulässig, aber unbegründet zurückgewiesen. Im wesentlichen lautet die Begründung wie folgt:

Den Klägern stünden gegen die Beklagten weder vertragliche, quasivertragliche noch deliktische Ansprüche zu. Es sei bei der Wohnungsbesichtigung am 15. Juli 1995 kein Schuldübernahmevertrag zwischen Vormieter und Nachmieter zustande gekommen. Auch ein neuer Mietvertrag mit den Vermietern sei unstreitig nicht zustande gekommen.

Und dann folgt die Begründung für die Ablehnung weiterer Ansprüche:

„Die Kläger haben auch gegen die Beklagten keinen Anspruch aus Verschulden bei Vertragsabschluß gegen die Beklagte, sei es unmittelbar, sei es als geschützte Dritte. Zwischen den Parteien selbst bestand kein vorvertragliches Vertrauensverhältnis, das den Mietzinsbetrag August 1995 hätte umfassen können. Der Kaufvertrag über die Einrichtungsgegenstände besagt über den Abschluß des Mietvertrages zwischen dritter Seite und den Beklagten nichts. Ohne weiteres ist auch nicht davon auszugehen, daß die Beklagten mit den Klägern eine befreiende Schuldübernahme, § 415 BGB, vereinbaren wollten. Allein die bestrittene Äußerung, die Kläger könnten die Nachmietersuche einstellen, besagt hierzu nichts. Die Kläger waren auch nicht als Dritte in das vorvertragliche Verhältnis zwischen den Beklagten einerseits und den Vermietern andererseits einbezogen. Der abzuschließende Mietvertrag wäre kein Vertrag mit Schutzwirkung zugunsten Dritter hinsichtlich der Kläger gewesen. Es ist nichts dafür ersichtlich, daß die Vermieter einerseits und die Beklagten andererseits die Interessen der Kläger in ihren Vertragsbindungswillen einbeziehen wollten. Es ist auch nichts für eine Drittschadensliquidation ersichtlich. Unbeschadet des Umstandes, daß es den Klägern insoweit ohnedies an einer Aktivlegitimation ermangeln würde, handelt es sich zunächst weder um einen Fall mittelbarer Stellvertretung noch um einen sonstigen Fall zufälliger Schadensverlagerung vom eigentlich Berechtigten auf einen Dritten. Es besteht vielmehr die typische Risikoverteilung solcher Fälle, daß derjenige, welcher zeitlich eher aus dem Mietvertrag entlassen werden möchte, das Risiko trägt, daß der Vertrag mit einem Nachmieter nicht oder doch zu einem späteren Zeitpunkt zustandekommt. Nach alledem steht den Klägern ein Anspruch gegen die Beklagte nicht zur Seite. Brachen sie die Nachmietersuche, aus welchem Grund auch immer, ab, so handelten sie in eigenem Risiko. Das zwingende Ergebnis des Rechtsstreits ergibt sich im übrigen auch aus der einfachen Überlegung, daß die Beklagten die Wohnung infolge der Gespräche am 15. Juli 1995 auch zum 1. September 1995 (erst) hätten anmieten können, ohne daß ihnen ein solches hätte aufgrund der Gespräche seitens der Kläger vorgeworfen werden können. Es ist eben von keiner Seite mit Rechtsbindungswillen erklärt worden, eine Anmietung erfolge in jedem Falle zum 1. August 1995, damit die Kläger insoweit von ihrer Mietzinszahlungspflicht befreit würden."

[7] Urteil vom 17.6.1996 - 211 C 125/96.

3. Kritik der Entscheidung

Die Entscheidung des Amtsgerichts ist meines Erachtens aus verschiedenen Erwägungen unzutreffend und berücksichtigt gerade die typische Interessenlage zwischen Vormieter und Nachmieter nicht ausreichend.

Es ist richtig, daß das Amtsgericht davon ausgeht, daß hier kein Mietvertrag zustande gekommen ist. Denn tatsächlich war von Nachmieter und Vermieter gewollt, einen schriftlichen Mietvertrag abzuschließen (§§ 127, 126, 566 BGB), was hier unstreitig nicht geschehen ist.

a) Vormietvertrag

Aber das Amtsgericht hat nicht überlegt, ob hier nicht zwischen Vermieter und Nachmieter ein Vormietvertrag abgeschlossen worden ist. Ein solcher Vormietvertrag[8] hat zum Inhalt, daß sich Vermieter und Mieter darüber einig sind, einen Mietvertrag abzuschließen und der Vertragsinhalt bereits in seinen wesentlichen Teilen bestimmbar ist. Notfalls muß, wenn es darüber Auseinandersetzungen geben sollte, das Gericht im Wege der ergänzenden Vertragsauslegung den Vertragsinhalt feststellen.[9]

Dabei gelten für einen solchen Vormietvertrag die Formerfordernisse des § 566 BGB gerade nicht.[10]

Überlegt man, über welche Punkte sich Vermieter und Nachmieter hier einig waren, so ist der Abschluß eines Vormietvertrages ohne weiteres möglich. Denn bestimmt waren: Mietbeginn, Mietzins, unbefristete Mietdauer. Damit bestand Einigkeit über die wesentlichen Punkte eines Mietvertrages nach § 535 BGB. Zu würdigen ist in diesem Zusammenhang auch die Aussage der Nachmieter gegenüber dem Vormieter in Anwesenheit der Vermieter, daß man nicht weiter suchen wolle, man übernehme die Wohnung. Dies konnte nur so verstanden werden, daß die Nachmieter eine Erklärung bereits mit Bindungswirkung abgaben. Denn wenn ein Mietinteressent gerade in dieser Art und Weise reagiert, will er sich schon binden, was ja auch in seinem Interesse liegt.

Nach meiner Würdigung ist hier also bereits ein Vorvertrag zustande gekommen.

Geht man von dieser Lösung aus, so stellt sich die Frage, ob die Vormieter in diesen Mietvertrag in irgendeiner Form mit einbezogen waren. Sie waren keine direkten Vertragspartner und sollten es auch nicht sein. Daß mit dem Vertrag konkludent auch ein Mietaufhebungsvertrag mit den Vormietern geschlossen wurde, die vorzeitige Entlassung aus dem Mietvertrag einen Monat vor Ablauf der Kündigungsfrist also möglich wurde, führt insoweit zu keiner vertraglichen Einbeziehung.

---

[8] Siehe nur Palandt/Putzo, 55. Aufl. 1996, Einf. § 535 Rdnr. 3; Sternel, Rdnrn. 86 ff.

[9] Siehe nur BGH, NJW 1990, 1234.

[10] Sternel, Rdnr. 86; Palandt/Putzo, Einf. § 535 Rdnr. 3.

b) Vertrag zugunsten Dritter

Abzulehnen ist wohl auch ein Vertrag zugunsten Dritter (§ 328 BGB). Die Voraussetzungen sind nicht erfüllt, wie das Amtsgericht zu Recht festgestellt hat.

c) Vertrag mit Schutzwirkung zugunsten Dritter

Zu denken ist hier aber an einen Vertrag mit Schutzwirkung zugunsten Dritter. Dabei steht der Anspruch auf die geschuldete Hauptleistung, hier also den Mietvertrag, alleine den Vertragsparteien zu. Ein Dritter kann jedoch so in den Schutzbereich des Vertrages einbezogen werden, daß er bei dessen Verletzung eigenständig einen Schadensersatzanspruch geltend machen kann.[11] Dabei muß man sich, und dies spielt hier eine wichtige Rolle, vor Augen halten, daß es sich nach der überwiegenden Rechtsprechung um eine ergänzende Vertragsauslegung handelt.[12] Die vier üblichen Voraussetzungen für einen Vertrag mit Schutzwirkung zugunsten Dritter sind[13]:

- Leistungsnähe,
- Schutzpflicht des Gläubigers bzw. Parteiwillen,
- Erkennbarkeit der Einbeziehung und
- Schutzwürdigkeit des Dritten.

Alle vier Voraussetzungen liegen meines Erachtens hier vor. Daß der Vormieter in der Leistungsnähe des abzuschließenden Mietvertrages und des Vorvertrages steht, ist nicht zu bezweifeln. So ermöglicht seine Bereitschaft zur vorzeitigen Auflösung des Mietverhältnisses es überhaupt erst, daß der Mietvertrag zu einem bestimmten Zeitpunkt hätte beginnen können. Für die Leistungsnähe spricht auch, daß zugleich ein Übernahmevertrag zwischen Vor- und Nachmieter für Gegenstände in der Wohnung abgeschlossen wurde. Auch die Schutzpflicht, die Erkennbarkeit der Einbeziehung und die Schutzwürdigung des Dritten sind meines Erachtens hier gegeben. Denn gerade die Aussage des Nachmieters, der Vormieter solle das Suchen aufhören, er nehme die Wohnung, spricht eindeutig dafür.

Die Auffassung des Amtsgerichts, daß ein Vertrag mit Schutzwirkung zugunsten Dritter nicht zustande gekommen ist, ist hier also abzulehnen.

d) Ansprüche aus culpa in contrahendo

Es läßt sich meines Erachtens auch überlegen, ob den Vormietern nicht ein Anspruch aus culpa in contrahendo, also einem Verschulden vor Vertragsabschluß, zusteht. Dagegen kann nicht, wie es das Amtsgericht sehr einfach tut, eingewandt werden, daß kein „Hauptvertrag" zwischen Vormieter und Nachmieter zustande kommen sollte. Denn vertragliche Beziehungen bestanden zwischen den beiden natürlich, wofür auch der Abschluß des Übernahmevertrages spricht.

---

[11] Vgl. nur Palandt/Heinrichs, § 328 Rdnr. 13 unter Bezug auf BGHZ 49, 353 und BGH, NJW 1959, 1676.

[12] Siehe ausführlich Dahm, JZ 1992, 1167; BGH, NJW-RR 1986, 485.

[13] Siehe dazu nur Palandt/Heinrichs, § 328 Rdnrn. 16 ff. mit ausführlichen weiteren Nachweisen.

Auch das neue Urteil des Bundesgerichtshofes zu den Grundsätzen der Haftung aus culpa in contrahendo in seinem Urteil vom 29. März 1996[14] steht dem meines Erachtens nicht entgegen. Der Bundesgerichtshof führt gerade noch einmal aus:

„Nur wenn der Vertragsabschluß nach den Verhandlungen zwischen den Parteien als sicher anzunehmen ist und in dem hierdurch begründeten Vertrauen Aufwendungen zur Durchführung des Vertrages vor dessen Abschluß gemacht werden, können diese vom Verhandlungspartner unter dem Gesichtspunkt des Verschuldens bei den Vertragsverhandlungen zu erstatten sein, wenn er den Vertragsabschluß später ohne triftigen Grund ablehnt...“

Der BGH setzt sich dann mit dem Zusammenspiel zwischen den Formerfordernissen des § 313 BGB und Ansprüchen aus c.i.c. auseinander, wobei er im Regelfall davon ausgeht, daß die Ansprüche aus c.i.c. hinter den Formzwang des § 313 BGB zurücktreten. Allerdings läßt der BGH dies gerade nicht schrankenlos gelten. Es heißt dann nämlich weiter:

„Die Nichtigkeitsfolge eines Verstoßes gegen die Formvorschriften des § 313 Satz 1 BGB hat indessen zurückzutreten, wenn sie nach den gesamten Umständen mit Treu und Glauben schlechthin nicht zu vereinbaren ist, etwa weil sie die Existenz des anderen Vertragsteils gefährdet ... oder ihre Geltendmachung eine besonders schwerwiegende Treupflichtverletzung bedeutet...“

Schon diese Sätze zeigen, daß der BGH bei den Formvorschriften nicht immer die Voraussetzungen der Haftung aus c.i.c. ablehnt. Sind die Anforderungen eines Vorrangs bei § 313 BGB noch zu Recht als sehr hoch anzusehen, so kann die Schwelle bei § 566 BGB als deutlich herabgesetzt betrachtet werden.

Damit ist es sehr wohl möglich, in Fragen der Verhandlungen im Dreieck Vermieter, Vormieter und Nachmieter eine Treuepflicht des Nachmieters aus c.i.c. auch gegenüber dem Vormieter anzunehmen, wenn er gegenüber diesem ein besonderes Vertrauen in Anspruch genommen hat. Diese Inanspruchnahme von Vertrauen ist besonders dann gegeben, wenn ein Vertragsabschluß als sicher hingestellt wird. Genau dies war hier aber geschehen. Der Nachmieter hatte den Vertragsabschluß als sicher hingestellt, hatte gerade keinen Vorbehalt hinsichtlich des Verkaufs seines bisherigen Hauses gemacht. Dabei hätte dem Nachmieter dieser Umstand bereits im Zeitpunkt der Verhandlungen bekannt sein müssen. Es war ihm durchaus zumutbar, hier einen entsprechenden Vorbehalt anzubringen. Somit bestehen im Verhältnis zwischen Vor- und Nachmieter durchaus auch Ansprüche aus Verschulden bei Vertragsverhandlungen, wenn der Vormieter in die Verhandlungen einbezogen worden ist und ihm gegenüber bestimmte Aussagen gemacht werden.

[14] NJW 1996, 1884 = WuM 1996, 1884.

e) Ergebnis

Im konkreten Fall ist meines Erachtens also ein Vorvertrag zwischen Vermieter und Nachmieter zustande gekommen. Dieser Vorvertrag ist zugleich ein Vertrag mit Schutzwirkung zugunsten Dritter, nämlich des Vormieters. Dabei müssen in solchen Fällen allerdings die strengen Voraussetzungen für einen Vorvertrag und den Vertrag mit Schutzwirkung zugunsten Dritter eingehalten sein. Dies wird in der Praxis lange nicht immer der Fall sein, besonders weil die Voraussetzungen für einen Vorvertrag nicht immer gegeben sein werden. Aber dieser Weg ist geeignet, Ansprüche zwischen Vor- und Nachmieter gut in den Griff zu bekommen.

Stützen kann der Vormieter seine Ansprüche auch noch auf die Grundsätze des Verschuldens bei Vertragsverhandlungen, wobei hier ein besonderes Vertrauen und eine Einbeziehung erforderlich sind.

Im entschiedenen Fall können meines Erachtens die Vormieter wirksam auf die Erstattung der August-Miete klagen, da ihnen gegenüber den Nachmietern ein entsprechender Schadensersatzanspruch zusteht.

Hans-Dieter Jansen und Wilfried J. Köhler

BAULICHE VERÄNDERUNGEN IN EINER WOHNUNGSEIGENTÜMERGEMEINSCHAFT UND DIE SICH HIERAUS ERGEBENDE VERSICHERUNGSPROBLEMATIK

Bauliche Veränderungen werfen eine Vielzahl von Rechtsproblemen auf.[1] Wohnungseigentumsrechtlich versteht man unter einer „baulichen Veränderung" eine Veränderung vorhandener Gebäudeteile sowie jede auf Dauer angelegte gegenständliche Veränderung des gemeinschaftlichen Eigentums, die weder der erstmaligen Herstellung eines nach den Bauplänen, der Baubeschreibung oder dem Aufteilungsplan vorgesehenen oder sonst ordnungsgemäßen Zustandes dient noch eine notwendige Maßnahme der ordnungsgemäßen Instandsetzung oder Instandhaltung darstellt.[2]

Bauliche Veränderungen haben nicht nur allgemeine wohnungseigentumsrechtliche Folgen - z.B. die Auslösung von Beseitigungsansprüchen oder die Anfechtbarkeit von Beschlüssen, die bauliche Veränderungen vorsehen -, sondern auch spezielle versicherungsrechtliche und daraus folgend wiederum wohnungseigentumsrechtliche Probleme.

Betrachtet man bauliche Veränderungen, so können insbesondere zwei Versicherungsverträge der Wohnungseigentümergemeinschaften berührt sein, nämlich die verbundene Wohngebäudeversicherung und die Haus- und Grundstückshaftpflichtversicherung; ein Sonderproblem kann auch die Öltankhaftpflicht-Versicherung (HWG-Versicherung) sein.

Wir wollen diese Probleme am Beispiel einer (fiktiven) Wohnungseigentümergemeinschaft darstellen. Unsere Wohnungseigentümergemeinschaft besteht aus 45 Wohnungs- und 5 Teileigentumseinheiten, die auf 5 baulich getrennte Häuser verteilt sind. In jedem der Häuser befinden sich 9 Wohnungen und 1 Ladenlokal. Die Gebäude sind Anfang der siebziger Jahre erbaut worden, befinden sich jedoch in gutem Erhaltungszustand, weil die Gemeinschaft einen Reparaturstau nicht hat aufkommen lassen. Die Wohnungseigentümergemeinschaft hat im übrigen auch eine vernünftige Instandhaltungsrücklage angesammelt.

---

[1] Vgl. hierzu die Beiträge des 22. Fachgespräches des Evangelischen Siedlungswerkes in Deutschland e.V. vom 23. bis 25. Okt. 1996 in Fischen/Allgäu, demnächst veröffentlicht in PiG, Hammonia-Verlag Hamburg.

[2] Vgl. Belz, Handbuch des Wohnungseigentums, 3. Aufl., Stuttgart 1996, Rdnr. 20.

Auf einer Eigentümerversammlung stehen folgende Entscheidungen zur Abstimmung:

1. Neue Heizungsanlage

Die Gemeinschaft beschließt mit Mehrheit (unangefochten) den Austausch der vorhandenen noch funktionsfähigen Heizungsanlage gegen eine verbesserte, computergesteuerte Anlage, die den Verbrauch optimiert und die Emissionen senkt. Die Kosten von DM 100.000 sind durch die Instandhaltungsrücklage gedeckt.

Wir wollen hier - und bei den folgenden Erörterungen - nicht auf die wohnungseigentumsrechtlichen Probleme der Beschlußfassungen eingehen, sondern die mit der versicherungsrechtlichen Seite zusammenhängenden Probleme aufgreifen.

Der Einbau einer neuen Heizungsanlage stellt eine Wertverbesserung des Gebäudes dar, die Auswirkungen hat auf die Gebäudeversicherung. Die verbundene Wohngebäudeversicherung soll als Versicherungssumme den aktuellen Wiederaufbauwert des Gebäudes am Schadenstag sicherstellen. Aus diesem Grunde wird die Versicherungssumme gebildet aus dem „Gebäudewert 1914", welcher ermittelt wird

- durch Rückrechnung des tatsächlichen Neubauwertes vom Erstellungsjahr auf das Jahr 1914 oder
- durch Gutachten eines vereidigten Sachverständigen (wenn der Neubauwert unbekannt ist) oder
- anhand von Gebäudeausstattungsmerkmalen, die über ein vom Versicherer vorgegebenes Punktesystem zum Gebäudewert 1914 führen.

Wertverbesserungsmaßnahmen (= Werterhöhungen), die nach der Ermittlung der Versicherungssumme ergriffen werden, können somit nicht in der Versicherungssumme enthalten sein. Die „gleitende Neuwertklausel" erfaßt lediglich die **Preis**steigerungen des Gebäudes, die sich im Schadensfall durch erhöhte Baukosten ergeben würden.

Zusätzliche Wertverbesserungen werden von dieser Gleitklausel nicht erfaßt. Die Gemeinschaft muß somit dem Versicherer den gestiegenen Gebäudewert anzeigen, will sie nicht in die Unterversicherung geraten. Auch ein eventuell vom Versicherer für diesen Vertrag gewährter Unterversicherungs-Verzicht[3] erlischt, wenn solche werterhöhenden Umbauten nicht angezeigt werden[4].

Der Verwalter der Eigentümergemeinschaft muß also nach Umsetzung des Beschlusses dem Versicherer die Werterhöhung anzeigen und die Nachversicherung veranlassen.

[3] In den VGB 88, § 16 Abs. 3, ist ein Unterversicherungs-Verzicht enthalten; hierzu muß die Versicherungssumme nach den o.g. drei Kriterien ermittelt worden sein.

[4] In Abs 6 a) des § 16 VGB 88 ist fixiert, daß der Verzicht nicht gilt, wenn nachträgliche wertsteigernde Um-, An- oder Ausbauten nicht unverzüglich dem Versicherer angezeigt wurden.

2. Das Marmortreppenhaus

Die Wohnungs- und der Teileigentümer eines Hauses beantragen, auf eigene Kosten (Kostenpunkt DM 45.000) ihr Treppenhaus mit Marmorboden und -wandfliesen ausstatten zu dürfen; die Gemeinschaft stimmt (unangefochten) zu.

Auch im vorliegenden Fall handelt es sich um eine Werterhöhung der Gebäude, die dem Versicherer gemeldet werden muß, um eine Unterversicherung der **Gesamtanlage, d.h. aller fünf Häuser**, zu vermeiden. Es entspräche nicht ordnungsgemäßer Verwaltung, würde der Verwalter der WEG die Anzeige der Werterhöhung unterlassen. Man darf nicht der irrigen Meinung erliegen, daß die entstehende Unterversicherung lediglich das veränderte Gebäude beträfe.

Hat die Eigentümerversammlung in ihrem Beschluß keine Regelung darüber getroffen[5], daß nur die Eigentümer des aufgewerteten Hauses die zusätzlichen Versicherungskosten tragen müssen, so sind auch die Mehrkosten für die Versicherung von allen Eigentümern zu tragen. Liegt allerdings eine solche Kostenregelung vor, so bleibt dem Verwalter keine andere Wahl, als die dann zu errechnenden Mehrkosten aus der Gesamtprämie herauszuziehen und auf die beteiligten Sondereigentümer umzulegen[6]. Eine separate Einzelversicherung für diese einzelne Werterhöhungsmaßnahme ist versicherungstechnisch nicht realisierbar.

3. Die neuen Hausfassaden

Der vorhandene Rauhputz an den Fassaden ist an allen Gebäuden schadhaft und erneuerungsbedürftig. Anstatt einen neuen Rauhputz aufzubringen, entscheidet sich die Gemeinschaft für die Aufbringung von Klinker, da die Kosten gleich hoch sind (DM 100.000).

Hier handelt es sich um eine bauliche Veränderung, die aber auf die Gebäudeversicherung keine Auswirkung hat, da es sich nicht um eine Wertsteigerung handelt. Die Maßnahme ist versicherungstechnisch wertneutral, da die alte Fassade im Schadensfall zum gleichen Neuwert vom Versicherer ersetzt werden müßte.

Diese Maßnahme hat aber (wie auch die Maßnahmen in unseren beiden ersten Fällen) Auswirkungen auf die Haus- und Grundstückshaftpflichtversicherung. Die Besonderen Bedingungen und Risikobeschreibungen für Hausbesitzer und Bauherren sagen aus, daß die Gemeinschaft als Bauherr und Unternehmer von Bauarbeiten bis zu einer Bausumme von DM 30.000 je Bauvorhaben[7] mitversichert ist. Wird diese Summe überschritten, entfällt zwar die Mitversicherung, es gelten dann jedoch die

---

[5] Eine Regelung könnte auch schon in der Gemeinschaftsordnung getroffen worden sei.

[6] Ob dies allerdings verwaltungsmäßig praktikabel ist, erscheint angesichts einer (geschätzten) Mehrprämie von DM 50 im Jahr zweifelhaft.

Bestimmungen über die Vorsorgeversicherung gemäß § 2 AHB. Danach sind alle neu hinzukommenden Haftpflichtrisiken automatisch und ohne Meldung an den Versicherer so lange versichert, bis der Versicherer den Versicherungsnehmer auffordert, diese neuen Risiken zu melden.

Eine solche Aufforderung besteht bei der Haus- und Grundstücksversicherung regelmäßig in einem Hinweis auf der Rückseite der Prämienrechnung. Der Verwalter hat also eine Anzeigepflicht zum Zeitpunkt des Einganges der Prämienrechnung, da sonst nach einem Monat die Vorsorgeversicherung erlischt.[8]

Der fürsorgliche Verwalter würde die Eigentümer über den Zeitpunkt und die Dauer der Einrüstung informieren, da für die Hausrat- und Einrichtungsversicherung durch die Aufstellung des Gerüstes auch eine anzeigepflichtige Risikoerhöhung vorliegen kann und die einzelnen Eigentümer als Versicherungsnehmer die Meldung an ihren Versicherer geben müssen, sofern sie nicht im Parterre ihr Eigentum haben.

4. Der Bau des Gartenhäuschens

Ein Eigentümer mit einem Sondernutzungsrecht an einem Gartenteil beantragt, ihm die Errichtung eines Gartenhäuschens auf eigene Kosten zu genehmigen, was auch (unangefochten) geschieht.

Zweifellos stellt die Errichtung eines Gartenhäuschens auf einer Sondernutzungsfläche eine bauliche Veränderung mit einer Wertsteigerung dar. In diesem Falle führt jedoch diese Maßnahme **nicht** zu einer Unterversicherung in dem verbundenen Wohngebäudevertrag, da gemäß § 1 Abs. 3 VGB 88 sonstige Grundstücksbestandteile auf dem Grundstück nur aufgrund besonderer Vereinbarung versichert sind. Unterbleibt also die Nachversicherung, so ist das Gartenhäuschen nicht im Gebäudevertrag enthalten und somit unversichert. Weder der Verwalter noch die Gemeinschaft sind verpflichtet, den Wert des Gartenhäuschens dem Gebäudeversicherer der Gemeinschaft anzuzeigen; die Gemeinschaft hat kein Eigeninteresse an der Aufnahme in die Versicherung.

Will der Einzeleigentümer den Versicherungsschutz über den Gebäudevertrag erhalten, so müßte eine entsprechende Vereinbarung mit dem Versicherer getroffen werden. Hierzu wäre die Zustimmung der Gemeinschaft erforderlich. Der Wohnungseigentümergemeinschaft ist anzuraten, diesem Ansinnen nicht zu entsprechen, weil

---

[7] Besondere Bedingungen ... Punkt 1.2 (Abs. 1).

[8] § 2 AHB: „Der Versicherungsschutz beginnt sofort mit dem Eintritt eines neuen Risikos, ohne daß es einer besonderen Anzeige bedarf. Der Versicherungsnehmer ist aber verpflichtet, auf Aufforderung des Versicherers, ..., binnen eines Monats nach Empfang dieser Aufforderung jedes neu eingetretene Risiko anzuzeigen."

bei häufigen Schäden im Gartenhäuschen auch der Gesamtvertrag der Gemeinschaft negativ beeinflußt werden könnte - z.B. durch Kündigung des Vertrages nach Schadenszahlung.

5. Umstellung von Öl- auf Gasheizung

In unserem ersten Fall soll die frühere Heizung eine Ölheizung gewesen sein; nunmehr wird eine Gasheizung installiert.

Wird der bisherige Öltank abgebaut oder mit Sand verfüllt, so liegt versicherungstechnisch ein Risikofortfall vor, der zu einem sofortigen Erlöschen des Haftpflichtvertrages für Öltankrisiken führt. Eine fristgerechte **Kündigung** dieses Vertrages ist somit nicht notwendig und entspräche auch nicht ordnungsgemäßer Verwaltung, da bei einem Risikofortfall die zuviel gezahlte Prämie bis zur nächsten Fälligkeit dem Versicherungsnehmer zusteht. Der Verwalter darf also nicht kündigen, sondern muß dem Versicherer nur den Risikofortfall mitteilen.

Als Resümee können wir festhalten: In der Wohngebäudeversicherung sind sämtliche wertsteigernden Maßnahmen am Gebäude dem Versicherer anzeigepflichtig, unabhängig davon, wer sie veranlaßt und unabhängig davon, in welchem Eigentumsbereich die Maßnahmen vollzogen werden.

Klar wird damit, daß wertsteigernde Veränderungen an Bestandteilen des Gebäudes innerhalb des Sondereigentums, auch wenn es sich nicht um „bauliche Veränderungen" im wohnungseigentumsrechtlichen Sinne handelt, zu Auswirkungen in versicherungsrechtlicher Hinsicht führen. Dies liegt in der altbekannten Problematik begründet, daß der Wohngebäude-Versicherer stets das Gebäude mit seinen Bestandteilen als Ganzes versichert und nicht die wohnungseigentumsrechtliche Trennung zwischen Gemeinschafts- und Sondereigentum vornehmen kann. Der Einzeleigentümer steht also in der Verpflichtung gegenüber der Gemeinschaft, wertsteigernde Maßnahmen an Gebäudebestandteilen entweder separat durch Vereinbarung mit seinem Hausrat- oder Einrichtungsversicherer abzusichern oder - wo dies nicht möglich ist - der Gemeinschaft die Werterhöhung zu melden, um eine Unterversicherung zu vermeiden.

Führt eine bauliche Maßnahme in der Haus- und Grundstückshaftpflichtversicherung zu einer Risikoerhöhung, so regelt sich die Anzeigepflicht über die Bestimmung der Vorsorgeversicherung. Dies kann jedoch nur bauliche Maßnahmen betreffen, bei denen die Gemeinschaft als Bauherr oder Unternehmer von Bauarbeiten auftritt. Ist ein Einzeleigentümer Bauherr, so hat er dieses Risiko selbst abzusichern, da über die Haus- und Grundstückshaftpflichtversicherung der Gemeinschaft keine Mitversicherung existiert.

Wilfried J. Köhler

ARBEITSRECHTLICHE PROBLEME BEI DER VERWALTUNG VON WOHNUNGSEIGENTUM

Arbeitsrecht im Zusammenhang mit dem Wohnungseigentum ist bisher nach meiner Kenntnis in der Literatur noch kaum erörtert worden. Deshalb erscheint es an der Zeit, einige Problembereiche aus der Funktion der Wohnungseigentümergemeinschaft als Arbeitgeber anzusprechen.

1. BERECHTIGUNG ZUM ABSCHLUSS VON VERTRÄGEN

Der Verwalter einer Wohnungseigentumsanlage hat (u. a.) nach § 27 WEG bestimmte Aufgaben und Befugnisse. Ob aus dem Katalog des § 27 WEG eine Befugnis des Verwalters zu entnehmen ist, Verträge für die Wohnungseigentümergemeinschaft über die Einstellung von Arbeitnehmern (Hausmeister oder Reinigungskraft) abzuschließen und zu kündigen, ist streitig.[1] Sehr häufig wird sich aber eine solche Berechtigung jedenfalls aus der Gemeinschaftsordnung, aus dem Verwaltervertrag oder aus Beschlüssen der Wohnungseigentümerversammlungen ergeben.

2. ANBAHNUNG EINES ARBEITSVERHÄLTNISSES

Sucht der Verwalter für eine Eigentümergemeinschaft einen Hausmeister oder eine Reinigungskraft, so wird regelmäßig der Kontakt über das Arbeitsamt oder über eine Zeitungsanzeige hergestellt.

Sofern der potentielle Arbeitnehmer sich mit einer sogenannten Zuweisungs- oder Vermittlungskarte des Arbeitsamtes bei dem Verwalter vorstellt, so besteht hinsichtlich der Vorstellungskosten (die bei ungünstig gelegenen Objekten oder Verwalter-Sitzen durchaus erheblich sein können) keine Verpflichtung der Wohnungseigentümergemeinschaft, die Vorstellungskosten (Fahrtkosten, evtl. Übernachtungskosten, Verpflegungskosten) zu übernehmen. Allerdings kann die Wohnungseigentümergemeinschaft dem Bewerber hinsichtlich der Vorstellungskosten schadensersatzpflichtig werden, wenn der Verwalter dem Arbeitsamt die anderweitige Besetzung der freien Stelle nicht rechtzeitig mitgeteilt hat.[2]

---

[1] Vgl. Henkes/Niedenführ/Schulze, WEG, 3. Aufl., Heidelberg 1995, § 27 Rdnr. 4; Müller, Praktische Fragen des Wohnungseigentums, 2. Aufl., München 1992, Rdnr. 183.

[2] Vgl. BAG AP Nr. 1 zu § 611 Vertragsabschluß = BAG 4, 196; im Falle einer Einstellung eines Arbeitssuchenden hat der Arbeitgeber dies dem Arbeitsamt binnen drei Tagen anzuzeigen.

Stellt sich ein Bewerber ohne vorherige Aufforderung durch den Verwalter vor, so besteht ebenfalls kein Anspruch des Bewerbers auf Erstattung der Vorstellungskosten.

Erst dann, wenn der Verwalter den Bewerber konkret auffordert, sich persönlich vorzustellen, hat der Bewerber Anspruch auf Erstattung der Vorstellungskosten - und zwar unabhängig davon, ob später ein Arbeitsvertrag zustande kommt oder nicht.[3] Soll ein solcher Anspruch ausgeschlossen werden, muß der Verwalter bei der Absprache des Vorstellungstermins oder in seiner schriftlichen Einladung ausdrücklich und unmißverständlich darauf hinweisen, daß keine Vorstellungskosten übernommen werden.

3. ABSCHLUSS DES ARBEITSVERTRAGES

Ist eine geeignete Kraft gefunden, stellt sich die Frage, wie die vertragliche Regelung ausgestaltet werden soll. Grundsätzlich kann ein Arbeitsvertrag auch mündlich abgeschlossen werden. Auch wenn eine Schriftform nicht vorgeschrieben ist, so dürfte eine solche Form geboten sein, um die vertraglichen Vereinbarungen später auch beweisen zu können. Auch im Hinblick auf eine ordnungsgemäße Verwaltung der Gemeinschaft wird nur ein schriftlicher Arbeitsvertrag empfehlenswert, wenn nicht sogar geboten sein.

Neuerdings gibt es das sogenannte Nachweisgesetz.[4] Danach müssen bestimmte Angaben entweder im Arbeitsvertrag oder in einer gesonderten Aufstellung fixiert sein.

Notwendige Angaben sind (vgl. § 2 Abs. 1 NachwG): der Name und die Anschrift der Vertragsparteien, der Zeitpunkt des Beginns des Arbeitsverhältnisses, bei befristeten Arbeitsverhältnissen die vorhersehbare Dauer des Arbeitsverhältnisses, der Arbeitsort, die Bezeichnung oder allgemeine Beschreibung der vom Arbeitnehmer zu leistenden Tätigkeit, die Zusammensetzung und Höhe des Arbeitsentgeltes (einschließlich Zuschläge, Zulagen, Prämien, Sonderzahlungen sowie andere Bestandteile des Arbeitsentgelts) und der Fälligkeit, die vereinbarte Arbeitszeit, die Dauer des jährlichen Erholungsurlaubes, die Kündigungsfristen.

4. NHALT DES ARBEITSVERTRAGES

Der Inhalt des Arbeitsvertrages sollte sich an diesen vom Nachweisgesetz vorgeschriebenen Angaben orientieren. Der Beschreibung der zu verrichtenden Tätigkeiten sollte - insbesondere bei Hausmeistern - große Aufmerksamkeit geschenkt werden,

---

3 Vgl. hierzu Schaub, Arbeitsrechts-Handbuch, 8. Aufl., München 1996; § 26 II (S. 147).

4 Gesetz vom 20.07.1995, BGBl. I, S. 946.

damit später kein Streit hierüber entsteht. Hier sollte dem Hausmeister auch die Abgrenzung zwischen den Tätigkeiten im und am Gemeinschaftseigentum (nur für diese Tätigkeiten wird er von der Gemeinschaft bezahlt) und den Tätigkeiten im Sondereigentum klargemacht werden. Weiter sollten die übliche Arbeitszeit und die Anordnung und Bezahlung von Überstunden genau geregelt werden. Es sollte dabei auch daran gedacht werden, wie besondere Inanspruchnahmen bei Notfällen (z. B. in der Nacht, an Wochenenden oder an Feiertagen) pauschal abgegolten werden können.

Gerade im Hinblick auf die Neigung vieler Wohnungseigentümer und Beiräte, sich selbst Funktionen zuzubilligen, sollte genau geregelt werden, wer welche Anweisungen gegenüber dem Arbeitnehmer erteilen darf. Über diese Regelung sollte dann aber auch in einer Wohnungseigentümerversammlung Konsens - notfalls auch durch Beschluß - herbeigeführt werden. Eine kollidierende Weisungsbefugnis von Verwalter und Wohnungseigentümern bzw. Beiräten sollte auf jeden Fall vermieden werden.

Schließlich sollte auch geregelt werden, ob der Arbeitnehmer der Wohnungseigentümergemeinschaft (hier vorwiegend der Hausmeister) Nebentätigkeiten im Bereich des Sondereigentums oder für Interessen eines einzelnen Eigentümers ausüben darf.

Die Dauer des jährlichen Urlaubes und die Kündigungsfristen sind ebenfalls noch regelungsbedürftige Punkte. Bei den Kündigungsfristen ist zu beachten, daß durch das Kündigungsfristengesetz[5] neue Kündigungsfristen eingeführt wurden und § 622 BGB geändert wurde.

Die Grundkündigungsfrist[6] für ein Arbeitsverhältnis beträgt nach § 622 BGB vier Wochen zum 15. oder zum Ende eines Kalendermonats. Diese Grundkündigungsfrist gilt für **beide** Arbeitsvertragsparteien, sowohl die Wohnungseigentümergemeinschaft als auch der Arbeitnehmer müssen diese Kündigungsfrist beachten. Nach § 622 BGB verlängern sich die Kündigungsfristen abhängig von der Dauer des Arbeitsverhältnisses. Hat das Arbeitsverhältnis z. B. mehr als 10 Jahre bestanden, beträgt die Kündigungsfrist 4 Monate zum Ende eines Kalendermonats.[7] Diese Verlängerungen gelten jedoch **nur für den Arbeitgeber**, es sei denn, im Arbeitsvertrag ist eine Regelung enthalten, daß sich die Kündigungsfrist auch für den Arbeitnehmer verlängert, wenn aufgrund Gesetzes eine Verlängerung der Kündigungsfrist für den Arbeitgeber eintritt. Eine solche Klausel ist zulässig.

---

[5] Gesetz vom 07.10.1993, BGBl. I, S. 1668.

[6] Während einer vereinbarten Probezeit (längstens 6 Monate) kann das Arbeitsverhältnis mit einer Frist von zwei Wochen gekündigt werden. Schon die Vereinbarung der Probezeit bewirkt diese Verkürzung der Kündigungsfrist; die verkürzte Kündigungsfrist muß nicht noch zusätzlich vereinbart werden.

[7] Wegen der anderen Einzelheiten vgl. § 622 BGB.

[8] § 622 Abs. 5 Nr. 2 Satz 1 BGB.

[9] Nach der Kleinunternehmer-Klausel darf der Arbeitgeber nicht mehr als 20 Arbeitnehmer beschäftigen.

Nach der Kleinunternehmerklausel[8], die für Wohnungseigentümergemeinschaften wohl regelmäßig anwendbar ist[9], können die gesetzlichen Kündigungsfristen einzelvertraglich verkürzt werden, wenn die vereinbarte Kündigungsfrist vier Wochen nicht unterschreitet.

Ob eine solche Verkürzung, z. B. bei einem Hausmeister, überhaupt im Interesse einer Wohnungseigentümergemeinschaft steht, dürfte aber zweifelhaft sein. Der Verwalter sollte deshalb mit der Gemeinschaft eine ausgewogene Regelung über die Dauer der Kündigungsfrist absprechen, damit die Gemeinschaft nicht „von heute auf morgen" den Hausmeister verliert.

Wichtiger Regelungspunkt für die Wohnungseigentümergemeinschaft ist auch die Frage, ob dem Hausmeister eine Wohnung zur Verfügung gestellt werden soll.

Bei der Zurverfügungstellung von Wohnungen kann unterschieden werden zwischen einer „Werk**miet**wohnung" und einer „Werk**dienst**wohnung"[10].

Bei der „Werk**miet**wohnung" wird aus Anlaß des Arbeitsvertrages neben dem Arbeitsvertrag auch noch ein separater Mietvertrag über eine der Gemeinschaft (oder einem Dritten) gehörende Wohnung abgeschlossen. Bei Hausmeistern einer Wohnungseigentümergemeinschaft wird es sich meist um eine funktionsgebundene Werkmietwohnung handeln, da das Arbeitsverhältnis die Überlassung des Wohnraumes in unmittelbarer Beziehung oder Nähe zum Arbeitsleistungsort erfordert.

Bei der „Werk**dienst**wohnung" wird neben dem Arbeitsvertrag kein gesonderter Mietvertrag geschlossen.[11] Die Überlassung der Wohnung wird ausschließlich im Arbeitsvertrag geregelt.

Bei der Werk**miet**wohnung kann während der Dauer des Mietverhältnisses eine Mieterhöhung nach den Regeln des MHRG[12] durchgeführt werden. Bei der Feststellung der ortsüblichen Vergleichsmiete besteht allerdings das Problem, daß nur Werkswohnungen als Vergleichsobjekte in Betracht kommen, da sie einen Teilmarkt darstellen.[13]

---

[10] Vgl. hierzu Köhler/Kossmann, Handbuch der Wohnraummiete, 4. Auflage, München 1996, §§ 129 bis 132; Schaub, Arbeitsrechts-Handbuch, § 84.

[11] Vgl. Gassner, Rechtsanwendung beim doppeltypischen Vertrag am Beispiel der Werkdienstwohnung, AcP 86, Bd. 186, 325.

[12] Gesetz durch Regelung der Miethöhe, letzte Änderung vom 15.12.1995, BGBl. I, S. 1722; Fundstelle BGBl. III 402-12-5.

[13] Vgl. LG Göttingen vom 29.03.1982, 5 S 140/81, WM 1985, 154; Schaub, Arbeitsrechts-Handbuch, § 84 III. 2.b) (S. 713).

Bei einer Werk**dienst**wohnung kann eine Mieterhöhung nach dem MHRG nicht durchgeführt werden[14]; bei der Werkdienstwohnung scheidet die Annahme eines selbständigen Mietverhältnisses aus, und das MHRG ist deshalb nicht anwendbar[15]. Lediglich, wenn im Arbeitsvertrag Mieterhöhungsregelungen fixiert sind, kann eine Mieterhöhung vorgenommen werden. Eine einseitig dem Arbeitgeber vorbehaltene Änderung des Mietzinses unterliegt jedoch mindestens einer Überprüfung auf die Einhaltung der Grundsätze billigen Ermessens.[16] Ist keine solche Änderungsmöglichkeit und sind keine Änderungskriterien im Vertrag enthalten, ist wohl eine Änderungskündigung notwendig.[17]

Wirksam wäre nach meiner Auffassung eine Klausel, daß Mieterhöhungen entsprechend dem MHRG vorgenommen werden können. Sofern die Hausmeisterwohnung von der Wohnungseigentümergemeinschaft bei einem Miteigentümer angemietet wurde, könnte in einem Arbeitsvertrag wirksam vereinbart werden, daß der Hausmeister die gleiche Miete und die Nebenkosten zahlen muß, die auch die Wohnungseigentümergemeinschaft an den Vermieter zu zahlen hat, sofern diese Miete auch ortsüblich ist.

Während des Bestandes des Arbeitsverhältnisses kann eine Werk**miet**wohnung nur nach den allgemeinen Vorschriften des Mietrechts gekündigt werden. Die Kündigung einer Werkdienstwohnung ist während der Dauer des Arbeitsverhältnisses nicht möglich, es würde sich hier um eine unzulässige Teilkündigung des Arbeitsvertrages handeln.[18] Wegen der Kündigungsmöglichkeiten nach Beendigung des Arbeitsverhältnisses vgl. § 565c (Werk**miet**wohnung) und 565e (Werk**dienst**wohnung).

Streitigkeiten aus dem Werk**miet**wohnungs-Vertrag sind vor dem ordentlichen Gericht (Abteilung und Kammer für Mietsachen bei Amts- bzw. Landgericht) auszutragen. Umstritten ist, wo die Streitigkeiten auszutragen sind, die mit der Werk**dienst**wohnung zusammenhängen. Nach meiner Auffassung sind hierfür (während des Bestandes des Arbeitsverhältnisses) die Arbeitsgerichte zuständig, weil die arbeitsvertraglichen Regelungen im Vordergrund stehen.

Soll der Hausmeister in eine Werkdienstwohnung der Wohnungseigentümergemeinschaft einziehen, so stellt sich auch die Frage nach der Erstattung der Umzugskosten. Ohne eine vertragliche Abrede über die Erstattung der Umzugskosten ist die Woh-

---

[14] Vgl. Schaub, Arbeitsrechts-Handbuch, § 84 IV. 3. (S. 717) mit weiterem Hinweis auf ArbG Hannover, 14.11.1990, 10 Ca 379/90, BB 1991, 554 = DB 1991, 1838.

[15] Vgl. BAG vom 15.12.1992, 1 AZR 308/92, WM 1993, 353.

[16] Vgl. BAG vom 15.12.1992, a.a.O.

[17] Vgl. hierzu ArbG Hannover, Urteil vom 14.11.1990, 10 Ca 379/90, BB 1991, 554 = DB 1991, 1838; eine Änderungskündigung ist eine Beendigungskündigung mit dem gleichzeitigen Angebot an den Arbeitnehmer, den Vertrag zu geänderten Bedingungen (hier: geänderter Mietzins) fortzusetzen.

[18] Möglicherweise käme hier eine Änderungskündigung in Betracht.

nungseigentümergemeinschaft nicht verpflichtet, diese Kosten zu übernehmen, selbst wenn sie den Bezug der Werkdienstwohnung arbeitsvertraglich vorschreibt. Verpflichtet sich die Wohnungseigentümergemeinschaft, die Umzugskosten zu übernehmen, so kann vertraglich durchaus eine Rückzahlungsklausel vereinbart werden. Nach solchen Klauseln sind die Umzugskosten an die Gemeinschaft zurückzuerstatten, wenn der Arbeitnehmer innerhalb einer bestimmten Frist wieder aus den Diensten der Wohnungseigentümergemeinschaft ausscheidet. Die Bindungsfrist darf nicht unangemessen lang und die Rückzahlung muß für den Arbeitnehmer zumutbar sein. Eine Bindungsdauer von zwei, eventuell auch drei Jahren wird als angemessen betrachtet; zumutbar ist die Rückzahlung dann, wenn die zurückzuzahlenden Kosten nicht mehr als ein Monatsgehalt ausmachen und der Umzug auch im Interesse des Arbeitnehmers lag.

5. ANMELDUNGSPFLICHTEN DER GEMEINSCHAFT

Beschäftigt die Wohnungseigentümergemeinschaft Arbeitnehmer, so entstehen für sie Meldepflichten.

Ist der Arbeitnehmer kranken-, renten- oder arbeitslosenversicherungspflichtig, so ist der Arbeitgeber verpflichtet, den Arbeitnehmer bei der zuständigen Krankenkasse (AOK, Ersatzkasse) anzumelden. Diese Verpflichtung trifft bei der Wohnungseigentümergemeinschaft den Verwalter.

Auch bei einer geringfügigen Beschäftigung, wenn also keine Sozialversicherungspflicht besteht, ist von dem Verwalter für die Wohnungseigentümergemeinschaft eine Meldung bei der zuständigen Ortskrankenkasse abzugeben. Diese Meldung dient der Überprüfung, ob der gemeldete Arbeitnehmer mehrere (geringfügige) Beschäftigungsverhältnisse ausübt und somit sozialversicherungspflichtig geworden ist.

Gerade bei den geringfügig Beschäftigten ist durch den Verwalter der Wohnungseigentümergemeinschaft eine genaue Überprüfung vorzunehmen, ob eine Sozialversicherungsfreiheit besteht. Hierzu muß sich der Verwalter von dem Arbeitnehmer genaue Angaben machen und schriftlich bestätigen lassen, ob und in welchem Umfange weitere (geringfügige) Tätigkeiten ausgeübt werden. Stellt sich nämlich später heraus, daß der Arbeitnehmer entgegen den gemachten Angaben weitere geringfügige Tätigkeiten ausübt, durch die eine Sozialversicherungspflicht eingetreten ist, so kann die Gemeinschaft jedenfalls die Arbeitnehmeranteile noch vom Lohn des Arbeitnehmers einhalten. Nach § 28g SGB IV darf nämlich bei einem unterbliebenen Abzug von Sozialversicherungsbeiträgen dieser Abzug nur bei den nächsten drei Lohn- oder Gehaltszahlungen nachgeholt werden. Dabei ist bei dem nachträglichen Abzug der Pfändungsschutz (vgl. § 394 Satz 1 BGB) zu beachten. Nur dann, wenn der Abzug ohne Verschulden des Arbeitgebers unterblieben ist - was dann der Fall ist, wenn der Arbeitnehmer andere Tätigkeiten verschwiegen hat -, darf ohne zeitliche Begrenzung der nachträgliche Abzug vorgenommen werden.

Ob eine Nebentätigkeit sozialversicherungsfrei ist, ist nach § 8 SGB IV und den erlassenen Geringsfügigkeits-Richtlinien[19] zu beurteilen. Auf Einzelheiten kann hier nicht eingegangen werden.

Beschäftigt die Wohnungseigentümergemeinschaft einen Arbeitnehmer, so muß sie als Arbeitgeber auch Beiträge an die Berufsgenossenschaft (zuständig ist die Verwaltungsberufsgenossenschaft in Hamburg) abführen. Die notwendigen Meldungen sind durch den Verwalter vorzunehmen.

6. PROBLEME WÄHREND DES ARBEITSVERHÄLTNISSES

Der Arbeitnehmer einer Wohnungseigentümergemeinschaft hat seine Arbeitsleistung in Person und mängelfrei zu erbringen.

Der Verwalter der Wohnungseigentümergemeinschaft muß in diesem Zusammenhang die kontinuierliche und mängelfreie Arbeitsleistung der Arbeitnehmer der Wohnungseigentümergemeinschaft laufend kontrollieren. Verletzt er seine Überwachungsaufgabe, so könnte er sich selbst gegenüber der Wohnungseigentümergemeinschaft schadensersatzpflichtig machen, wenn der Gemeinschaft ein materieller Schaden entstanden ist.

6.1 Nichtleistung

Arbeitet der Arbeitnehmer überhaupt nicht, so geht er seines Vergütungsanspruches verlustig, wenn er die Nichtleistung zu vertreten hat. Macht also beispielsweise der Hausmeister „blau", so muß die Wohnungseigentümergemeinschaft für die Fehlzeiten keine Vergütung zahlen. Allerdings ist die Wohnungseigentümergemeinschaft im Falle eines Streites über die Gehaltszahlungspflicht darlegungs- und beweispflichtig, an welchen Tagen der Arbeitnehmer nicht gearbeitet hat. Hierbei kann die Wohnungseigentümergemeinschaft den Verwalter oder andere dritte Personen, die nicht der Gemeinschaft angehören, als Zeugen benennen. Die der Wohnungseigentümergemeinschaft angehörenden Eigentümer können als Partei nicht selbst Zeugen sein; wichtig ist also, daß der (nicht der Gemeinschaft angehörende) Verwalter seine Kontrollfunktion wahrnimmt.

Die Wohnungseigentümergemeinschaft könnte eine fristlose Kündigung aussprechen, wenn die Fortsetzung des Arbeitsverhältnisses für die Wohnungseigentümergemeinschaft unzumutbar ist. Dies wird wohl nur dann der Fall sein, wenn der Arbeitnehmer auch nach Abmahnung die Arbeitsleistung nicht erbringt.

[19] Abgedruckt bei Aichberger, Sozialgesetzbuch/Reichsversicherungsordnung, Textsammlung, München, Loseblattsammlung.

Eine Abmahnung kann von dem Verwalter ausgesprochen werden. Er ist derjenige, der befugt ist, Anweisungen wegen des Ortes, der Zeit sowie der Art und Weise der vertraglich geschuldeten Arbeitsleistung zu erteilen. Die Abmahnung ist keine Willenserklärung im Rechtssinne, sondern eine geschäftsähnliche Handlung.[20] Aus diesem Grund bedarf der Verwalter auch keiner Vollmacht für den Ausspruch der Abmahnung, und die Abmahnung kann auch nicht wegen fehlender Vollmacht zurückgewiesen werden.[21]

Eine Abmahnung muß enthalten: die konkrete Beschreibung des zu rügenden Verhaltens des Arbeitnehmers und die Androhung von Rechtsfolgen, sofern das Verhalten nicht geändert wird.

6.2 Schlechtleistung

Erbringt der Arbeitnehmer zwar seine Arbeitsleistung, ist diese aber mit Mängeln behaftet, so spricht man von einer Schlechtleistung. Dazu gehören die Fälle, daß die Reinigungskraft unsauber putzt oder der Hausmeister ihm anvertraute Geräte beschädigt, fehlerhafte Reparaturen ausführt usw.

In solchen Fällen kann eine Kündigung ausgesprochen werden; eine fristlose Kündigung jedoch nur dann, wenn zuvor eine Abmahnung erfolgte und nach der Abmahnung gleichwohl erneut gleichartige Mängel in der Arbeitsleistung auftreten.

Im Rahmen der Schlechtleistung taucht immer wieder die Fragestellung auf, ob der Arbeitnehmer für seine mangelhafte Leistung (die z. B. die Beschädigung eines Rasenmähers zur Folge hatte) haftet. Grundsätzlich hat ein Arbeitnehmer dann Schadensersatz zu leisten, wenn er die Schlechtleistung zu vertreten hat (also Vorsatz oder Fahrlässigkeit vorliegt) und wenn ein Schaden entstanden ist, der kausal mit der Vertragsverletzung zusammenhängt.

Im Rahmen der Inanspruchnahme eines Arbeitnehmers ist zu berücksichtigen, daß die Rechtsprechung des BAG eine Beschränkung der Arbeitnehmerhaftung entwickelt hat.[22] Der Begriff der „gefahrgeneigten Arbeit" ist dabei aufgegeben worden. Nach dieser Rechtsprechung tritt eine beschränkte Arbeitnehmerhaftung dann ein, wenn die Arbeiten, bei denen ein Schaden entstanden ist, durch den „Betrieb" (hier die Wohnungseigentümergemeinschaft) veranlaßt und die Arbeiten aufgrund eines Arbeitsverhältnisses geleistet wurden. Grobfahrlässig vom Arbeitnehmer verursachte Schäden sind vom Arbeitnehmer allein zu tragen; Schäden, die mit mittlerer Schuld (mittlere Fahrlässigkeit) verursacht wurden, sind zwischen dem Arbeitnehmer und dem Arbeitgeber zu teilen; Schäden, die mit geringer Schuld (geringer Fahrlässigkeit) verursacht wurden, sind vom Arbeitgeber allein zu tragen.

---

[20] Schaub, Arbeitsrechts-Handbuch, § 61 IV 1 b) (S. 442).

[21] Vgl. § 174 BGB.

[22] Vgl. insbesondere BAG GS vom 27.09.1994, NZA 1994, 1083 = DB 1994, 2237.

All dies hat der Verwalter zu prüfen und der Wohnungseigentümergemeinschaft die notwendigen Aufklärungen und Empfehlungen im Rahmen einer Wohnungseigentümerversammlung zu geben.

6.3 Krankheitsfall

Im Falle unverschuldeter Nichtleistung der Arbeit infolge Krankheit behält der Arbeitnehmer seinen Anspruch auf Arbeitsvergütung.

Ist im Arbeitsvertrag konkret die Höhe der Entgeltfortzahlung geregelt, so ist diese Regelung maßgebend. Findet sich im Arbeitsvertrag jedoch keine Regelung, so gilt das Entgeltfortzahlungsgesetz, welches zum 01.10.1996 geändert wurde.[23] Danach ist der Arbeitgeber nur noch verpflichtet, 80 % des bisherigen Entgeltes für sechs Wochen fortzuzahlen.

6.4 Schwangerschaft

Eine schwangere Arbeitnehmerin der Wohnungseigentümergemeinschaft unterliegt den Schutzvorschriften des Mutterschutzgesetzes. Einer schwangeren Frau darf vom Beginn der Schwangerschaft bis zum Ablauf von vier Monaten nach der Entbindung nicht gekündigt werden; dies ist ein absolutes Kündigungsverbot, d. h. jegliche Kündigung ist rechtsunwirksam.

Werdende oder stillende Mütter dürfen nicht mit schweren körperlichen Arbeiten und nicht mit Arbeiten, bei denen sie schädlichen Immissionen (Staub, Hitze, Kälte, Nässe usw.) ausgesetzt sind, beschäftigt werden.

Vor der Entbindung dürfen werdende Mütter nicht beschäftigt werden, wenn aufgrund eines ärztlichen Zeugnisses Leben und Gesundheit von Mutter und Kind bei einer Weiterbeschäftigung gefährdet würden. Nach der Entbindung besteht ein absolutes Beschäftigungsverbot für die Dauer von 8 Wochen, d. h. der Arbeitgeber darf die Mutter in dieser Zeit - auch wenn die Mutter einverstanden wäre - nicht beschäftigen. Der Verwalter hat auf diese Beschäftigungsverbote zu achten. Eine Mißachtung dieser Vorschriften stellt entweder eine Ordnungswidrigkeit oder eine Straftat dar.[24]

[23] Vgl. Art. 3 Arbeitsrechtliches Gesetz zur Förderung von Wachstum und Beschäftigung, BGBl. I vom 27.09.1996, S. 1476.

[24] Vgl. § 21 MuSchG.

7. KÜNDIGUNG DES ARBEITSVERHÄLTNISSES

Die ordentliche Kündigung macht vom Grundsatz her keine besondere Schwierigkeit. Griffe das Kündigungsschutzgesetz ein, so könnte die fristgerechte Kündigung nur dann ausgesprochen werden, wenn Gründe in der Person oder dem Verhalten des Arbeitnehmers oder dringende betriebliche Gründe vorlägen - wenn also die Kündigung sozial gerechtfertigt wäre. Weil das Kündigungsschutzgesetz aber erst eingreift, wenn mehr als 10 Arbeitnehmer von der Wohnungseigentümergemeinschaft beschäftigt werden[25], kann eine Kündigung frei ausgesprochen werden, sofern die Kündigung nicht sittenwidrig wäre. Hinsichtlich der Kündigungsfristen für eine ordentliche Kündigung vgl. § 622 BGB.

Die fristlose Kündigung kann nur dann ausgesprochen werden, wenn Tatsachen vorliegen, die unter Berücksichtigung aller Umstände und unter Abwägung der Interessen beider Vertragsteile dem Kündigenden eine Fortsetzung des Vertragsverhältnisses unzumutbar machen.[26]

Wichtig für den Verwalter ist, daß eine fristlose Kündigung nur innerhalb von zwei Wochen erfolgen kann (§ 626 Abs. 2 BGB); diese Frist beginnt mit dem Zeitpunkt, in dem der Kündigungsberechtigte von den die fristlose Kündigung rechtfertigenden Tatsachen Kenntnis erlangt. Ist also der Verwalter aufgrund Gemeinschaftsordnung, Verwaltervertrag oder Beschluß zum Ausspruch von Kündigungen berechtigt, so muß er dafür sorgen, daß die Kündigung innerhalb dieser Frist dem Arbeitnehmer zugeht. Ist der Verwalter nicht kündigungsberechtigt, so muß er unverzüglich eine Eigentümerversammlung einberufen, um einen Kündigungsbeschluß zu erwirken und um die Kündigung fristgerecht aussprechen zu lassen. Vorsicht ist bei der Einladung geboten. Werden dort schon die Tatsachen dargestellt, die zu einer fristlosen Kündigung berechtigen, so hat der Kündigungsberechtigte (die Gemeinschaft der Wohnungseigentümer) mit Zugang der Einladung Kenntnis im Sinne des § 626 Abs. 2 BGB erlangt. Die Eigentümerversammlung darf also nicht so spät anberaumt werden, daß die Frist von zwei Wochen schon abgelaufen ist.

Erklärt der Verwalter die Kündigung, so muß er damit rechnen, daß diese wegen fehlender Vollmachtsvorlage aufgrund § 174 BGB zurückgewiesen wird. Mit der Zurückweisung würde die Kündigung unwirksam. Der Verwalter sollte deshalb stets seine Original-Vollmacht, aus der die Kündigungsberechtigung hervorgeht, der Kündigungserklärung beifügen.

---

[25] Vgl. aber Köhler, Wohnungseigentum und Arbeitsrecht, PiG Nr. 44, S. 163 ff., Hammonia-Verlag Hamburg 1995 = DWE 1995, 99 ff.

[26] § 626 BGB.

Prof. Dr. Wolfgang Lüke

ZU DEN DULDUNGSPFLICHTEN DES WOHNUNGSEIGENTÜMERS IM RAHMEN VON INSTANDSETZUNGS- UND INSTANDHALTUNGSMASSNAHMEN

I. EINLEITUNG

1. Die Instandhaltung und Instandsetzung des gemeinschaftlichen Eigentums gehört zur ordnungsmäßigen Verwaltung und obliegt als solche den Wohnungseigentümern. Sie üben die Verwaltung gemeinschaftlich aus. Dies geschieht mit dem Mittel des Mehrheitsbeschlusses (§ 21 Abs. 5 Nr. 2 WEG). Zugleich gehört gem. § 27 Abs. 1 Nr. 2 WEG die ordnungsmäßige Instandhaltung und Instandsetzung zu den Aufgaben des Verwalters. Diesem steht also in gewissem Umfang eine konkurrierende Kompetenz zu.

Die Instandhaltung und Instandsetzung des Sondereigentums obliegt dem einzelnen Wohnungseigentümer.[1] Bei der Instandsetzung von Sondereigentum oder des gemeinschaftlichen Eigentums kann es erforderlich sein, das Sondereigentum eines einzelnen Wohnungseigentümers zu betreten oder gar in dieses einzugreifen. Eine solche Möglichkeit hat der Gesetzgeber des WEG durchaus gesehen und für die Situation der Instandhaltung des gemeinschaftlichen Eigentums eine gesetzliche Duldungspflicht des einzelnen Wohnungseigentümers in § 14 Nr. 4 WEG festgelegt. Danach sind das Betreten und die Benutzung der im Sondereigentum stehenden Gebäudeteile zu gestatten, sofern dies zur Instandhaltung und Instandsetzung des gemeinschaftlichen Eigentums erforderlich ist. Die durch den Eingriff entstehenden Schäden sind durch einen verschuldensunabhängigen Schadensersatzanspruch gem. § 14 Nr. 4 2. Hs. WEG auszugleichen.[2] Die Vorschrift entspricht in mancher Hinsicht dem Ausgleichsanspruch des § 906 Abs. 2 S. 2 BGB des Nachbarrechts, worauf an anderer Stelle noch einzugehen sein wird.[3] Für die zweite der dargestellten Situationen, nämlich die notwendige Einwirkung auf Sondereigentum zum Zwecke der Instandhaltung und Instandsetzung eines anderen Sondereigentums, fehlt es an einer dem § 14 Nr. 4 WEG entsprechenden Regelung. Überwiegend wird aber auch für einen solchen Fall

---

[1] Zu dieser Pflicht und ihren Grenzen siehe BayObLG, WE 1991, 224; vgl. auch BayObLG, WE 1994, 21; Weitnauer/Lüke, WEG-Kommentar, 8. Aufl. 1995, § 14 Rdn. 2; Bärmann/Pick, WEG-Kommentar, 13. Aufl. 1994, vor § 13 Rdn. 12; Sauren, WEG, 2. Aufl. 1995, § 14 Rdn. 2.

[2] BayObLG, WE 1987, 160; Bärmann/Pick, a.a.O., § 14 Rdn. 15 m.w.N.; Erman/Ganten, 9. Aufl. 1993, WEG § 14 Rdn. 2b.

[3] Teilweise wird in der Norm auch ein Aufopferungsanspruch gesehen, z.B. Erman/Ganten, a.a.O., WEG § 14 Rdn. 2c; Soergel/Stürner, Bürgerliches Gesetzbuch, 12. Aufl. 1990, WEG § 14 Rdn. 4; s. auch Weitnauer/Lüke, a.a.O., § 13 Rdn. 6; BayObLG, NJW-RR 1994, 1104, 1105; KG, NJW-RR 1986, 696.

eine Duldungspflicht des Wohnungseigentümers angenommen. Grundlage für diese Pflicht ist das Gemeinschaftsverhältnis der Wohnungseigentümer[4], das durch § 14 WEG und im übrigen durch den allgemeinen Grundsatz von Treu und Glauben (§ 242 BGB) geprägt wird.[5] Auch in diesem Fall wird für die Beeinträchtigungen am Sondereigentum des Duldungspflichtigen ein Schadensersatzanspruch gem. § 14 WEG, § 242 BGB unter denselben Voraussetzungen wie nach § 14 Nr. 4 WEG angenommen.[6] Diese zunächst allgemein anerkannte und recht klare Regelung der Kollision gegenläufiger Interessen in der Wohnungseigentümergemeinschaft birgt gleichwohl einige Probleme, die im folgenden erörtert werden sollen. Anlaß dazu bieten Entscheidungen aus neuerer Zeit, die grundsätzliche Fragen dieses Anspruchs betreffen.

2. Zur Veranschaulichung der Schwierigkeiten sollen zunächst zwei der in der Rechtsprechung entschiedenen Sachverhalte dargestellt werden.

a) In einem vom BayObLG im Juni 1996 entschiedenen Fall[7] verlangten die Wohnungseigentümer von einem Mitglied der Gemeinschaft, daß dieses es dulde, wenn ein durch seine Wohnung führendes, der Versorgung einer anderen Wohnung dienendes Heizungsrohr von seinem Sondereigentum aus repariert und hierzu seine Wohnung von den Handwerkern, der Verwaltung und Mitarbeitern der Versicherung betreten werde, um die notwendigen Feststellungen zu treffen. Die Wohnungseigentümer stützen ihr Begehren dabei neben § 14 Nr. 4 WEG auf entsprechende Bestimmungen in der Gemeinschaftsordnung, die bei Vorliegen eines wichtigen Grundes die Wohnungseigentümer verpflichtete, dem Verwalter die Besichtigung der im Sondereigentum stehenden Räume zu im einzelnen angegebenen Zeiten nach vorheriger Anmeldung zu gestatten. Das um eine Entscheidung ersuchte Amtsgericht hatte dem Antrag insoweit stattgegeben und einen Beschluß erlassen, der die Duldungspflichten des Antragsgegners detailliert feststellte.[8]

Das BayObLG, das über die weitere Beschwerde gegen die zurückweisende Entscheidung des LG zu befinden hatte, sah zwar grundsätzlich auch das Betreten der Wohnung zum Zwecke der Ermittlung des Schadens als von § 14 Nr. 4 WEG erfaßt an; bei Auslegung des WEG und der Gemeinschaftsordnung sei allerdings zu berücksichtigen, daß die hier in Rede stehende Verpflichtung das Grundrecht der Unverletzlichkeit der Wohnung berühre (Art. 13 Abs. 1 GG). An die Voraussetzungen einer solchen Verpflichtung seien daher strenge Anforderungen zu stellen.

---

[4] BayObLG, WE 1994, 22 m.w.N.

[5] BayObLG, WE 1990, 29 f.; BayObLG, WE 1994, 22; Soergel/Stürner, a.a.O., WEG § 14 Rdn. 4.

[6] BayObLG, WE 1990, 29; vgl. auch BayObLG, WE 1994, 22; Soergel/Stürner, a.a.O., WEG § 14 Rdn. 4; Bärmann, Wohnungseigentum, 1991, Rdn. 335.

[7] BayObLG, NJWE-MietR 1996, 229.

[8] Der Beschluß nannte im einzelnen genaue Zeiten, in denen das Betreten der Wohnung zu dulden war, sowie die einzelnen in der Wohnung durchzuführenden Maßnahmen; zum Wortlaut siehe die Wiedergabe in BayObLG, NJWE-MietR 1996, 229, 230.

b) In einem anderen Beschluß mußte sich das KG[9] mit folgendem Sachverhalt befassen: Von einem Wohnungseigentümer wurde die Duldung von Schallschutzarbeiten zur Beseitigung ursprünglicher Baumängel verlangt. Die Verwalterin hatte der gerichtlichen Verfolgung der Ansprüche auf Duldung von Schallschutzmaßnahmen durch die antragsstellende Wohnungseigentümerin zugestimmt. Neben der Frage, wer nach dem Gesetz zur Geltendmachung des Duldungsanspruchs nach § 14 Nr. 4 WEG befugt ist, befaßte sich das Gericht – trotz eines fehlenden Antrages – in seiner Entscheidung auch mit dem Problem, ob der Duldungspflichtige vor seiner Inanspruchnahme eine Sicherheitsleistung für die zu erwartenden Schäden verlangen kann. Nach Auffassung des KG dürfen dem Wohnungseigentümer keine unmittelbaren Nachteile aus der Duldung erwachsen. Er könne daher in Anbetracht der erheblichen Beschädigung des Sondereigentums eine Sicherheitsleistung verlangen.[10]

3. Im weiteren sollen die mit der Duldungspflicht zusammenhängenden Fragen erörtert werden. Zunächst wird der Umfang der Duldungspflicht näher untersucht. Es geht dabei insbesondere um den Inhalt der Duldungspflicht sowie die Auslegung des § 14 Nr. 4 WEG und entsprechender Regelungen in der Gemeinschaftsordnung unter den Aspekten des Grundrechtsschutzes. In dem anschließenden Abschnitt wird die Aktivlegitimation für den Anspruch untersucht. Dem schließt sich in einem letzten Abschnitt eine Erörterung des ersatzfähigen Schadens sowie eines möglicherweise bestehenden Anspruchs auf Sicherheitsleistung an.

II. INHALT UND UMFANG DER DULDUNGSPFLICHT

1. Während der Wortlaut des § 14 Nr. 4 WEG eindeutig zu sein scheint, indem dort von einer Gestattung bestimmter Maßnahmen die Rede ist, hat sich in der Rechtsprechung immer wieder die Frage gestellt, inwieweit auch Handlungspflichten für den einzelnen Wohnungseigentümer aus der Vorschrift abzuleiten sind. Völlig unstreitig ist, daß das Öffnen und Zutrittverschaffen ebenso unter die Norm fällt wie die reine Duldung; denn dabei handelt es sich nur um eine Beseitigung von Vorrichtungen, mit denen der Wohnungseigentümer das zu duldende Betreten verhindern wollte.[11] Problematisch sind dagegen Fälle, in denen die Wohnungseigentümer weitergehende Mitwirkung des Einzelnen verlangen. So wurde bei der Reparatur einer Terrasse durch die Gemeinschaft vom einzelnen Wohnungseigentümer die Beseitigung von Pflanztrögen verlangt.[12]

---

[9] NJW-RR 1986, 696.

[10] KG, NJW-RR 1986, 696, 697.

[11] Für das Mietrecht vgl. Marschollek, ZMR 1985, 1, 2; Kraemer, in: Bub/Treier, Handbuch der Geschäfts- und Wohnraummiete, 2. Aufl. 1993, III A Rdnr. 1094.

[12] BayObLG, NJWE-MietR 1996, 36 f.

Die Problematik scheint eine Parallele in der Auslegung des § 541a BGB zu finden, nach dem der Mieter ein Einwirken auf die Mietsache zu dulden hat, wenn dies zur Erhaltung der Mietsache erforderlich ist. Die zu dieser Vorschrift vertretenen Auffassungen gehen zwar auseinander. Überwiegend wird allerdings eine Pflicht des Mieters verneint, die Mietsache von dem eingebrachten Gut zu räumen, soweit dies unter dem Aspekt der Instandsetzung der Mietsache erforderlich ist.[13] Meist wird neben dem Wortlaut der Vorschrift[14] darauf verwiesen, daß der Gegenauffassung die fehlerhafte Überlegung zugrunde liege, der Mieter habe die Mietsache in ihrem ursprünglichen Zustand bereitzustellen; eine solche Pflicht bestehe aber nur bei Rückgabe des Mietgegenstandes und lasse sich aus dem Mietverhältnis nicht ableiten.

Selbst wenn man sich diesen Überlegungen für den Bereich des Mietrechts anschließt, so folgt daraus nicht zwingend eine entsprechende Lösung der parallelen Problematik im Wohnungseigentumsrecht. Zu beachten sind nämlich die Unterschiede der Schuldverhältnisse zwischen Mieter und Vermieter einerseits und der Wohnungseigentümer untereinander andererseits. Die Wohnungseigentümer bilden eine Gemeinschaft, deren Mitglieder in weiten Teilen gleichgerichtete Interessen haben, da diese auf dieselbe Wohnungseigentumsanlage und ihren Erhalt gerichtet sind.[15] Gerade der Umstand, mit ihrem sonderrechtsfähigen Eigentum in einem unauflöslichen Zusammenhang mit den anderen Wohnungseigentümern zu stehen (§ 11 WEG), verpflichtet sie in besonderem Maße zu gegenseitiger Rücksichtnahme. Diese Besonderheit drückt sich letztlich in der "regula aurea" des § 14 Nr. 1 WEG aus. Hierin besteht ein wesentlicher Unterschied zu synallagmatischen Verhältnissen, die trotz der Verpflichtung zur Rücksichtnahme etwa nach den Bestimmungen des sozialen Mieterschutzes selbst im Mietrecht von einem zwischen den Vertragsparteien bestehenden Gegensatz der Interessen geprägt sind.[16]

Auch der Wortlaut des § 14 Nr. 4 WEG bietet nur ein wenig überzeugendes Argument für die Beschränkung des Wohnungseigentümers auf die bloße Duldung von Maßnahmen. Dies zeigt sich schon bei der Instandhaltung und Instandsetzung von Sondereigentum. Hier wird die Duldungspflicht des anderen Wohnungseigentümers aus dem Gemeinschaftsverhältnis abgeleitet.[17] Die Regelungen zu diesem Fragenbereich im WEG sind mithin nicht erschöpfend. Die Arbeiten am gemeinsamen Eigentum dienen aber in viel stärkerem Maße als im Mietrecht auch dem Interesse des einzelnen Wohnungseigentümers, da letzterer selbst an diesem Eigentum beteiligt

---

[13] Staudinger/Emmerich, BGB, 13. Bearb. 1995, §§ 541a f. Rdn. 21; Erman/Jendrek, BGB, 9. Aufl. 1993, § 541a Rdn. 4 m.w.N.; Emmerich/Sonnenschein, Miete, 6. Aufl. 1991, §§ 541a f. Rdn. 6; Marschollek, ZMR 1985, 1; 1986, 346; a.A. Palandt/Putzo, BGB, 55. Aufl. 1996, § 541a Rdn. 7; Schläger, ZMR 1985, 193; ZMR 1986, 348.

[14] Ausführlich Marschollek, ZMR 1985, 1, 2.

[15] Für Einzelheiten s. Weitnauer/Lüke, a.a.O., § 10 Rdn. 10 ff.

[16] Hierzu Marschollek, ZMR 1985, 1, 4, der gerade deshalb für den Mietvertrag eine Mitwirkungspflicht des Mieters ablehnt.

[17] Vgl. Fn. 5.

ist. Schon hieraus folgt, daß die Mitwirkungspflicht nicht ausnahmslos auf reine Duldung beschränkt werden kann. So hat auch das BayObLG[18] Mitwirkungspflichten nicht vollständig, sondern nur für Arbeiten von erheblichem Umfang abgelehnt[19]. Aus dem Gemeinschaftsverhältnis wird man den Wohnungseigentümer grundsätzlich als verpflichtet ansehen müssen, kleinere Tätigkeiten durchzuführen, wie etwa Räumungen, die mit einem geringen Zeitaufwand und körperlichen Einsatz erledigt werden können und deren persönliche Ausführung meist auch schon im Interesse des jeweiligen Wohnungseigentümers liegt. Entsprechendes gilt für geringfügige Nacharbeiten derartiger Instandhaltungs- und Instandsetzungsarbeiten. Abzustellen ist dabei nicht nur auf den Umfang der Arbeiten, sondern auch auf die persönlichen Möglichkeiten des einzelnen Wohnungseigentümers. Ihm muß diese Tätigkeit zumutbar sein. Dieser Maßstab ermöglicht eine Berücksichtigung der Umstände des konkreten Einzelfalles.[20]

2. Die Duldungspflichten[21] setzen allerdings voraus, daß die Maßnahme zur Instandhaltung und Instandsetzung des gemeinschaftlichen Eigentums erforderlich ist. Dieses Merkmal ist nicht nur dann erfüllt, wenn die Instandhaltung und Instandsetzung lediglich auf diesem Wege möglich ist. Vielmehr ist auch hier von der Wohnungseigentümergemeinschaft eine Abwägung vorzunehmen; denn wie bei allen Maßnahmen der Instandhaltung und Instandsetzung haben die Wohnungseigentümer die Grundsätze wirtschaftlicher Verwaltung zu beachten.[22] Daraus folgt freilich nicht, daß etwa der Wohnungseigentümer die Abfuhr von Baumüll durch seine Wohnung stets zu dulden hat, da diese Form der Reparaturvornahme kostengünstiger ist als das Aufstellen eines Gerüstes. Vielmehr sind dabei auch die Belange des Wohnungseigentümers in die Abwägung zu stellen.[23]

Genau in diesem Zusammenhang ist zu berücksichtigen, daß bei der hier in Rede stehenden Interessenlage verschiedene Belange betroffen sind, die im Wege der mittelbaren Drittwirkung[24] auch grundrechtlichen Schutz genießen. Dabei geht es zunächst um das Recht der Wohnungseigentümer aus Art. 14 Abs. 1 S. 1 GG sowohl hinsichtlich des gemeinschaftlichen Eigentums als auch hinsichtlich des jeweils betrof-

---

[18] NJWE-MietR 1996, 36 f.

[19] Im konkreten Fall handelte es sich um Arbeiten, die den Aufwand von 12 Facharbeiter- und Helferstunden erforderten, NJWE-MietR 1996, 37. Wörtlich heißt es dazu: "...läßt sich dem Gesetz aber nicht entnehmen, daß ein Wohnungseigentümer verpflichtet ist, alle Gegenstände in seinem Sondereigentum, die die Sanierung von Gemeinschaftseigentum behindern, auf seine Kosten zu entfernen. Dies gilt jedenfalls für die hier notwendig gewordenen Arbeiten, ..."

[20] In diesem Sinne ähnlich für das Mietrecht Kraemer, in: Bub/Treier, a.a.O., III A Rdn. 1094.

[21] Trotz der hier vertretenen Annahme von darüber hinaus bestehenden Mitwirkungspflichten soll aus Gründen der terminologischen Vereinfachung weiterhin von Duldungspflichten die Rede sein, mit denen aber zugleich Mitwirkungspflichten im o.g. Sinne bezeichnet werden sollen.

[22] BayObLG, WM 1989, 539; 1989, 657.

[23] Das KG (NJW-RR 1986, 696, 697) spricht in diesem Zusammenhang von einer Zumutbarkeitsprüfung.

[24] Dies gilt auch für die Auslegung von Gemeinschaftsordnungen, BayObLG, NJWE-MietR 1996, 229 ff.

fenen Sondereigentums. Der Gesetzgeber hat diesen Interessenwiderstreit zugunsten ersterer entschieden und für den einzelnen Sondereigentümer eine Kompensation im Wege eines verschuldensunabhängigen Schadensersatzanspruchs vorgesehen. Daneben ist aber auch der Schutzbereich des Art. 13 Abs. 1 GG betroffen[25], denn auch diese Vorschrift hat im Verhältnis Privater untereinander mittelbare Drittwirkung[26]. Die Regelung des § 14 Nr. 4 WEG scheint unter dem Schrankenvorbehalt des Art. 13 Abs. 3 GG zu fallen. Danach darf eine Beschränkung des Grundsatzes der Unverletzlichkeit der Wohnung nur zur Abwehr einer gemeinen Gefahr oder Lebensgefahr oder zur Verhütung dringender Gefahren für die öffentliche Sicherheit und Ordnung vorgenommen werden. Eine derart weitgehende Begrenzung der Ansprüche nach § 14 Nr. 4 WEG würde das Eigentumsrecht der Gemeinschaft (an dem auch der anspruchspflichtige Wohnungseigentümer teilhat) in starkem Maße beschränken und den Konflikt gegenläufiger Interessen einseitig zugunsten des Wohnungsinhabers lösen. Bei der Bestimmung des § 14 Nr. 4 WEG handelt es sich vielmehr um einen gesetzlichen Ausgleich zwischen kollidierenden Grundrechten mehrerer Grundrechtsträger[27] im Wege praktischer Konkordanz. Hierbei ist allerdings die Besonderheit zu beachten, daß eine solche Abstimmung im Bereich der mittelbaren Drittwirkung herzustellen ist.[28] Bei Anwendung der Vorschrift, und dies betrifft vor allem die Auslegung des Merkmals der Erforderlichkeit, ist der besondere Schutz der Wohnung durch Art. 13 Abs. 1 GG zu berücksichtigen.[29] Geschützt wird durch die Vorschrift freilich die Wohnung nur, soweit sie tatsächlich auch bewohnt wird. Nach der wohl herrschenden Auffassung im Verfassungsrecht sind auch Betriebs- und Geschäftsräume unter den Schutz des Art. 13 zu fassen[30]; ihnen kommt freilich nicht derselbe Schutz vor Eingriffen zu. Man wird im Rahmen der mittelbaren Drittwirkung daher wohl einen entsprechend geringeren Schutz von Teileigentum annehmen müssen, wenn mit dem Recht aus Art. 13 Abs. 1 GG andere Grundrechtspositionen kollidieren.[31]

---

[25] So schon BayObLG, NJWE-MietR 1996, 229 f.

[26] BVerfG, NJW 1993, 2035, 2037.

[27] Abzugrenzen ist hiervon die sog. Grundrechtskonkurrenz, bei der ein Grundrechtsträger mehrere Grundrechte für sich in Anspruch nehmen kann, Jarass/Pieroth, GG, 3. Aufl. 1995, Vorb. Art. 1, Rdn. 17, 37.

[28] Die Frage der weitergehenden Schranken ist gerade bei Grundrechten, die unter (qualifiziertem) Vorbehalt stehen, problematisch. Überwiegend wird wohl eine Begrenzung in Fällen der Grundrechtskollision auch hier befürwortet, Jarass/Pieroth, a.a.O., Art. 13 Rdn. 14; Vorb. Art. 1 Rdn. 39; a.A. dagegen: Pieroth/Schlink, Grundrechte, 12. Aufl. 1996, Rdn. 341 ff.; insbes. 360 ff.; die besondere Problematik der Anwendung von Gesetzesvorbehalten auf der Ebene der Drittwirkung zeigt Canaris, Grundrechte und Privatrecht, AcP 184 (1984), 201, 204 f., auf.

[29] Dies gilt in gleicher Weise auch für § 541a BGB, da Art. 13 GG die Privatsphäre des Einzelnen schützen will; Art. 13 Abs. 1 GG hat Folgen auch für die Zeit der Maßnahme, indem diese nicht zur Unzeit erfolgen darf; so für das Mietrecht, Köhler/Kossmann, Handbuch der Raummiete, 4. Aufl. 1996, § 32 Rdn. 4.

[30] Siehe nur Jarass/Pieroth, a.a.O., Art. 13 Rdn. 5; zu den hiermit zusammenhängenden verfassungsrechtlichen Problemen: Herdegen, in: Bonner Kommentar, Grundgesetz, Stand Okt. 1993, Art. 13 Rdn. 30.

[31] Auf die hiermit zusammenhängenden Fragen kann hier nicht weiter eingegangen werden, hierzu Herdegen, a.a.O.

Das BayObLG[32] sah in dem entschiedenen Fall unter dem Aspekt des Art. 13 GG die Voraussetzungen des § 14 Nr. 4 WEG als nicht erfüllt an, weil ein Sachverständiger schon anhand von Fotos und sonstigen Unterlagen hätte erkennen können, ob das zur Reparatur vorgesehene Heizungsrohr in der Wohnung des einzelnen Eigentümers tatsächlich schadhaft ist. Dies wäre dagegen gerade nicht durch bloßes Betreten und Augenscheinnahme in der Wohnung des Wohnungseigentümers feststellbar gewesen, sondern hätte dort weitere Maßnahmen erfordert. Der Fall zeigt die Notwendigkeit einer Abwägung der verschiedenen Möglichkeiten etwa im Rahmen der Schadensfeststellung. Das Ziel einer zweifelsfreien Feststellung der Schädigung, die beim einzelnen Wohnungseigentümer auftretenden Schäden und Beeinträchtigungen, und die Kosten alternativer Maßnahmen sind von den Wohnungseigentümern gegenüberzustellen. Dabei ist auch das jeweilige mit der Maßnahme verbundene Risiko für das Sondereigentum des Einzelnen in Rechnung zu stellen.

III. ANSPRUCHSINHABERSCHAFT

Die bisherigen Ausführungen zeigen, daß der Anspruch nach § 14 Nr. 4 WEG eine umfassende Abwägung voraussetzt, die vom jeweiligen Anspruchsinhaber durchzuführen ist. Als Inhaber des Anspruchs werden überwiegend die Wohnungseigentümer angesehen, die durch entsprechende Beschlußfassung den Anspruch geltend machen.[33] Der Verwalter könne, so etwa das BayObLG in einer Entscheidung aus dem Jahre 1995[34], im eigenen Namen oder im Namen aller Wohnungseigentümer den Anspruch nur nach Ermächtigung mittels eines entsprechenden Beschlusses der Wohnungseigentümergemeinschaft gerichtlich geltend machen. Die gemeinschaftliche Rechtsinhaberschaft der Wohnungseigentümer ergibt sich schon aus der Systematik des § 14 Nr. 4 WEG. Der Sache nach handelt es sich bei dem Duldungsanspruch um eine Fortsetzung des Anspruchs aus § 14 Nr. 3 WEG. Beide Vorschriften stellen ein Gegenstück zu § 14 Nr. 1 und 2 WEG dar.[35] Während dort – wenn auch im Gegensatz zu § 13 WEG in negativer Weise – die Befugnisse des einzelnen Eigentümers umschrieben werden, normiert § 14 Nr. 3 und 4 WEG Duldungspflichten des einzelnen Wohnungseigentümers gegenüber den übrigen Wohnungseigentümern. Dies erklärt, weshalb jedenfalls die Wohnungseigentümer Anspruchsinhaber sein müssen. Unklar ist aber, ob § 14 Nr. 4 WEG ausschließlich diesen Personenkreis berechtigt. Das KG[36] scheint zumindest zu erwägen, aus der Bestimmung auch Befugnisse für den Verwalter abzuleiten, ohne daß es in seinem Beschluß auf diese Frage entscheidend angekom-

---

[32] NJWE-MietR 1996, 229.

[33] Die Geltendmachung erfolgt dabei im Verfahren nach §§ 43, 44 WEG: Henkes/Niedenführ/Schulze, WEG, 3. Aufl. 1995, 443, Rdn. 10 f.; Bärmann/Pick/Merle, WEG, 6. Aufl. 1987, 443, Rdn. 1 f.

[34] NJWE-MietR 1996, 38.

[35] Weitnauer/Lüke, a.a.O., § 14 Rdn. 7; vgl. auch Erman/Ganten, a.a.O., WEG § 14 Rdn. 2b.

[36] NJWE-MietR 1986, 696.

men wäre. Das Gericht weist aber auf § 27 Abs. 1 Nr. 2 WEG hin, nach dem der Wohnungsverwalter – wie bereits eingangs dargelegt – eine Pflicht zur ordnungsgemäßen Instandsetzung und Instandhaltung des gemeinschaftlichen Eigentums hat. Unter diesem Aspekt erfüllt § 14 Nr. 4 WEG eine weitere Funktion, indem die notwendigen rechtlichen Voraussetzungen für eine Wahrnehmung dieser Pflichten durch den Verwalter geschaffen werden. Die Vorschrift muß daher dem Verwalter jedenfalls insoweit Rechte einräumen, als die Instandhaltung und Instandsetzung des gemeinschaftlichen Eigentums zu seinen Pflichten gehört. So, wie in § 27 Abs. 1 Nr. 2 WEG in gewissem Umfang eine konkurrierende Kompetenz des Verwalters begründet wird, gilt gleiches auch für den Anspruch auf Duldung gem. § 14 Nr. 4 WEG. Der Verwalter muß zwar (rechtmäßige) Instandsetzungs- und Instandhaltungsbeschlüsse der Wohnungseigentümergemeinschaft vollziehen und ihren Anspruch auf Duldung nach § 14 Nr. 4 WEG ausüben. Im Rahmen seiner eigenen Zuständigkeit, also etwa bei entsprechenden Ermittlungen über den Umfang der notwendigen Instandhaltungs- und Instandsetzungsmaßnahmen gegenüber dem jeweiligen Sondereigentümer, hat er einen eigenständigen Anspruch auf Duldung. Es würde nämlich wenig Sinn machen, ein Betreten der Wohnung zu solchen Zwecken zu befürworten, den Anspruch aber ausschließlich den Wohnungseigentümern einzuräumen, die über seine Ausübung dann beschließen müßten.[37]

Der Anspruch aus § 14 Nr. 4 WEG ist, soweit er nur den Wohnungseigentümern zusteht, durch diese gemeinsam im Wege eines Beschlusses geltend zu machen. Da keiner der Tatbestände des § 25 Abs. 5 WEG vorliegt, ist an der Abstimmung auch der Wohnungseigentümer zu beteiligen, dessen Sondereigentum von der Maßnahme betroffen wäre.[38] Eine Analogie der Vorschrift über den Ausschluß von der Abstimmung auf den vorliegenden Fall wegen offensichtlicher Interessenskollision scheidet hier, wie in anderen vergleichbaren Situationen, wegen der Bedeutung des Stimmrechts für den einzelnen Wohnungseigentümer aus.[39] Eine Abstimmung zugunsten der Geltendmachung schließt im übrigen nicht aus, daß der Wohnungseigentümer sich wirksam gegen die Inanspruchnahme im Wege der Beschlußfassung wenden kann.[40]

[37] So aber BayObLG, NJWE-MietR 1996, 229, 230; NJWE-MietR 1996, 38.

[38] Das Stimmrecht basiert somit nicht auf der Anspruchsinhaberschaft, die, bezogen auf den duldungspflichtigen Wohnungseigentümer, wegen Konsolidation ausgeschlossen ist, sondern auf seiner Mitgliedschaft in der Wohnungseigentümergemeinschaft.

[39] Vgl. hierzu im einzelnen Weitnauer/Lüke, a.a.O., § 25 Rdn. 24.

[40] Diesen Beschluß darf der einzelne Wohnungseigentümer in den Grenzen des § 242 BGB auch dann anfechten, wenn er ihm zugestimmt hat, OLG Celle MDR 1985, 145; BayObLG, WM 1994, 504.

IV. SCHADENSERSATZ

1. Die Inanspruchnahme des Wohnungseigentümers durch die Gemeinschaft bei Schäden wird durch einen entsprechenden verschuldensfreien Ersatzanspruch ausgeglichen.[41] Davon ist die Schadensersatzpflicht des Duldungspflichtigen bei schuldhaftem Verhalten zu unterscheiden.[42] Der Schaden stellt für die Gemeinschaft – an der auch der duldungspflichtige Wohnungseigentümer beteiligt ist – Verwaltungskosten dar[43] und ist von den Wohnungseigentümern gemeinsam zu tragen[44]. Die Wohnungseigentümer können im Wege des Mehrheitsbeschlusses (§ 16 Abs. 4 WEG) eine Entschädigung der einzelnen Sondereigentümer auch pauschal beschließen, ohne daß dies die Geltendmachung weitergehender Ansprüche durch die einzelnen Mitglieder der Eigentümergemeinschaft ausschlösse.[45] Inwieweit hier die allgemeinen Grundsätze über den Schadensersatz gelten, wird in Rechtsprechung und Literatur nicht immer recht deutlich, der Sache nach werden die §§ 249 ff. BGB wohl angewendet. Dies ist vor allem im Zusammenhang mit dem Nutzungsausfall und einer hierin möglicherweise zu sehenden Schädigung des duldungspflichtigen Wohnungseigentümers von Bedeutung. Das BayObLG zieht hier die Rechtsprechung des Bundesgerichtshofes über die Ersatzfähigkeit des Nutzungsausfalls bei deliktischer Schädigung[46] entsprechend heran. Der Große Senat des Bundesgerichtshofs[47] hatte seinerzeit die Gebrauchsmöglichkeit auch bei eigenwirtschaftlicher Nutzung trotz § 253 BGB als ersatzfähig angesehen, da der Eigentümer in besonderem Maße auf den Wohngebrauch angewiesen und die ständige Verfügbarkeit der Wohnung für die eigenwirtschaftliche Nutzung für ihn von zentraler Bedeutung sei. Die Gegenauffassung führe, so das Gericht, zu einer nicht gerechtfertigten Privilegierung der erwerbswirtschaftlichen gegenüber der eigenwirtschaftlichen Verwendungsplanung.[48] Das Gericht hält allerdings einen Ausschluß der Ersatzfähigkeit dann für möglich, wenn es sich um eine nur kurzfristige Beeinträchtigung des Gebrauchs handelt. Hier könne der Eigentümer durch zumutbare Umdispositionen die Folgen der Gebrauchsbeeinträchtigung auffangen.[49] Um eine Ausuferung des Schadensersatzes in solchen Fällen zu verhindern, hat der BGH etwa bei Verzug des Schuldners mit der Herausgabe der Wohnung nur dann einen ersatzfähigen Schaden angenommen, wenn der vorenthaltene Raum

---

[41] Bärmann/Pick/Merle, a.a.O., § 14 Rdn. 60; Weitnauer/Lüke, a.a.O., § 14 Rdn. 14.

[42] Z.B. Bärmann/Pick/Merle, a.a.O., § 14 Rdn. 68; BayObLG, WE 1989, 60 f., m.w.N.

[43] Zum Begriff: Weitnauer/Hauger, a.a.O., § 16 Rdn. 11 ff.

[44] Bärmann/Pick/Merle, a.a.O., § 14 Rdn. 60; Weitnauer/Lüke, a.a.O., § 14 Rdn. 14.

[45] BayObLG, NJW-RR 1994, 1104.

[46] BGHZ 98, 212 = NJW 1987, 50.

[47] BGH NJW 1987, 50, 53 mit Anm. Rauscher.

[48] BGHZ 98, 212, 219 ff.

[49] BGH NJW 1987, 771; BGHZ 117, 260, 262 = NJW 1992, 1500; NJW 1993, 1793.

für den Gläubiger von zentraler Bedeutung ist und er ihn auch selbst bewohnen wollte.

Das BayObLG[50] hat unter Berücksichtigung dieser Grenzen einen Schadensausgleich nach § 14 Nr. 4 WEG befürwortet, wenn die Terrasse einer privatgenutzten Dachwohnung nicht nutzbar ist; dagegen hat er einen Ausgleichsanspruch bei Terrassen und Gärten abgelehnt, die zu freiberuflich oder gewerblich genutztem Sondereigentum gehören. In dem entschiedenen Fall handelte es sich um eine Zahnarztpraxis und ein zahntechnisches Labor. Die Nutzung der Terrassen und Gärten, die aus Gründen der Reparaturvornahme zeitweise ausgeschlossen war, sei – so das BayObLG[51] – für solche Tätigkeiten regelmäßig ohne Bedeutung.

Die eigentliche Problematik dieser Rechtsprechung liegt weniger erst in der grundsätzlichen Erstattungsfähigkeit solcher Schäden. Vielmehr ist ihr die Frage vorgelagert, welche Grundsätze auf den Ersatz des Schadens anzuwenden sind. Zwar wird einerseits auf Regeln und Grundsätze des Schadensrechts abgehoben, andererseits ist oftmals im Zusammenhang mit § 14 Nr. 4 WEG von einem Aufopferungsanspruch[52] oder einem dem § 906 Abs. 2 S. 2 BGB vergleichbaren Fall die Rede[53]. Insbesondere beim Aufopferungsanspruch ist zu beachten, daß er nach der Rechtsprechung jedenfalls nicht zu einem Ausgleich nach den §§ 249 ff. BGB führt, sondern auf ihn die Grundsätze des Ausgleichs eines enteignenden Eingriffs gem. Art. 14 Abs. 3 GG Anwendung finden.[54] Teilweise wird Gleiches auch im Zusammenhang mit § 906 Abs. 2 S. 2 BGB bejaht.[55] Auf die Grundsätze des enteignenden Eingriffs und ihre Übertragung auf die bürgerlich-rechtliche Aufopferung[56] kann hier im einzelnen nicht eingegangen werden. Jedenfalls in Situationen wie der vorliegenden erscheint es nicht gerechtfertigt, diese Grundsätze entsprechend anzuwenden. Aus dem zwischen den Wohnungseigentümern bestehenden Gemeinschaftsverhältnis und der Verpflichtung zur gegenseitigen Rücksichtnahme (vgl. § 14 Nr. 1 WEG) ist zu folgern, daß der Wohnungseigentümer gewisse "Beeinträchtigungen" seiner Wohnung, die im Zusammenhang mit der Instandhaltung und Instandsetzung von gemeinschaftlichem Eigentum entstehen, entschädigungslos zu dulden hat. Die Grenze hierfür wird man jeweils abhängig von den Umständen des konkreten Falles und den Auswirkungen für den Sondereigentümer ziehen, die für ihn eine "entschädigungslose Hinnahme" zumut-

[50] WE 1987, 160; ihm folgend: Bärmann/Pick/Merle, a.a.O., § 14 Rdn. 40; Bärmann/Pick, a.a.O., § 14 Rdn. 15; Erman/Ganten, a.a.O., WEG § 14 Rdn. 2c; Soergel/Stürner, a.a.O., WEG § 14 Rdn. 4; Weitnauer/Lüke, a.a.O., § 14 Rdn. 8.

[51] BayObLG, NJW-RR 1994, 1104, 1105.

[52] S. schon oben Fn. 3.

[53] S. Fn. 2.

[54] BGHZ 90, 256, 263; NJW 1992, 2884.

[55] BGHZ 85, 375, 386; 49, 148, 155; NJW-RR 1988, 1291, 1292.

[56] Einzelheiten bei Staudinger/Roth, BGB, 13. Bearb. 1996, § 906, Rdn. 239 ff., 242 ff.; Soergel/Baur, a.a.O., § 906, Rdn. 111 ff.

bar machen müssen. Wenig sinnvoll erscheint es, mittels Anwendung der Grundsätze über den enteignenden Eingriff diesen Aspekt erneut zu berücksichtigen, wenn der Umfang der Ausgleichsleistung zu bemessen ist. Dies ist im Rahmen des öffentlich-rechtlichen "Eingriffsverhältnisses", aufgrund der Sozialpflichtigkeit des Eigentums und weiterer öffentlich-rechtlicher Besonderheiten gerechtfertigt; bereits die Übertragung dieser Grundsätze auf § 906 BGB erscheint aber ausgesprochen problematisch. So mehren sich die Stimmen[57], die im Rahmen des § 906 Abs. 2 S. 2 BGB die herkömmlichen Schadensersatzregeln der §§ 249 ff. BGB anwenden[58]. Jedenfalls ist von ihnen auszugehen, soweit es § 14 Nr. 4 WEG betrifft, zumal das Gesetz eindeutig den Ersatz des Schadens verlangt. Eine Minderung der Ausgleichsleistung durch Abstellen auf Grundsätze zur Enteignungsentschädigung[59] läßt sich nicht rechtfertigen. Aus dem Gesagten folgt, daß nicht nur für die Frage der Gebrauchsentziehung, sondern generell wie im Nachbarschaftsverhältnis auch im Verhältnis der Wohnungseigentümer untereinander auf die Zumutbarkeit einer entschädigungsfreien Beschränkung der Eigentümerbefugnisse abgestellt werden muß, unabhängig davon, ob es sich um die Nutzungsentziehung oder andere Schäden handelt. Schäden aber, welche oberhalb dieser Zumutbarkeitsschwelle liegen, sind dann nach Schadensersatzgrundsätzen auszugleichen.

2. Der hier eingenommene Standpunkt ermöglicht bei Ermittlung des Umfangs des zu leistenden Schadens nach allgemeinen schadensrechtlichen Grundsätzen, Wertsteigerungen, die durch Wiederherstellung etwa der Dachterrasse im Sondereigentum eintreten, zu berücksichtigen.[60]

3. Abschließend ist auf die Frage der Sicherheitsleistung einzugehen. Das KG[61] hat einen Anspruch des duldungspflichtigen Wohnungseigentümers bei zu erwartenden Schäden in einem Fall bejaht, in dem es auf diese Frage nicht ankam. Es verweist den Wohnungseigentümer auf die Möglichkeit, eine solche Sicherheitsleistung vom Gericht gem §§ 43 Abs. 2, 44 Abs. 4 WEG festsetzen zu lassen. Das Schrifttum hat sich dieser Lösung – soweit erkennbar – angeschlossen[62], ohne allerdings auf die Frage

---

[57] Nachdrücklich Jauernig, JZ 1986, 605, 610-612.

[58] Palandt/Bassenge, a.a.O., § 906, Rdn. 33, 34; Münchener Kommentar/Säcker, BGB, 2. Aufl. 1986, § 906, Rdn. 118, 121; Staudinger/Roth, a.a.O., § 906, Rdn. 241 (bzgl. Aufopferungsanspruch); der Rechtsprechung folgen Staudinger/Roth, ebd., § 906, Rdn. 226 (bzgl. § 906 II 2 BGB); Soergel/Baur, a.a.O., § 906, Rdn. 109, 117; Erman/Hagen, a.a.O., § 906, Rdn. 26, 30.

[59] Inhaltlich zu diesen Erman/Hagen, a.a.O., § 906, Rdn. 26; an der Übertragbarkeit zweifelnd auch Schlechtriem, FS Gernhuber, 1993, 407, 419 f., wenngleich dieser im Ergebnis der Rechtsprechung folgt.

[60] S. hierzu Lüke, WE 1996, 372.

[61] KG OLGZ 1986, 174.

[62] Bärmann/Pick/Merle, a.a.O., § 14 Rdn. 60; Erman/Ganten, a.a.O., WEG § 14 Rdn. 2c; Soergel/Stürner, a.a.O., WEG § 14 Rdn. 4; s. auch BayObLG, WE 1994, 22, 25: Ablehnung einer Sicherheitsleistung, da der Wohnungseigentümer die Reparaturarbeiten entschädigungslos hinzunehmen habe; auch für Kosten scheide eine Sicherheitsleistung aus, da diese der Wohnungseigentümer nicht zu tragen habe.

einzugehen, woraus sich ein solches Recht ableiten soll. Zu denken wäre daran, dem Wohnungseigentümer die Einrede aus § 273 BGB einzuräumen und in bezug auf die Duldungspflicht dem Wohnungseigentümer ein Zurückbehaltungsrecht zuzugestehen.[63] Die Ausübung dieses Zurückbehaltungsrechts könnte die Wonungseigentümergemeinschaft dann durch Erbringung einer Sicherheitsleistung abwenden.[64] Die erwogene Lösung stößt freilich auf die Schwierigkeit, daß der Wohnungseigentümer keinen fälligen Anspruch hat, dies aber in § 273 BGB vorausgesetzt wird.[65] Bei dem Schadensersatzanspruch handelt es sich vielmehr um eine künftige Forderung, die somit nicht einredeweise entgegengehalten werden kann.

Es bleibt daher auch hier nur, das Gemeinschaftsverhältnis als Rechtsgrundlage für ein solches Vorgehen zu bemühen. Unabhängig davon, daß selber dann immer noch eine Begründung derart weitgehender Rechte des betroffenen Wohnungseigentümers gegeben werden müßte, erscheint fraglich, ob eine Sicherheitsleistung überhaupt eine angemessene Lösung darstellt; denn es wird wohl weniger um die Gefahr der Zahlungsfähigkeit der Eigentümergemeinschaft als um die fehlende Liquidität des Gläubigers gehen, um notwendige Maßnahmen, wie etwa seine wegen der Instandhaltungsarbeiten notwendig gewordene Übernachtung außerhalb der Wohnung, „vorzufinanzieren". Dies läßt sich aber auf sicherer Grundlage nur durch eine entsprechende Vereinbarung in der Gemeinschaftsordnung erreichen, zu der man in Anbetracht der dargestellten Schwierigkeiten Wohnungseigentümergemeinschaften nur raten kann.

[63] So für § 541a BGB Staudinger/Emmerich, a.a.O., § 541a Rdn. 22, unter Berufung auf § 242 BGB; für § 906 Abs. 2 S. 2 BGB wird - soweit ersichtlich - eine Sicherheitsleistung nicht erwogen.

[64] § 273 Abs. 3 BGB.

[65] S. nur Palandt/Heinrichs, a.a.O., § 273, Rdn. 7.

Prof. Dr. Werner Merle

ZUR SCHIEDSFÄHIGKEIT VON BESCHLUSSMÄNGELSTREITIGKEITEN IM WOHNUNGSEIGENTUMSRECHT

Hanns Seuß hat im Oktober 1996 erstmals das ihm seit längerer Zeit am Herzen liegende Projekt eines „Ständigen Schiedsgerichts für Wohnungseigentumssachen" der Öffentlichkeit vorgestellt: Der Entwurf eines Statuts für dieses Schiedsgericht wurde in der von Ihm betreuten Zeitschrift „Wohnungseigentum" veröffentlicht[1] und war Gegenstand der Podiumsdiskussion anläßlich des 22. Fachgesprächs des Evangelischen Siedlungswerkes in Deutschland e.V. in Fischen[2]. Schiedsverfahren in Wohnungseigentumssachen sollen nach Vorstellung ihres Protagonisten wegen der Sachkunde des Schiedsgerichts zu einer erheblichen Verkürzung der Verfahrensdauer beitragen und die staatlichen Gerichte entlasten.

Diese Ziele können freilich nur erreicht werden, wenn Wohnungseigentumssachen überhaupt schiedsfähig sind. Dies wird, ohne daß zwischen den einzelnen Wohnungseigentumssachen differenziert wird, generell[3] bejaht, mithin auch für Beschlußmängelstreitigkeiten[4]. Auch im Kapitalgesellschaftsrecht werden Beschlußmängelstreitigkeiten von der h.M. im Schrifttum[5] für schiedsfähig gehalten, während die Rechtsprechung seit langem mit unterschiedlichen Argumenten deren Schiedsfähigkeit verneint[6]. Diese Rechtsprechung hat der Bundesgerichtshof jüngst[7] für Beschlußmängelstreitigkeiten im GmbH-Recht mit neuer Begründung bestätigt. Es soll daher der Frage nachgegangen werden, welche Konsequenzen sich aus den Gründen dieser Entscheidung für die Schiedsfähigkeit von Beschlußmängelstreitigkeiten im Wohnungseigentumsrecht ergeben.

---

[1] WE 1996, 377 ff.

[2] Siehe dazu: Partner im Gespräch (PiG), Schriftenreihe des Evangelischen Siedlungswerks in Deutschland e.V., Band 50.

[3] OLG München, ZMR 1972, 210 (210 f.); BayObLGZ 1973, 1 (2); OLG Zweibrücken, ZMR 1986, 63 (64); Weitnauer/Hauger, 8. Aufl. 1995, § 43 Rn. 34; Merle, in: Bärmann/Pick/Merle, WEG, 7. Aufl. 1997, vor § 43 Rn. 11 ff.; Bärmann/Pick, WEG, 13. Aufl., 1994, vor § 43 Rz. 12; Henkes/Niedenführ/Schulze, WEG, 3. Aufl. 1995, vor §§ 43 ff. Rn. 24; Müller, Praktische Fragen des Wohnungseigentums, 2. Aufl. 1992, Rz. 210; Bärmann, Wohnungseigentum, 1991, Rz. 748; Weimar, ZMR 1979, 296 f.; differenzierend Busse, Schiedsverfahren in Wohnungseigentumssachen, 1994, passim.

[4] Ausführlich hierzu Busse (Fn. 3), S. 91 ff.

[5] Vgl. die umfangreichen Nachweise bei BGH, NJW 1996, 1753.

[6] BGH, LM § 199 AktG Nr. 1; WM 1966, 1132 (1133); NJW 1979, 2567 (2569); OLG Hamm, NJW-RR 1987, 1319; GmbHR 1992, 759 (759 f.).

[7] BGH, Urt. v. 29.03.1996 - II ZR 124/95 = NJW 1996, 1753 = ZIP 1996, 830 = WM 1996, 856 = BB 1996, 1074 = EwiR 1996, 481 (Timm/Witzorrek).

I.

Durchgreifende Bedenken gegen die Schiedsfähigkeit von Beschlußmängelstreitigkeiten im GmbH-Recht - und Entsprechendes dürfte für das Aktienrecht gelten - ergeben sich für den Bundesgerichtshof[8] aus dem Gesichtspunkt, daß die in solchen Rechtsstreitigkeiten ergehenden, der Klage stattgebenden Entscheidungen analog §§ 248 Abs. 1 Satz 1, 249 Abs. 1 Satz 1 AktG für und gegen alle Gesellschafter und Gesellschaftsorgane wirken, auch wenn diese an dem Verfahren nicht teilgenommen haben. Durch diese Erstreckung der Rechtskraft auf nicht am Verfahren Beteiligte soll - zusammen mit ergänzenden verfahrensrechtlichen Regelungen - die Gefahr einander widersprechender Entscheidungen verschiedener Gerichte unterbunden und sichergestellt werden, daß nur eine einheitliche Sachentscheidung ergehen kann.

Eine vergleichbare Regelung für das Schiedsverfahren existiert nach Ansicht des Bundesgerichtshofs nicht. Nach § 1040 ZPO habe der Schiedsspruch des privaten Schiedsgerichts die Wirkung eines rechtskräftigen Urteils nur unter den Parteien, so daß eine Erstreckung der Rechtskraft auf nicht verfahrensbeteiligte Dritte ausscheide. Angesichts der Unterschiede zwischen einem Beschlußmängelstreitverfahren vor einem staatlichen Gericht und vor einem Schiedsgericht lehnt der Bundesgerichtshof auch eine analoge Anwendung der Regelung der §§ 248 Abs. 1 Satz 1, 249 Abs. 1 Satz 1 AktG auf schiedsgerichtliche Verfahren ab. Denn es sei nicht ersichtlich, wie bei Annahme der Schiedsfähigkeit von Beschlußmängelstreitigkeiten der **„unbedingt auszuschließenden Gefahr unterschiedlicher Entscheidungen verschiedener Gerichte"** begegnet werden könne. Diese besteht nach Meinung des Bundesgerichtshofs sowohl bei Konkurrenz des staatlichen Gerichts mit einem Schiedsgericht infolge unterschiedlicher Handhabung der Schiedsgerichtseinrede durch die Gesellschaft als auch bei Konkurrenz verschiedener Schiedsgerichte untereinander, wenn mehrere Kläger getrennt voneinander von ihrem Recht auf Einleitung eines Schiedsverfahrens Gebrauch machen, in dem sie der Gegenpartei ihren Schiedsrichter benennen (§ 1029 Abs. 1 ZPO). Die Entscheidung über die Schiedsfähigkeit von Beschlußmängelstreitigkeiten müsse daher dem Gesetzgeber überlassen bleiben.

II.

Mit dieser Argumentation des Bundesgerichtshofs - unterstellt, sie ist zutreffend - muß auch die Schiedsfähigkeit von Beschlußmängelstreitigkeiten im Wohnungseigentumsrecht verneint werden, wenn sich entsprechende Verfahren vor den Wohnungseigentumsgerichten und vor privaten Schiedsgerichten so grundlegend unterscheiden, daß die Gefahr einander widersprechender Entscheidungen verschiedener Gerichte nicht vermieden werden kann.

[8] Vgl. zum Folgenden BGH, NJW 1996, 1753 (1755 f.).

1. Die Entscheidung eines staatlichen Gerichts in Wohnungseigentumssachen ist gemäß § 45 Abs. 2 Satz 2 WEG für alle Beteiligten bindend. Hieraus ergibt sich nach allgemeiner Ansicht, daß Entscheidungen in Wohnungseigentumssachen und mithin auch in Beschlußanfechtungsstreitigkeiten (§ 43 Abs. 1 Nr. 4 WEG) in materielle Rechtskraft im Sinne des § 322 Abs. 1 ZPO erwachsen. Beschlüsse in echten Streitsachen der freiwilligen Gerichtsbarkeit sind also in gleicher Weise der materiellen Rechtskraft zwischen den Beteiligten zugänglich wie Urteile im Zivilprozeß zwischen den Parteien.[9] Dies hat zur Folge, daß zwischen denselben Beteiligten über denselben Verfahrensgegenstand keine weitere Entscheidung mehr getroffen werden kann.[10]

Beteiligte eines Beschlußanfechtungsverfahrens sind nach § 43 Abs. 4 Nr. 2 WEG die Wohnungseigentümer und der Verwalter. Diese Vorschrift regelt die **materiell**, nicht die formell Beteiligten, d.h. sie bestimmt den Kreis der Personen, deren Rechtsstellung durch die gerichtliche Entscheidung unmittelbar beeinflußt werden kann.[11] Da die Ungültigkeit eines Beschlusses die Rechtsstellung aller Wohnungseigentümer und - wegen § 27 Abs. 1 Nr. 1 WEG - auch die des Verwalters unmittelbar betreffen kann, sind diese Personen materielle Beteiligte eines Beschlußanfechtungsverfahrens. Alle materiell Beteiligten sind von Amts wegen auch formell am Verfahren zu beteiligen.[12] Dies ist weder eine Besonderheit des Beschlußanfechtungsverfahrens noch der Verfahren in Wohnungseigentumssachen, sondern gilt für alle Verfahren der freiwilligen Gerichtsbarkeit.[13] Da Beteiligte im Sinne des § 45 Abs. 2 Satz 2 WEG nur die formell Beteiligten sind[14], führt nur die formelle Beteiligung der materiell Beteiligten dazu, daß die gerichtliche Entscheidung alle Personen bindet, die durch sie in ihrer Rechtsstellung betroffen sein können.

Für das Beschlußanfechtungsverfahren bedeutet dies, daß dann, wenn das Gericht die materiell Beteiligten, nämlich die Wohnungseigentümer und den Verwalter, auch formell ordnungsgemäß am Verfahren beteiligt, die gerichtliche Entscheidung gemäß § 45 Abs. 2 Satz 2 WEG in materielle Rechtskraft zwischen diesen auch formell Beteiligten erwächst. Dadurch ist sichergestellt, daß über denselben Verfahrensgegenstand zwischen allen Wohnungseigentümern und dem Verwalter nur eine einheitliche Sach-

[9] BayObLGZ 1974, 9 (11); 1980, 29 (36); BayObLG, WuM 1989, 350; WE 1994, 309 m.w.N.

[10] BayObLG, WE 1994, 309.

[11] Allg.M., vgl. OLG Frankfurt, OLGZ 1980, 76; OLGZ 1982, 16 (18); OLG Zweibrücken, NJW-RR 1987, 1367; Henkes/Niedenführ/Schulze, vor §§ 43 ff. Rz. 47; Palandt/Bassenge, BGB, 55. Aufl.1996, § 43 WEG Rz. 13; Merle, in: Bärmann/Pick/Merle, § 43 Rn. 110; Weitnauer/Hauger, § 43 Rz. 36; Augustin, WEG, 1983, § 43 Rz. 96; wohl auch Müller (Fn. 3), Rz. 199 (S. 415).

[12] OLG Zweibrücken, NJW-RR 1987, 1367; OLG Frankfurt, OLGZ 1986, 16 (18); Merle, in: Bärmann/Pick/Merle, § 43 Rn. 110; Müller, a.a.O.; Henkes/Niedenführ/Schulze, vor §§ 43 ff. Rz. 67; Palandt/Bassenge, § 43 WEG Rz. 14.

[13] Bassenge/Herbst, FGG/RPflG, 7. Aufl. 1995, Einleitung FGG Rz. 23; Amelung, in: Keidel/Kuntze/Winkler, 13. Aufl. 1992, § 12 Rz. 107.

[14] Vgl. Merle, in: Bärmann/Pick/Merle, § 45 Rn. 116; Müller (Fn. 3), Rz. 211; Weitnauer/Hauger, § 43 Rz. 37; Henkes/Niedenführ/Schulze, § 45 Rz. 22; OLG Hamm, NJW-RR 1987, 842 (845); vgl. auch BGH, NJW 1980, 2418 (2419); a.A. Augustin (Fn. 11), § 45 Rz. 24, anders jedoch § 43 Rz. 105.

entscheidung ergehen kann, so daß die Gefahr einander widersprechender Entscheidungen verschiedener Gerichte nicht besteht. In diesem Ergebnis stimmt das wohnungseigentumsrechtliche Beschlußanfechtungsverfahren mit dem Beschlußanfechtungsverfahren im GmbH- und Aktienrecht überein. Aber die Verfahren sind unterschiedlich konzipiert. Im Beschlußanfechtungsverfahren nach den §§ 241 ff. AktG sind nur der Kläger und die Gesellschaft Parteien des Rechtsstreits, nicht aber die übrigen, auch von einer stattgebenden Entscheidung materiell betroffenen Aktionäre oder Gesellschafter. Durch die ausdrücklich in §§ 248, 249 AktG angeordnete Erstreckung der Rechtskraft auf die Gesellschafter und Gesellschaftsorgane wird erreicht, daß eine stattgebende Entscheidung für alle materiell Betroffenen verbindlich ist, auch wenn diese nicht Parteien des Verfahrens waren. Demgegenüber sind nach der Konzeption des wohnungseigentumsrechtlichen Beschlußanfechtungsverfahrens alle materiell Beteiligten auch formell am Verfahren zu beteiligen, so daß bei ordnungsgemäßem Verfahren die Entscheidung für alle materiell Beteiligten in Rechtskraft erwächst. Eine Erstreckung der Rechtskraft der Entscheidung auf weitere, nicht am Verfahren formell beteiligte Personen ist daher - im Unterschied zum Beschlußanfechtungsverfahren nach den §§ 241 ff. AktG - nicht erforderlich.

2. Vor diesem Hintergrund ist nun die Frage zu klären, ob bei Annahme der generellen Schiedsfähigkeit von wohnungseigentumsrechtlichen Beschlußmängelstreitigkeiten die auch für das Wohnungseigentumsrecht auszuschließende Gefahr unterschiedlicher Entscheidungen verschiedener Gerichte besteht und wie ihr gegebenenfalls begegnet werden kann.

a) Nach § 1040 ZPO hat der Schiedsspruch des privaten Schiedsgerichts die Wirkung eines rechtskräftigen Urteils nur unter den Parteien. Wenn daher Parteien des Schiedsverfahrens nicht alle materiell Beteiligten, d.h. alle Wohnungseigentümer und der Verwalter sind, so erwächst der Schiedsspruch nicht gegenüber allen materiell Beteiligten in materielle Rechtskraft, so daß die Gefahr einander widersprechender Entscheidungen verschiedener Schiedsgerichte besteht. Indessen kann diese Gefahr dadurch eliminiert werden, daß alle Wohnungseigentümer und der Verwalter an dem Schiedsverfahren beteiligt werden. Dies kann durch entsprechende Regelungen in der Schiedsvereinbarung problemlos erreicht werden: Es braucht dort nur vereinbart zu werden, daß für das Verfahren vor dem Schiedsgericht die §§ 43 ff. WEG anzuwenden sind; solche Regelungen sind in dem geplanten "Statut des Ständigen Schiedsgerichts für Wohnungseigentumssachen" (§§ 8 Abs. 2, 9) enthalten. Dem entspricht es, daß das Gesetz (vgl. § 1027a ZPO) von der Identität der Parteien des Schiedsverfahrens mit denjenigen der Schiedsvereinbarung ausgeht.[15] Dies bedeutet, daß bei Beschlußmängelstreitigkeiten, die im Schiedsverfahren zu entscheiden sind, wie im Verfahren vor dem staatlichen Gericht, alle Wohnungseigentümer und der Verwalter Parteien werden, so daß der Schiedspruch nach § 1040 ZPO unter diesen Parteien die Wirkungen eines rechtskräftigen gerichtlichen Urteils hat, d.h. daß sich die Rechtskraft des Schiedsspruchs auf alle materiell Beteiligten erstreckt. Die Gefahr unter-

[15] So BGH, NJW 1996, 1753 (1754).

schiedlicher Sachentscheidungen ist dadurch gebannt. Bei entsprechender Gestaltung der Schiedsvereinbarung kann daher einander widersprechenden Entscheidungen vorgebeugt werden, so daß bei einer solchen Sachlage die Schiedsfähigkeit von Beschlußmängelstreitigkeiten im Wohnungseigentumsrecht nicht in Frage gestellt werden kann.

b) Die vom Bundesgerichtshof für das GmbH-Recht aufgezeigte Gefahr unterschiedlicher Entscheidungen verschiedener Schiedsgerichte, wenn mehrere Kläger getrennt voneinander von ihrem Recht auf Einleitung eines Schiedsverfahrens Gebrauch machen, indem sie der Gegenpartei ihren Schiedsrichter benennen, besteht grundsätzlich auch für wohnungseigentumsrechtliche Beschlußmängelstreitigkeiten, aber nur, wenn die Schiedsvereinbarung sogenannte **Gelegenheitsschiedsgerichte**[16] vorsieht. In einem solchen Fall ist die Konstituierung verschiedener Schiedsgerichte denkbar, die unterschiedlich entscheiden.[17] Schiedsvertraglich kann dieser Gefahr durch Schaffung eines **institutionellen Schiedsgerichts**, für dessen Verfahren die §§ 43 ff. gelten, vorgebeugt werden. Beschlußanfechtungsanträge verschiedener Wohnungseigentümer, die sich gegen denselben Beschluß richten, sind dann entsprechend § 147 ZPO zu verbinden.[18] Ist das Schiedsgericht darüber hinaus durch eine von den Beteiligten unabhängige Instanz zu konstituieren, lassen sich auch die vom Bundesgerichtshof[19] aufgezeigten, aus dem Grundsatz der Gleichbehandlung der Parteien bei der Konstituierung des Schiedsgerichtes resultierenden Probleme befriedigend lösen.

c) Unterschiedliche Entscheidungen verschiedener Gerichte werden vom Bundesgerichtshof bei Beschlußmängelstreitigkeiten im GmbH-Recht ferner auch bei Konkurrenz des staatlichen Gerichts mit einem Schiedsgericht infolge unterschiedlicher Handhabung der Schiedsgerichtseinrede durch die Gesellschaft befürchtet. Diese Gefahr besteht auch im Wohnungseigentumsrecht, wenn sowohl beim Schiedsgericht als auch beim staatlichen Gericht ein Beschlußanfechtungsverfahren, das denselben Verfahrensgegenstand betrifft, eingeleitet wird, die Antragsgegner im Verfahren vor dem staatlichen Gericht aber nicht die Einrede des Schiedsvertrages (§ 1027a ZPO) erheben. Indessen scheint diese Gefahr eher theoretischer Natur zu sein. Denn in beiden Verfahren sind jeweils alle Wohnungseigentümer und der Verwalter zu beteiligen, so daß es - abgesehen vom Fall des konspirativen Zusammenwirkens - höchst unwahrscheinlich erscheint, daß bei in der Regel einer Vielzahl von Beteiligten nicht wenigstens einer die Einrede des Schiedsvertrages erhebt, wodurch die Gefahr unterschiedlicher Entscheidungen verschiedener Gerichte beseitigt wäre. Im übrigen sind auch im Verfahren vor dem staatlichen Gericht unterschiedliche Entscheidungen desselben Gerichts denkbar, wenn nämlich Anfechtungsanträge verschiedener Wohnungseigentümer, die sich gegen denselben Beschluß richten, nicht zur gemeinsamen Ver-

---

[16] Vgl. Maier, in: MünchKomm/ZPO, 1992, vor § 1025 Rz. 7.

[17] Zu den Problemen und Lösungsmöglichkeiten insoweit siehe BGH, NJW 1996, 1753 (1755 r. Sp.).

[18] LG Frankfurt, NJW-RR 1987, 1423 (1424). Zu weiteren Problemen vgl. Henkes/Niedenführ/Schulze, vor §§ 43 ff. Rz. 113.

[19] Vgl. BGH, NJW 1996, 1753 (1755 f.).

handlung und Entscheidung verbunden werden und das Gericht die Identität des Verfahrensgegenstandes nicht bemerkt. Abgesehen davon wäre zu überlegen, ob bei einander widersprechenden Entscheidungen die jeweils zeitlich später rechtskräftige, der früheren, ebenfalls rechtskräftigen Entscheidung widersprechende Entscheidung nicht gem. §§ 580 Nr. 7a, 1041 Abs. 1 Nr. 2 ZPO aufgehoben werden kann.[20]

3. Als Ergebnis ist festzuhalten, daß sich das Verfahren eines Schiedsgerichtes in wohnungseigentumsrechtlichen Beschlußmängelstreitigkeiten nicht so grundlegend von einem Verfahren des staatlichen Gerichtes unterscheidet, daß generell die Schiedsfähigkeit von Beschlußmängelstreitigkeiten im Wohnungseigentumsrecht verneint werden muß. Vielmehr kann durch vertragliche Gestaltung der Schiedsvereinbarung in der Regel verhindert werden, daß es zu einander widersprechenden Entscheidungen verschiedener Gerichte kommen kann. Zumindest für solche Fälle muß daher die Schiedsfähigkeit von Beschlußmängelstreitigkeiten im Wohnungseigentumsrecht bejaht werden. Die Entscheidung des Bundesgerichtshofs zur Schiedsfähigkeit von Beschlußmängelstreitigkeiten im GmbH-Recht hat daher keine Auswirkungen auf die Schiedsfähigkeit von Beschlußmängelstreitigkeiten im Wohnungseigentumsrecht.

III.

Der BGH hat sich in seiner Entscheidung zur Schiedsfähigkeit von Beschlußmängelstreitigkeiten im GmbH-Recht mit weiteren Einwänden auseinandergesetzt, die immer wieder gegen deren Schiedsfähigkeit vorgebracht worden sind. Diese Einwände, die auch die Schiedsfähigkeit von wohnungseigentumsrechtlichen Beschlußmängelstreitigkeiten in Frage stellen, können nunmehr zumindest als höchstrichterlich geklärt angesehen werden.

1. Gegen die Schiedsfähigkeit spricht nicht, daß nach § 43 Abs. 1 Nr. 4 WEG das Amtsgericht, in dessen Bezirk das Grundstück liegt, ausschließlich zur Entscheidung derartiger Streitigkeiten zuständig ist. Diese Bestimmung regelt lediglich die örtliche und sachliche Zuständigkeit unter den staatlichen Gerichten sowie die Verfahrenszuständigkeit, betrifft jedoch nicht die Frage, unter welchen Voraussetzungen anstelle eines staatlichen Gerichts ein privates Schiedsgericht über Beschlußmängelstreitigkeiten der Wohnungseigentümer entscheiden kann.[21]

2. Die Schiedsfähigkeit von Beschlußmängelstreitigkeiten kann auch nicht mit der Begründung verneint werden, der gerichtlichen Entscheidung komme in solchen Verfahren notwendigerweise gem. §§ 23 Abs. 4, 43 Abs. 1 Nr. 4 WEG Gestaltungswirkung zu, die eine schiedsgerichtliche Entscheidung nicht haben könne.[22] Wie der Bundesgerichtshof zu Recht feststellt, gibt es eine Vielzahl von Fällen, in denen aner-

[20] Vgl. BGH, NJW 1981, 1517 (1518).

[21] Vgl. BGH, NJW 1996, 1753 (1754) m.w.N.

kannt ist, daß Schiedsgerichte Entscheidungen mit rechtsgestaltender Wirkung treffen können.[23] Die rechtsgestaltende Wirkung einer Entscheidung im Beschlußanfechtungsverfahren spricht daher nicht gegen die Schiedsfähigkeit von Beschlußmängelstreitigkeiten.

3. Auch in der Tatsache, daß es sich bei dem Recht, Mehrheitsbeschlüsse durch unabhängige Gerichte auf ihre Rechtmäßigkeit überprüfen zu lassen, im Kapitalgesellschaftsrecht um ein unverzichtbares und unabdingbares Recht eines jeden Gesellschafters handelt, hat der Bundesgerichtshof kein Hindernis gegen die Schiedsfähigkeit von Beschlußmängelstreitigkeiten gesehen; jedenfalls für das GmbH-Recht folge daraus nicht, daß dieser Rechtsschutz allein durch staatliche Gerichte gewährt werden müsse.[24] Das Recht zur Beschlußanfechtung im Wohnungseigentum stellt anders als im GmbH-Recht kein unverzichtbares und unabdingbares Recht des einzelnen Wohnungseigentümers dar, denn das nach §§ 43 Abs. 1 Nr. 4, 23 Abs. 4 WEG vorgesehene Anfechtungsverfahren kann - anders als im Kapitalgesellschaftsrecht - im vollen Umfang abbedungen werden.[25] Aber selbst wenn das Recht, Beschlüsse anzufechten, auch im Wohnungseigentumsrecht ein unverzichtbares und unabdingbares Recht jedes Wohnungseigentümers wäre, würde dies nicht gegen die Schiedsfähigkeit von Beschlußmängelstreitigkeiten sprechen. Der erforderliche Rechtsschutz wird dann lediglich durch ein nichtstaatliches Gericht, nämlich das Schiedsgericht, gewährt, sofern das Schiedsverfahren so ausgestaltet ist, daß der Rechtsschutz des einzelnen Wohnungseigentümers nicht eingeschränkt ist.

4. Nach § 1025 Abs. 1 BGB kann eine Schiedsvereinbarung nur getroffen werden, soweit die Parteien berechtigt sind, über den Streitgegenstand einen Vergleich zu schließen. Die demnach erforderliche objektive und subjektive Vergleichsfähigkeit ist für Beschlußmängelstreitigkeiten der Wohnungseigentümer zu bejahen.

Wie der Bundesgerichtshof zum GmbH-Recht und im Einklang mit der h.M.[26] festgestellt hat, bestehen gegen die **objektive** Vergleichsfähigkeit von Beschlußmängelstreitigkeiten keine Bedenken.[27] Ein Verfahrensgegenstand ist dann objektiv vergleichsfähig, wenn er der privaten Disposition der Parteien unterliegt.[28] Die von den Wohnungseigentümern gefaßten Beschlüsse unterliegen uneingeschränkt ihrer privaten Disposition, denn sie können von ihnen jederzeit wieder aufgehoben werden. Ein Interesse des Staates an einem Entscheidungsmonopol seiner Gerichte im Rechtsstreit

[22] Dazu vor allem K. Schmidt, AG 1995, 551.

[23] Etwa bei §§ 127, 133, 140, 142 HGB und 767 ZPO.

[24] BGH, NJW 1996, 1753 (1754).

[25] Merle, in: Bärmann/Pick/Merle, § 23 Rn. 193; Weitnauer/Lüke, § 23 Rz. 23.

[26] Vgl. nur Ebenroth/Bohne, BB 1996, 1395; K. Schmidt, ZGR 1988, 528 f.; a.A. Henze, ZGR 1988, 552 ff.

[27] BGH, NJW 1996, 1753 (1754); a.A. noch OLG Hamm, NJW-RR 1987, 1319; zum WEG ausführlich Busse (Fn. 3), S. 46 ff.

[28] Maier, in: MünchKomm/ZPO, § 1025 Rz. 5 f.

über die angestrebte Ungültigerklärung in ihrer Rechtmäßigkeit streitiger Beschlüsse der Wohnungseigentümer ist nicht erkennbar. Damit muß die objektive Vergleichsfähigkeit von Beschlußmängelstreitigkeiten bejaht werden.[29]

Bejahen läßt sich im Wohnungseigentumsrecht auch die subjektive Vergleichsbefugnis. Diese Voraussetzung bereitet bei der Aktiengesellschaft, der GmbH und anderen rechtsfähigen Verbänden Schwierigkeiten, denn der rechtsfähige Verband ist weder Partei des Schiedsvertrages noch ist er dazu berechtigt, zusammen mit dem klagenden Verbandsmitglied über die Wirksamkeit des Beschlusses der Versammlung der Verbandsmitglieder zu befinden oder ihn abzuändern. Diese Befugnis liegt allein bei der Gesamtheit der Gesellschafter. Partei des Beschlußanfechtungsverfahrens ist mit dem Verband folglich ein Rechtssubjekt, das nicht Partei der Schiedsabrede ist. Derartige Probleme stellen sich im Wohnungseigentumsrecht nicht. Die Gemeinschaft der Wohnungseigentümer ist nach ganz herrschender Meinung nicht rechtsfähig, auch nicht teilrechtsfähig.[30] Die Gemeinschaft der Wohnungseigentümer als von den einzelnen Wohnungseigentümern zu unterscheidendes Rechtssubjekt ist daher nicht Beteiligte eines Beschlußanfechtungsverfahrens. Problematisch ist jedoch die subjektive Vergleichsbefugnis des Verwalters, der bei entsprechender Gestaltung des Schiedsvertrages Partei des Schiedsverfahrens ist. Zwar liegt dann eine Identität der Parteien des Schiedsverfahrens mit denjenigen der Schiedsvereinbarung vor, aber problematisch ist, ob der Verwalter zusammen mit den Wohnungseigentümern über die Wirksamkeit des angefochtenen Beschlusses der Wohnungseigentümerversammlung befinden oder ihn abändern kann. Diese Befugnis liegt nämlich allein bei der Gesamtheit der Wohnungseigentümer. Man wird dieses Problem mit den gleichen verbandsrechtlichen Erwägungen lösen können, mit denen der Bundesgerichtshof die Unterwerfung des rechtsfähigen Verbandes unter den Spruch des Schiedsgerichtes und damit dessen Legitimation, in den Angelegenheiten des Verbandes zu entscheiden, gerechtfertigt hat. Obwohl der Verwalter schon deshalb an die Schiedsvereinbarung gebunden ist, weil er Partei dieser Vereinbarung ist, gehört die Bindung des Verwalters an die in der Gemeinschaftsordnung der Wohnungseigentümer enthaltenen Regelungen zu den elementaren Grundvoraussetzungen des Wohnungseigentumsrechts. Selbst wenn er nicht Partei der Schiedsabrede wäre, würde die fehlende Identität der Parteien des Schiedsverfahrens mit denjenigen der Schiedsvereinbarung durch das Verbandsrecht überbrückt. Stimmen aber die Parteien des Schiedsvertrages im Wohnungseigentumsrecht mit denen des späteren Schiedsverfahrens überein, ist im Ergebnis auch die subjektive Vergleichsbefugnis der Wohnungseigentümer zu bejahen.[31]

---

[29] Vgl. BGH, NJW 1996, 1753 (1754); im Ergebnis ebenso Busse (Fn. 3), S. 58 f., der die objektive Vergleichsfähigkeit aus dem dispositiven Charakter der §§ 23-25 WEG ableiten will.

[30] BGH, NJW 1977, 1686; NJW 1983, 1901 (1901 f.); Weitnauer/Lüke, § 10 Rz. 13 m.w.N.; a.A. neuerdings insbesondere Junker, Die Gesellschaft nach dem Wohnungseigentumsgesetz, 1993, S. 200 ff., der eine analoge Anwendung des § 124 HGB befürwortet.

[31] Im Ergebnis ebenso: Busse (Fn. 3), S. 95; Merle, in: Bärmann/Pick/Merle, vor § 43 Rn. 14.

Horst Müller

DAS SCHICKSAL DER AUSSERGERICHTLICHEN KOSTEN DER BETEILIGTEN IN DER GERICHTLICHEN KOSTENENTSCHEIDUNG GEMÄSS § 47 WEG

(§§ OHNE GESETZESBEZUG SIND SOLCHE DES WEG)

1. GESETZLICHE AUSGANGSLAGE

In wohnungseigentumsgerichtlichen Verfahren ergeht die richterliche Kostenentscheidung nicht gemäß § 13 a FGG, sondern ausschließlich nach § 47. In Literatur und Rechtsprechung besteht bisher weitgehend Übereinstimmung darin, daß § 47 für den Regelfall keine Gleichschaltung von Gerichtskosten und außergerichtlichen Kosten der Beteiligten vorsieht.

Der Beteiligtenbegriff des § 47 hebt auf die Beteiligtenstellung im formellen Sinne ab. Beteiligte sind danach also alle materiell Beteiligten nach § 43 Abs. 4, die vom Gericht auch formell beteiligt wurden, ferne alle formellen Beteiligten, die an sich nicht materiell beteiligt sind. Insoweit ist etwa zu denken an Personen, die zu Unrecht zum Verfahren zugezogen worden sind, z. B. der Verwalter in einem Verfahren nach § 43 Abs. 1 Nr. 1.

Wer von den Beteiligten die Gerichtskosten zu tragen hat, bestimmt der Richter nach billigem Ermessen.[1] Der Richter kann dabei die Regeln der §§ 91 ff. ZPO berücksichtigen, ohne an diese gebunden zu sein. So kann der Richter demjenigen die Gerichtskosten auferlegen, der Anlaß zu einem Verfahren gegeben hat, ohne unterlegen zu sein.[2]

§ 47 S. 2 soll nach bisheriger Auffassung hinsichtlich der außergerichtlichen Kosten den Grundsatz zum Ausdruck bringen, daß jeder Beteiligte seine eigenen Kosten selbst zu tragen habe. Der Richter könne aber auch hier nach billigem Ermessen bestimmen, daß die außergerichtlichen Kosten ganz oder teilweise zu erstatten sind.[3]

Zweifelsfrei wird sich der Richter wegen der gesetzlichen Unterscheidung zwischen Gerichtskosten und außergerichtlichen Kosten im Bereich der Gerichtskosten eher zu einer erfolgsbedingten Kostenentscheidung veranlaßt sehen müssen als für den Bereich der außergerichtlichen Kosten, obwohl er hier wie dort nach billigem Ermessen zu entscheiden hat.

---

[1] Weitnauer, 8. Aufl., Rdn. 2 zu § 47.

[2] So schon BayObLG, Rpfleger 1965, 334.

[3] Weitnauer, a.a.O.

Der Richter hat eine Kostenentscheidung zu begründen (§ 25 FGG). Ist die Entscheidung nicht mit Gründen versehen, ist ein absoluter Aufhebungsgrund gegeben (§ 27 S. 2 FGG, § 551 Nr. 7 ZPO). Die Entscheidung ist nicht nur dann nicht mit Gründen versehen, wenn eine Begründung vollständig fehlt, sondern auch, wenn zu einem für die Entscheidung wesentlichen Punkt überhaupt keine Begründung gegeben wird.[4] Vor diesem Hintergrund ist es äußerst zweifelhaft, ob dem Begründungszwang entsprochen ist, wenn Gerichte formelhaft feststellen, es bestehe keine Veranlassung, vom Grundsatz des § 47 S. 2 abzugehen, wonach jeder Beteiligte seine eigenen außergerichtlichen Kosten selbst zu tragen habe.

Außergerichtliche Kosten bestehen i.d.R. hauptsächlich aus Rechtsanwaltskosten des Beteiligten. Außergerichtliche Kosten können auch Kosten sein, die der Verwalter als Verfahrensbevollmächtigter der Wohnungseigentümer hat, oder die aus Sonderhonoraren des Verwalters bestehen, die dieser in seiner Eigenschaft als Verfahrensstandschafter oder als Verfahrensbevollmächtigter der Wohnungseigentümer nach Verwaltervertrag von den Wohnungseigentümern zu beanspruchen berechtigt ist. Wie Rechtsanwaltskosten gehören auch diese sog. Verwalterkosten im Falle ihrer Erstattungspflicht ins Kostenfestsetzungsverfahren.[5] Weitnauer sieht in den „Ansprüchen des Verwalters" Nebenforderungen, die im Hauptsacheverfahren geltend zu machen seien. Überzeugend ist dies nicht. Ist der Verwalter kraft Gemeinschaftsordnung, Verwaltervertrages oder Eigentümerbeschlusses Verfahrensbevollmächtigter der Wohnungseigentümer oder einzelner Wohnungseigentümer, wozu er grundsätzlich befugt ist[6], ist kein Grund ersichtlich, weshalb dann das ihm für diesen Fall versprochene Honorar anders zu behandeln sein soll als das Honorar eines Rechtsanwalts. Dies wird insbesondere dann ersichtlich, wenn der Verwalter für den Fall der Verfahrensbevollmächtigung etwa nach den Bestimmungen des Verwaltervertrages auf der Grundlage der BRAGO abrechnen darf.[7]

2. DIE GERICHTLICHE PRAXIS

2.1 Soweit hier bekannt, treffen die Gerichte in allen Rechtszügen hinsichtlich der Gerichtskosten i.d.R. sog. erfolgsbedingte Kostenentscheidungen, also grundsätzlich unter Berücksichtigung der Regeln der §§ 91 ff. ZPO. Kommt es infolge Antragsrücknahme, Erledigung der Hauptsache oder der Rücknahme eines Rechtsmittels zu einer isolierten Kostenentscheidung, ist nach hiesiger Beobachtung in der Rechtsprechung grundsätzlich der voraussichtliche Ausgang des Verfahrens Maßstab, ohne daß

[4] BayObLG, WE 1989, 32 zu dem Fall, daß das Gericht nach einer Beschwerderücknahme zwar ausgeführt hat, daß der Beschwerdeführer die Gerichtskosten zu tragen habe, aber nichts dazu gesagt hat, warum der Beschwerdeführer nicht auch die außergerichtlichen Kosten des Antragsgegners erstatten muß.

[5] KG, OLGZ 1988,174; a.A. Weitnauer, Rdn. 5 zu § 47.

[6] BGH, NJW 1993,1924.

[7] BGH, a.a.O.

dem Richter noch die Möglichkeit zur Verfügung stünde, weitere Ermittlungen anzustellen. Die Rechtsprechung des BayObLG wird an dieser Stelle zunächst einmal ausgeklammert.

Die Gerichtskostenentscheidung stellt sich demnach in der richterlichen Praxis als problemlos dar.

2.2 Die außergerichtlichen Kosten erfahren jedoch in der Praxis ein höchst unterschiedliches Schicksal.

In großer Übereinstimmung ordnen die Amtsgerichte die Erstattung der außergerichtlichen Kosten der antragstellenden Wohnungseigentümer durch den mit Hausgeld säumigen und „verklagten" Wohnungseigentümer an.

In allen übrigen Verfahren jedoch sind die Amtsrichter sehr zurückhaltend in der Anordnung der Erstattung außergerichtlicher Kosten z.B. durch den unterliegenden Antragsgegner. Da macht es oftmals keinen Unterschied, ob ein Wohnungseigentümer einen Eigentümerbeschluß mit aus Rechts- oder Sachgründen nicht vorhersehbarem Verfahrensausgang anficht oder ob die übrigen Wohnungseigentümer von einem ihrer Miteigentümer die Beseitigung einer zweifelsfrei zustimmungsbedürftigen baulichen Veränderungsmaßnahme verlangen. Die Anordnung der Erstattung außergerichtlicher Kosten scheint tabu zu sein. Selbst Darstellungsversuche etwa der Antragsgegner, der Antrag eines Antragstellers sei nun wirklich mutwillig gestellt, oder etwa des Antragstellers in einem Beschlußanfechtungsverfahren, die übrigen Wohnungseigentümer und/oder der Verwalter hätten sich vor Beschlußfassung über seine berechtigten Bedenken gegen die zweifelsfreie Rechtswidrigkeit des beabsichtigten Eigentümerbeschlusses hinweggesetzt, sind nur selten geeignet, die Anordnung der Erstattung außergerichtlicher Kosten herbeizuführen.

Ermuntert durch die Rechtsprechung des KG, selbst in der Rechtsbeschwerdeinstanz grundsätzlich keine Erstattung außergerichtlicher Kosten anzuordnen, meist mit der formelhaften Feststellung abgetan, „es bestehe jedoch keine Veranlassung, auch die Erstattung außergerichtlicher Kosten anzuordnen"[8], scheinen die Berliner Instanzgerichte - abgesehen von Hausgeldverfahren - gar nicht die Möglichkeit zu kennen, im Einzelfall vom sog. Grundsatz des § 47 S. 2 abweichen zu können.

Selbst bei Rücknahme eines Beschlußanfechtungsantrags macht das KG die Entscheidung über die Gerichtskosten und eine etwaige Erstattung außergerichtlicher Kosten von den „mutmaßlichen Erfolgsaussichten des Anfechtungsverfahrens" abhängig.[9]

---

[8] Z.B. KG vom 08.09.1995 - 24 W 7228/94 -.

[9] KG, WE 1989,171.

2.3 Die Beschwerdegerichte verhalten sich kaum anders. Nur vereinzelt – vornehmlich in Hausgeldverfahren – kommt es zur Anordnung außergerichtlicher Kosten bei Erfolglosigkeit des Rechtsmittels. Daß bei einer Begründetheit der sofortigen Beschwerde keine Veranlassung besteht, die Erstattung außergerichtlicher Kosten anzuordnen, entspricht dem Rechtsgedanken des § 47 S. 2.

Zu kurios anmutenden Ergebnissen kommt es insbesondere in folgenden Fällen: Der mit Hausgeld säumige Wohnungseigentümer wird erstinstanzlich in der Hauptsache „verurteilt". Das AG auferlegt ihm nicht nur die Gerichtskosten, sondern ordnet auch die Erstattung der außergerichtlichen Kosten der Antragsteller an. Der Fall als solcher ist rechtlich klar. Der „verurteilte" Antragsgegner legt sofortige Beschwerde ein. Im Termin legt ihm die Beschwerdekammer die Beschwerderücknahme wegen offensichtlicher Aussichtslosigkeit nahe. Der Beschwerdeführer nimmt seine sofortige Beschwerde zurück. Ihm wird diese „Einsicht" damit belohnt, daß er nur die Gerichtskosten des Beschwerdeverfahrens zu tragen hat, aber von der Erstattung der außergerichtlichen Kosten der Beschwerdegegner freigestellt wird. Diese Praxis der Beschwerdegerichte gründet u.a. in der Rechtsprechung des BayObLG.[10] Danach kann die Anordnung der Erstattung der dem Gegner erwachsenen außergerichtlichen Kosten außer Betracht bleiben, wenn die alsbaldige Zurücknahme der Beschwerde auf die vom Gericht vermittelte Einsicht von der Aussichtslosigkeit des Rechtsmittels zurückzuführen ist. Diese Rechtsprechung ist kaum akzeptabel. Der mit Hausgeld säumige Wohnungseigentümer hat sich i.d.R. grob fahrlässig, oftmals vorsätzlich und willkürlich auf ein Verfahren eingelassen. Der Amtsrichter trägt diesem Umstand konsequent Rechnung und auferlegt dem Antragsgegner die den Antragstellern erwachsenen außergerichtlichen Kosten. Die nachfolgende sofortige Beschwerde zeugt von erheblicher Uneinsichtigkeit und löst auf Antragstellerseite weitere Kosten aus. Die von der Beschwerdekammer „vermittelte Einsicht von der Aussichtslosigkeit des Rechtsmittels" verdient keine Belohnung mehr. Es kann nicht sein, daß der Antragsgegner ohne rechtlich relevante Veränderung der Sachlage in der Beschwerdeinstanz eine für sich günstigere Kostenentscheidung in Anspruch nimmt, als er sie im ersten Rechtszug hinnehmen mußte. Etwas anderes könnte nur gelten, wenn der Erstrichter durch fehlerhaftes Ermessen zu Unrecht die Erstattung außergerichtlicher Kosten angeordnet hätte. Ist dies der Fall, könnte die Beschwerdekammer trotz Unbegründetheit der sofortigen Beschwerde in der Hauptsache die erstrichterliche Kostenentscheidung korrigieren.[11] Die Beschwerdekammer könnte im übrigen, wenn sie die Beschwerde zurückweist, über die Kosten des ersten Rechtszugs zum Nachteil des Beschwerdeführers entscheiden. Das Schlechterstellungsverbot gilt nicht für die Kostenentscheidung.[12]

[10] BayObLG, WuM 1991, 134; 1992, 569; 1993, 492; WE 1992, 232 vom 21.09.1995 -2 Z BR 68/95-; vom 19.09.1996 - 2 Z BR 74/96 -.

[11] BayObLG, Rpfleger 1975, 284.

[12] BayObLG, WE 1990, 72.

2.4 Abgesehen vom KG (s.o.) ordnen die Rechtsbeschwerdegerichte bei Zurückweisung der Rechtsbeschwerde überwiegend die Erstattung außergerichtlicher Kosten der Rechtsbeschwerdegegner zumindest dann an, wenn der Rechtsbeschwerdeführer in allen Instanzen unterlegen war, wenn also auch schon seine gegen die AG-Entscheidung gerichtete sofortige Beschwerde zurückgewiesen worden war.

Bei schwieriger Rechtslage und immer dann, wenn es im ersten und zweiten Rechtszug zu unterschiedlichen Sachentscheidungen gekommen war, sehen die Rechtsbeschwerdegerichte von der Anordnung der Erstattung außergerichtlicher Kosten selbst dann ab, wenn die Rechtsbeschwerde zurückgewiesen wird.[13]

Soweit die Rechtsbeschwerdegerichte die Erstattung außergerichtlicher Kosten anordnen, ist der rechtliche Ansatzpunkt ein unterschiedlicher. Im Unterschied zum BayObLG begründen die anderen Obergerichte - wiederum ausgenommen KG - die Anordnung der Erstattung auch der außergerichtlichen Kosten des Rechtsbeschwerdeverfahrens durch denjenigen, dem sie die Gerichtskosten auferlegen, wohl im wesentlichen und im Ergebnis damit, daß der unterlegene Rechtsbeschwerdeführer sich nicht auch noch des dritten Rechtszuges hätte bedienen müssen, so daß seine Rechtsbeschwerde als Ausdruck seiner Uneinsichtigkeit und als oftmals willkürlich zu werten sei. Das BayObLG hingegen wendet zunehmend § 47 S. 1 auf die gesamten Kosten des Verfahrens an, entscheidet also im Ergebnis nach den Regeln des Zivilprozesses wegen der Nähe des echten Streitverfahrens gemäß § 43 Abs. 1 Nr. 1 und 2 zum Zivilprozeß. Das BayObLG trägt dem Rechtsgedanken des § 47 S. 2 insoweit Rechnung, als hinsichtlich der außergerichtlichen Kosten dann anders zu entscheiden sei, wenn die Umstände des Einzelfalls ein Festhalten an der zivilprozessualen Kostentragungspflicht unbillig erscheinen lassen.[14]

Diese an den Regeln der §§ 91 ff. ZPO orientierte Rechtsprechung findet ihre besondere Ausformung jeweils dann, wenn es zur Sachantrags- oder Beschwerderücknahme kommt. Nach ständiger Rechtsprechung des BayObLG, aber etwa auch des OLG Stuttgart, hat derjenige, der einen Antrag oder ein Rechtsmittel zurücknimmt, grundsätzlich auch die außergerichtlichen Kosten des Gegners zu erstatten.[15]

---

[13] So z. B. BayObLG vom 25.09.1996 - 2 Z BR 55/96 -.

[14] BayObLG vom 08.05.1991 - 2 Z 34/94 - = WE 1992,168 (LS) zum Fall der Kostenerstattung in der Beschwerdeinstanz; s. auch BayObLG, WE 1991, 84; WE 1991, 289 zum Fall der Entscheidung über die Kosten aller Rechtszüge nach Rücknahme des Sachantrags in I. Instanz; BayObLG, WE 1990, 32 und WE 1990, 58 jeweils zur Erstattung der außergerichtlichen Kosten im Rechtsbeschwerdeverfahren; BayObLG, WuM 1987, 237/238; 1987, 333; 1988, 421.

[15] BayObLG, WuM 1989, 469; 1991, 134; WE 1993, 285; WE 1995, 250; vom 19.09.1996 - 2 Z BR 74/96 -; OLG Stuttgart, OLGZ 1993, 171; vgl. auch BGHZ 28, 117/123; einschränkend selbst für diesen Fall: KG, WE 1989, 171.

Die hier behandelte Rechtsprechung läßt natürlich Ausnahmen zu. So soll nach den Umständen des Einzelfalles eine andere Kostenentscheidung angemessen sein können.[16]

Sieht man von der unheilvollen „Ausnahme" - Rechtsmittelrücknahme auf Anraten des Gerichts - ab, ist also z. B. an folgende Ausnahmefälle zu denken:

Ein Wohnungseigentümer konnte an der Eigentümerversammlung nicht teilnehmen. Aus der Ladung zur Versammlung weiß er, daß es zu Eigentümerbeschlüssen mit Tragweite gekommen sein kann. Der Verwalter hat bis zum Ablauf der Beschlußanfechtungsfrist die Versammlungsniederschrift nicht gefertigt, so daß dieser Wohnungseigentümer die Niederschrift nicht einmal einsehen kann. Er ficht daher zur Fristwahrung vorsorglich alle Eigentümerbeschlüsse an und verweist zur Begründung auf das Informationsdefizit. Der Verwalter versendet die Niederschrift erst später. Der genannte Wohnungseigentümer nimmt danach seine Anträge insgesamt oder teilweise zurück. Hier kann der Richter ganz bzw. teilweise dem Verwalter die Gerichtskosten auferlegen und sogar die Erstattung der außergerichtlichen Kosten des Antragstellers anordnen.[17]

Oder: Ein Beteiligter läßt durch seinen Verfahrensbevollmächtigten sofortige Beschwerde mit dem Hinweis einlegen, daß dies zunächst nur zur Fristwahrung geschehe und daß bis zu einem bestimmten Zeitpunkt entschieden werde, ob das Beschwerdeverfahren überhaupt durchgeführt werde. Der Beschwerdeführer nimmt dann die sofortige Beschwerde innerhalb des von ihm vorgegebenen Zeitraums zurück. Zuvor hat sich jedoch für die übrigen Beteiligten deren Verfahrensbevollmächtigter in Kenntnis des Fristwahrungsmotivs auch für die Beschwerdeinstanz bestellt. Hier wird der Beschwerdeführer natürlich die Gerichtskosten des Beschwerdeverfahrens zu tragen haben. Für die Erstattung außergerichtlicher Kosten besteht keine Veranlassung.

2.5 Ob und inwieweit das Rechtsbeschwerdegericht die Kostenentscheidungen der Vorinstanzen abändern kann, beurteilt sich wie folgt:

Jede Kostenentscheidung kann von den Beteiligten nur zusammen mit der Hauptsacheentscheidung angefochten werden (§ 20 a FGG), es sei denn, eine Hauptsacheentscheidung wird wegen Antrags- oder Rechtsmittelrücknahme oder wegen übereinstimmend erklärter Hauptsacheerledigung entbehrlich. In diesen Fällen ist über die Kosten selbständig zu entscheiden (sog. isolierte Kostenentscheidung, § 18 FGG). Diese Entscheidung unterliegt - unabhängig davon, ob sie vom AG oder LG getroffen ist - der sofortigen Beschwerde gem. § 20 a FGG, einer sog. Wertbeschwerde, deren Zulässigkeit jedoch an bestimmte Voraussetzungen geknüpft ist (§ 27 Abs. 2 FGG).[18]

---

[16] BayObLG, WuM 1991, 134; 1992, 569; 1993, 492; WE 1992, 232; vom 21.09.1995 -2 Z BR 68/95-; BayObLG, WE 1989, 32; WuM 1990, 322; 1991, 453; 1994, 160; vom 19.09.1996 - 2 Z BR 74/96 -.

[17] Beachte aber hierzu das Verbot der Kostenaufteilung nach Teilgeschäftswerten, BayObLG, WE 1992, 53.

[18] S. hierzu insbesondere BayObLG, WE 1992, 172.

Bei einer Beschwerde gegen die Hauptsacheentscheidung kann das jeweilige Beschwerdegericht, grundsätzlich also auch das Rechtsbeschwerdegericht, die Kostenentscheidung der Vorinstanz - auch zum Nachteil des Beschwerdeführers - ändern, und zwar auch dann, wenn die Beschwerde zurückgewiesen wird. Wird allerdings gegen die Sachentscheidung des LG weitere Beschwerde eingelegt, unterliegt auch die Kostenentscheidung nur noch der beschränkten Nachprüfung durch das Rechtsbeschwerdegericht; denn die Ermessensentscheidungen des Tatrichters sind nur gem. § 43 Abs. 1, § 27 FGG auf ihre Gesetzmäßigkeit überprüfbar, nämlich darauf, ob der Tatrichter von ungenügenden oder verfahrenswidrig zustande gekommenen Feststellungen ausgegangen ist, wesentliche Umstände außer Betracht gelassen oder gegen Denkgesetze oder allgemeine Erfahrungssätze verstoßen oder ob er von seinem Ermessen einen dem Sinn und Zweck des Gesetzes zuwiderlaufenden oder die Grenzen des eingeräumten Ermessens überschreitenden und damit rechtlich fehlerhaften Gebrauch gemacht hat.[19]

Hatte der Antragsteller bereits im ersten Rechtszug seine Sachanträge zurückgenommen, waren vom AG und vom LG nach Beschwerdeeinlegung nur noch Kostenentscheidungen zu treffen. Geht es dann im Rechtsbeschwerdeverfahren um die Frage, wer die Gerichtskosten und die außergerichtlichen Kosten im ersten und zweiten Rechtszug zu tragen hat, kann das Rechtsbeschwerdegericht selbst anstelle des Tatrichters gem. § 47 über die Kosten aller Rechtszüge entscheiden.[20]

Entsprechendes gilt für den Fall, daß der Antragsteller im zweiten Rechtszug seinen Sachantrag (nicht: seine sofortige Beschwerde) zurücknimmt. Damit wird die Entscheidung des AG wirkungslos (§ 269 Abs. 3 S. 1, 2. Halbsatz ZPO). Wenn in diesem Falle das LG irrig annahm, der Antragsteller habe nur sein Rechtsmittel zurückgenommen, nicht aber seinen Sachantrag, und deshalb eine Kostenentscheidung nur für den zweiten Rechtszug trifft, ohne auch über die Kosten des ersten Rechtszugs entschieden zu haben, kann auch hier das Rechtsbeschwerdegericht bei weiterer Beschwerde grundsätzlich über die Kosten aller Rechtszüge entscheiden.[21]

3. PROBLEMLÖSUNG

Die geradezu in Phobie ausartende Zurückhaltung der Gerichte bei der Anordnung der Erstattung außergerichtlicher Kosten hat weitreichende Folgen. Ein einzelner Wohnungseigentümer hat es oftmals in der Hand, insbesondere durch Beschlußanfechtungen seine Miteigentümer mit Kosten erheblichen Umfangs zu belasten (§ 16 Abs. 5).

[19] BayObLG, ZMR 1986, 251 m.w.N.; BayObLGZ 1987, 381/386; BayObLG, WE 1992, 24; Keidel/Kuntze, FGG, 12. Aufl., § 27 Rdn. 27.

[20] BGHZ 35, 135/142 f.; BayObLGZ 1982, 90/93; WE 1992, 24.

[21] BayObLG vom 19.09.1996 - 2 Z BR 74/96 -.

Oftmals werden Jahresabrechnungsgenehmigungsbeschlüsse durch einen Einzelnen angefochten, obwohl sich die genehmigte Jahresabrechnung etwa deshalb als fehlerfrei herausstellt, weil es dem anfechtenden Wohnungseigentümer nur um die Frage ging, ob der Verwalter eine getätigte und in die Abrechnung eingestellte Ausgabe zu Recht gemacht habe, oder weshalb der Verwalter keine Umzugspauschale als Einnahme in die Abrechnung eingestellt habe, obwohl er eine solche hätte einfordern müssen. Oftmals ficht ein einzelner Wohnungseigentümer einen von nahezu allen übrigen Wohnungseigentümern getragenen, kostenträchtigen Sanierungsbe- schluß an. Auch hier stellt sich im Verfahren heraus, daß der Eigentümerbeschluß ordnungsgemäßer Verwaltung entsprach. Die Beschlußanfechtungsanträge werden also zurückgewiesen. Die übrigen Wohnungseigentümer können nur wenig erfreut darüber sein, weil sie nämlich ihrem Verfahrensbevollmächtigten ein stattliches Honorar zu zahlen haben, das sich bei den angesprochenen Beispielsfällen aus einem nicht geringen Geschäftswert ermittelt. Nicht selten ist der Schritt zum Wohnungs- eigentumsrichter ein zu verlockender, weil die heute flächendeckende Rechtsinformation insbesondere durch die Medien dem Einzelnen die Gewißheit vermittelt, er sei - abgesichert durch die Rechtsprechung zu § 47 - zumindest teilweise „rechtsschutzversichert": Keine Pflicht zur Tragung der Kosten der anderen, und dies durchgängig durch alle Instanzen, nicht etwa beschränkt auf den ersten Rechtszug, wie dies etwa das Arbeitsgerichtsgesetz vorsieht (§ 12 a Abs. 1 ArbGG).

Die in diesem Beitrag angesprochene Rechtsprechung ist, soweit sie die Erstattung außergerichtlicher Kosten als höchst seltene Ausnahme betrachtet, nach Gesetzeslage nicht zwangsläufig und zwingend. Wenn § 47 zwischen Gerichtskosten und außergerichtlichen Kosten unterscheidet, trifft die Gesetzesbestimmung damit nicht die Vorgabe, daß außergerichtliche Kosten im Unterschied zu den Gerichtskosten nur ganz ausnahmsweise zu erstatten seien. Kann die Textierung des § 47 nicht ganz einfach auch ihren Ursprung im Wortlaut des § 13 a Abs. 1, S. 1 FGG haben, der zunächst einmal nur die Kostenerstattung unter den Beteiligten behandelt, also in erster Linie auf die außergerichtlichen Kosten abstellt, zur Tragung der Gerichtskosten unmittelbar nichts sagt?! Sollte demnach für das WEG-Verfahren, einem echten Streitverfahren der freiwilligen Gerichtsbarkeit (ausgenommen § 43 Abs. 1 Nr. 3), mit § 47 im Unterschied zu § 13 a FGG auch eine „Anleitung" für die Gerichtskostenentscheidung geschaffen werden? Bejaht man diese Frage, legt § 47 nichts anderes fest als daß der Richter jeweils nach billigem Ermessen bestimmen könne, wer von den Beteiligten die Gerichtskosten und wer von ihnen die außergerichtlichen Kosten zu übernehmen habe.

These: Aus dem Wortlaut des § 47 ist entgegen aller Stimmen in Literatur und Rechtsprechung nicht ein Grundsatz des Inhalts abzulesen, daß jeder Beteiligte seine eigenen Kosten selbst zu tragen habe.

Aus diesem Grunde ist in der Rechtsprechung des BayObLG durchaus der zutreffende Ansatz für eine Problemlösung zu finden.

Weil es keinen Grundsatz des Inhalts gibt, daß jeder Beteiligte seine eigenen außergerichtlichen Kosten selbst zu tragen hat, soll der Richter in jedem Einzelfall überprüfen, ob es Gründe für oder gegen die Erstattung außergerichtlicher Kosten gibt. Die Ermessensentscheidung darf nicht auf die Beantwortung der Frage verengt werden, ob es ausnahmsweise Gründe für eine Erstattung außergerichtlicher Kosten gibt. Diese verengte Betrachtung hat ja bisher zu einer Erstattung außergerichtlicher Kosten im ersten Rechtszug meist nur dann geführt, wenn eindeutig willkürliches Verhalten eines Beteiligten oder in der Bewertung vergleichbare Verhaltensmuster zur Debatte standen. Die Billigkeitserwägungen des Erstrichters haben mangels Bestehens eines wie auch immer gearteten Grundsatzes weitreichender zu sein. Kriterien für die Kostenentscheidung des Erstrichters hinsichtlich der außergerichtlichen Kosten können demnach - ohne daß in der Reihenfolge der Aufzählung eine Gewichtung läge - der Verfahrensausgang in der Sache sein bzw. bei Entbehrlichkeit einer Hauptsacheentscheidung infolge Hauptsacheerledigung der voraussichtliche Ausgang des Verfahrens. Kriterium kann sein: das Verhalten der Beteiligten vor Verfahrensbeginn (außergerichtliche Einigungsversuche; trotz Hinweises auf eindeutige Rechtslage Beharren auf rechtlich unhaltbarer Position; bei Beschlußanfechtungsverfahren Beharren der Mehrheit auf einem Eigentümerbeschluß trotz Hinweises auf Fehlerhaftigkeit oder - umgekehrt - Beschlußanfechtung durch einen Eigentümer trotz erschöpfender Erörterung in der Eigentümerversammlung etc.). Kriterium kann ferner sein: das Verhalten der Beteiligten während des Rechtszuges (vergebliche Einigungsbemühungen des Richters; Unbelehrbarkeit eines Beteiligten; Rechthaberei bei marginalem wirtschaftlichen Interesse, aber hohem Geschäftswert etc.).

Für Sachantragsrücknahmen sind die vom BayObLG entwickelten Grundsätze heranzuziehen: Danach hat derjenige, der seinen Antrag zurücknimmt, grundsätzlich nicht nur die Gerichtskosten und seine eigenen außergerichtlichen Kosten zu tragen, sondern auch die dem jeweiligen Gegner erwachsenen außergerichtlichen Kosten zu erstatten. Nur nach den Umständen des Einzelfalles kann eine andere Kostenentscheidung angemessen sein. Im ersten Rechtszug mag ein solcher Umstand auch dann gegeben sein, wenn die alsbaldige Sachantragsrücknahme auf die vom Gericht vermittelte Einsicht von der Aussichtslosigkeit des Antrags zurückzuführen ist.

Im zweiten Rechtszug sollte der Beteiligte, dessen sofortige Beschwerde zurückgewiesen wird, der also schon im ersten Rechtszug unterlegen war, grundsätzlich neben den Gerichtskosten und seinen eigenen außergerichtlichen Kosten auch die außergerichtlichen Kosten seines Gegners/seiner Gegner übernehmen, sofern nicht besondere Umstände des Einzelfalles eine andere Kostenentscheidung als angemessen erscheinen lassen (in einem Beschlußanfechtungsverfahren lassen sich die Antragsgegner z. B. nicht durch einen, sondern durch mehrere Verfahrensbevollmächtigte vertreten; hier wäre es oftmals unangemessen, den unterlegenen Antragsteller und Beschwerdeführer mit allen Kosten zu belasten).

Wird auch die weitere Beschwerde eines Beteiligten zurückgewiesen, dessen sofortige Beschwerde bereits erfolglos war, so gilt das für den zweiten Rechtszug Gesagte für die Rechtsbeschwerdeinstanz entsprechend.

Sind die Entscheidungen im ersten und zweiten Rechtszug unterschiedlich, wäre von der Erstattung außergerichtlicher Kosten in beiden Instanzen abzusehen. Dies müßte dann auch für die außergerichtlichen Kosten des Rechtsbeschwerdeverfahrens gelten. Bei abweichenden Sachentscheidungen wäre es unbillig, die Erstattung außergerichtlicher Kosten anzuordnen.

Eine Berücksichtigung aller dieser Erwägungen in der täglichen Gerichtspraxis wäre der effizienteste Schritt zur häufig beschworenen Entlastung der Justiz. Wohnungseigentümer würden wegen des höheren Kostenrisikos seltener Anträge zu Gericht stellen. So könnte der Bundesrat ohne Not seinen verhängnisvollen Beschluß v. 18.10.1996 revidieren, beim Deutschen Bundestag den „Entwurf eines Gesetzes zur Vereinfachung des gerichtlichen Verfahrens und des Verfahrens der freiwilligen Gerichtsbarkeit" einzubringen (BR-Drucksache 605/96).

Frank-Georg Pfeifer

INSTALLATION EINER AMATEURFUNKANTENNE UND VERTRAGLICHE ABREDEN MIT DEM MIETER

A. ZUNEHMENDER REGELUNGSBEDARF

Mit wachsendem Interesse an der Technik steigt die Zahl der Amateurfunker. Wer sich aktiv an der Funktechnik beteiligt, braucht insbesondere für das Senden eine gute Antenne. Diese kann jedoch Belästigungen verursachen, z. B. den Fernsehempfang der Nachbarn stören. Auch bietet eine Sendeantenne wegen ihrer Größe dem Wind eine nennenswerte Angriffsfläche, was den Dachstuhl belastet. Zur Vermeidung von Risiken sollte über Standplatz bzw. Montageort[1] ein schriftlicher Antennenvertrag geschlossen werden, der Rechte und Pflichten festlegt. Bei unentgeltlichem Überlassen des Standplatzes gelten die Vorschriften der Leihe (§§ 598 ff. BGB), bei entgeltlichem Vertrag gilt Mietrecht (§§ 535 ff. BGB). Aus der Sicht gegenseitiger Rechte und Pflichten ist die Leihe im Regelfall für den Hauseigentümer günstiger als die Miete.

B. FREIWILLIGE LEISTUNG DES VERMIETERS

Wenn der Vermieter dem Mieter einen Standplatz für eine Funkantenne einräumt, geschieht das freiwillig. Eine entsprechende Pflicht kann nicht aus der Rechtsprechung - z. B. des Bundesverfassungsgerichts - zu den schüsselförmigen Parabolantennen für das Satellitenfernsehen abgeleitet werden.[2] Denn der Empfang von Rundfunk und Fernsehen ist nicht mit dem Aussenden von Funksignalen vergleichbar. Das gilt gleichfalls für den als Hobby betriebenen Empfang fern gelegener Sender, sogenanntes DX-en. Denn trotz speziell konzipierter Empfänger (mit hoher Eingangsempfindlichkeit, hinreichender Großsignalfestigkeit, guter Trennschärfe und Spiegelfrequenzsicherheit, variabler Bandbreite, Synchron-Detektor usw. usf.) sind hierfür sehr hochwertige Empfangsantennen erforderlich, welche die übliche Größe beachtlich überschreiten. Daran ist zu erkennen, daß sowohl Sendebetrieb wie spezieller DX-Empfang nicht „Bestandteil des häuslichen Lebens" sind, sondern ein - finanziell - aufwendiges Hobby. Was indessen Freizeitbeschäftigung des Mieters ist, dient nicht der Teilhabe am öffentlichen Informationsgeschehen und ist nicht Gegenstand der mietrechtlichen

---

[1] Im folgenden: Standplatz.

[2] Hierzu im einzelnen Börstinghaus, in: MietPrax, Fach 1, Teil 1, Rdnr. 177 ff.

Gebrauchsgewährung.[3] Der Vermieter ist also bis auf Sonderfälle (z. B. Diplomatenwohnung) nicht verpflichtet, dem Errichten solcher Spezialantennen zuzustimmen. Das ergibt sich mangels abweichender Vereinbarung im Mietvertrag aus dem Rechtsgedanken des § 243 BGB. Nach dieser Vorschrift hat der Vermieter die Wohnung nur im Rahmen von mittlerer Art und Güte zur Verfügung zu stellen. Dazu zählen aber weder Sendebetrieb noch Fernempfang.

Soweit demnach keine derartige Pflicht des Vermieters besteht, kann er, sozusagen spiegelbildlich dazu, die Beseitigung einer solchen unerlaubt angebrachten Antenne verlangen.[4]

Das gilt nach Ansicht des Amtsgerichts Wedding[5] freilich nicht, wenn der Mieter zwei dünne Metallstäbe von ca. 30 cm Länge und weniger als einem Zentimeter Durchmesser an den Fenstern seiner Mietwohnung anbringt. Und im Hinblick auf das Wohnungseigentum hat das Bayerische Oberste Landesgericht[6] ausgesprochen: „Eine ohne Zustimmung der übrigen Wohnungseigentümer angebrachte Funkantenne ist zu beseitigen, da sie das Erscheinungsbild der Hausfassade umgestaltet und somit eine bauliche Veränderung im Sinne des § 22 Abs. 1 WEG darstellt." Das gilt aber nicht, so derselbe Senat dieses Gerichts in einer früheren Entscheidung, wenn durch eine CB-Funkantenne „die Wohnanlage weder optisch beeinträchtigt ist, noch sonstige Nachteile für die Wohnungseigentümer entstehen".[7]

Ferner hat sich das Bundesverfassungsgericht unter baurechtlichen Gesichtspunkten gegen eine uneingeschränkte Anbringung von Funkantennen ausgesprochen. Im Beschluß vom 11.12.1991[8] heißt es u.a.: „Andererseits ist es von Verfassungs wegen nicht zu beanstanden, daß das Grundrecht auf Informationsfreiheit durch allgemeine Gesetze, die dem Schutz des Straßen-, Orts- und Landschaftsbildes sowie der Sicherung des Wohnwerts der Nachbargrundstücke dienen, Beschränkungen unterworfen werden kann."

Das vielschichtige Thema „Funkantennen" und die umfangreiche Rechtsprechung können im Rahmen eines Aufsatzes nicht weiter vertieft werden. Hinzu tritt die ständige Weiterentwicklung von Recht und Technik. Nachstehend daher die Mindestanforderungen, die bei Abschluß eines Antennenvertrages zu beachten sind.

---

[3] BayObLG, Rechtsentscheid vom 19.1.1981 - Allg.Reg. 103/80, in: NJW 1981, S. 1276 zu II. 2.a) aa), rechte Spalte oben; weiter auch Kraemer, in: Bub/Treier, Handbuch der Wohn- und Geschäftsraummiete, 2. Aufl. 1993, Rdnr. III-A-986, S. 767.

[4] Zieja, in: MietPrax, Fach 7, Teil 1, Rdnr. 79.

[5] AG Berlin-Wedding, Urteil vom 15.7.1992 - 8a C 162/92, in: GE 1992, S. 831.

[6] BayObLG, Beschluß vom 23.10.1986 - BReg 2 Z 51/86, in: MDR 1987, S. 235.

[7] BayObLG, Beschluß vom 30.5.1990 - BReg 2 Z 57/90, in: NJW-RR 1990, S. 1167.

[8] BVerfG, 1 BvR 1541-43/91, in: NVwZ 1992, S. 463.

C. FUNKER NICHT GLEICH FUNKER

Vorab muß klargestellt werden, daß es zwischen Funkamateuren und Hobbyfunkern einen geradezu immensen Unterschied gibt. Denn der reine Hobbyfunker arbeitet im sogenannten Citizen-Band. Die Anlagen für diesen „CB-Funk" sind oft chromblitzende und futuristisch gestylte Gebilde. Sie gleichen fast protzigen Rennautos. Jeder kann eine handelsübliche Anlage erwerben und ohne behördliche Genehmigung sofort in Betrieb nehmen.

Der seriöse Kurzwellen-Funkamateur hingegen darf auf zahlreichen Frequenzbändern „qrv" (= betriebsbereit) sein; das reicht vom 80-Meter-Kurzwellenband über das 40-, 20- und 10-Meter-Band bis hin zum 2-Meter- und sogar 70-cm-Band im Ultrakurzwellenbereich. Er muß obendrein eine äußerst scharfe Staatsprüfung ablegen, die bald einem Ingenieurexamen für Hochfrequenztechnik gleichkommt.[9] Und die Lizenz für den Kurzwellenfunk erhält er nach derzeitigen Vorschriften nur, wenn er in der Klasse B pro Minute 60 Morsezeichen mit maximal drei Fehlern geben und aufnehmen kann. Allein das erfordert monatelanges Intensivtraining. Kurzum: Amateurfunk ist nur etwas für den, der ernsthaft und kompetent an der Funktechnik interessiert ist. Und so sind die Geräte eines Amateurfunkers auf technisch bestem Stand, sein Funkplatz macht stets einen professionellen Eindruck.[10] Der Kurzwellenamateur ist zudem gern bereit, Referenzen anzugeben. Im Zweifel wird überdies der Deutsche Amateur-Radio-Club (Baunatal, Telefon: 0561/94 98 80) seine Mitwirkung kaum verweigern, ist er doch stets an einem harmonischen Verhältnis zu den Hauseigentümern interessiert.

D. DAS HAUS ALS FUNKSTATION

Jeder Funker benötigt, wie eingangs gesagt, vor allem eine Sendeantenne. Dabei handelt es sich nicht um die kleine, einen Meter lange Stabantenne, den unauffälligen Runddipol aus den fünfziger Jahren, oder die vielleicht im Hinterhof gespannte, nur wenige Meter große Drahtantenne. Nein, da müssen aus technischen Gründen zwanzig und mehr Meter messende Langdrahtantennen gespannt, mehrere Meter hohe Stabantennen aufs Dach gesetzt werden. Denn nur mit einer guten Antenne ist es möglich, eine Überseefunkverbindung aufzubauen.

Als Krönung der Technik finden sich auf manchen Häusern dann die im 10-, ja sogar im 20-Meter-Band arbeitenden Dipolstrahler, die in der Tat mehrere Meter Durchmes-

---

[9] Vgl. § 4 des Entwurfs eines Gesetzes über den Amateurfunk, welches das alte Gesetz von 1949 ablösen soll; BR- DrS. 704/96, S. 6.

[10] Vgl. BR- DrS. 704/96, S. 13, zu § 6 des Entwurfes.

ser haben und, gleichsam über den Köpfen schwebend, einen bedrohlichen Effekt hervorrufen können.[11]

Werden solche Konstruktionen noch drehbar ausgeführt, dann sieht das Haus wirklich aus wie eine kommerzielle Funkstation.

Doch tritt neben die optische Beeinträchtigung oft noch die mechanische Belastung des Daches. Denn große Antennenkonstruktionen bieten dem Wind eine beachtliche Angriffsfläche. Die durch diese Windlast aufgenommenen Kräfte übertragen sich per Hebelwirkung des Standrohres auf den Dachstuhl und das Mauerwerk. Da ist eine besonders stabile Befestigung vonnöten, sonst lockert sich alles nach und nach. Obendrein kann an der Durchführung des Standrohres bzw. der Zuleitungskabel die Dachhaut undicht werden. Nässeschäden wären die Folge.

E. ELEKTROSMOG

Hinzu kommen die elektromagnetischen Immissionen. Denn jede Sendeantenne strahlt - ohne dem Funkamateur einen Vorwurf daraus zu machen - aus physikalischen Gründen elektromagnetische Wellen in die Nachbarschaft ab. Dabei kann die Senderleistung in der Klasse B derzeit bis zu 750 Watt betragen. In den letzten Jahren haben sich etliche Forscher damit befaßt, ob dieser sogenannte Elektrosmog die menschliche Gesundheit beeinträchtigt. Die Untersuchungsergebnisse sind hingegen nicht leicht zu interpretieren. Daher empfiehlt es sich, solange die Unschädlichkeit nicht erwiesen ist, vorsichtig zu sein (vgl. den Beitrag von Eisenschmid, Seite 101-107).

Auf der anderen Seite reduziert sich bei Kurzwellenamateuren die Sendezeit. Denn viele schalten ihren Sender nur nachts ein. So lassen sich nämlich die interessanten interkontinentalen Funkreichweiten erzielen (Ausnutzen des Spiegeleffekts der Ionosphäre).

Doch selbst wenn die Funkwellen den Menschen nicht gefährden, können sie - wenn auch vielfach vom Funker nicht verschuldet - gleichwohl andere elektrische bzw. elektronische Geräte im Hause beeinträchtigen. Das reicht von den Flimmerstörungen auf dem Bildschirm bis zum Zwitschern beim Hörfunk. In seltenen Fällen können die elektromagnetischen Impulse sogar die Steuerelektronik einer Zentralheizung außer Takt bringen, so daß die Anlage immer wieder auf „Aus" schaltet.

[11] So das BVerfG, a.a.O.

F. ANTENNENVERTRÄGE SEPARAT

Die vorgenannten Risiken - selbst wenn sie nicht ständig akut werden - veranlassen viele Hauseigentümer, sich mit einer globalen Erlaubnis zur Errichtung einer Sendeantenne zurückzuhalten und stattdessen auf einem detaillierten Regelungskatalog zu bestehen. In Funkerkreisen kursierte Mitte 1996 ein Vorschlag für einen solchen Vertrag. Dort wurde u.a. der Passus vorgeschlagen, dieser Antennenvertrag werde mit der Unterzeichnung durch beide Seiten „integrierender Bestandteil des Mietvertrages... und ändert diesen im Umfange der hier getroffenen Vereinbarungen ab".

G. RECHTSVERLUST VERMEIDEN

Das klingt harmlos, führt aber dazu, daß der rechtsunkundige Eigentümer elementarer Rechte verlustig geht. So ist vor allem das Recht des Vermieters betroffen, den Antennenvertrag nach seinem Willen zu beenden. Wenn nämlich der Antennenvertrag - wie vorgeschlagen - Bestandteil des Mietvertrages wird, kann er nur zusammen mit diesem gekündigt werden, aber nicht separat. Das zeigt ein vergleichender Blick auf die Rechtsprechung zur Kündigung einer Garage.

Zur Erinnerung: Wenn eine Garage zusammen mit der Wohnung vermietet wird, kann die Garage auch nur zusammen mit diesen Mieträumen gekündigt werden, etwa wegen Eigenbedarfs.[12] Der Antennenvertrag obiger Formulierung genösse also denselben Kündigungsschutz wie der Wohnraummietvertrag.

Nun kann es Gründe dafür geben, bloß den eigentlichen Antennenvertrag zu kündigen, nicht aber den Wohnraummietvertrag. So, wenn es wegen des Funkbetriebes Reibereien mit der Nachbarschaft gibt oder weil das Haus umgebaut werden soll, der Mieter die Wohnung jedoch weiterhin behalten soll. Also hat der Hauseigentümer ein legitimes Interesse daran, den eigentlichen Antennenvertrag getrennt kündigen zu können. Das geht wie gezeigt nur, wenn beide Verträge vollkommen selbständig sind.

Folglich sollte der Vermieter den Vertragspassus über die integrierende Einbeziehung des Antennenvertrages in die Wohnraummiete nicht verwenden.

---

[12] OLG Karlsruhe, Rechtsentscheid vom 30.3.1983 - 3 ReMiet 1/83, in: ZMR 1984, S. 273; weiter LG Wuppertal, Urteil vom 26.10.1995 - 9 S 356/94, in: WM 1996, S. 621.

H. KLARE FORMULIERUNG UNERLÄSSLICH

Um sich die Möglichkeit einer isolierten Kündigung des Antennenvertrages zu erhalten, muß eindeutig und unmißverständlich zum Ausdruck kommen, daß dieser rechtlich vollkommen vom Mietvertrag getrennt ist. Diese Trennung liegt aber bei einem unentgeltlichen Vertrag (= Leihe) offen zutage. Schon das spricht für den Abschluß eines Leihvertrages. Allerdings ist die Leihe mit keinerlei Entgelt verbunden.

Um indessen zu verhindern, daß die im Vertragstext niedergelegte Trennung von Wohnraummiet- und Antennenvertrag gleichwohl als inhaltsleere reine Formsache beiseitegeschoben wird,

- darf der Antennenvertrag nicht am selben Tage wie der Wohnraummietvertrag geschlossen werden;
- unterschreibt nur der Funkamateur selbst, nicht auch dessen Ehefrau usw.;
- müssen unterschiedliche Vertragsformblätter verwendet werden;
- sind verschiedene Vertragslaufzeiten zu bestimmen;
- muß das Vertragsende gänzlich anders geregelt sein als für die Mietwohnung, z. B. mit deutlich anderen Kündigungsfristen;
- muß bei einem **entgeltlichen** Antennenvertrag eine andere Art der Zahlung (z. B. anderes Konto) und
- eine andere Zeitspanne für die Mietzahlung (z. B. zweimonatlich) vereinbart sein und
- ist die Art und Weise der Mieterhöhung anders als für die Wohnung zu regeln, z. B. mit einem anderen Zeitschema.

Anderenfalls besteht die Möglichkeit, daß im Streitfalle eben doch der Antennenvertrag zum Nachteil des Vermieters als nicht separat kündbar angesehen wird.

I. MINDESTANFORDERUNGEN

Soweit ein entgeltlicher Antennenvertrag geschlossen wird, also das Mietrecht eingreift, können zwar etliche den Vermieter belastende Gesetzesbestimmungen abbedungen werden, da es sich nicht um Wohnraummiete, sondern die einfache Immobiliarmiete handelt. Doch darf nicht aus dem Blick geraten, daß der Gesetzgeber den Interessen des Mieters ständig mehr Raum gibt; etwa durch Ausweitung des Verbraucherschutzes.

1. So ist z. B. seit dem 25. Juli 1996 bestimmt, daß bei Verträgen mit einem Vermieter, der gewerblich[13] handelt, schon die zu einmaliger Verwendung bestimmte Vertragsbedingung an den scharfen Regeln des AGB-Gesetzes zu messen ist.[14] Das betrifft typischerweise Wohnungsbaugesellschaften[15], nicht jedoch die Vermietung nur zweier Wohnungen.[16] Da nach § 24a AGBG bei gewerbsmäßiger Vermietung insbesondere § 9 AGBG eingreift, ist damit zu rechnen, daß der Mietvertrag über einen Antennenstandplatz am gesetzlichen Leitbild des Mietrechts[17] gemessen wird. Das allein schon würde, selbst dann, wenn der Wohnraummietvertrag von der Miete des Antennenstandplatzes rechtlich sauber getrennt wäre, zu einer Betonung der Rechte des Mieters führen; und zwar zunächst nur am Leitbild des Mietrechts, nicht des Wohnraummietrechts. Indessen wäre angesichts einer teilweise erratischen Judikatur[18] der Instanzgerichte eben nicht auszuschließen, daß trotz rechtlicher Trennung sowie unterschiedlicher Vertragsausrichtung (Räume zum Wohnzweck, Antennenstandplatz für das Hobby) über die Leitgedanken des Mietrechts hinaus insbesondere die Tendenzen des sozialen Wohnungsmietrechts auf den Mietvertrag über einen Antennenstandplatz ausstrahlen. Insoweit wäre nicht ausgeschlossen, daß nachstehende Bestimmungen zum Nachteil des Vermieters jedenfalls analog angezogen würden:

Der § 537 Abs. 3 BGB (Unabdingbarkeit der Minderung); § 547a Abs. 3 BGB (Ausschluß des Wegnahmerechts); § 550a BGB (Unwirksamkeit eines Vertragsstrafeversprechens); § 550b BGB (Beschränkungen der Sicherheitsleistung); § 554b BGB (Unwirksame Abrede über fristlose Kündigung); §§ 556a ff.; 564b ff. BGB (Kündigungsschutz); § 557 Abs. 2 BGB (eingeschränkter Schadensersatz bei verspäteter Rückgabe); §§ 569 ff. (Eintrittsrecht der Erben bei Tod des Mieters[19]); § 571 BGB (Kauf bricht nicht Miete).

---

[13] Es geht insoweit darum, daß die Vermietungstätigkeit gewerblich erfolgt, nicht, daß der vermietete Raum gewerblich genutzt wird.

[14] § 24a Ziff. 1 AGBG, in: BGBl., Teil I, 1996, Nr. 36, S. 1013.

[15] OLG Koblenz, Rechtsentscheid vom 9.2.1994 - 4 W - RE - 456/93, in: DWW 1994, S. 115 = ZMR 1994, S. 210.

[16] Nach BayObLG, Beschluß vom 13.4.1993 - RE-Miet 3/93, in: DWW 1993, S. 196 = GE 1993, S. 703 = WM 1993, S. 384 fällt die Vermietung von zwei Wohnungen nicht unter den Begriff „geschäftsmäßig" im Sinne des HaustürwiderrufsG. In den Gründen der Entscheidung führt das BayObLG aus, daß die „Vermietung einzelner weniger Wohnungen" nicht unter das HaustürwiderrufsG falle, die Grenzziehung jedoch im konkreten Fall offen bleiben könne. Zwar erging diese Entscheidung des BayObLG nicht zum AGBG, doch handelt es sich bei diesem ebenso wie beim HaustürwiderrufsG um ein Gesetz zum Schutze des Verbrauchers. Daher liegt die Prognose nicht fern, daß künftig die Instanzgerichte die eben dargelegten Überlegungen des BayObLG analog auch auf das AGBG ausdehnen. Damit ist denkbar, daß auch für private Kleinvermieter bei Vermietung von wenig mehr als zwei bis drei Wohnungen - neben dem HaustürwiderrufsG, auch - der neue § 24a AGBG eingreift.

[17] Nicht speziell des Wohnraummietrechts.

[18] Vgl. AG Nürnberg, Urteil vom 11.5.1994 - 26 C 4676/93, in: DWW 1996, S. 87.

[19] Bzw. des nichtehelichen Partners: BVerfG, Beschl. vom 3.4.1990 - 1 BvR 1186/89, in: DWW 1990, S. 199 = JZ 1990, S. 811.

Diese Schwierigkeiten lassen sich bei einer Leihe des Antennenstandplatzes vermeiden. Doch muß es sich auch in der Tat um eine rechtlich einwandfreie Leihe handeln, nicht um eine lediglich verdeckte Miete.[20]

2. Im Hinblick auf Sorgfalts- und Kostenpflichten, welche den Funker treffen, ist auf den Rechtsentscheid des OLG Karlsruhe vom 24.8.1993[21] zu verweisen. Dort ging es um den Wunsch eines Wohnungsmieters, eine Parabolantenne für den Empfang von Satellitenfernsehen anzubringen. Das Einverständnis des Vermieters könne - so das OLG - davon abhängig gemacht werden, daß:

- der Mieter den Vermieter von allen anfallenden Kosten und Gebühren freistellt,
- der Mieter das Haftungsrisiko des Vermieters abdeckt und ihm auf Verlangen Sicherheit leistet für die voraussichtlichen Kosten der Wiederentfernung der Anlage.

Den Gründen des Beschlusses sind noch folgende weitere Punkte zu entnehmen, von denen der Vermieter seine Genehmigung abhängig machen könnte:

- Dem Anbringen der Antennenanlage stehen Vorschriften des Baurechts und des Denkmalschutzes ebenso wenig entgegen wie vom Vermieter zu beachtende Rechte Dritter, rechtlich Unmögliches dürfe dem Vermieter nämlich nicht abverlangt werden.
- Die Antenne wird zur weitgehenden Sicherung vor denkbaren Schäden durch einen Fachmann angebracht.
- Auf Verlangen des Vermieters hat der Mieter das Haftungsrisiko durch Abschluß einer Versicherung und
- den Beseitigungsaufwand in sonstiger Weise (z. B. Kaution) abzusichern.[22]

Wenn diese Bedingungen nach verbindlicher Rechtsprechung[23] für die Wohnungsmiete zulässig sind, muß Sinnentsprechendes erst recht gelten, wenn es um einen Antennenstandplatz zu Hobbyzwecken geht.

---

[20] Verfehlt wäre es, über den Antennenstandplatz einen Mietvertrag zu schließen und diesen mit „Leihvertrag" zu bezeichnen; darin läge eine bloße falsa demonstratio bzw. ein verdecktes Rechtsgeschäft nach § 117 Abs. 2 BGB.

[21] OLG Karlsruhe - 3 ReMiet 2/93, in: DWW 1993, S. 294 = GE 1993, S. 115.

[22] Die Frage der Begrenzung der Mietkaution gem. § 550b BGB auf drei Monats-Nettomieten hat das OLG Karlsruhe unerörtert gelassen, obwohl im dortigen Fall die Aufstellung der Antenne eben nicht von der Wohnraummiete getrennt war. Vgl. weiter OLG Frankfurt, Rechtsentscheid vom 22.7.1992 - 20 ReMiet 1/91, in: MDR 1992, S. 869 = NJW 1992, S. 2490.

[23] §§ 511 a, 541 ZPO.

J. DIE WICHTIGSTEN PUNKTE

Bevor man beginnt, anhand der nachstehenden Merkposten den Vertrag zu formulieren, sollte bedacht werden, ob es sich um einen schlichten Hobby-Funker oder einen der seriösen Kurzwellenamateure handelt. Im einzelnen ist folgendes zu berücksichtigen:

1. Der Zweck der Antenne, nämlich dem Betrieb einer Amateurfunkstation zu dienen, sollte schon im Kopf des Vertrages genannt sein. Dies vermeidet eine Umwidmung der Antenne, etwa zu gewerblichen Zwecken (Taxi-Kleinunternehmer o.ä.).

2. Es muß zweifelsfrei feststehen, um was für eine Antenne es geht. So wird verhindert, daß später ein unbemerkter Austausch gegen eine größere, auffälligere und eventuell - mehr - störende Konstruktion erfolgt. Also muß zumindest die Bauart genannt sein, ob Langdraht-, Stab-, drehbare Dipolantenne o.ä. Das gilt namentlich dann, wenn der Funker eine selbstkonstruierte Antenne errichten will, was oftmals unumgänglich ist. Bei einer industriell gefertigten Antenne sollten zusätzlich Hersteller, Typ, Seriennummer usw. in den Vertrag aufgenommen werden. Vorteilhaft ist auch die Angabe von Gewicht, Windlast u.ä.

3. Zweckmäßig ist eine Zeichnung bzw. für jedermann verständliche Skizze. Da der Funkamateur eine technisch qualifizierte Prüfung ablegt, wird er eine solche Zeichnung ohne weiteres zu Papier bringen. Weiter gehört zu diesem Punkt auch, ob die Antenne später geändert oder erweitert werden darf.

4. Der Montageort, die Art und Weise der Befestigung (Standrohr, Gittermast o.ä.) und die Kabelführung im Hause sowie auf dem Grundstück müssen detailliert geregelt werden. Nicht zu vergessen sind die Befestigungspunkte für Abspannseile usw. Auch hier empfiehlt sich eine Zeichnung bzw. Skizze. Von Bäumen, Sträuchern, Dachaufbauten, Dachrinnen, anderen Anlagen wie Fernsehantennen oder Stromleitungen muß ein merklicher Sicherheitsabstand eingehalten werden.

5. Zwar kann der Amateurfunker dank seiner Kenntnisse die Antenne selbst nach den Regeln der Elektrotechnik zusammenbauen. Etwas ganz anderes ist aber die Anbringung auf dem Dach, die Verankerung in Gebälk und Mauerwerk und das Wiederherrichten einer ordentlichen Eindeckung. Die Montage der fertigen Funkantenne auf dem Dach muß also durch eine in die Handwerksrolle eingetragene - ortsansässige - Fachfirma erfolgen, keinesfalls durch einen zwielichtigen Hinterhofbetrieb.

6. Der Amateurfunker sollte schriftlich **garantieren**, daß
- bezüglich der gesamten Antenne mit all ihren Bauteilen und Funktionselementen einschließlich Befestigung, Verankerung usw.
- die einschlägigen DIN-, VDE- und VDI-Vorschriften,

- die einschlägigen baurechtlichen, fernmelde- und immissionsrechtlichen, elektrotechnischen sowie postalischen Gesetze, Verordnungen, Bestimmungen und Normen,
- die sonst einschlägigen Vorschriften und Gesetze und **(!)**
- ungeachtet der den Funker treffenden Kosten die allgemein anerkannten Regeln der Technik, also der Stand der Technik vollauf eingehalten werden,
- daß bei künftiger Verschärfung[24] dieser Bestimmungen und Regeln die gesamte Anlage so rasch wie möglich angepaßt wird und
- daß die Antenne laufend überwacht wird.

Diese ausdrückliche **Garantieerklärung** muß nach § 126 BGB vom Funker eigenhändig auf zusammhängendem Bogen (keine losen Blätter) leserlich unterschrieben werden.

7. Der Funker sollte unbedingt dazu verpflichtet werden, den technisch bestmöglichen Blitzschutz anzubringen und regelmäßig warten zu lassen.

8. Zu beachten sind weiterhin die bundes- und landesgesetzlichen Bestimmungen im Hinblick auf Nachbarrecht (§§ 906 BGB), Denkmalschutz; ferner mögliche Grunddienstbarkeiten, insbesondere Wegerechte (vgl. §§ 1018 BGB ff.), Baulasten oder Ortssatzungen. In Einzelfällen können auch noch altrechtliche Servituten (vgl. Artikel 184, 187 ff. EGBGB) der Errichtung und dem Betrieb einer Antenne entgegenstehen. Ohnehin sollten die Nachbarn vor Abschluß des Antennenvertrages ebenso angesprochen werden wie der Schornsteinfeger, denn er betritt das Dach regelmäßig. Die vorbezeichneten Erkundigungen sollte der Hauseigentümer sicherheitshalber selbst einziehen und zuvor mit dem Funker die Kosten vereinbaren.

9. Zwischen dem Abschluß (= Unterschrift) des Antennenvertrages und der Überlassung des Antennenplatzes an den Funker sollte eine gewisse - vertraglich festgelegte - Zeitspanne liegen, damit überhaupt eine seriöse Fachfirma gefunden werden kann und eventuelle - baurechtliche usw. - Genehmigungen usw. eingeholt werden können.

10. Der Vertrag muß sich klar darüber verhalten, ob die Überlassung des Antennenstandplatzes entgeltlich oder unentgeltlich erfolgt. Denn bei Entgeltlichkeit kommt es zur Miete, die aber (vgl. oben zu G und H) zu strengeren Bestimmungen zum Nachteil des Vermieters führt. Wird aus Freundschaft ein besonders niedriges Entgelt vereinbart, führt das zu einem Mietvertrag. Ebenso liegt ein ein versteckter Mietzins, z. B. bei nachstehender Formulierung, vor:

> " .. die Überlassung des Antennenstandplatzes ist mit der Wohnraummiete abgegolten"

oder

> " .. für die Überlassung des Antennenstandplatzes übernimmt der Mieter die wöchentliche Reinigung des Treppenhauses".

[24] Nicht: Lockerung.

Auch eine anderslautende Vertragsüberschrift ändert daran nichts, wie sich aus § 117 Abs. 2 BGB ergibt.[25] Da es keine Mischform von Miet- und Leihvertrag gibt[26], lassen sich die Vorteile der Miete nicht mit denen der Leihe kombinieren. Der Hauseigentümer muß sich eindeutig festlegen.

11. Bei entgeltlichem Vertrag (= Miete des Standplatzes) muß das Entgelt nach Höhe und Zahlungsweise eindeutig bestimmt sein, aber anders als für die Wohnungsmiete. So könnte an eine zweimonatliche Zahlung gedacht werden.

12. Für die ordentliche Kündigung des Antennenvertrages - sowohl durch den Mieter wie durch den Hauseigentümer/Vermieter - empfiehlt sich ein Passus wie folgt: „Der Antennenvertrag kann - sofern nicht ohnehin §§ 604 Absatz 1, 605 BGB eingreifen - von jedem Vertragspartner spätestens am dritten Werktag eines Kalendermonats für den Ablauf des übernächsten Monats schriftlich gekündigt werden. Maßgeblich ist der Zugang des Kündigungsschreibens." Bei entgeltlichem Vertrag, also Miete des Standplatzes, ist der Hinweis auf §§ 604 Absatz 1, 605 BGB wegzulassen.

13. Es rät sich sodann eine Klausel, wonach der Funker zu keiner Zeit bzw. deshalb Ansprüche gegen den Hauseigentümer erheben kann, weil dieser den Antennenvertrag kündigt, etwa mit der Behauptung, die teure Anschaffung der Antenne sei nun nutzlos geworden. Dem Einwand des Rechtsmißbrauches läßt sich begegnen, indem per Vertrag für eine bestimmte Zeit auf eine solche Kündigung verzichtet wird, zu welcher der Hauseigentümer rechtlich nicht verpflichtet ist. Eine Kündigung, zu welcher der Vermieter rechtlich verpflichtet wird, muß aber möglich bleiben (vgl. unten Ziffer 16).

14. Es sollte überlegt werden, den Vertrag von vornherein nur auf eine eindeutig bestimmte Zeit abzuschließen. Der Funker kann dann nicht das Argument vorbringen, die Kündigung des Antennenvertrages komme für ihn völlig überraschend und sei rechtsmißbräuchlich. Freilich darf auf die Möglichkeit der außerordentlichen bzw. fristlosen Kündigung nicht verzichtet werden.

15. Eventuell wird eine automatische Verlängerung des befristeten Antennenvertrages gewünscht. Dann ist klar zu sagen, zu welchem Zeitpunkt, unter welchen Bedingungen und für welche Zeitspanne eine Verlängerung in Betracht kommt. Bei entgeltlichem Vertrag sollte dann auch der künftige Mietzins bzw. die Art und Weise der Erhöhung geregelt sein.

16. Eine außerordentliche Kündigung des Antennenvertrages aus wichtigem Grund kann erforderlich sein, wenn beispielsweise der Vermieter aufgrund öffentlich-recht-

---

[25] Vgl. oben Fußnote 20.

[26] Kollhosser, in: Münchener Kommentar zum BGB, 3. Aufl. 1995, § 598 BGB, Rdnr. 13, Seite 1723.

licher Anordnungen oder Verfügungen, eventuell sogar aufgrund eines privatrechtlichen Titels zur Beseitigung der Antenne verpflichtet wird. Das sollte aber zweckmäßigerweise im Antennenvertrag geregelt sein. Bei der Leihe des Antennenstandplatzes kann zusätzlich auf § 605 Ziff. 1 BGB zurückgegriffen werden.

17. Auch an die fristlose Kündigung ist zu denken; so, wenn der Funker beispielsweise einen Punkt aus dem Antennenvertrag verletzt und hierdurch das Gebäude gefährdet wird; z. B. unterlassene Wartung des Blitzschutzes. Bei der Leihe ist die vorherige Abmahnung entbehrlich (§ 605 Ziff. 2 BGB). Bei der Miete ist nach § 553 BGB zuvor eine Abmahnung auszusprechen. Nur unter engen Voraussetzungen kann die Abmahnung entbehrlich sein.[27]

18. Beim Tode des Mieters kann die Kündigung des unentgeltlichen Antennenvertrages (= Leihe) nach § 605 Ziffer 3 BGB erfolgen. Im Falle entgeltlicher Überlassung des Antennenstandplatzes (= Miete) können - auch bei einem Vertrag auf feste Zeit - beide Seiten nach der gesetzlichen Frist (gemäß §§ 569, 565 Absatz 5 in Verbindung mit Absatz 1 Ziffer 3 BGB) kündigen.

19. Der Antennenvertrag wird vom Tod des Vermieters nicht berührt, da auf seiner Seite Gesamtrechtsnachfolge gemäß §§ 1922 ff. BGB eintritt. Ist der Antennenvertrag für feste Zeit geschlossen, muß er vom Erben planmäßig weitergeführt werden. Ist er unbefristet geschlossen, kann er vom Erben je nach Vereinbarung gekündigt werden. Ist die Kündigung im Antennenvertrag nicht geregelt, greifen bei Vermietung §§ 564, 565 BGB, bei Leihe § 605 Ziff. 1 BGB ein.[28]

Hinweis: Auf jeden Fall muß die Beendigung des Antennenvertrages anders als bei dem Vertrag über die Mietwohnung des Funkers geregelt sein!

20. Ebenso bedarf der Regelung, wer auf wessen Kosten den Montageort der Antenne (zur Antenne selbst vgl. oben Ziff. 6), auf dem Dach, im Garten o. ä., laufend zu überwachen und instandzuhalten hat. Bei unentgeltlichem Vertrag ergibt sich das aus § 601 BGB zu Lasten des Funkers. Abweichend von § 602 BGB bietet sich an, seine Haftung auch auf Zufallsschäden sowie solche Abnutzungen und Schäden zu erstrecken, die durch den vertragsgemäßen Gebrauch entstehen.

[27] Für die Unabdingbarkeit der vorherigen Abmahnung spricht sich Voelskow, in: Münchner Kommentar, 3. Aufl. 1995, § 553 Rdnr. 4, S. 1347 aus. Dem steht aber das erhebliche Gefährdungspotential gegenüber, das sich rasch bei mißbräuchlicher Nutzung, Unterlassen der Antennenwartung etc. realisieren kann. Insoweit könnte allenfalls auf das Urteil des OLG Düsseldorf vom 12.7.1990 - 10 U 6/90, in: DWW 1991, S. 15 = JR 1991, S. 379 zu verweisen sein, wonach die Abmahnung bei erheblichem Risiko als unnütze Förmelei entbehrlich ist, wenn sie ungeeignet ist, künftige Vertragsverletzungen zu unterbinden.

[28] Palandt-Putzo, 55. Auflage 1996, § 605 BGB, Rdnr. 1.

21. Bei entgeltlichem Vertrag folgt der Vermieter eigenem Interesse, wenn er bezüglich des Standplatzes die Erhaltungs- und Reparaturpflicht nach § 536 BGB abbedingt.[29] Konsequenterweise wäre dann auch die Mängelhaftung nach §§ 537, 538 BGB (Mietzinsminderung, Schadensersatz) auszuschließen. Das gilt nicht, wenn dem Hauseigentümer/Vermieter Vorsatz oder grobe Fahrlässigkeit zur Last fällt.

22. Hilfreich ist eine Abrede, wonach der Funker, sollten Mängel oder Schäden auftreten, auf jeden Fall, ob bei Miete oder Leihe, dem Hauseigentümer unverzüglich Mitteilung zu machen hat. Unterläßt er dies, hat er den sich daraus ergebenden Folgeschaden zu ersetzen. Für die Miete des Standplatzes ergibt sich das aus § 545 BGB, für die Leihe aus §§ 601, 603 BGB.[30]

23. In die Vereinbarung gehört unbedingt der Passus, daß die Antenne nebst Tragekonstruktion (Standrohr usw.) stets Eigentum des Mieters bleibt. Infolgedessen liegt im Hinblick auf die Antenne selbst nach § 837 BGB die Verkehrssicherungspflicht sowie die Pflicht zur laufenden Instandhaltung uneingeschränkt beim Mieter.[31]

24. Da allein wegen der Witterung die Antenne bzw. der Standplatz jederzeit trotz Wartung (vgl. oben Ziff. 6 und 20) unvorhersehbaren Schaden nehmen kann, ist der Abschluß einer umfassenden Haftpflichtversicherung zu vereinbaren. Diese muß für die gesamte Dauer des Antennenvertrages aufrechterhalten werden, was der Funker regelmäßig nachzuweisen hat. Die Versicherung sollte jegliche Gebäude-, Sach-, Personen- und Vermögensschäden betreffen und auch dann eingreifen, wenn der Schaden durch höhere Gewalt, Sturm, Blitzschlag usw. auftritt. Diese vom Mieter zu zahlenden Versicherungsprämien führen nicht dazu, daß aus einer Leihe ein Mietverhältnis wird.[32]

Ein Tip: Der Deutsche Amateur-Radio-Club (Baunatal) bietet seinen Mitgliedern eine Antennenhaftpflichtversicherung zusammen mit dem Beitrag an.

25. Die Versicherung von Schäden, die nur an der Antenne selbst auftreten und z. B. deren Funktion betreffen, ist allein Sache des Funkers. Dasselbe gilt für mögliche Schäden, die von der Antenne ihren Ausgang nehmen und das Funkgerät beschädigen (z. B. der Blitzeinschlag, welcher von der Antenne zum Funkgerät läuft und dieses verbrennt).

---

[29] Voelskow, vgl. Fn. 27, §§ 535, 536 BGB, Rdnr. 68, Seite 1238.

[30] Kollhosser, vgl. Fn. 26, § 601, Rdnr. 4 und § 603 Rdnrn. 2 u.3. Vgl. auch oben zu Ziff. 17.

[31] Vgl. RG, Urteil vom 12.2.1938 - VI 262/37, in: JW, S. 1254; weiter OLG Köln, Urteil vom 31.7.1991 - 2 U 17/91, in: DWW 1992, S. 16 = VersR 1992, S. 1018.

[32] Kollhosser, vgl. Fn. 27, § 598 BGB, Rdnr. 13.

26. Auch während der Laufzeit des Antennenvertrages sollte der Mieter verpflichtet sein, auf seine Kosten gemäß obigen Bestimmungen die Antenne vorübergehend zu entfernen, wenn dies zwecks Reparaturarbeiten, etwa an Dach oder Schornstein, erforderlich ist.

27. Im Hinblick auf den Abbau der Antenne - ausgenommen kurzfristige Reparaturen usw. - muß geregelt werden, inwieweit der Mieter auf seine Kosten unter Beachtung der allgemein anerkannten Regeln der Technik (Stand der Technik; vgl. oben zu Ziffer 6) den ursprünglichen Gebäudezustand spätestens innerhalb von soundsoviel Tagen durch Beauftragung einer eingetragenen Fachfirma wiederherzustellen hat; regelungsbedürftig ist dazu, inwieweit vom Vermieter ein Wertausgleich für künftige ersparte Reparaturen an Dach und Fach[33] zu leisten ist, weil z. B. bei der Wiederherrichtung des Daches neue Bauteile (Balken, Dachziegel) eingebaut werden.

28. Für den Vermieter empfiehlt sich alsdann eine Regelung, wonach nicht er, sondern der Funker jede Art von Auslagen, Kosten, Aufwendungen und sonstigen Belastungen trägt, die im Zusammenhang mit Errichtung, Betrieb, Unterhalt, laufender Überwachung oder Abbau der Antenne entstehen können. In Betracht kommen insbesondere amtliche Gebühren, Kosten der Beschaffung nachbarrechtlicher Erlaubnisse, der Aufwand für die laufende Überwachung durch einen Handwerker (z. B. Dachdecker), die eventuelle Abnahme durch den TÜV etc.

29. Zu denken ist weiter daran, daß der Funker Ersatz leistet, wenn es aufgrund der Antenne bzw. deren Nutzung dazu kommt, daß andere im Hause gemäß § 537 BGB ihre Miete mindern oder gar Schadensersatzansprüche nach § 538 BGB geltend machen. Diesen Ausfall muß der Funker unabhängig von seinem möglichen Verschulden dem Vermieter ersetzen; es sei denn, der Hauseigentümer/Vermieter habe diesen Schaden selbst infolge Vorsatz oder grober Fahrlässigkeit zu vertreten.[34]

30. Der Hauseigentümer/Vermieter sollte sich dahin freizeichnen, daß der Antenneneigentümer keine Ersatzansprüche hat, falls die Antenne durch den Vermieter, dessen Hausstandsangehörige, Bedienstete, Besucher oder Erfüllungs- bzw. Verrichtungsgehilfen beschädigt wird. Das gilt nicht, wenn dem Hauseigentümer/Vermieter Vorsatz oder grobe Fahrlässigkeit zur Last fällt.

31. Unübersehbar wird das Risiko des Vermieters, wenn es durch Mitmieter, Nachbarn oder sonstige Dritte zur Beschädigung der Funkantenne bzw. der Sendestation käme. Dem steuert eine Vereinbarung entgegen, wonach der Hauseigentümer in solchen Fällen von allen derartigen Ansprüchen freigestellt wird; es sei denn, dem Hauseigentümer/Vermieter fiele Vorsatz oder grobe Fahrlässigkeit zur Last.

---

[33] Zum Begriff Dach und Fach vgl. OLG Hamm, Urteil vom 27.4.1988 - 30 U 16/88, in: ZMR 1988, Seite 260, und OLG Hamburg, Urteil vom 15.2.1967 - 4 U 43/65, in: WM 1967, Seite 115.

[34] Vgl. § 276 Abs. 2 BGB, § 11 Ziff. 7 AGBG.

K. SCHRIFTFORM UND SALVATORISCHE KLAUSEL

Viele Verträge enthalten die Schlußbestimmung, daß Änderungen des Vertrages der Schriftform bedürfen und mündliche Vereinbarungen unwirksam seien. Das ist zwar gut gemeint, aber nicht gut gemacht. Denn diese Schriftformklausel kann nach herrschender Ansicht jederzeit mündlich aufgehoben werden.[35] Infolgedessen muß noch der Zusatz aufgenommen werden, daß die Schriftformklausel selbst nicht mündlich abgeändert oder aufgehoben werden kann.

Nicht vergessen werden darf auch die salvatorische Klausel, wonach die Unwirksamkeit einer Vertragsbestimmung nicht die Unwirksamkeit der übrigen Vertragsbestimmungen zur Folge hat.

L. DAS HAUSTÜRWIDERRUFSGESETZ

Bei entgeltlicher Überlassung des Antennenstandplatzes (aber nicht bei der Leihe) kann der Mieter unter bestimmten Voraussetzungen, u.a. wegen unterlassener Belehrung gem. § 2 Abs. 1 Satz 2 HaustürwiderrufsG, seine Willenserklärung zum Vertrag widerrufen.

Wie oben schon zu Punkt I (mit Fußnote 16) ausgeführt, gilt das Haustürwiderrufsgesetz zwar nicht bei Vermietung „einzelner"[36] weniger Wohnungen; wohl aber im Bereich der unternehmerischen Wohnungswirtschaft, der gewerblichen Wohnungsvermietung usw.

Voraussetzung der Anwendbarkeit des Haustürwiderrufsgesetzes ist, daß mündliche Verhandlungen im Bereich einer Privatwohnung geführt wurden; es sei denn - vgl. § 1 Abs. 2 Ziff. 1 HaustürwiderrufsG -, der Vertragsschluß beruht auf einer vorhergehenden Bestellung des Kunden (= des Funkers), was im Zweifel vom Vermieter bewiesen werden muß. Mit einem solchen Widerruf würde sich der Funker auch nicht selbst schaden, soweit nicht der gesamte Antennenvertrag hinfällig würde. Dieser teilweise Widerruf könnte sich möglicherweise aufgrund analoger Anwendung der §§ 2 und 7 Verbraucherkreditgesetz, § 139 BGB, ergeben.

Zur Vermeidung des Risikos, unter Umständen noch nach Jahren mit einem Widerruf konfrontiert zu werden, ist es also zweckmäßig, die Vertragsverhandlungen nicht in

---

[35] Z.B. AG Berlin-Spandau, 5.11.1991 - 7 C 446/91, in: MM 1993, S. 220; AG Neuss, 13.9.1991 - 36 C 229/91, in: DWW 1992, S. 244; mit weiteren Nachweisen.

[36] Anders Drygala, in: NJW 1994, S. 3264, li. Spalte Mitte, der die Grenze bei „einigen" wenigen Wohnungen zieht.

einer Privatwohnung[37] usw. zu führen, sondern schriftlich.[38] Schriftliche Vertragsverhandlungen reduzieren überdies das Risiko von Mißverständnissen und Unklarheiten. Denn in einem direkten Gespräch fehlt oft die Ruhe, alles ungestört zu durchdenken. Obendrein bietet in einem möglichen Rechtsstreit vorliegender Schriftverkehr die besten Möglichkeiten zur Beweisführung.

M. EINZELFALL MASSGEBLICH

Über alle vorstehend erörterten Aspekte hinaus kann es tunlich sein, noch weitere Einzelheiten zu bedenken und in den entsprechenden Formulierungen zu berücksichtigen. Das richtet sich stets nach den technischen Erfordernissen, den Wünschen des Funkers sowie den baulichen Gegebenheiten.

Und ohnehin setzt eine sachangemessene Vertragsgestaltung stets voraus, die Umstände des konkreten Einzelfalls so weit wie möglich zu berücksichtigen.

[37] Das betrifft also nicht bloß seine (des Funkers) Wohnung. Für eine besondere Vorsicht spricht auch die weite Ausdehnung, welche der Anwendungsbereich des HaustürwiderrufsG erfahren hat; vgl. LG Wiesbaden Urteil vom 1.7.1996 (1 S 434/95, in: WM 1996, S. 698 mit weiteren Nachweisen): Das HaustürwiderrufsG soll bereits dann eingreifen, wenn eine Vertragsänderung in einer öffentlichen Gaststätte unverabredet zustande kommt.

[38] Vgl. Drygala, Fn. 36.

Dr. Ludwig Röll

VEREINIGUNG UND BESTANDTEILSZUSCHREIBUNG IM WOHNUNGSEIGENTUM

I. PROBLEME BEI DER BEGRÜNDUNG VON WOHNUNGSEIGENTUM

1. Verbot der Begründung von Wohnungseigentum an mehreren Grundstücken

Nach § 1 Abs. 4 WEG kann Wohnungseigentum nicht in der Weise begründet werden, daß das Sondereigentum mit Miteigentum an mehreren Grundstücken verbunden wird. Diese Vorschrift wurde durch Gesetz vom 30.7.1993 in das WEG eingefügt. Vorher war bestritten, ob Wohnungseigentum an mehreren Grundstücken gebildet werden könne. Um diesem Streit ein Ende zu setzen, wurde die erwähnte Bestimmung in das Gesetz aufgenommen. Dabei war die Zielsetzung des Gesetzgebers nicht klar. Natürlich sollen einzelne Grundstücksteile einer Eigentumswohnanlage kein verschiedenes Schicksal haben. Aber durch die erwähnte Vorschrift allein kann dieses Ziel nicht erreicht werden, wie gleich ausgeführt wird.

2. Zusammenlegung von Grundstücken

Was muß aber geschehen, wenn Wohnungseigentum an einem Grundbesitz begründet werden soll, der aus mehreren Grundstücken besteht? In diesem Fall müssen sie zu einem Grundstück zusammengelegt werden.[1] Dazu ist zu bemerken, daß es zwei Möglichkeiten gibt, aus mehreren Einzelgrundstücken ein Gesamtgrundstück zu bilden: einmal die „Verschmelzung", wobei die Grundstücke zusammen gemessen und die Grenzsteine entfernt werden. Die andere Möglichkeit wäre die, daß sich katastermäßig nichts ändert, die Einzelgrundstücke also vermessungstechnisch selbständig bleiben. Die Einzelgrundstücke werden dann unter einer Nummer im Bestandsverzeichnis des Grundbuchs eingetragen (§§ 6 Abs. 2, Abs. 5, Abs. 6 b, c und Abs. 7, § 13 Abs. 1 und 3 der Grundbuchverfügung). In beiden Fällen ist zur Bildung des Gesamtgrundstücks ein Grundbuchantrag auf Vereinigung (§ 890 Abs. 1 BGB) oder Bestandteilszuschreibung (§ 890 Abs. 2 BGB) sowie die Grundbucheintragung erforderlich. Beide Formen der Zusammenlegung sind für den hier verfolgten Zweck gleichwertig. Sie unterscheiden sich dadurch, daß bei der Bestandteilszuschreibung nach § 890 Abs. 2 BGB sich die Grundpfandrechte des Hauptgrundstücks auf die zugeschriebenen Grundstücke erstrecken (§§ 1131, 1192 BGB). Dagegen tritt bei der Vereinigung nach § 890 Abs. 1 BGB keine Lastenerstreckung ein.

[1] Bärmann/Pick/Merle, Kommentar zum WEG, 6. Aufl. 1987, § 3 Rz. 7; Weitnauer, Kommentar zum WEG, 8. Aufl. 1995.

Eine Vereinigung oder Bestandteilszuschreibung kann aber nur dann stattfinden, wenn bei allen betroffenen Grundstücken dieselben Personen als Eigentümer beteiligt sind[2] und auch ihr Anteilsverhältnis als Eigentümer das gleiche ist.[3]

Nach der Neufassung von §§ 5 Abs. 2 Satz 1, 6 Abs. 2 GBO sollen Grundstücke nur dann vereinigt oder als Bestandteil zugeschrieben werden, wenn sie unmittelbar aneinander grenzen; von diesem Erfordernis soll nur dann abgewichen werden, wenn für die Zusammenlegung wegen der Zugehörigkeit baulicher Anlagen oder Nebenanlagen ein erhebliches Bedürfnis besteht. Das könnte z.B. dann zutreffen, wenn sich die Garagen einer Wohnanlage auf der anderen Straßenseite befinden.[4]

Nach §§ 5 Abs. 1 Satz 1, 6 Abs. 1 Satz 1 sollen Grundstücke nur dann vereinigt oder als Bestandteil zugeschrieben werden, wenn hiervon Verwirrung nicht zu erwarten ist. Eine solche Verwirrung ist vor allem dann zu befürchten, wenn die Grundstücke verschiedenartig belastet sind und es sich um eine Verschmelzung im obengenannten Sinne handelt, wenn also die Grenzsteine entfernt wurden und die früheren Teilgrundstücke daher auch katastermäßig ein Grundstück darstellen.[5] In diesem Falle sind nicht definierte Teilflächen verschieden belastet. Im Fall der Zwangsversteigerung würde das zu Schwierigkeiten bei der Aufteilung des Versteigerungserlöses unter die Gläubiger führen. Gleiches gilt auch, wenn an beiden Teilflächen die gleichen Belastungen bestehen, aber das Rangverhältnis verschieden ist.[6] Jedoch wird eine Verwirrung nicht angenommen, wenn an erster Rangstelle eine Dienstbarkeit eingetragen ist, z.B. ein Wasserleitungsrecht, und dieses Recht nicht auf die Gesamtfläche ausgedehnt wird.[7] Aus solchen Rechten kann eine Zwangsversteigerung nicht betrieben werden. Wenn sie an erster Rangstelle stehen, bleiben sie in aller Regel auch im Versteigerungsfall erhalten.

Eine Verwirrung wird nicht angenommen, wenn die Zusammenlegung ohne katastermäßige Zusammenlegung stattfindet.[8] Dann können nach § 63 Abs. 1 ZVG die Teilgrundstücke einzeln ausgeboten und versteigert werden. Bei einem Gesamtausgebot nach § 63 Abs. 2 ZVG kann ein Verteilungsverfahren nach dem Wert der Einzelgrundstücke nach § 112 ZVG stattfinden.

---

[2] Demharter, GBO, 21. Aufl. 1995, § 5 Rz. 7.

[3] Vgl. ebenda.

[4] Demharter, a.a.O., § 5 Rz. 8.

[5] OLG Frankfurt, 13.3.75, Rpfleger, 1975, 312; BayObLG, 18.11.93, Rpfleger 1994, 250 = BayObLGZ 1993, 365; BayObLG, 4.5.77, 251; Röll, DNotZ, 1968, 523, 531 ff.; Wendt, Rpfleger, 1983, 192, 196.

[6] Röll, DNotZ, 1968, 523, 536.

[7] BayObLG, 2.10.86, Rpfleger 1987, 13; Röll, DNotZ, 1968, 523, 537; Wirner, DNotZ, 1987, 221.

[8] KG 27.6.89, Rpfleger 1989, 500 = OLGZ 1989, 385; OLG Schleswig, 17.2.82, Rpfleger 1982, 371; LG Wuppertal, 11.10.94, MittRhNotK 1995, 65.

Wie ist es aber, wenn bei einer Zusammenlegung ohne katastermäßige Verschmelzung ein Grundpfandrecht nur bei einem Teilgrundstück besteht und der Gläubiger dieses Rechts dann die Zwangsversteigerung betreibt? Dann wird nur dieses Teilgrundstück versteigert. Wenn sich auf diesem Grundstück ganz oder teilweise ein Gebäude mit Sondereigentum befindet, bedeutet dies das Ende des Wohnungseigentums am Gesamtkomplex; denn nach § 10 Abs. 4 WEG kann Sondereigentum nur an einem Grundstück bestehen und nicht an mehreren Grundstücken verschiedener Eigentümer. Es würde sowohl die Eigentümer als auch ihre Gläubiger betreffen, wenn dann beim versteigerten Grundstück ein anderer Eigentümer vorhanden wäre, beim Restgrundstück aber schlichtes Miteigentum. Alles das wäre vermieden worden, wenn das Grundpfandrecht auf alle zusammengelegten Grundstücke erstreckt worden wäre. Dann hätte der Gläubiger ein Gesamtausgebot herbeiführen, aber auch einzelne Wohnungen versteigern lassen können. Es kann aber nicht verlangt werden, daß in diesem Fall bei der Vereinigung oder Bestandteilszuschreibung eine einheitliche Belastung herbeigeführt wird. § 10 Abs. 4 WEG verbietet nur die Begründung von Wohnungseigentum an mehreren Grundstücken und gebietet nicht eine einheitliche Belastung. Auch wird die hier geschilderte Konstellation kaum jemals praktisch werden. Problemlos sind, wie schon ausgeführt, erstrangige Dienstbarkeiten an einzelnen zusammengelegten Grundstücken, z.B. Geh- und Fahrtrechte oder Starkstromleitungsdienstbarkeiten.

II. GRUNDSTÜCKSERWERB DER GEMEINSCHAFT

Auch die Wohnungseigentümergemeinschaft kann Grundstückseigentum hinzuerwerben. In Betracht kommt z.B. eine Grenzbegradigung. Auch hier gilt § 10 Abs. 4 WEG. Nach dem Erwerb muß es sich um ein Grundstück handeln. Meist handelt es sich um den Zuerwerb einer Teilfläche, also um ein Zuflurstück. Hierunter versteht man eine Teilfläche, die von einem Grundstück abgemessen und sofort einem anderen Grundstück zugemessen wurde, wobei die Fläche keine eigene Flurstücksnummer erhalten hat. Das Zuflurstück kann nicht als selbständiges Grundstück in das Grundbuch eingetragen werden. Auch hier kommt Vereinigung oder Bestandteilszuschreibung in Frage, in der Regel das letztere, um die Grundpfandrechte in einem Akt auf die zuerworbene Fläche zu erstrecken (§§ 1131, 1192 BGB). Auch hier ist alles zu beachten, was - wie schon beschrieben - zur Bestandteilszuschreibung erforderlich ist. Eine Änderung der Teilungserklärung ist nicht notwendig. Es genügt, wenn die Fläche „in Wohnungseigentümergemeinschaft"[9] erworben wird. Damit erstreckt sich das am Hauptgrundstück bestehende Gemeinschaftsverhältnis auf die Zuerwerbsfläche. Solange kein neues Sondereigentum begründet werden soll, bedarf es keiner Änderung der Teilungserklärung.

[9] Röll, Rpfleger 1990, 277; Herrmann, DNotZ 1992, 607.

III. ZUSAMMENLEGUNG VON WOHNUNGEN

1. Notwendigkeit

Manchmal soll z.B. aus zwei kleineren Wohnungen des gleichen Eigentümers eine größere Wohnung gebildet werden und hierbei mittels eines Mauer- oder Deckendurchbruchs eine Verbindung zwischen den früher selbständigen Einheiten geschaffen werden. Die Gerichte stellen wegen des Durchbruchs strenge Anforderungen, und zwar nicht nur in bautechnischer Beziehung, also z.B. im Hinblick auf Erfordernisse der Statik oder des Brandschutzes, sondern auch aus rechtlichen Gründen, insbesondere wegen der Abgeschlossenheit i.S. des § 3 Abs. 2 WEG. Es wird die Ansicht vertreten, solange die beiden kleineren Wohnungen als solche rechtlich noch vorhanden seien, müsse jede von ihnen gegenüber der anderen abgeschlossen sein.[10] Selbst ein Durchbruch durch eine nichttragende und daher im Sondereigentum stehende Trennmauer zwischen beiden Wohnungen sei unzulässig. Die Ansicht ist m.E. abzulehnen. Schwierigkeiten in dieser Richtung werden aber vermieden, wenn aus beiden kleineren Teilwohnungen materiellrechtlich und grundbuchmäßig eine größere Wohnung gebildet wird. In diesem Falle können gegen einen Mauerdurchbruch jedenfalls aus Gründen der Abgeschlossenheit nach § 3 Abs. 2 WEG keine Einwendungen erhoben werden.

2. Zusammenlegung der Miteigentumsanteile

Die neue größere Wohnung kann nicht mit den zwei Miteigentumsanteilen der bisherigen kleineren Wohnung verbunden sein. Ein solches Vorgehen würde gegen § 1 Abs. 2 WEG verstoßen, der die Verbindung mit einem einzigen Miteigentumsanteil zwingend vorschreibt.

Trotzdem bedarf es hier keiner Vereinigung oder Bestandteilszuschreibung der Miteigentumsanteile. Sie wäre auch gar nicht möglich.[11] Das ergibt sich aus allgemeinen Grundsätzen. Wenn an einem Grundstück zwei Eigentümer als Miteigentümer je zur Hälfte beteiligt sind und der eine Eigentümer den Anteil des anderen Eigentümers erwirbt, so wird er dadurch mit dem Vollzug der Eigentumsumschreibung nach § 873 Abs. 1 BGB Alleineigentümer des Grundstücks, ohne daß es deswegen einer besonderen weiteren Rechtshandlung bedürfte. Gleiches gilt auch, wenn drei Eigentümer vorhanden sind, die je zu einem Drittel beteiligt sind. Erwirbt dann einer von ihnen von einem anderen Miteigentümer dessen Anteil, dann ist der Erwerber dieses Anteils zu zwei Dritteln am Grundstückseigentum beteiligt. Eine Vereinigung oder Bestandteilszuschreibung nach §§ 5 oder 6 GBO ist weder erforderlich noch möglich. Es gibt keine Vorschrift, die dies vorschreiben würde.

[10] OLG Köln, 8.2.95, WE 1995, 221; BayObLG, 2.2.95, DNotZ 1995, 620; a.A. Rapp, MittBayNot 1995, 282.

[11] Demharter, a.a.O., § 5 Rz. 5.

3. Vereinigung oder Bestandteilszuschreibung wegen des Sondereigentums

a) Allgemeines

Trotzdem ist es aber notwendig, bei der Zusammenlegung eine Vereinigung oder Bestandteilszuschreibung im Hinblick auf beide Wohnungen durchzuführen, und zwar wegen des Sondereigentums und des Miteigentums, sowie dies im Grundbuch zu verlautbaren. Das ist möglich.[12] Würde es nicht geschehen, so würden rechtlich weiter zwei kleinere Wohnungen bestehen, die jeweils mit dem Sondereigentum an gewissen Räumen verbunden sind. Eine Zusammenlegung kann aber wegen des Mauer- oder Deckendurchbruchs notwendig werden.

b) Voraussetzungen für die Vereinigung oder Bestandteilszuschreibung

Hierfür gelten uneingeschränkt die Bestimmungen des § 890 BGB und der §§ 5 und 6 GBO. Fraglich ist hier, ob im Hinblick auf die nach §§ 5, 6 GBO unerwünschte Verwirrung des Grundbuchs für die nunmehr entstehende größere Wohnung eine einheitliche Belastung mit einheitlichem Rangverhältnis verlangt werden kann, wie bei der Verschmelzung von Grundstücken nach auch katastermäßiger Bildung eines einzigen Grundstücks, also nach Entfernung der Grenzsteine.

Zunächst ist zu fragen, ob es hier wie bei Grundstücken zwei Arten der Vereinigung und der Bestandteilszuschreibung gibt, nämlich eine, bei der die Grenzen der zusammengelegten Wohnung bestehen bleiben, und eine andere - entsprechend der auch katastermäßigen Grundstücksverschmelzung -, bei der die Wohnungsgrenzen wegfallen. Diese Frage ist zu bejahen. Bei Grundstücken bestimmen sich die Grenzen nach den Vermessungsunterlagen, die sich aus dem Liegenschaftskataster ergeben (§ 2 Abs. 2 GBO), bei Eigentumswohnungen tritt an die Stelle des Liegenschaftskatasters der Teilungsplan nach § 7 Abs. 4 Nr. 1 WEG. Wird ein neuer Teilungsplan wegen beider Wohnungen vorgelegt, in dem die Grenze zwischen beiden Wohnungen entfallen ist, so entspricht dies der katastermäßigen Verschmelzung von Grundstücken. Aber auch eine Zusammenlegung ohne Änderung der Teilungserklärung ist möglich. Wie bei Grundstücken werden dann beide Wohnungen unter einer Nummer im Bestandsverzeichnis des Grundbuchs vorgetragen. Das ergibt sich schon daraus, daß bei der Zusammenlegung von Eigentumswohnungen ein neuer Aufteilungsplan nicht mehr vorzulegen ist.[13] Allerdings ist dieser Fall beim Wohnungseigentum der Grundstücksverschmelzung bei Grundstücken gleichzubehandeln. Niemand könnte den Eigentümer einer größeren, aus zwei kleineren Wohnungen gebildeten Eigentumswohnung daran hindern, eine nichttragende Trennwand zwischen beiden früheren Wohnungen wegzureißen; denn diese steht im Sondereigentum, über das der Wohnungseigentümer allein verfügen kann. Dann wäre aber ein Einzelausgebot der Teilwohnungen nach § 63 Abs. 1 ZVG nicht sinnvoll, da gar nicht feststeht, ob ihre

---

[12] OLG Hamburg, 25.6.65, Rpfleger 1966, 79; OLG Stuttgart, 6.6.77, OLGZ 1977, 431; KG, 27.6.89, Rpfleger 89, 500 = OLGZ 1989, 385.

[13] LG Wiesbaden, 2.2.89, Rpfleger 1989, 194.

Grenzen in der Natur noch bestehen. Auch wenn die Trennmauer im Gemeinschaftseigentum steht, kann ihre zumindest teilweise Beseitigung für das Zwangsversteigerungsgericht nicht mit Sicherheit ausgeschlossen werden.

Es ist also so zu verfahren wie bei der Verschmelzung von Grundstücken, die katastermäßig eine Einheit bilden. Das bedeutet, daß grundsätzlich bei der Zusammenlegung eine einheitliche Belastung mit gleichen Rangverhältnissen herbeigeführt werden muß.[14]

c) Grundbuchanträge

Der Grundbuchantrag ist von dem oder den Grundstückseigentümern zu stellen.[15] Er lautet dahin, daß beide Wohnungen vereinigt werden oder daß eine Wohnung der anderen als Bestandteil zugeschrieben wird. Andere Wohnungseigentümer müssen nicht mitwirken; denn sie sind nicht betroffen. Soweit die Teilungserklärung geändert wird, handelt der Eigentümer beider Wohnungen allein nach § 8 WEG. Die Unterschriften sind nach § 29 GBO zu beglaubigen.

Unschädlich wäre es, wenn auch die Erklärung eine Vereinigung oder Bestandteilszuschreibung der Miteigentumsanteile enthalten würde, solange nur der Wille ersichtlich ist, beide Wohnungen zu vereinigen (§ 890 Abs. 1 BGB) oder eine Wohnung der anderen als Bestandteil zuzuschreiben (§ 890 Abs. 2 BGB).

[14] A.A. KG, 27.6.89, Rpfleger 1989, 500 = OLGZ 1989, 385.

[15] Demharter, wie Fn. 2, § 5 Rz. 11.

Dr. Marcel M. Sauren

DAS WOHNUNGSGELD IN DER NEUEREN RECHTSPRECHUNG DES BGH

(NJW 1996, 725 UND NJW 1994, 1866)

EINLEITUNG

Der Jubilar hat sich in seinem Schaffen mit allen Bereichen befaßt, die den Kauf und die Verwaltung von Eigentumswohnungen betrafen.
Es waren aber immer die Fragen, die mit dem Wohnungsgeld zusammenhingen, die ihn veranlaßten, selbst das Wort zu ergreifen (vgl. PiG 27 und PiG 39). Deshalb war es für mich ein Muß, Fragen aus diesem Bereich zu wählen, und möglichst aktuelle, damit eine weite Verbreitung der Festschrift gewährleistet ist.

Zwei Entscheidungen des BGH haben unter den Experten des WEG in letzter Zeit ungewohnte Anteilnahme und zum Teil heftige Kritik erfahren. Es handelt sich einmal um die Entscheidung des für Konkurssachen zuständigen 9. Senats (NJW 1994, 866) und zum zweiten um eine Entscheidung des für WEG-Sachen zuständigen 5. Senats (NJW 1996, 723 = ZMR 1996, 215).

Im ersten Fall hat der BGH für den Fall eines in Konkurs gefallenen Wohnungseigentums entschieden, daß der Konkursverwalter für die nicht gem. Wirtschaftsplan geleisteten Vorschüsse des Wohnungseigentümers haftet, auch wenn sie in die Jahresabrechnung eingestellt sind und diese nicht angefochten wurde.

Im zweiten Fall hat der BGH entschieden, daß der ausgeschiedene Wohnungseigentümer auch nach seinem Ausscheiden und nach Beschluß über die Jahresabrechnung weiter für die sich aus dem Wirtschaftsplan ergebenden Vorschüsse haftet.

Inzwischen hat für den Fall des Konkurses das OLG Düsseldorf (WE 1995, 273) sich der Ansicht des BGH angeschlossen. Das OLG Zweibrücken (ZMR 1996, 430) hat die Auffassung des BGH für Konkurssachen auf den Fall der Veräußerung im Wohnungseigentum übertragen. Ob dies zutreffend ist, muß noch untersucht werden.

I. BGH, NJW 1996, 725

Der BGH hat in dieser Entscheidung festgestellt, daß die Haftung des ausgeschiedenen Wohnungseigentümers auch nach seinem Ausscheiden und der Beschlußfassung über die Jahresabrechnung fortbesteht. So haben bereits früher die übrigen Obergerichte entschieden (vgl. z. B. KG, WuM 90, 615; BayObLG, WE 90, 362 und 405; OLG Stuttgart, NJW-RR 89, 654; OLG Düsseldorf, DWE 90, 104).

Deckert (Die Eigentumswohnung, Gruppe 2, S. 2715) und Müller (WE 1991, 190, 192) wenden sich dagegen mit dem Argument, daß nach der Rechtsprechung (z. B. BayObLG, WE 1986, 104 mit Anm. Weitnauer, DWE 1986, 95) nach Beschlußfassung über die Jahresabrechnung ein Anspruch auf Wohnungsgeldzahlung nicht mehr (allein) auf den Wirtschaftsplan gestützt werden kann. Der Anspruch aus dem Wirtschaftsplan wird quasi hinfällig, und während eines evtl. anhängigen Gerichtsverfahrens muß auch die Jahresabrechnung umgestellt werden.

Diese Meinung übersieht aber zwei wesentliche Punkte:

a. Das BayObLG hat ausdrücklich in seinem Beschluß vom 30. April 1986 (WE 1986, 104) im Leitsatz bereits die Einschränkung gemacht, daß dieser gelte, „sofern nicht in der Zwischenzeit ein Eigentümerwechsel stattgefunden hat" und damit die hier diskutierte Frage zumindest offen gelassen.

b. Der Wirtschaftsplan verliert keinesfalls in vollem Umfang mit der Genehmigung über die Jahresabrechnung seine Wirkung, vielmehr hat das BayObLG (a.a.O., S.107) in Übereinstimmung mit Hauger (PiG 25, 223) festgestellt, daß er z. B. für die Zinsen, Mahnkosten und die übrigen Verzugsschäden (z. B. Rechtsanwaltskosten) weiterhin seine Gültigkeit behält.

Damit kann die Rechtsprechung zur Hinfälligkeit des Wirtschaftsplans bei der Jahresabrechnung kein Argument zur Ablehnung der hier vertretenen Meinung sein.

Im übrigen sollen folgende Gedanken die diesseitige Auffassung entgegen den anderslautenden Stimmen unterstützen. Folgt man z. B. der Theorie von Müller, so ist nicht klar, gegen wen die Gemeinschaft den gegen den Alteigentümer entstandenen Verzugsschaden (Zinsen, Mahnkosten, Rechtsanwaltskosten etc.) geltend machen soll, wenn sie die Hauptforderung nicht mehr von dem Alteigentümer nach Abrechnung fordern kann. Man stelle sich vor, auch der neue Eigentümer würde nicht zahlen: Laufen die Zinsen etc. nicht weiter, obwohl nicht bezahlt wird? Dies zeigt, daß nur die hier vertretene Auffassung nahtlos sich ins Rechtssystem einfügt.

Gleichzeitig können damit die übrigen von Müller aufgeworfenen Fragen beantwortet werden:

Wenn die Jahresabrechnungsschuld geringer ist als das auf den Alteigentümer entfallende Vorauszahlungssoll, haftet der Alteigentümer „nur" bis zur Jahresabrechnungsschuld, im anhängigen Prozeß ist dann mit der Jahresabrechnung der überschießende Teil für erledigt zu erklären.

Bei einem Guthaben aus der Jahresabrechnung steht es dem Erwerber zu, weil der Alteigentümer in der Lage ist, durch den Kaufvertrag mit dem Neueigentümer eine entsprechende Regelung zu treffen. War der Alteigentümer trotz Guthabens in der Jahresabrechnung seiner Wirtschaftsplanverpflichtung nicht nachgekommen, so erlischt seine Schuld mit der Jahresabrechnung; sind beide, Alteigentümer und Neueigentümer, einer Zahlung nicht nachgekommen, so erlöschen beide. Im Prozeß ist dann die Hauptsache für erledigt zu erklären.

Dieser Standpunkt wird durch folgende Überlegungen gestützt:

Wenn durch den Übergang des Eigentums und Beschlußfassung über die Jahresabrechnung der neue Eigentümer nur noch Schuldner sein soll, fragt sich, wie eine bereits aus dem Wirtschaftsplan anhängige Klage beendet werden soll, z. B., wenn auch der neue Eigentümer nicht zahlt. Eine Hauptsache-Erledigung kann nicht erfolgen, da die Gelder nicht gezahlt werden. Eine andere Möglichkeit sehe ich aber nicht. Damit zeigt sich, daß sich nur die vom BGH und auch hier vertretene Auffassung nahtlos in die Systematik einpaßt (siehe ergänzend Sauren, Rpfleger 1991, 288, 290).

II. BGH, NJW 1994, 1866

Dieses Urteil erweist sich nun als wesentlich gravierender als bisher angenommen, insbesondere durch die Entscheidung des OLG Zweibrücken, die die Lösung auf Veräußerungsfälle übertragen will.

Es war der klassische Fall eines in Konkurs geratenen Wohnungseigentümers, der sein Wohnungsgeld aus dem Wirtschaftsplan vor Konkurs nicht gezahlt hatte. Nach Konkurseröffnung war die Jahresabrechnung beschlossen worden und unangefochten geblieben. Der BGH entschied, daß der Konkursverwalter nur für die sog. Abrechnungsspitze, d. h. wegen des Wohnungsgeldteils, in Anspruch genommen werden könne, um den die nach Konkurseröffnung beschlossene Jahresabrechnung die bereits vor Konkurseröffnung beschlossenen laufenden Vorschußzahlungen übersteige. Damit spricht der BGH aus einer bestandskräftigen Jahresabrechnung von fast DM 125.000,00 der Gemeinschaft nur DM 32.000,00 zu.

Dieses Urteil soll ein Anlaß sein, das Ordnungssystem im Fall der Veräußerung des Konkurses aufzuzeigen und dann zu überprüfen, ob die Entscheidung in das bisher entschiedene Gefüge paßt.

Ausgangspunkt und damit maßgebliche Vorschrift des WEG ist § 16 Abs. 2. Dieser bestimmt, daß der Wohnungseigentümer den anderen gegenüber verpflichtet ist, die anteiligen Ausgaben (nicht Kosten, wie das Gesetz sagt; siehe Sauren, Rpfleger 1991, 296) zu tragen.

Im Fall der Veräußerung wechselt der Wohnungseigentümer. Durch diesen Wechsel tritt auch ein neuer Schuldner in die Gemeinschaft ein (vgl. Sauren, WEG, 2. Auflage, § 16 Rdnr. 35). Nach Eigentumswechsel gefaßte Beschlüsse treffen folglich den neuen Wohnungseigentümer. Anders sieht die Rechtslage aber beim Konkurs aus. Diesem Sachverhalt ist bisher leider in der Diskussion nicht ausreichend Rechnung getragen worden. Beim Konkurs findet eine Rechtsnachfolge gerade nicht statt (so ausdrücklich für die Zwangsverwaltung OLG Köln, DWE 1989, 30). Der Gemeinschuldner bleibt weiterhin im Grundbuch eingetragener Eigentümer. Er ist es deshalb, der nach der Ausgangsvorschrift des § 16 Abs. 2 WEG weiterhin Schuldner des Wohnungsgeldes ist (dies übersieht z.B. Deckert, WE 1995, 420)!

Der Gemeinschuldner (= Eigentümer) verliert durch die Konkurseröffnung lediglich die Befugnis, seine zur Masse gehörende Wohnung zu verwalten und darüber zu verfügen (vgl. Kilger, KO, 15. Auflage, § 6, Anm. 3). Die Rechtshandlungen des Konkursverwalters, welche dieser im Rahmen seiner Verwaltungs- und Verfügungsbefugnis ausübt, wirken unmittelbar für und gegen den Gemeinschuldner, und zwar auch über den Konkurs hinaus (Kilger, a.a.O.). Selbst bei Pflichtverletzung des Konkursverwalters muß der Gemeinschuldner die Folgen der Handlung des Konkursverwalters tragen (vgl. Kilger, a.a.O.). Er hat dann nur einen Schadensersatzanspruch gegen den Konkursverwalter (vgl. § 82 KO).

Dies bedeutet, daß der Konkursverwalter als „Partei mit der Konkursmasse als Streitvermögen" (so Linke, KTS 1966, 215) zunächst nach dem WEG nicht Schuldner des Wohnungsgeldes ist. Durch die Verfügungs- und Verwaltungsmacht wird er jedoch - wie anerkannt - Haftender für das Wohnungsgeld. Diese Haftung des Konkursverwalters kann sich aber nur auf die Zeit beziehen, in der die Wohnung zur Konkursmasse gehört.

Die Frage der Vorschußzahlung nach dem Wirtschaftsplan ist relativ einfach beantwortet, weil sie regelmäßig monatlich fällig wird und deshalb dem entsprechenden Zeitraum des Konkursverwalters einfach und leicht zugerechnet werden kann.

Größere Probleme bedeutet dies bei der Jahresabrechnung. Da der Konkursverwalter nicht Rechtsnachfolger ist, sondern Haftender, ist nach dem Umfang der Haftung zu fragen. Das Argument des BGH in seiner Entscheidung vom 21.04.1988 (NJW 1988, 1910), wer über die Abrechnung abstimmen könne, müsse auch Schuldner sein, da er nur die Schuld bestimmen könne, trifft gerade auf den Konkursverwalter nicht zu. Der Konkursverwalter stimmt als Verwalter und Verfügungsberechtigter für den Wohnungseigentümer ab, der Wohnungseigentümer muß richtigerweise nach wie vor in der Abrechnung genannt sein; damit ist der Konkursverwalter gerade nicht Schuldner in Sachen des § 16 Abs. 2 WEG, sondern nur Haftender.

Die Haftung des Konkursverwalters kann aber nicht weiter gehen, als die Ursache dafür gesetzt wurde, nämlich die Konkursverwaltung dauerte. Der Beschluß wirkt damit nur gegenüber dem Wohnungseigentümer, nicht aber gegenüber dem Konkursverwalter. § 58 Nr. 2 KO stellt deshalb auch nur lapidar fest, daß der Konkursverwalter für die Ausgaben der Verwaltung einzustehen hat.

Deshalb ist die Frage der Haftung des Konkursverwalters losgelöst von dem Beschluß der Wohnungseigentümer zu sehen. Die vom BGH (a.a.O., Seite 1644) in Anlehnung an Hauger durchgeführte Frage des Verhältnisses von Wirtschaftsplan und Jahresabrechnung ist deshalb ausnahmsweise zu stellen. Sie hat jedoch nicht ihre Ursache im WEG, sondern im Konkursrecht.

Dies ist die materiell-rechtliche Ausgangsposition.

Leider ist bisher die formelle (WEG-)Sicht der Dinge nicht ausreichend berücksichtigt worden. Entscheidend ist nämlich zunächst, welchen Beschluß die Wohnungseigentümer gefaßt haben. Insbesondere interessiert die Frage, wer im Wirtschaftsplan oder in der Jahresabrechnung als Schuldner ausgewiesen ist. Hat der Verwalter den Wohnungseigentümer angewiesen, stellt sich die Frage der sogenannten Abrechnungsspitze. So war der Ausgangsfall des OlG Düsseldorf (WEWE 1996, 273), der folglich richtig entschieden wurde. Leider ist aus der Entscheidung des BGH nicht ersichtlich, ob dies dort der Fall war. Ist der Konkursverwalter ausgewiesen und wie im BGH-Fall der Beschluß nicht angefochten worden, so muß der Konkursverwalter zahlen, es sei denn, der Beschluß ist nichtig.

Nichtigkeitsgründe sind seit BGH, NJW 1989, 3018 nicht mehr erkennbar. Im übrigen würde die Nichtigkeit nicht zu dem vom BGH geführten Ergebnis führen. Bei einer Nichtigkeit wäre der gesamte Beschluß nichtig, und ein Zahlungsanspruch ließe sich daraus nicht herleiten.

Sollte deshalb im BGH-Fall der Wohnungseigentümer im Beschluß genannt sein, so ist der Entscheidung zuzustimmen. Sollte der Konkursverwalter Adressat des Beschlusses sein, wäre die Abrechnung nach herrschender Meinung ihm gegenüber bindend geworden (siehe Nachweise bei Bub, Finanzwesen, 2. Auflage, Rdnr. 100).

III. OLG ZWEIBRÜCKEN

Aus den vorherigen Ausführungen zeigt sich, daß der vom BGH entschiedene Fall des Konkursverwalters nicht auf einen Veräußerungsfall übertragen werden kann. Der Fall des Konkursverwalters betrifft keine Veräußerung, vielmehr bleibt der nach § 16 Abs. 2 WEG Verpflichtete, nämlich der Wohnungseigentümer, derselbe. Eine Aufteilung ist nicht erforderlich (a.A. Bub, Finanzwesen, Rdnr. 98). Insbesondere, wenn wie im Fall des OLG Zweibrücken die Abrechnung nicht angefochten wurde, ist der neue Wohnungseigentümer zur Zahlung nicht nur der sogenannten Abrechnungsspitze, sondern des kompletten Saldos verpflichtet (so auch die herrschende Meinung, siehe Nachweise bei Bub, Finanzwesen, Rdnr. 98 f. und Sauren, WEG, § 16 Rdnr. 35 ff.). Dies resultiert aus der BGH-Entscheidung vom 21.04.1988 (NJW 1988, 1910), da der neue Eigentümer über die Abrechnung entscheiden kann.

Der Jubilar hat in einer Anmerkung in WE 1996, 278 im übrigen auch dargelegt, daß im konkreten Fall die Jahresabrechnung noch überhaupt nicht genehmigt und deshalb der Saldo nicht fällig war. Die Entscheidung krankt ebenfalls an diesem Mangel und ist in Übereinstimmung mit dem Jubilar deshalb auch in diesem Punkt abzulehnen.

IV. ERGEBNIS

Die neue Rechtsprechung des BGH zum Wohnungsgeld ist in die Kritik insbesondere der WEG-Literatur geraten. Bei genauerer Betrachtungsweise ist diese Rechtsprechung jedoch zutreffend. Leider hat daraufhin das OLG Zweibrücken unrichtig diese Fallgestaltung auf die Veräußerung übertragen und dabei die Besonderheiten des Konkurses nicht berücksichtigt. Diese Übertragung ist abzulehnen, vielmehr ist an den Grundsätzen anhand des BGH-Urteils vom 21.04.1988 festzuhalten, so daß der rechtsgeschäftliche Erwerber Verpflichteter aus der Jahresabrechnung ist.

Friedrich Schmidt

NIESSBRAUCH UND WOHNUNGSEIGENTUM

Zahllose Eigentumswohnungen wurden in den letzten Jahren, besonders verstärkt noch im Jahr 1995, aus steuerlichen Gründen wegen der Bemessung der Schenkungsteuer noch nach dem Einheitswert gegen Nießbrauchvorbehalt übertragen. Da dürfte es nur wenige größere Eigentumswohnanlagen mehr geben, bei denen es keinen Nießbraucher gibt. Dies wirft rechtliche und praktische Probleme auf, zu deren Lösung es noch keine gefestigte Rechtsprechung und im übrigen ein kontroverses Meinungsbild gibt. Der Beitrag versucht, Antworten zu geben und Klarheit zu schaffen.

WESEN DES NIESSBRAUCHS

Das Eigentum ist das umfassendste Herrschaftsrecht an einem Gegenstand, an einer Sache, und ist in Art. 14 GG als Grundrecht verfassungsrechtlich geschützt. In § 903 BGB wird es definiert als das Recht, mit einer Sache nach Belieben zu verfahren und andere von jeder Einwirkung auszuschließen. Ersteres beinhaltet das Verfügungsrecht und das Nutzungsrecht als seine Hauptkomponenten. Beide bilden eine von Haus aus ungetrennte Einheit. Es sind Rechte an Sachen, die dinglichen Rechte des Sachenrechts. Das Gesetz regelt, was die Sache, den Gegenstand des Eigentums ausmacht (§ 90 BGB). Bei unbeweglichen Sachen knüpft das BGB an das Grundstück als die maßgebliche Sache an und erklärt die darauf errichteten Gebäude zu dessen wesentlichen Bestandteilen (§ 94 BGB). Dies ist die Basis des gesamten Grundstücksrechts, das im Sachenrecht ausgestaltet ist. Es läßt nur in bestimmtem Rahmen die Trennung einzelner Eigentümerbefugnisse von der Einheit Grundstück/Gebäude zu. Dabei sieht das BGB kein selbständiges Gebäudeeigentum vor.[1] In den beschränkten dinglichen Rechten des BGB werden bestimmte Trennungen der Eigentümerbefugnisse ermöglicht. Eine wesentliche ist die Trennung des Verfügungsrechts vom Nutzungsrecht im Nießbrauch (§§ 1030 ff. BGB). Dieser Nießbrauch hat eine eminente Bedeutung in der Praxis.[2] Das BGB hat ihn als Belastung des Eigentums ausgestaltet (§ 1030 Abs. 1 BGB), als das Recht, die Nutzungen aus der Sache zu ziehen. Seinem Wesen und seiner Stellung im BGB nach ist er eine Dienstbarkeit. Der Nießbrauch gewährt, von begrenzten Ausnahmen abgesehen, das Recht, sämtliche Nutzungen zu ziehen, den Gegenstand also umfassend zu nutzen.[3] Er unterscheidet sich damit von den einzelnen beschränkten Nutzungen der Dienstbarkeiten. Der Nießbraucher zieht die Nutzungen unmittelbar aus eigenem Herrschaftsrecht, also originär.[4]

---

[1] Vgl. das Sachenrechtsänderungsgesetz vom 21.9.1994, das zum Ziel hat, das in der DDR entstandene Gebäudeeigentum wieder in das Sachenrecht des BGB einzufügen.

[2] In einem seiner klugen Artikel hat sich der Spiegel vor etwa 25 Jahren darüber mokiert, daß an den Universitäten noch über so verstaubte Dinge wie Nießbrauch geredet werde.

[3] Staudinger/Frank, Aufl. 1994, Vorbem. zu § 1030 ff. BGB Rdn. 4, 5. Die Kommentierung von Frank im Staudinger stellt gegenwärtig die umfassendste und aktuellste Darstellung des Nießbrauchsrechts dar, so daß auf sie besonders zurückgegriffen wird.

[4] Ebenda Rd. 5.

Das Nutzungsrecht des Nießbrauchs erfaßt sowohl die Eigennutzung (Bewohnen) wie die Fremdnutzung durch Vermieten und Verpachten (vgl. § 1056 BGB). Einen Verfügungsnießbrauch kennt das BGB nicht.[5] Dem Nießbraucher ist auch eine Veränderung oder Umgestaltung der Sache nicht gestattet (§ 1037 Abs. 1 BGB), so daß er ein Gebäude nicht umbauen oder einen Anbau nicht errichten darf. Auch bauliche Veränderungen im Sinne des § 22 WEG darf der Nießbraucher nicht vornehmen. Der Nießbraucher ist zum Besitz berechtigt (§ 1036 Abs. 1 BGB) und somit unmittelbarer Besitzer mit allen Besitz- und Besitzschutzrechten der §§ 854 ff. BGB, während der Eigentümer mittelbarer Besitzer ist (§ 868 BGB). Dieses umfassende Nutzungsrecht unter Ausschluß des Eigentümers macht die besondere Attraktivität des Nießbrauchs, vor allem als Instrument der vorweggenommenen Erbfolge durch lebzeitige Übertragung an die nächste Generation, aus.

Der Nießbrauch an einem Grundstück samt Gebäude ist ein Nießbrauch an Sachen und fällt somit unter die Vorschriften der §§ 1030 bis 1067 BGB. Gegenstand kann immer nur das Grundstück mit seinen wesentlichen Bestandteilen nach § 94 BGB sein, also dem Gebäude, nicht das Gebäude allein.[6] Demgegenüber kann das Wohnungsrecht des § 1093 BGB nur an bestimmten Räumen (Teil eines Gebäudes) oder einem ganzen Haus (einem Gebäude) eingeräumt werden, nicht auch am Grundstück, das im Rahmen des § 1093 Abs. 3 BGB nur der Mitbenutzung unterliegt.

BEGRÜNDUNG DES NIESSBRAUCHS

Der Nießbrauch entsteht als dingliches Recht gemäß § 873 BGB durch Einigung und Eintragung im Grundbuch. Zur Eintragung ist die Bewilligung des Grundstückseigentümers als Betroffenem (§ 19 GBO) und sein Antrag oder der des Nießbrauchers (§ 13 GBO) erforderlich. Während die dingliche Einigung keiner Form bedarf, muß die Eintragungsbewilligung in öffentlicher Form des § 29 GBO (notarielle Beglaubigung oder Beurkundung) abgegeben werden. Die schuldrechtliche Verpflichtung zur Nießbrauchsbestellung ist formlos gültig, es sei denn, sie ist Teil eines nach § 313 BGB beurkundungsbedürftigen Grundstücksgeschäfts. Das trifft z. B. bei einer Übergabe mit Nießbrauchsvorbehalt zu.[7] Der Nießbrauch wird als Belastung in Abt. II des Grundbuchs eingetragen und nimmt damit an den Rangverhältnissen des Grundbuchs teil. Grundpfandgläubiger lassen ihn daher kaum im Rang vorgehen.

---

[5] Staudinger/Frank, a.a.O., Rdn. 20.

[6] Ebenda Rdn. 4.

[7] Staudinger/Frank, a.a.O., Rdn. 43; zu den verdinglichten Leistungspflichten - Begleitschuldverhältnis - Amann, DNotZ 1989, 534.

INHALT DES NIESSBRAUCHS

Zwischen dem Eigentümer und dem Nießbraucher entsteht ein gesetzliches Schuldverhältnis, das eine Reihe Verpflichtungen vor allem des Nießbrauchers auslöst.[8] So hat z.B. der Nießbraucher die wirtschaftliche Bestimmung des Nießbrauchsgegenstandes aufrechtzuerhalten und nach den Regeln einer ordnungsgemäßen Wirtschaft zu verfahren und damit die gewöhnliche Unterhaltspflicht (§ 1036 Abs. 2 BGB); er ist dem jeweiligen Eigentümer gegenüber verpflichtet, gewisse öffentliche und private Lasten zu tragen (§ 1047 BGB), die Sache auf seine Kosten zu versichern (§ 1045 BGB) und für den gewöhnlichen Abgang von Grundstücksinventar Ersatz zu beschaffen (§ 1048 Abs. 1 S. 2 BGB). Der Nießbraucher hat für die Erhaltung der Sache in ihrem wirtschaftlichen Bestand zu sorgen (§ 1041 BGB), während der Eigentümer für die Erhaltung der Grundsubstanz verantwortlich ist (arg. § 1041 BGB: außergewöhnliche Ausbesserungen und Erneuerungen). So enthält das BGB einen ganzen Katalog der gegenseitigen Rechte und Pflichten. Sie werden zunächst vom Typenzwang des Sachenrechts erfaßt, der eine abweichende Vereinbarung mit dinglicher Wirkung an sich nicht zuläßt und dafür keine Vertragsfreiheit gewährt.[9] Vom starren Prinzip der zwingenden Natur des Sachenrechts wird aber eine Ausnahme bei Bestimmungen gemacht, die das gesetzliche Schuldverhältnis zwischen Eigentümer und Nießbraucher betreffen.[10] Zu solchen dinglich abänderbaren Bestimmungen zählen § 1041 Satz 2 BGB (Pflichten für Ausbesserungen und Erneuerungen), §§ 1045, 1046 BGB (Versicherungspflicht), § 1047 BGB (Tragung öffentlicher und privater Lasten).[11]

Die in der Praxis wichtigste und häufigste Änderung ist die bei § 1041 BGB, wonach der Nießbraucher für die Erhaltung der Sache in ihrem wirtschaftlichen Bestand zu sorgen hat, Ausbesserungen und Erneuerungen ihm aber nur insoweit obliegen, als sie zu der gewöhnlichen Unterhaltung der Sache gehören. Der Nießbraucher hat danach auf seine Kosten nur die gewöhnlich laufenden Reparaturen, insbesondere die Schönheitsreparaturen, vorzunehmen. Für außergewöhnliche Reparaturen und Instandsetzungen, also Maßnahmen zur Substanzerhaltung, muß dagegen der Eigentümer aufkommen. Aus § 1041 Satz 2 BGB ist aber keine Pflicht des Eigentümers zur Durchführung solcher Maßnahmen aus dem gesetzlichen Schuldverhältnis herzuleiten.[12]

Den Weg dazu, dem Nießbraucher auch die Bestreitung der außergewöhnlichen Kosten in dinglicher Abweichung von § 1041 BGB aufzuerlegen, hat das BayObLG erst durch seine Rechtsprechung eröffnet.[13] Diese Abänderung ist heute aus der Kautelar-

---

[8] Staudinger/Frank, a.a.O., Rdn. 6.

[9] Ebenda Rdn. 7 ff.

[10] Dazu Amann, DNotZ 1989, 536 ff.; BayObLGZ 1987, 273 m.w.N.

[11] Im einzelnen Staudinger/Frank, a.a.O., Rdn. 12 ff.

[12] Staudinger/Frank, a.a.O., § 1041 Rdn. 7 m.w.N.

[13] BayObLGZ 1977, 205; 1985, 6.

jurisprudenz nicht mehr wegzudenken. Sie hat nicht nur zivilrechtliche Bedeutung, sondern ist vor allem aus der Steuerrechtsprechung des BFH erwachsen.[14] Hintergrund ist eine strikte Anwendung der steuerlichen Einkunftsarten. Als ausschließlich Nutzungsberechtigter kann nur der Nießbraucher Einkünfte aus der Sache beziehen und Werbungskosten und sonstige Aufwendungen steuerlich geltend machen.[15] Der Eigentümer kann mangels eines Nutzungsrechts keine Einkünfte aus Vermietung und Verpachtung haben, so daß ihm selbst für die ihm zugeordneten Maßnahmen der außergewöhnlichen Unterhaltung weder Werbungskosten noch AfA zustehen.[16] Der Nießbraucher kann aber keine Herstellungskosten bzw. Aufwendungen für die Substanzerhaltung geltend machen, weil dies die gesetzliche Pflicht des Eigentümers ist. Wenn ihm dies aber dinglich durch eine von § 1041 BGB abweichende Regelung auferlegt ist, der sog. Bruttonießbrauch, wird ihm dies steuerlich ermöglicht. Bei einem Vorbehaltsnießbrauch (Übergabe mit Nießbrauchsvorbehalt) bleibt dem Übergeber über den Bruttonießbrauch auch die AfA erhalten. Der Bruttonießbrauch macht den Nießbraucher somit zum wirtschaftlichen Eigentümer im Sinne des Steuerrechts (§ 39 Abs. 2 Nr. 1 AO).

Aber auch unabhängig vom Steuerrecht hat der Bruttonießbrauch bei einer Übergabe gegen Nießbrauchsvorbehalt den Zweck, dem Übergeber die lebzeitige Unabhängigkeit zu erhalten und ihm alle Nutzungs- und Verwaltungsrechte zu sichern, verbunden mit der Tragung aller Lasten. Gleichzeitig soll der Übernehmer davon entbunden werden, Aufwendungen für das Objekt zu leisten, das er noch nicht nutzen kann. Dies ist der wichtige zivilrechtliche Aspekt vor allem bei Einfamilienhäusern und Eigentumswohnungen, die der Nießbraucher weiterhin selbst bewohnen will.[17]

NIESSBRAUCH AN WOHNUNGSEIGENTUM

An einer Eigentumswohnung kann ein Nießbrauch bestellt werden. Für sie gibt es ein eigenes Grundbuch mit den drei Abteilungen, in dem nach allgemeinem Grundbuchrecht die Abteilung II zur Eintragung des Nießbrauchs zur Verfügung steht. Dies wird zwar von niemandem bezweifelt, ist aber nicht ganz selbstverständlich. Jedenfalls sind die gängigen dogmatischen Begründungen nicht überzeugend. Die Eigentumswohnung besteht aus einem Miteigentumsanteil, verbunden mit dem Sondereigentum an einer Wohnung (§ 1 Abs. 2 WEG). Die enge rechtliche Verbindung beider Eigentumsteile stellt § 6 Abs. 1 WEG her, wonach nur beides gemeinsam veräußert und belastet werden kann. So ist das Wohnungseigentum ein besonders ausgestaltetes

---

[14] Ausführlich dazu Staudinger/Frank, a.a.O., Rdn. 137 ff. m.w.N.

[15] Vgl. auch BFM, BStBl. 1984 I, 561 Tz. 40-42.

[16] BFH, BStBl. 1983 II, 660; Schmidt/Drenseck, EStG, 15. Aufl. 1996, § 29 Rdn. 46.

[17] Der erbrechtliche Aspekt, die 10-Jahres-Frist des § 2325 BGB für Pflichtteilergänzungsansprüche laufen zu lassen, hat durch die Entscheidung des BGH vom 27.4.1994 (NJW 1994, 1971), wonach die Frist erst mit Beendigung des Nießbrauchs beginnt, seine Bedeutung verloren.

Miteigentum[18], das wie ein eigenes selbständiges Grundstück am Rechtsverkehr teilnimmt. Zu diesem Zweck erhält jede Eigentumswohnung ein eigenes Grundbuchblatt (§ 7 WEG) mit allen für den Rechtsverkehr maßgeblichen Komponenten. Gegenstand der Belastung ist die Eigentumswohnung als rechtlich eigenständige Sache, als echtes Volleigentum, das als „Miteigentumsanteil verbunden mit dem Sondereigentum" bezeichnet und im Bestandsverzeichnis gebucht ist. Der Miteigentumsanteil hat darin keine Eigenfunktion, so daß für die Vorschriften des BGB über die rechtliche Behandlung von einfachen Miteigentumsbruchteilen weder unmittelbar noch mittelbar Raum vorhanden ist.[19] Dies trifft insbesondere für § 1066 BGB zu, der den Nießbrauch an normalen Miteigentumsbruchteilen behandelt, aber auch den Nießbrauch, den ein Alleineigentümer zu einem ideellen Bruchteil bestellt.[20] Er wird an einem Bruchteil eines Miteigentümers bei mehreren Miteigentümern oder als ausdrücklicher Bruchteilsnießbrauch beim Alleineigentümer eingetragen. Bei der Eigentumswohnung wird der Nießbrauch als Vollnießbrauch am Gesamtobjekt eingetragen. § 1066 BGB paßt nicht für das gebuchte Wohnungseigentum, auch wenn er wegen der Begriffsidentität „Miteigentumsanteil" verführerisch ist. Er ist daher nicht die dogmatische Grundlage dafür, daß eine Eigentumswohnung mit einem Nießbrauch belastet werden kann, auch wenn Literatur und Rechtsprechung weitgehend darauf abstellen.[21] Gegen die Anwendbarkeit von § 1066 BGB beim Wohnungseigentum spricht sich zutreffend Röll aus.[22] Der Meinung von Schöner[23] kann nicht beigepflichtet werden. Er wendet § 1066 BGB unmittelbar an, indem er den Miteigentumsanteil zu sehr in den Vordergrund stellt und so die sachenrechtliche Einheit und Selbständigkeit von „Miteigentum verbunden mit Sondereigentum" nicht genügend beachtet. Der wohnungseigentumsrechtliche Miteigentumsanteil ist keine besondere Ausformung des in § 1066 BGB angesprochenen Miteigentums, sondern ein aliud dazu. Die Belastbarkeit mit einem Nießbrauch ergibt sich somit ausschließlich daraus, daß das Wohnungseigentum ein rechtlich besonders ausgestaltetes Miteigentum ist.[24]

Wenn man die Eintragungsfähigkeit des Nießbrauchs am Wohnungseigentum auf § 1066 BGB gründet, führt dies schnell dazu, ihn auch sonst unmittelbar oder entsprechend anzuwenden, was zu unzutreffenden Ergebnissen führt. Deswegen darf man ihn schon gar nicht als Eingangspforte heranziehen. Wendet man aber § 1066

---

[18] Vgl. Weitnauer, WEG 8. Aufl., § 3 Rdn. 83, § 6, Rdn. 1.

[19] So auch Palandt/Heinrichs, § 903 BGB, Rdn. 4, wo Wohnungs- und Teileigentum als Sonderform des allgemeinen bürgerlich-rechtlichen Eigentums bezeichnet werden.

[20] Dazu Staudinger/Frank, § 1030, Rdn. 21.

[21] So z.B. Bärmann/Pick/Merle, WEG § 1, Rdn. 52, 105, Demharter, GBO Anh. zu § 3, Rdn. 46, Haegele/Schöner/Stöber, Grundbuchrecht, Rdn. 2951, Weitnauer, WEG § 3, Rdn. 107, KG WE 1987, 130. Nießbrauchsbelastung ohne Nennung von § 1066 BGB: Bärmann/Pick, WEG § 1, Rdn. 23, Ermann/Ganten, § 1 WEG, Rdn. 4, Palandt/Bassenge, § 6 WEG, Rdn. 9.

[22] MünchKomm/Röll, § 25 WEG, Rdn. 13a.

[23] „Das Stimmrecht des Nießbrauchers in der Versammlung der Wohnungseigentümer", DNotZ 1975, 68.

[24] BayObLGZ 1979, 276 = MittBayNot 1979, 165; Palandt/Bassenge, vor § 1 WEG, Rdn. 2.

BGB an, läßt sich nicht vermeiden, auch andere Miteigentumsregelungen des BGB zu beachten. So kann z. B. ein Wohnungsrecht nach § 1093 BGB nicht an einem einfachen Miteigentumsanteil bestellt werden[25], warum aber dann doch am Wohnungseigentum? Eine Hypothek oder Grundschuld kann nur an Miteigentumsanteilen in der Hand verschiedener Miteigentümer bestellt werden (§ 1114 BGB); warum kann dann unbestrittenermaßen der Alleineigentümer (z. B. Bauträger) sämtlicher Eigentumswohnungen diese verschieden belasten? Oder ist die Dogmatik des Miteigentums teilbar? Die Beispiele ließen sich fortsetzen; sie zeigen die Sackgasse der Begründungen mit § 1066 BGB deutlich auf. § 1066 BGB trifft auch Regelungen über die Auseinandersetzung, die unvereinbar mit dem unauflösbaren WEG-Miteigentum sind (§ 11 WEG).[26]

Die hier vertretene Einordnung des § 1066 BGB, oder besser seine Nichtanwendbarkeit beim Nießbrauch am Wohnungseigentum, führt dazu, daß die Probleme des Nießbrauchs aus dem WEG selbst und seinen Prinzipien zu interpretieren sind. Ein Hauptprinzip ist dabei, daß die Rechte und Pflichten aus dem Wohnungseigentum nur der Eigentümer wahrnehmen kann, und zwar der im Grundbuch eingetragene. Dies hat der BGH zunehmend herausgestellt. So hat er der Figur des „werdenden Eigentümers", also des erst nur durch Vormerkung gesicherten Erwerbers, das Ende bereitet und das Stimmrecht an die Grundbucheintragung des Erwerbers als Eigentümer geknüpft.[27] Die Haftung für Kosten trifft denjenigen, der im Zeitpunkt der Beschlußfassung als Eigentümer im Grundbuch eingetragen ist.[28] Trotz gewichtiger abweichender Interessenlagen hält der BGH daran fest, daß das formale Kriterium der Eintragung im Grundbuch ausschlaggebend ist.[29] Die diesbezügliche Funktion des Grundbuchs darf nicht eingeschränkt werden.[30] Das WEG kennt selbst keine Ausnahme, die von dieser Eigentümerfunktion abweicht. Die Frage ist, ob die Interessenlage, die durch den Nießbrauch als ein dingliches Recht, das dem Nießbraucher Eigentümerbefugnisse, nämlich die Nutzung, gewährt, eine andere Betrachtungsweise gebietet. Zu der Vertikale zwischen Eigentümer und Nießbraucher - ausgefüllt durch das oben erwähnte gesetzliche Schuldverhältnis - tritt die Horizontale als der Beziehungsbereich zu allen anderen Miteigentümern. Dabei ist der Nießbraucher an den Inhalt des

[25] Palandt/Bassenge, § 1093, Rdn. 6; zur Belastung allgemein § 6 WEG, Rdn. 9.

[26] Das Dilemma zeigt sich auch im Verhältnis zum Wohnungsrecht des § 1093 BGB. Dazu hat der BGH am 26.11.1977 - DNotZ 1978, 156 - entschieden, daß das Stimmrecht in Verwaltungsangelegenheiten dem Wohnungsberechtigten zustehe. Er hat dies wohnungseigentumsrechtlich begründet. Eine Krücke wie § 1066 BGB stand ihm beim Wohnungsrecht nicht zur Verfügung. Es ist daher auch unlogisch, für das Stimmrecht des Nießbrauchers jene BGH-Entscheidung unter gleichzeitigem Bezug auf § 1066 BGB heranzuziehen. Was die Auseinandersetzungsregelungen betrifft, eliminiert man sie geschickt aus der Diskussion, indem man § 1066 BGB nur als soweit rechtlich möglich anwendet.

[27] 1.12 1988 DNotZ 1989, 422 = NJW 1989, 1087; dazu Weitnauer, Anh. § 10 WEG.

[28] BGH 21.4.1988 DWE 1988, 135 = WE 1988, 162 (Beschluß über Nachforderungen); BGH 15.6.1989, NHW 1989, 3018 (Sonderumlage); BayObLG 21.7.1994, WE 1995, 248 (Jahresabrechnung).

[29] Wenzel, WE 1994, 356; vgl. BGH, NJW 1994, 3352 = DWE 1994, 141 = WE 1995, 57.

[30] BGH, DNoZT 1989, 424.

Wohnungseigentums im Gesetz (§§ 10 ff. WEG) und in den Vereinbarungen (Gemeinschaftsordnung) gebunden. Fraglich ist, ob auch zu ihnen ein gesetzliches Schuldverhältnis entsteht, kraft dessen er unmittelbar an dem Gemeinschaftsverhältnis teilhat.

Zu den grundlegenden Rechten der Wohnungseigentümer gehört das Recht der Selbstverwaltung (§§ 20, 21 WEG).[31] Sie beinhaltet auch eine Pflicht dazu, indem z. B. gegenseitige Ansprüche auf ordnungsgemäße Verwaltung gewährt werden (§ 21 Abs. 4 WEG). Die Verwaltung umfaßt alle Maßnahmen, die im Interesse einer ordnungsgemäßen Verwaltung des Wohnungseigentums notwendig und wirtschaftlich nicht wesentliche Änderungen sind.[32] Für diese Selbstverwaltung stellt das Gesetz das Instrument des Beschlusses zur Verfügung. Die Selbstverwaltung obliegt den im Grundbuch eingetragenen Eigentümern, von denen keiner aus ihr entlassen werden und von denen sich keiner ihr entziehen kann. Das WEG kennt kein Schlupfloch, und § 1066 BGB kann auch kein solches sein, wie oben dargelegt ist. Legt man dieses Selbst- verwaltungsprinzip zugrunde, fällt es schwer, dem Nießbraucher einen originären, im Nießbrauch verankerten Anteil an der Selbstverwaltung der Wohnungseigentümer zukommen zu lassen. Dem Eigentümer müßte ein Stück weggenommen werden. Das Selbstverwaltungsrecht ist aber unteilbar.

DAS STIMMRECHT

Die Selbstverwaltung geschieht in der Eigentümerversammlung durch Beschlußfassung. Die Beschlüsse werden durch die stimmberechtigen Miteigentümer gefaßt. Deswegen hat sich das Nießbrauchsproblem besonders am Stimmrecht entzündet. Folgende Möglichkeiten stehen dabei zur Verfügung[33]: Stimmrecht a) nur beim Eigentümer, b) nur beim Nießbraucher, c) nur gemeinsam, d) aufgespalten je nach Beschlußgegenstand.

Zu a: Stimmrecht nur beim Eigentümer[34]

Bei den Meinungen, die das Stimmrecht nur dem Eigentümer gewähren, werden u. a. folgende Argumente angeführt[35]:

---

[31] Dazu Müller, PiG 32 (1991), S. 13.

[32] Bärmann/Pick, WEG § 21 Rdn. 1.

[33] Vgl. Schöner, DNotZ 1975, 78; Weitnauer, WEG § 25 Rdn. 10, 11.

[34] Bader, ZgemWWBay 1987, 313 = PiG Nr. 25 (1987); Bub, Wohnungseigentum von A -Z, S. 309; Henkes/Niedenführ/Schulze, WEG § 25, Rdn.6; Müller, Praktische Fragen des Wohnungseigentums, 2. Aufl., Rdn. 152; Riecke, WEZ 1988, 168; Röll, MünchKomm., § 25 WEG, Rdn. 13a (dagegen unklar im Handbuch für Wohnungseigentümer, 6. Aufl. 1994, Rdn. 224); Seuß, Die Eigentumswohnung, 10. Aufl., S. 229; Soergel/Baur, 11. Aufl., § 25 WEG, Rdn. 7; wohl auch Sauren, WEG, 2. Aufl., § 25, Rdn. 9; Soergel/Stürner, 12. Aufl., § 25, Rdn. 7; Schmidt, in: Bärmann/Seuß, Praxis des Wohnungseigentums, 4. Aufl. 1996, Rdn. A 163, B 6.

[35] Namen aus der vorherigen Fußnote, wobei die Autoren sich nicht auf ein Argument beschränken.

Stimmrecht ist Ausfluß des unlösbar mit dem Eigentum verbundenen Mitgliedschaftsrechts (Baur, Henkes/Niedenführ/Schulze, Riecke);
wesentlicher Bestandteil des Wohnungseigentümerrechts (Ring);
Nießbraucher steht wirtschaftlich dem auch nicht stimmberechtigt werdenden Eigentümer gleich (Henkes/Niedenführ/Schulze);
§ 1066 BGB nicht anwendbar, weil WEG eine körperschaftliche Sonderregelung trifft, die § 1066 nicht zum Zuge kommen läßt (Röll);
Möglichkeit des Eindringens unerwünschter Personen, die im Fall des § 12 WEG abgelehnt werden könnten (Baur, Bader);
Probleme der Ladung und der Feststellung der Stimmberechtigung bei jeder Abstimmung (Seuß);
Stimmrecht des Nießbrauchers inkonsequent, wenn er kein Verfahren nach § 43 WEG auslösen kann (Müller);
mit Gesetzeswortlaut nicht vereinbar (Bader);
Ladungs- und Unterscheidungsprobleme für Verwalter, Aufspaltung des Stimmrechts insgesamt problematisch (Müller, Bader);
Probleme bei Prüfung der Stimmberechtigung, des Anfechtungsrechts und der Wirksamkeit von Beschlüssen (Stürner, Bader);
Stimmrecht Dritter bedeutet Ende der Verwaltbarkeit (Bader).

Zu b: Stimmrecht nur beim Nießbraucher

Ein ausschließliches Stimmrecht des Nießbrauchers unter völligem Ausschluß des Eigentümers wird offensichtlich von niemandem vertreten.

Zu c: Gemeinsames Stimmrecht

Weitnauer[36] und Schöner[37] geben dem Eigentümer und dem Nießbraucher ein gemeinsames Stimmrecht, das sie nur einheitlich und gemeinsam ausüben können. Ist einer vom Stimmrecht ausgeschlossen, kann es der andere allein ausüben. Schöner beschäftigt sich ausführlich damit und knüpft dabei an § 25 Abs. 2 Satz 2 WEG an.

Zu d: Gespaltenes Stimmrecht

Die Lehre von der Stimmrechtsspaltung ist in Rechtsprechung[38] und Literatur[39] besonders gängig. Man kann sie angesichts der Gegenstimmen aber nicht als herrschende

---

[36] WE 1987, 132 und WEG § 25, Rdn. 11.

[37] DNotZ 1975, 78 ff.

[38] Richtungsweisend KG 1.4.1987, NJW-RR 1987, 973 = DE 1987, 134 = WE 1987, 126 mit Anm. Weitnauer (der Beschluß des KG steht im sachlichen Widerspruch zu seinem Beschluß vom 5.2.1988, WE 1988, 91, wo es zum werdenden Wohnungseigentümer ausführt, die Rechtsklarheit gebiete, die Rechte eines Wohnungseigentümers nur dem zuzugestehen, der im Grundbuch als Eigentümer eingetragen ist); HansOLG Hamburg 10.9.1987, WE 1988, 92; LG München, NJW-RR 1994, 1497.

[39] Bärmann, Wohnungseigentum, Rdn. 239; Pick, in: Bärmann/Pick/Merle, WEG § 25, Rdn. 26, zum Teil aber nur gemeinsames Stimmrecht; Bärmann/Pick, WEG § 25, Rdn. 22; Deckert, Die Eigentumswohnung Gruppe 5, Rdn. 29; Palandt/Bassenge, § 25 WEG, Rdn. 2.

Meinung[40] ansehen, allenfalls als vorhandene Rechtsprechung. Sie stützt sich zum einen auf die Entscheidung des BGH zum begrenzten Stimmrecht des Wohnungsberechtigten nach § 1093 BGB[41], vor allem aber auf § 1066 BGB[42]. Sie besagt, daß der Nießbraucher in all den Dingen, die sein aus dem Nießbrauch hergeleitetes Nutzungs- und Verwaltungsrecht betreffen, also Verwaltung, Gebrauch und Nutzung des nießbrauchsbelasteten Wohnungseigentums, anstelle des Eigentümers stimmberechtigt ist. Genannt werden dafür die §§ 15, 16 und 21 WEG, zum Teil auch § 28 WEG, auch die Verwalterbestellung.[43] Der Eigentümer selbst ist dabei für diese Bereiche von der Stimmrechtsausübung ausgeschlossen, es sei denn, der Nießbraucher nimmt sein Stimmrecht nicht wahr oder ist selbst ausgeschlossen.[44] Der Nießbraucher ist daher zur Versammlung auch zu laden. Das HansOLG Hamburg[45] gibt zwar Abgrenzungsschwierigkeiten zu, meint aber, das WEG biete eine gute Orientierung durch seine Vorschriften. Die Art der einzelnen Angelegenheit sei im WEG beschrieben. Konflikte zwischen Nießbraucher und Eigentümer seien hinzunehmen, da auf andere Weise nicht gewährleistet werden könne, daß die dingliche Rechtsposition des Nießbrauchers in den Angelegenheiten der §§ 15, 16 und 21 WEG nicht ausgehöhlt werde. Damit hat das OLG den Kern der Problematik angesprochen: die dingliche Rechtsposition des Nießbrauchers, für die alle diejenigen eintreten, die dem Nießbraucher ein Stimmrecht gewähren.

WERTUNG

Eine Wertung der vorstehenden Positionen muß zunächst davon ausgehen, daß das WEG zwar ein Stimmrecht mehrerer Eigentümer kennt (§ 25 Abs. 2 S. 2 WEG), aber keine Stimmrechtsteilung je nach Gegenstand der Beschlußfassung. Eine solche muß in das Gesetz hineininterpretiert werden. § 1066 BGB ist, wie ausgeführt, dafür nicht geeignet. Es müssen allgemeine Rechtsüberlegungen zu dem Spannungsfeld Eigentümer-Nießbraucher-Eigentümergemeinschaft angestellt werden. Dazu mag zwar verständlich dargelegt werden, daß der Nießbraucher ein Mitspracherecht für das, was ihn betrifft, haben soll. Wenn es aber nicht in das rechtliche System des Gesetzes, und zwar des WEG, paßt, dann geht das WEG vor. Maßgebend sind folgende Überlegungen:

---

40 So vorsichtig Erman/Ganten, 9.Aufl., § 25 WEG, Rdn. 3.

41 Gegen die Heranziehung dieser Entscheidung Müller, Praktische Fragen des Wohnungseigentums, 2. Aufl., Rdn. 152.

42 Siehe Fußnote 21.

43 LG München, NJW-RR 1994, 1497; das HansOLG Hamburg nennt konkret §§ 21 Abs. 1, Abs. 5 Nr. 5, 28 sowie 15, 16, 21 WEG.

44 Eingehend KG, a.a.O.

45 WE 1988, 92.

Das Stimmrecht ist Ausfluß und wesentlicher Bestandteil des Eigentümerrechts, wie es der BGH bestätigt hat.[46] Das WEG läßt keine Übertragung[47] oder Abspaltung bzw. Teilung zu. Indem § 25 Abs. 2 WEG bestimmt, daß ein Stimmrecht nur einheitlich ausgeübt werden kann, wird die Unteilbarkeit geradezu normiert. Es kann daher nicht von der konkreten Betroffenheit einer Person vom Beschlußgegenstand abhängen.[48] Der Nießbrauch betrifft das Verhältnis des Eigentümers zum Nießbraucher, das inhaltlich verschieden gestaltet werden kann (Nießbrauchsinhalt). Eine wichtige Variante ist der Bruttonießbrauch. Wenn man auf die dingliche Rechtsstellung des Nießbrauches abstellt, muß man auch seinen konkreten Inhalt berücksichtigen. Dem Bruttonießbraucher obliegt auch die Substanzerhaltung, sein Stimmrecht müßte daher weiter gehen als das des normalen Nießbrauchers. Die inhaltliche Abweichung vom Normalnießbrauch ergibt sich aus der Eintragungsbewilligung, auf die die Grundbucheintragung Bezug nimmt. Aus dem Eintragungstext im Grundbuch ist die Unterscheidung nicht erkennbar. Muß der Verwalter die Grundbücher nach Nießbrauchseintragungen durchforsten und dazu auch die Grundakten ansehen, um festzustellen, wofür der Nießbraucher ein Stimmrecht hat? Dürfen die übrigen Wohnungseigentümer diese Grundbuch- und Grundakteneinsichten vornehmen, um die Beschlußberechtigung in der Eigentümerversammlung beurteilen zu können? Wie weit geht das Einsichtsrecht (§ 12 Abs. 1 GBO)?

Von den gesetzlichen Pflichten des Eigentümers zur Tragung der Kosten und Lasten kann dieser nicht teilweise entbunden werden. Seine Eigenschaft als Eigentümer macht ihn zum Kostenschuldner für das, was beschlossen ist[49]. Er würde also auch für das haften, was der Nießbraucher an seiner Stelle beschlossen hat. Sauren bezeichnet dies zutreffend als einen Vertrag zu Lasten Dritter, wenn der Nießbraucher abstimmen kann, der Eigentümer aber bezahlen muß.[50] Würde man es anders sehen, könnte sich der Eigentümer durch Nießbrauchsbestellung der Pflicht zur Kostentragung entziehen, ein für das Wohnungseigentum nicht denkbares Ergebnis.

Die Beschlüsse der Eigentümer binden nach § 10 Abs. 3 WEG auch Rechtsnachfolger. Der Nießbraucher hat aber keine Rechtsnachfolger, weil der Nießbrauch spätestens mit dem Tod erlischt. Sein Beschluß müßte als Eigentümerbeschluß gewertet werden. Wo steht es aber, daß er den Eigentümer bindet?[51] Jedenfalls nicht in § 10 Abs. 3

---

[46] DNotZ 1989, 422.

[47] Palandt/Bassenge, § 25 WEG, Rdn. 2.

[48] Vgl. auch BayObLG zur gemeinsamen einheitlichen Beschlußfassung über die Heizkosten bei einer Mehrhausanlage, WE 1994, 304.

[49] Weitnauer, PiG 27 (1988), S. 266.

[50] WEG 2. Aufl., § 25, Rdn. 9.

[51] Dazu auch Riecke, WEZ 1988, 168, der meint, es sei bisher nicht schlüssig begründet worden, warum eine fehlende Stimmberechtigung den jeweiligen Wohnungseigentümer zwingen sollte, den betreffenden Beschluß zu dulden.

WEG. Schließlich kann die Interessenlage bezüglich Fortwirkung ganz verschieden sein. Da könnte der Eigentümer nach dem Tod des Nießbrauchers unangenehme Überraschungen erleben.

Die Probleme kulminieren im Anfechtungsrecht, im Verfahren nach § 43 ff. WEG, in dem über die Bestandskraft eines Beschlusses befunden wird. Dem Nießbraucher kann kein Anfechtungsrecht zugestanden werden.[52] Dies würde auch zu einer unheilvollen Verwirrung führen und müßte das Anfechtungsrecht des Eigentümers ausschließen. So weit geht das KG aber doch nicht, sondern nennt den Eigentümer neben dem Nießbraucher anfechtungsberechtigt. Es kann aber keine zwei Anfechtungsberechtigte geben, die sogar nicht kongruierende Interessen verfolgen können. Beispiele der Verwirrung sind: Eigentümer ficht Nießbraucherbeschluß an; Nießbraucher ficht Beschluß der Eigentümergemeinschaft an, Eigentümer will ihn gelten lassen; Nießbraucher ficht Beschluß seines Eigentümers an, weil er seine Rechte beeinträchtigt sieht. Offen bleibt die Frage, ob der Eigentümer den Beschluß anfechten kann, wenn er selbst anders abgestimmt hätte als der Nießbraucher, die Stimme des Nießbrauchers aber für die Mehrheit entscheidend war. Dieser Konflikt zwischen den beiden berührt nämlich die übrigen Miteigentümer nicht. Die Abgrenzungsprobleme zwischen Eigentümer- und Nießbraucherrechten können verfahrensrechtlich kaum bewältigt werden, so daß man dem Nießbraucher kein Anfechtungsrecht einräumen kann. Andererseits gibt man dem Nießbraucher Steine statt Brot, wenn man ihn beschließen, aber nicht anfechten läßt. Es wäre ein amputiertes Stimmrecht. Die Probleme im Anfechtungsverfahren bleiben auch ungelöst, wenn man mit Weitnauer und Schöner ein gemeinsames Stimmrecht annimmt. Soll dann das Anfechtungsrecht auch nur beiden gemeinsam zustehen, auch dann, wenn wegen Abwesenheit des Nießbrauchsberechtigten nur der Eigentümer am Beschluß mitgewirkt hat? Soll bzw. kann das gesetzlich verankerte Anfechtungsrecht des Eigentümers durch den Nießbrauch eingeschränkt werden? Beide gehen auf diese Fragen nicht ein. Schon wegen des verfahrensrechtlichen Dilemmas ist das gemeinschaftliche Stimmrecht abzulehnen.

Die Abgrenzung der Stimmrechte nach Beschlußgegenständen kann nicht funktionieren. Die Nennung der §§ 15, 16, 21 und 28 WEG ist eine Scheinlösung, weil auch innerhalb dieser Bestimmungen Nießbraucherrechte und Eigentümerrechte in verschiedener Weise auftreten. Die Gebrauchsregelungen nach § 15 WEG können unterschiedlichster Art sein und sind nicht von vornherein einer Sphäre ausschließlich zuordenbar. Soll z. B. der Nießbraucher allein darüber befinden dürfen, ob in Zukunft tätige Mithilfe gilt?[53] Wie soll es mit der Abänderung des Kostenverteilungsschlüssels der Gemeinschaftsordnung sein, die den Nießbraucher berührt, den Eigentümer aber auch trifft? Probleme bereiten auch die durch Nichtanfechtung bestandskräftig geworde-

[52] Müller, Praktische Fragen des Wohnungseigentums, 2. Aufl., Rdn. 152; Bader, PiG Nr. 25 (1988), S. 72; AG München 18.1.1983, zitiert bei Bader; AG Mönchengladbach-Rheydt 24.7.1994, 12 UR II 17/94, nicht veröffentlicht. Für Anfechtungsrecht des Nießbrauchers: KG, a.a.O.; Bärmann, Wohnungseigentum, Rdn. 239 a.E.

[53] Vgl. BayObLG, WE 1994, 316.

nen Beschlüsse, die der Verwaltung und Nutzung zuzuordnen sind und als sog. Pseudovereinbarungen in die Zukunft wirken.[54] Zu Änderungen von Vereinbarungen ist der Nießbraucher sicher nicht berechtigt, oder vielleicht auch da noch? Dann kann er auch nicht zu vereinbarungsersetzenden Mehrheitsentscheidungen[55] befugt sein. Wo aber ist die Grenze zum „normalen" Beschluß? Die Eigentümerversammlung beschließt nach § 21 WEG über den Wirtschaftsplan und die Jahresabrechnung. Alle Kostenpflichten treffen, wie ausgeführt, originär den Eigentümer. Es ist nicht ersichtlich, weshalb er dann von der Beschlußfassung ausgeschlossen werden soll. Wirtschaftsplan und Jahresabrechnung enthalten auch Positionen, die mit der Verwaltung und Nutzung des Nießbrauchers nichts zu tun haben, z. B. die Instandhaltung und Instandsetzung des gemeinschaftlichen Eigentums in seiner Substanz bis hin zur modernisierenden Instandsetzung, die auch den Nießbraucher treffen kann. Überall kann die kostenmäßige Einbindung solcher Maßnahmen im Wirtschaftsplan mit Entnahme aus der Instandhaltungsrücklage oder durch Sonderumlage auftreten. Auch die Instandhaltungsrücklage als solche ist Sache des Eigentümers, anders kann es aber beim Bruttonießbrauch sein. Frank[56] legt die Zuführung zur Instandhaltungsrücklage dem Nießbraucher auf. Sie dient aber auch für Maßnahmen, die in die Zuständigkeit des Eigentümers fallen, was häufig erst bei der konkreten Verwendung feststellbar ist.[57] Der Nießbraucher kann daher nicht zuständig sein, über Wirtschaftsplan und Jahresabrechnung jeweils ganz abzustimmen.[58] Oder soll nun durch den Nießbrauch eine getrennte Abstimmung über alle Einzelpositionen erforderlich werden? Man kann die Dinge aber wiederum nicht auseinanderreißen, weil das WEG eine einheitliche Gesamtabstimmung vorsieht. Wer die Verwalterbestellung nur dem Nießbraucher zuordnet, wie es das LG München tut[59], übersieht, daß der Verwalter auch für die Verwaltung des gemeinschaftlichen Eigentums als Ganzes zuständig ist. Auch die Verwalterentlastung kann nicht ausschließlich Sache des Nießbrauchers sein. Wenn das HansOLG Hamburg[60] meint, das WEG gebe die Orientierung, so verkennt es völlig die Einzelprobleme bei der konkreten Abgrenzung, beginnend bei der Ladung, fortgesetzt bei der Trennung der Beschlußgegenstände in der Versammlung, bei der Abstimmung und endend im Anfechtungsverfahren.

Zur Beschlußfähigkeit gehört auch die ordnungsgemäße Ladung. Eine nicht ordnungsgemäße Ladung führt zu Anfechtbarkeit. Wenn der Nießbraucher stimmberechtigt ist, muß er auch geladen werden. Der Verwalter muß dann vor jeder Versammlung das Grundbuch auf Nießbrauchsrechte einsehen. Lädt er den Nießbraucher nicht,

[54] Vgl. BGH, NJW 1995, 2035 zum Verbot der Hundehaltung.

[55] Dazu Buck, WE 1996, 94; Wenzel, WE 1995, 358.

[56] Staudinger/Frank, § 1047, Rdn. 30.

[57] Wird der einzahlende Nießbraucher dann auch am Verwaltungsvermögen in Gestalt der Instandhaltungsrücklage beteiligt? - Ein diffiziles Problem, auch wegen der steuerlichen Folgen!

[58] Weitnauer, WEG, § 25, Rdn. 11.

[59] NJW-RR 1994, 1497.

[60] WE 1988, 92.

riskiert er die Anfechtbarkeit (durch den Nießbraucher, wenn der Eigentümer da war, oder durch den Eigentümer selbst, der einen willkommenen Anfechtungsgrund sucht oder eventuell vom Nießbraucher bedrängt wird). Das KG verlangt, daß neben dem Nießbraucher auch der Eigentümer zu laden ist. Warum eigentlich, wenn er gar nicht abstimmen darf? Hängt vielleicht die Beschlußfähigkeit des § 25 Abs. 3 WEG von seinem Erscheinen ab oder wird sie durch die Anwesenheit des Nießbrauchers ersetzt? Offenbar geht es um das Anfechtungsrecht des Eigentümers, das sein Stimmrechtsverbot überlagert. Eine merkwürdige Schlußfolgerung: Ungültigkeit des Beschlusses, nur weil er nicht dabei war, obwohl er nicht abstimmen konnte! Damit wird dem Nießbraucher das ihm zuvor zugestandene Stimmrecht eigentlich wieder entwertet. Das KG kommt nun auf den findigen Gedanken, dem Eigentümer das Anfechtungsrecht nur zuzugestehen, wenn die Stimme des Nießbrauchers sich auf das Abstimmungsergebnis ausgewirkt hat. Das führt zunächst dazu, daß im Protokoll sein Abstimmungsverhalten besonders vermerkt werden müßte. Wurde nun ein Beschluß mit einer Stimme Mehrheit gefaßt, sei es, daß der Nießbraucher positiv oder negativ gestimmt hat, fragt es sich, warum die Ladung oder Nichtladung des Eigentümers eine Kausalitätswirkung für das Beschlußergebnis haben soll. Der so schöne Leitsatz des KG ist ein Irrweg. Die verbreitete Ansicht, daß neben dem stimmberechtigten Nießbraucher auch der Eigentümer zu laden ist, ist logisch nicht nachvollziehbar für die Beschlußgegenstände, bei denen nur der Nießbraucher stimmberechtigt sein soll. Die Anfechtbarkeit durch den Eigentümer kann nicht von seiner Zusatzladung abhängig sein. Es ist somit auch hier eine Scheinlösung, die Probleme eines gespaltenen Stimmrechts durch die Ladung beider zu lösen. Insbesondere können Meinungsverschiedenheiten zwischen Nießbraucher und Eigentümer nicht zu einem Ruhen des Stimmrechts führen, wenn nur einer stimmberechtigt ist.[61] Und wieso soll die Eigentümergemeinschaft den Bestand ihres Beschlusses, der vielleicht gar vom Nießbraucher ausgegangen ist, von einem nicht stimmberechtigten Eigentümer gefährden lassen müssen? Es sind so viele Probleme, die schon bei der Ladung ansetzen, daß auch von da ein gespaltenes Stimmrecht nicht möglich ist.

Eine der schwierigsten Aufgaben, bei einer Stimmrechtsteilung das Richtige zu tun, obliegt dem Verwalter. Er muß alle Beschlußgegenstände danach sortieren, wer stimmberechtigt ist, dies spätestens in der Eigentümerversammlung angeben und bei den Abstimmungen genau dokumentieren, wo und wie der Nießbrauchsberechtigte und wo der Eigentümer abgestimmt hat. Allein ein Einsortierungsfehler kann zur Anfechtung führen.[62] Dabei muß er auch rechtliche Wertungen treffen, die er dann auch verantworten muß. Der Verwalter ist der gesamten Eigentümergemeinschaft verpflichtet und kann nicht der Schiedsrichter oder Aufgabenverteiler zwischen Nießbraucher und Eigentümer sein. Das WEG weist ihm keine derartige Aufgabe und Verantwortung zu, und der Eigentümer kann sie ihm nicht durch eine Nießbrauchsbestellung einfach zuweisen. Der Verwalter wird durch eine Stimmrechtsteilung praktisch und

[61] So aber Bärmann/Pick, § 25, Rdn. 23. Dagegen nennt es Bader die Vorenthaltung des Stimmrechts des Eigentümers, PiG 25 (1988), S. 72.

[62] Bader, PiG 25 (1988), S. 72.

rechtlich überfordert.[63] Bader weist zutreffend darauf hin, daß eine Eigentümergemeinschaft unregierbar würde, wenn der Verwalter es neben den Eigentümern auch mit Dritten zu tun hätte.[64]

ERGEBNIS

Die vorstehenden Überlegungen zeigen, daß sich das WEG nicht zur Stimmrechtsteilung nach Beschlußgegenständen eignet und durch die Bestellung eines Nießbrauchs kein Sonderrecht für den Nießbraucher durch unmittelbare Eingliederung in die Eigentümergemeinschaft entstehen kann.[65] Die praktischen und rechtlichen Probleme sind unlösbar, wenn man ins Detail geht[66], und es gäbe nicht die Rechtssicherheit, die das WEG damit verbindet, daß es alle Rechte nur dem Eigentümer zuweist. An diesem Eigentümerprinzip hält gerade der BGH zunehmend fest.[67] Das Nießbrauchsrecht ermöglicht es nicht und zwingt nicht dazu, den Nießbraucher originär in die Gemeinschaft der Wohnungseigentümer einzubinden. Der Nießbraucher ist der Eigentümergemeinschaft gegenüber rechtlich ein Dritter, ein Außenstehender. Was seine Rechte und Pflichten gegenüber dem Eigentümer anbelangt, werden sie durch das zwischen ihnen bestehende gesetzliche Schuldverhältnis ausgefüllt und geprägt. Dieses verpflichtet den Eigentümer, bei der Ausübung seiner Rechte auch und vornehmlich die Interessen des Nießbrauchers zu wahren.

Bärmann, der für die Stimmrechtsteilung votiert, stellt die Rechtsfrage[68], ob der Nießbraucher hinsichtlich der Tragung der Kosten in die Verpflichtung des Wohnungseigentümers nach § 16 WEG selbst eintritt oder ob er nur dem Wohnungseigentümer verpflichtet ist, beantwortet sie aber nicht. Frank nimmt eine Kostenpflicht nach § 16 WEG an und stützt dies auf § 1047 BGB, wonach der Nießbraucher die privatrechtlichen Lasten zu tragen hat, zu denen er auch das Wohngeld zählt.[69] Möge die Kostenlast des WEG zwar auch unter § 1047 BGB fallen, so betrifft dies nur das Verhältnis

---

[63] Deckert, Die Eigentumswohnung, Gruppe 5 S. 30.

[64] PiG 25 (1988), S. 72.

[65] Seuß, Die Eigentumswohnung, 10. Aufl., S. 230.

[66] Die Problematik zeigen insbesondere auf: Schöner, DNotZ 1975, Abschn. E; Weitnauer, WE 1987, 132; WEG, § 25 Rdn. 11; Müller, Praktische Fragen des Wohnungseigentums, 2. Aufl., S. 290; ausführlich Bader, PiG 25 (1988), S. 71 ff.

[67] Siehe Fußnote 28; von daher ist es fraglich, ob der BGH an seiner Entscheidung zum Wohnungsrecht von 1977 (DNotZ 1978, 157) noch festhalten würde bzw. könnte.

[68] Wohnungseigentum, Rdn. 239; auch stellt Bärmann im übrigen zum Nießbrauch eher Fragen, als daß er immer klare Antworten gibt; hatte er eventuell doch Zweifel an der Lösbarkeit der Probleme des Nießbraucherstimmrechts?

[69] Staudinger/Frank, § 1047 BGB, Rdn. 30.

Nießbraucher/Eigentümer.[70] Eine unmittelbare WEG-Wirkung gegenüber den anderen Wohnungseigentümern kann aus § 1047 BGB nicht abgeleitet werden, so wie auch § 1066 BGB nicht anwendbar ist. Er paßt von Sinn und Zweck nicht zum WEG und seinen Lastentragungsregelungen. Die Anwort kann daher nur lauten, daß der Nießbraucher kein originärer Kostenschuldner nach § 16 WEG wird, auch nicht gesamtschuldnerisch. Alleiniger Kostenschuldner ist und bleibt der Eigentümer.[71] Bei Verzug kann sich der Verwalter nur an den Eigentümer, nicht an den Nießbraucher, halten.[72]

RECHTSSTELLUNG DES NIESSBRAUCHERS

Wenn der Nießbraucher kein Stimmrecht hat und auch nicht originär in die Eigentümergemeinschaft eingegliedert ist, wenn primär sein Verhältnis zum Eigentümer maßgeblich ist, dann taucht die berechtigte Frage auf, was sein Nießbrauch als dingliches Recht eigentlich wert ist und wie er verhindern kann, daß es nicht ausgehöhlt wird.[73] Schließlich soll ein dingliches Recht stärker sein als ein schuldrechtliches, wie z. B. ein Mietrecht. Bei der Erörterung dieser Fragen ist zu unterscheiden zwischen der Vertikalen, dem Verhältnis Eigentümer/Nießbraucher, und der Horizontalen, der Auswirkung auf die Eigentümergemeinschaft.

NIESSBRAUCHER - EIGENTÜMER

Die zwischen Eigentümer und Nießbraucher bestehenden Rechte und Pflichten ergeben sich aus dem Gesetz und dem vereinbarten, im Grundbuch eingetragenen Inhalt. Über diese konkretisierten Inhalte hinaus besteht ein rein schuldrechtliches gesetzliches Schuldverhältnis[74] zwischen beiden, das aus dem Charakter des im Sachenrecht wirkenden Schuldverhältnisses hergeleitet wird.[75] Für den Grundstückseigentümer sind Dienstbarkeiten und der zu den Dienstbarkeiten zählende Nießbrauch Duldungsrechte, die dem Begünstigten die unmittelbare Wahrnehmung seiner Rechte ermöglichen[76],

[70] Eine Parallele kann auch zum Dauerwohnrecht an einer Eigentumswohnung als ebenfalls dinglichem Nutzungsrecht, das in Abt. II eingetragen wird, gezogen werden. Eine Kostenhaftung des Dauerwohnberechtigten gegenüber den Miteigentümern besteht nicht; BGH, MDR 1987, 474; Spiegelberger, in: Bärmann/Seuß, Praxis des Wohnungseigentums, 4. Aufl. 1996, Rdn. F 58.

[71] Weitnauer, WEG § 25 Rdn. 11, PiG 27 (1988), S. 266.

[72] Seuß, Die Eigentumswohnung, 10. Aufl. S. 230.

[73] Vgl. OLG Hamburg, WE 1988, 92.

[74] BayObLGZ 1979, 273 m.w.N.

[75] Staudinger/Frank, Vorbem. zu § 1030 ff., BGB Rdn. 12 m.w.N.; Amann, DNotZ 1989, 531: Begleitschuldverhältnis.

[76] Nutzungsrecht § 1030 BGB, Besitzrecht § 1036 BGB, Fruchtziehungsrecht § 1039 BGB. Lasten des Nießbrauchers, BayObLGZ 1979, 277.

die aber mit Leistungspflichten verbunden sind[77]. Beim Wohnungseigentum erstrekken sich die Rechte und Pflichten des Nießbrauchers gegenüber dem Eigentümer auf die Wohnung als Sondereigentum als dem Kern des Nießbrauches zur alleinigen Nutzung und das Miteigentum zur Mitbenutzung. Das Begleitschuldverhältnis legt dem Eigentümer gegenüber dem Nießbraucher WEG-spezifische Pflichten auf. Dazu sind zu zählen, jeweils immer insoweit, als der Nießbrauch berührt wird: Auskunft über Wirtschaftsplan und Jahresabrechnung, Kostenbelastungen, Auskunft und Information über die Beschlüsse, über die Eigentümerversammlungen, Wahrnehmung der Interessen des Nießbrauchers in der Eigentümerversammlung, u.U. auch Beschlußanfechtung im Interesse des Nießbrauchers, Stellung von Anträgen für Anliegen des Nießbrauchers. Die Pflicht des Eigentümers kann, insbesondere beim Bruttonießbrauch, so weit gehen, dem Nießbraucher eine Vertretungsvollmacht in der Eigentümerversammlung zu geben.[78] Dazu müßte sich dann auch für alle Angelegenheiten, insbesondere zur Ladung der Eigentümerversammlung, eine Empfangsvollmacht gesellen, weiter eventuell auch eine Anfechtungsvollmacht.

Überhaupt ist die Erteilung einer Vollmacht des Eigentümers an den Nießbraucher das geeignete Mittel, seine Interessen zu wahren. So wird denn die Vollmachtslösung auch weitgehend empfohlen.[79] Vollmachten zur Ausübung des Stimmrechts sind allgemein zulässig.[80] Sie kann allerdings keine - unzulässige - verdrängende Vollmacht sein.[81] Sie kann dagegen unwiderruflich erteilt werden, wobei der Widerruf aus wichtigem Grund stets möglich ist. Eine Verpflichtung zur Vollmachtserteilung kann bereits in den Vertrag zur Übergabe der Eigentumswohnung mit Vorbehaltsbruttonießbrauch aufgenommen werden. Die Vollmacht selbst sollte nicht in den Vertrag, da dieser mit seinen weiteren Bestimmungen nicht in die Akten des Verwalters gehört. Fraglich ist, ob Vollmachtsbeschränkungen auf bestimmte Personenkreise einer solchen Vollmacht entgegenstehen. Dies ist zu verneinen. Das Recht zur Vollmachtserteilung fließt aus dem Nießbrauch als dinglichem Recht und wird von Vollmachtsbeschränkungen in der Gemeinschaftsordnung nicht berührt.[82] Überlegenswert ist es aber auch, zu dem Personenkreis, der bevollmächtigt werden kann, in der Gemeinschaftsordnung den Nießbraucher aufzunehmen.

[77] Erhaltung § 1041 BGB, Versicherung § 1045 BGB, Lastentragung § 1047 BGB; dazu Amann, DNotZ 1989, 536.

[78] So Seuß, Die Eigentumswohnung, 10. Aufl., S. 230; Bub, Wohnungseigentum von A-Z, 5. Aufl., S. 309.

[79] Seuß, a.a.O.; Bub, a.a.O.; Schöner, DNotZ 1975, 83 ff.; Müller, Praktische Fragen des Wohnungseigentums, S. 290; Röll, Handbuch, Rdn. 228.

[80] Weitnauer, WEG § 25, Rdn. 14.

[81] Erman/Ganten, § 25 WEG, Rdn. 4.

[82] So zutreffend schon Schöner, DNotZ 1975, 84.

NIESSBRAUCHER/EIGENTÜMERGEMEINSCHAFT

Fraglich ist, ob und welche Rechtsbeziehungen zwischen Nießbraucher und den anderen Miteigentümern, also der Eigentümergemeinschaft, entstehen. Die Nießbrauchsbestimmungen des BGB regeln dieses Verhältnis nicht, das WEG sagt dazu nichts besonderes aus.[83] Da das dingliche Recht des Nießbrauchers mit dem Miteigentum auch das Gemeinschaftseigentum und damit seine ordnungsgemäße Verwaltung erfaßt, strahlt es auch darauf aus[84], ohne sich schon zu einem gesetzlichen Schuldverhältnis zu verdichten. Die Miteigentümer müssen kraft dinglichen Rechts dem Nießbraucher den Mitgebrauch und die Mitbenutzung gewähren, so daß seine Position durch Durchsetzung seiner Rechte und zur Abwehr von Beeinträchtigungen stärker ist als die eines Mieters. Der Nießbraucher ist auch berechtigt, vom Verwalter alle Auskünfte über Beschlüsse, Kosten und Lasten zu fordern, die seine Nutzungsrechte betreffen. Die Teilnahme an der Eigentümerversammlung samt Rederecht kann ihm nicht verweigert werden, auch wenn er kein Stimmrecht hat. Eine Pflicht, ihn zu laden, besteht aber nicht. Der Verwalter darf ihn aber informieren und ihm die Tagesordnung mitteilen. An sich obliegt die diesbezügliche Information dem Eigentümer. Auch ist dem Nießbraucher das Recht zuzubilligen, sich mit Anliegen, die ihn betreffen, direkt an den Verwalter zu wenden, ohne daß er als Nichteigentümer abgewiesen werden dürfte. Im übrigen ist die Grenzziehung zwischen Eigentümer- und Nießbraucherrechten ein diffiziler Bereich, in dem aber die dingliche Rechtsposition des Nießbrauchers ihre eigene Bedeutung hat. Für Konfliktlösungen steht dem Nießbraucher das Verfahren nach § 43 WEG nicht zur Verfügung. Er ist in solchen Verfahren auch nicht Verfahrensbeteiligter. Er hat aber Anspruch auf rechtliches Gehör in solchen Sachen, die seine Nießbrauchsrechte berühren, wenn er es beansprucht. Das Amtsermittlungsprinzip im WEG-Verfahren kann auch dazu führen, daß der Nießbraucher anzuhören ist.

* * *

---

[83] Allerdings unterstreicht § 14 Nr. 2 WEG die Verantwortlichkeit des Eigentümers in der Eigentümergemeinschaft, indem er den übrigen Miteigentümern gegenüber für Verhaltensweisen Dritter, denen er die Nutzung überläßt, also auch des Nießbrauchers, haftet.

[84] Entgegen Staudinger/Frank, § 1030 BGB, Rdn. 12; keine entsprechende Anwendung der Regeln des BGB über Nießbrauch an Miteigentumsbruchteilen.

Die vorstehende Betrachtung hat gezeigt, daß der Nießbraucher nicht Mitglied der Eigentümergemeinschaft wird, da diese nur auf dem Eigentum beruht und er somit kein Stimmrecht besitzt. Gleichwohl werden die Rechte des Nießbrauchers auch ohne Stimmrecht nicht ausgehöhlt, wie das HansOLG Hamburg fürchtet.[85] Er hat kraft seines dinglichen Rechts sowohl gegenüber dem Eigentümer wie in der Eigentümergemeinschaft eine stärkere Rechtsposition als ein nur schuldrechtlicher Nutzer. Hanns Seuß, unser Jubilar, hat dies zutreffend so ausgedrückt: „Wegen der besonderen Bedeutung der Pflichten des Nießbrauchers scheint es aber gerechtfertigt, dem Nießbrauchsberechtigten eine besondere Stellung innerhalb der Gemeinschaft der Wohnungseigentümer zu gewähren. Diese Stellung kann aber kein Sonderrecht begründen."[86]

[85] WE 1988, 92.

[86] Die Eigentumswohnung, 10. Aufl., S. 230.

Uwe-Axel Stein

BESCHLUSSANFECHTUNG! WAS TUN?

Bei Wohnungseigentümern und Verwaltern herrscht noch immer Unsicherheit, wie sie sich bei einer Beschlußanfechtung zu verhalten haben.

Der einzelne Wohnungseigentümer sieht die Angelegenheit sehr gelassen und fühlt sich nicht direkt betroffen. Nach seiner Meinung handelt es sich um Querelen der „Anderen" und ist Sache des Verwalters. Was soll er als Einzelner auch schon tun?

Dagegen nehmen viele Verwalter eine Beschlußanfechtung sehr persönlich. Dann heißt es: „Mir ist ein Beschluß angefochten worden!"

Was ist nun von den Betroffenen zu tun und zu veranlassen ?

1. IST IN ZUKUNFT NOCH DAS AMTSGERICHT ZUSTÄNDIG ?

Liegt eine Beschlußanfechtung vor, dauert es meist einige Zeit, bis der Verwalter von dem meist überlasteten zuständigen Amtsgericht davon erfährt. Bei vielen Gerichten ist die Abteilung Wohnungseigentum eine wenig geliebte und unterbesetzte.

Teilweise sind aushilfsweise Richter aus dem Familienrecht (da es sich um Verfahren der freiwilligen Gerichtsbarkeit handelt) zuständig. Außerdem handelt es sich bei dem Wohnungseigentumsgesetz um ein „kompliziertes Gebilde", wie der Bundesgerichtshof einmal feststellte. Bei der Klärung derartiger Streitigkeiten sind – anders als bei der Zivilprozeßordnung – Menschenkenntnis, Lebenserfahrung und Kreativität gefragt, da es sich bei dem Wohnungseigentumsgesetz nur um ein Rahmengesetz handelt.

So kommt es vor, daß von der Beschlußanfechtung bis zur ersten Information an den Verwalter Monate vergehen (AG Ratingen) oder gar ein Zwischenbescheid mit der Nachricht eintrifft, daß wegen Fehlens eines Richters in absehbarer Zeit nicht mit einer Bearbeitung des Vorganges zu rechnen sei (AG Mannheim). Wiederum gibt es zwischen München und Blankenese engagierte Richter, die zeitnah und mit Lebenserfahrung an der Streitlösung mitwirken. Kaum glaublich, worüber sich Nachbarn mit totalem Einsatz streiten können.

Mit „sie waren Nachbarn und deshalb zerstritten" brachte ein erfahrener Amtsrichter das Phänomen auf den Punkt. Ein Querschnitt und Auswüchse der nachbarlichen Streitigkeiten sind im Buch „Krieg der Gartenzwerge" zusammengetragen.

Eine im Ansatz bestechende Idee wurde im Herbst 1996 in Fischen vom ESW Evangelisches Siedlungswerk in Deutschland e. V. vorgestellt und andiskutiert: die Entlastung der Gerichte durch ein Schiedsgericht.

Da viele Gerichte personell unterbesetzt sind, gerade die Abteilung Wohnungseigentum dort von vielen Mitarbeitern als „Strafversetzung" empfunden wird und auch die Büroorganisation noch aus der letzten Jahrhundertwende stammt, ist der Aktenstau nicht verwunderlich. Der Denkansatz aus der Entscheidung des OLG Hamm, wonach die jährliche Verwalterleistung als Werkvertragsleistung erst nach Vorlage der Jahresabrechnung (nach Ablauf des Kalenderjahres gem. § 28 WEG) zu vergüten ist, kommt in eigener Sache sicher nicht zur Anwendung, auch wenn sie die Effektivität der Amtsstuben maßgeblich steigern würde. Einen Ausweg könnte die vorgeschlagene teilweise Privatisierung der Rechtspflege bieten. Eine pragmatische Lösung, ungeachtet von Ursache und Wirkung der Staus.

Damit entstünde in Deutschland jedoch zweierlei Recht. Eine Koordination von staatlichem und Schiedsgericht-Recht wäre notwendig. Vielleicht wäre zusätzlich noch nach West- und Ostdeutschland zu unterscheiden. Fraglich auch, ob der Ersteller der Teilungserklärung und der Gemeinschaftsordnung einseitig den zukünftigen Rechtsweg für die kaufenden Wohnungseigentümer verbindlich vorschreiben kann.

Ein weiteres Problem entstünde durch fehlende qualifizierte Fachkräfte. Außerdem müßte das Schiedsgericht unter betriebswirtschaftlichen und kostendeckenden Gesichtspunkten arbeiten. Dies würde der auf einen Rechtszug beschränkten Auseinandersetzung sicher eine dramatische Kostensteigerung bescheren – für Querulanten zwar abschreckend, doch bei wirklichen Rechtsfragen für den „gleichberechtigten Bürger" untragbar.

2. ZUSTELLUNG DURCH DAS GERICHT

Vermutlich wegen der Überlastung sind die Gerichte inzwischen dazu übergegangen – entgegen den gesetzlichen Bestimmungen –, dem Verwalter die Beschlußanfechtung in einfacher Ausfertigung zuzustellen. Die Zustellung enthält den Hinweis, daß der Verwalter die Miteigentümer in „geeigneter Weise" über diese Beschlußanfechtung zu informieren habe.

In der Rechtsmittelbelehrung wird der Verwalter belehrt, daß er nach einem BGH-Urteil Zustellungsbevollmächtigter für die Eigentümergemeinschaft sei.

Dabei wissen die Gerichte, daß diese BGH-Entscheidung sich nicht auf die Zustellungsvollmacht bei einer Beschlußanfechtung bezog, sondern daß es sich in diesem erwähnten Fall um die Zustellung der Zahlungsklage eines Dritten (Öllieferant) handelte. In diesem Fall war der gesetzlich beschriebene Tatbestand erfüllt. Die Zustellung des Mahnbescheides war an **alle** Wohnungseigentümer – für die der Verwalter nach dem Wortlaut des Gesetzes (§ 27 Ziff. 2 Nr. 3 WEG) zustellungsbevollmächtigt ist – gerichtet.

Bei der Zustellung einer Beschlußanfechtung handelt es sich nicht um eine Zustellung an alle Wohnungseigentümer, sondern – den Antragsteller ausgenommen – um eine Zustellung an die **restlichen** Wohnungseigentümer. In diesem Fall dürfte der Verwalter als Zustellungsbevollmächtigter auch gerichtlich nicht „mißbraucht" werden, denn hierdurch wird er von den Gerichten zu einer vom Gesetzgeber nicht vorgeschriebenen Dienstleistung gezwungen. Die Verfassungsbeschwerde eines Verwalters, daß dies nach 1945 in der Bundesrepublik wohl nicht sein dürfe, wurde kostenpflichtig abgelehnt.

Bei Widersprüchen stellten sich die Gerichte taub und verwiesen auf § 189 Abs. 1 ZPO. Selbst der kurze Hinweis von Herrn Prof. Weitnauer zu dieser dubiosen Praxis in seinem Kommentar (7. Aufl.) blieb unbeachtet. Erst bei einer Beschlußanfechtung, bei der es mit polemischen Schriftsätzen um die Abwahl bzw. Wiederbestellung eines Verwalters und die vom Verwalter erstellte Jahresabrechnung mit angeblichen „Unregelmäßigkeiten" ging, brachte eine Ausnahmeregelung. Hier endlich zeigte ein Obergericht Einsicht und sah es als unzumutbar an, daß der Verwalter die Schriftsätze, die persönliche Angriffe gegen ihn enthielten, auch noch selbst an alle restlichen Miteigentümer verschicken sollte. Andere Obergerichte schlossen sich dieser Meinung später an.

Seitdem wird zumindest in derartigen Fällen die Zustellung der Antragsschrift – nach Vorschußzahlung durch den Antragsteller – wieder durch die Gerichte vorgenommen.

3. KOSTEN DER ZUSTELLUNG

Jeder weiß heute, daß Personal knapp und teuer ist. Das gilt nicht nur für die Gerichte – die amtliche Gebührensätze für eine Zustellung berechnen –, sondern besonders auch für den Verwalter, der sich im Wettbewerb der freien Marktwirtschaft bewegt. Wie soll er den Aufwand für Personal, Kopien und Porto mit den Wohnungseigentümern abrechnen, wenn § 16 Ziff. 5 WEG bestimmt, daß „Kosten eines Verfahrens nach § 43 WEG" nicht zu den Kosten der Verwaltung im Sinne von § 16 Ziff. 2 WEG gehören?

Nach Meinung des BayObLG darf der Verwalter die aus einem WEG-Verfahren entstehenden Kosten mit Hinweis auf die o. g. gesetzliche Regelung nicht dem Konto der Eigentümergemeinschaft entnehmen und später in der Jahresabrechnung als Verfahrenskosten mit den Eigentümern abrechnen. Damit mutet man ihm zu, die entstehenden Kosten vorläufig erst einmal aus der privaten Tasche vorzustrecken. Nach

Meinung aus Bayern kann der Verwalter ein Sonderkonto einrichten und es nach Versammlungsbeschluß durch eine getrennte Sonderumlage auffüllen, um es später getrennt, nach dem im Wohnungseigentumsgesetz unbekannten Verteilerschlüssel „Köpfe", abzurechnen. Der BGH billigte dem Verwalter im o. g. Verfahren wegen der unbezahlten Ölrechnung zumindest schon einmal die Erstattung der Kopierkosten zu. Über Personal- und Portokosten schwieg er sich aus. Dafür gibt es dort sicherlich eine Poststelle.

Wie nicht anders zu erwarten, lösten derart in der Jahresabrechnung ausgewiesene Kosten und Verteilerschlüssel wiederum Beschlußanfechtungen aus. Weitere WEG-Verfahren beschäftigten die Gerichte. Die Rechtsprechung fand mit der Zeit eine pragmatische Lösung: § 16 Abs. 5 WEG wurde dahingehend ausgelegt, daß derartige Kosten als Verwaltungskosten anerkannt, nicht mehr über eine „Nebenbuchhaltung", sondern in der Jahresabrechnung – kenntlich gemacht durch eine Sonderdruckzeile – ausgewiesen und abgerechnet werden dürfen.

4. INFORMATION ÜBER DIE BESCHLUSSANFECHTUNG „IN GEEIGNETER WEISE"

Die beim Verwalter eintreffende Mitteilung des zuständigen Amtsgerichtes über eine Beschlußanfechtung kann sehr unterschiedlich ausfallen. Die Spanne reicht vom „amtlichen" Formblatt mit Kreuzchen an den möglichen Stellen bis zur Zustellung einer ausführlichen Antragsschrift von bis zu 100 handgeschriebenen DIN-A4-Seiten mit ausführlichen, meist einseitigen Begründungen und Rechtsbelehrungen des Antragstellers.

Nun gerät der Verwalter erneut in die Zwickmühle, da er gegenüber allen von ihm betreuten Eigentümern eine neutrale Stellung bewahren soll. Die Mitteilung über den vom Richter angesetzten Termin zur mündlichen Verhandlung macht keine Schwierigkeiten, auch wenn in der Terminfestsetzung erwähnt ist, daß alle Eigentümer zwar geladen sind, doch wegen der räumlichen Enge im Amtsgericht nicht unbedingt kommen sollten.

Problematischer wird es schon, wenn der Verwalter aus dem vorliegenden umfangreichen Schriftsatz die wichtigsten Punkte der Begründung für die Information an die restlichen Eigentümer herausfiltern muß. (Die Emser-Depesche löste 1870 auf diese Art einen Krieg aus.)

Was ist vom Gericht unter Information der Wohnungseigentümer in „geeigneter Weise" zu verstehen? Insbesondere, wenn der zur Zustellung „verdonnerte" Verwalter im Antrag nicht gerade mit Samthandschuhen konfrontiert wird?

Ein Aushang am „Schwarzen Brett" ist sicher nicht die geeignete Weise der Information. Jeder Briefträger und Besucher hätte seine wahre Freude daran, das Image der Eigentümergemeinschaft und damit die Verkaufsfähigkeit der einzelnen Wohnung würde unter den Nullpunkt sinken.

Also bleibt dem Verwalter nur die Information durch ein kurzgefaßtes Rundschreiben mit Angabe des Gerichtsortes, des Aktenzeichens, des Termins über die mündliche Verhandlung, eine Kurzfassung des eigentlichen Antrages einschl. Begründung und den Hinweis, daß sich jeder Wohnungseigentümer zu diesem Antrag gegenüber dem Gericht selbst äußern kann.

5. WER IST AM VERFAHREN BETEILIGT ?

Auch hierüber herrscht große Unsicherheit. Der persönlich betroffene Verwalter sieht „seinen Beschluß" angefochten. Die Wohnungseigentümer bleiben als schweigende Mehrheit im Hintergrund und hoffen, daß der von ihnen gewählte Verwaltungsbeirat sich schon darum kümmern wird. Der Verwaltungsbeirat ist engagiert, doch ratlos.

Da die Gemeinschaft der Wohnungseigentümer nicht rechtsfähig ist, müssen neben dem Antragsteller auch alle restlichen betroffenen Miteigentümer – bei Eheleuten einer gemeinsamen Wohnung auch der zweite Ehepartner – als Antragsgegner in der Nachricht namentlich aufgeführt sein. Die einfache Angabe der Grundstücksadresse reicht nicht aus. Da es sich um ein Verfahren nach den Regeln der freiwilligen Gerichtsbarkeit handelt, gibt es nicht die Bezeichnung „Kläger" und „Beklagte", sondern „Antragsteller" und „Antragsgegner".

Alle Miteigentümer, sei es nun auf der Seite der Antragsteller oder die restlichen Miteigentümer als Antragsgegner, sind in das Verfahren eingebunden, ob sie wollen oder nicht. Dazu kommt noch – mit Ausnahme bei Verfahren über Rechte und Pflichten der Eigentümer untereinander (z.B. Hausordnung) und im Falle der §§ 17, 18, 19 WEG – der Verwalter, der unter der Bezeichnung „Beteiligter" – da eben nicht Wohnungseigentümer – geführt wird.

Der Verwalter ist dadurch in das Verfahren eingebunden, somit ist auch er als Nichteigentümer an die richterliche Entscheidung gebunden. Er ist, sofern es nicht um seine Fehler geht, von den Kosten des Verfahrens freizustellen. Einzelheiten der Verfahrensbeteiligung regelt § 43 WEG.

6. WER BEAUFTRAGT EINEN RECHTSANWALT ?

Die „schweigende Mehrheit" der von einer Beschlußanfechtung betroffenen Wohnungseigentümer hofft im Stillen, daß „man" sich schon darum kümmern werde. Da gibt es ja noch genug andere – hat man doch einen Beirat und einen hochbezahlten Verwalter, der sich sowieso um alles kümmern soll. Der Verwalter kann im Namen der Wohnungseigentümer aber nicht einfach einen Anwalt mit der Interessensvertretung beauftragen. Dazu ist zumindest der Mehrheitsbeschluß einer Sondereigentümerversammlung notwendig. Der Beirat wird verständlicherweise auch keinem Anwalt das Mandat übertragen, denn: „Wer die Musik bestellt, bezahlt!"

Die Erfahrung zeigt, daß die Hinzuziehung eines Anwaltes bei schwierigen Rechtsfragen sicherlich zweckmäßig wäre, doch bei der Lösung der meisten im WEG üblichen Streitigkeiten sollten sich die einzelnen Eigentümer auch einmal selbst Zeit für ihr Eigentum nehmen.

Wesentlich einfacher wird die organisatorische Abwicklung, wenn mit dem Verwalter bereits im Verwaltungsvertrag oder durch Beschlußfassung die Hilfe eines Anwalts (über die Zahlungsklagen für Hausgeld etc. hinaus) vereinbart ist. In diesem Fall könnten Verwalter und Beirat die Beauftragung des Anwaltes gemeinsam organisieren. Dann sollten aber auch möglichst vorher die Kostentragung und -verteilung geregelt sein.

7. EINSTWEILIGE ANORDNUNG

Von Eigentümern und Verwaltern wird immer wieder übersehen, daß jeder Beschluß ab Verkündung in der Versammlung – zumindest vorläufig – gültig ist und es zur unabdingbaren, gesetzlichen Pflicht des Verwalters nach § 27 Ziff. 1 WEG gehört, Beschlüsse durchzuführen; selbst dann, wenn die Beschlußanfechtung vom späteren Antragsteller bereits angekündigt wurde oder die Anfechtung des Beschlusses schon bei Gericht vorliegt.

Eine Beschlußanfechtung z. B. über einen Fassadenanstrich im Spätherbst kann unangenehme Folgen haben. Das Gerüst müßte wegen des zu erwartenden schlechten Wetters umgehend aufgestellt werden, und keiner weiß, wie der Richter entscheiden wird.

Nach § 44 WEG haben Antragsteller, Antragsgegner und der Verwalter die Möglichkeit, für die Dauer des Verfahrens eine Entscheidung des Richters durch eine einstweilige Anordnung (z. B. die pflichtgemäße Ausführung des Beschlusses durch den Verwalter zu stoppen) zu beantragen.

Die einstweilige Anordnung ist aber nur im Zusammenhang mit einem bereits eingeleiteten Verfahren möglich. Die Entscheidung zur Anordnung des Richters ist zwar nach § 44 Abs. 4 (letzter Satz) zu begründen, doch kann diese Entscheidung nicht selbständig angefochten werden.

8. AUFGABE DES RICHTERS

Ein Wohnungseigentums-Verfahren ist nach den §§ 43 bis 48 WEG als Verfahren der „freiwilligen Gerichtsbarkeit" (FGG) zu führen. Hier gelten also nicht die formalen Bestimmungen der Zivilprozeßordnung (ZPO) für streitige Angelegenheiten.

Der Gesetzgeber ging beim Erlaß des Wohnungseigentumsgesetzes 1951 im guten Glauben davon aus, daß Differenzen der Personen, die gemeinsam ein Gebäude erstellen und bewohnen, am besten von einem auf Ausgleich zwischen streitigen Personen bedachten, erfahrenen Richter erledigt werden können.

Deshalb soll der Richter nach dem Wohnungseigentumsgesetz mit den Beteiligten in der Regel mündlich verhandeln und hierbei darauf hinwirken, daß sie sich gütlich einigen. Er kann auch selbst ermitteln, klären und über einen Hinweisbeschluß weitere Hintergründe erforschen. Ein Anwaltszwang besteht in diesen Verfahren nicht. Jeder am Verfahren beteiligte Eigentümer und der Verwalter kann seine persönliche Meinung bei Gericht als Niederschrift oder in der mündlichen Verhandlung äußern.

Der Richter hat nur zu prüfen, ob der angefochtene Beschluß gegen Vereinbarungen der Gemeinschaftsordnung, zwingendes Gesetz, die guten Sitten oder Treu und Glauben verstößt. Änderungen oder Umgestaltungen von Beschlüssen darf er nicht vornehmen. Deshalb ist den Eigentümern und Verwaltern auch so dringend zu empfehlen, klare Beschlußtexte zu verfassen, mit denen der Richter etwas anfangen kann. Die leider noch immer so beliebten „Erlebnisprotokolle" enthalten oft noch nicht einmal den tatsächlichen Beschlußtext, über den in der Eigentümerversammlung abgestimmt wurde und über den bei Gericht verhandelt werden soll. Erlebnisprotokolle sind selten eindeutig und tragen deshalb kaum zur sachlichen Klärung bei. Wurde ein Beschluß trotz vom Verwalter angemeldeter Bedenken gefaßt, empfiehlt es sich für den Verwalter, darüber einen kurzen Hinweis in die Niederschrift aufzunehmen. Dies erspart ihm später unnötige Beweisnot und Schelte durch den Richter bzw. die Eigentümer.

Nach Klärung des Sachverhaltes in der mündlichen Verhandlung wird der Richter seine schriftliche Entscheidung als „Beschluß" bekanntgeben.

9. DAS ERGEBNIS DES VERFAHRENS

Der Richter kann – je nach Rechtslage – den angefochtenen Beschluß für ordnungsmäßig, für ungültig oder nichtig erklären und aufheben.

Für die Eigentümergemeinschaft ist die Bestätigung des Richters über die Ordnungsmäßigkeit eines Beschlusses wünschenswert.

Anders sieht es aus, wenn der Beschluß vom Richter aufgehoben wird. Das bedeutet, daß der Beschluß (ggf. vom Verwalter bis dahin pflichtgemäß durchgeführt) bis zur richterlichen Entscheidung vorläufig gültig war und erst mit der Aufhebung nicht mehr wirksam ist. Dem Verwalter kann daraus, daß er bereits Tatsachen geschaffen hat, kein Vorwurf gemacht werden. Die Kosten aus dieser Maßnahme trägt, sofern kein Verschulden des Verwalters vorliegt, die Eigentümergemeinschaft.

Wird der Beschluß wegen grober Verstöße für nichtig erklärt, gilt er bereits ab Beschlußfassung durch die Eigentümerversammlung als nicht gefaßt.

10. ZUSTELLUNG UND INFORMATION AN DIE WOHNUNGSEIGENTÜMER

In der Regel (außer bei Interessenskonflikt) schickt das Gericht die schriftliche richterliche Entscheidung (Beschluß) mit einer mehr oder weniger ausführlichen Begründung mit der Auflage, die Wohnungseigentümer in geeigneter Weise zu informieren, wieder an den Verwalter. Nun wird es wieder Aufgabe des Verwalters, die Eigentümer über die gesamte Entscheidung in Kopie oder durch eine selbstverfaßte Kurzfassung zu informieren.

11. FRISTEN UND WIDERSPRUCHSMÖGLICHKEITEN

Ist man mit dieser richterlichen Entscheidung des Amtsgerichtes nicht einverstanden, kann innerhalb von zwei Wochen (ab Zustellung an den Verwalter) ggf. sofortige Beschwerde beim zuständigen Landgericht eingelegt werden. Aber damit taucht die alte Frage auf: Wer ist „man"? Zuerst einmal muß dazu eine Meinungsbildung der schweigenden Mehrheit in dieser „Zufallsgemeinschaft" erfolgen. Da sich die Eigentümer aber meist als nicht zuständig oder als Einzeleigentümer ohne Einfluß sehen, muß der Verwalter ggf. eine Sondereigentümerversammlung einberufen, um innerhalb der gesetzlichen Frist eine Meinungsbildung mit daraus zu treffenden Maßnahmen zu erreichen und um zu klären, ob durch eine sofortige Beschwerde Widerspruch eingelegt werden soll oder nicht.

Da das Kostenrisiko im „Krieg der Gartenzwerge" durch die Rechtsschutzversicherungen übernommen wird, mußten sich die Gerichte vor weiteren Überlastungen schützen. Seit dem 1990 eingeführten Gesetz und der Änderung des Gesetzes zur Entlastung der Rechtspflege von 1993 ist eine Fortsetzung des Verfahrens nur dann möglich, wenn der Gegenstand der Beschwerde 1.500 DM übersteigt.

12. KOSTENENTSCHEIDUNG DURCH DAS GERICHT

Die Kostenentscheidung nach § 47 WEG durch das Gericht ist für die Wohnungseigentümer oft nicht nachvollziehbar und löst Unverständnis aus.

Warum muß die Eigentümergemeinschaft die Hälfte der Gerichtskosten tragen, wenn sie das Verfahren „gewonnen" hat und der Antrag des Eigentümers z. B. in allen Punkten abgewiesen wurde?

Warum soll die obsiegende Eigentümergemeinschaft die außergerichtlichen Kosten ihres Anwaltes tragen? In zahlreichen Fällen ist der Antragsteller als „Querulant" bekannt und treibt die restlichen Eigentümer mit seinem Querdenken in seiner rechtsschutzversicherten Prozeßfreude dauernd in Kosten!

Hier greift § 47 WEG, der sich an die Kostentragung im FGG-Verfahren anlehnt. Danach kann der Richter die Kostentragung nach billigem Ermessen entscheiden. Inzwischen nehmen erfahrene Richter den gerichtsbekannten Querulanten auch die Lust am Streit, indem sie in der Begründung dazu Stellung nehmen und bei der Kostenentscheidung von ihrem Ermessensspielraum – auch zur Entlastung der Gerichte – Gebrauch machen.

Da es auch in der Rechtsprechung keine Regel ohne Ausnahme gibt, sind durch Querulanten geplagte bayerische Wohnungseigentümer zwar nicht auf See, doch beim BayObLG in bezug auf die Kosten fest „in Gottes Hand". Das BayObLG entschied mit Beschluß vom 21.9.1995, 2Z BR 68/95:

1. Wer ein Rechtsmittel zurücknimmt, hat grundsätzlich die gerichtlichen und außergerichtlichen Kosten des Rechtsmittelverfahrens zu tragen.

2. Beruht jedoch die Zurücknahme des Rechtsmittels auf der vom Gericht dem Beschwerdeführer vermittelten Einsicht von der Erfolglosigkeit seines Rechtsmittels, so kann von der Verordnung der Erstattung außergerichtlicher Kosten abgesehen werden.

Uwe-Axel Stein

Partner im Gespräch!

Wenn es sich auch bei einer Beschlußanfechtung überwiegend um Auseinandersetzungen zwischen den Eigentümern handelt, lösen diese Streitereien beim Verwalter zusätzliche Arbeit und für die Eigentümer vielfach eine unabsehbare Kostenlawine aus.

Leider gibt es noch immer zu wenige Fachverwalter, die durch eine gute Beratung bereits im Vorfeld gerichtliche Auseinandersetzungen der Wohnungseigentümer vermeiden helfen. Gottvertrauen und Gewerbeschein sind kein Ersatz für eine dringend erforderliche Qualifikation, die der Gesetzgeber bis heute nicht für diese Vermögensverwaltung verlangt.

Das Wohnungseigentumsgesetz bietet den Juristen als Rahmengesetz zwar einen weiten und interessanten Spielraum. Leider wird es dadurch für die Betroffenen immer schwieriger, einzelne Entscheidungen nachzuvollziehen und in die tägliche Praxis umzusetzen.

Seit über 20 Jahren veranstaltet das ESW unter der hervorragenden Führung des in Fachkreisen geschätzten Hanns Seuß das jährliche Konzil für das WEG. Die jährliche Veranstaltung „Partner im Gespräch" hilft maßgeblich bei der Annäherung zwischen Juristerei und Praxis.

Da selbst in den 279 Worten der zehn Gebote das Aufstellen von Gartenzwergen im Vorgarten einer Eigentümergemeinschaft nicht eindeutig geregelt ist, wird „Recht bekommen" weiterhin ein gefragter Bedarfsartikel in Deutschland bleiben. Ganz gleich, was es kostet!

Gerhard Treier

ZUR RECHTSPRECHUNG DES BUNDESGERICHTSHOFS ZUR WOHNRAUMMIETE SEIT 1991 OHNE DIE ENTSCHEIDUNG ZU AGB

Die Ausklammerung der AGB-Entscheidungen und die Beschränkung auf die Rechtsprechung seit 1991 ist bedingt durch die Raumvorgabe der Herausgeber. Da ich an den vor August 1990 erlassenen Entscheidungen zur Wohnraummiete überwiegend als Berichterstatter beteiligt war, wäre es mir wohl nicht ganz leicht gefallen, auch hierzu Stellung zu nehmen. Die erörterten Urteile und Beschlüsse hat überwiegend der VIII. Zivilsenat des Bundesgerichtshofs erlassen, weil nach der insoweit nicht glücklichen Geschäftsverteilung des Gerichts von der Zuständigkeit des XII. Zivilsenats für Mietsachen die Wohnraummietsachen ausgenommen und dem VIII. Zivilsenat zugewiesen sind, der früher für alle Mietsachen zuständig war.

1. ZWISCHENMIETE

Nach § 556 Abs. 3 BGB kann der Vermieter nach Beendigung des Mietverhältnisses die Herausgabe der Mietsache auch von dem Untermieter verlangen. Der Bundesgerichtshof hat es auch in den Fällen des sogenannten Bauherrenmodells abgelehnt, dem Wohnungsinhaber den Bestandsschutz des sozialen Mietrechts zu gewähren. Nur in Fällen der Mißbräuchlichkeit des Herausgabeverlangens und unter ganz engen Voraussetzungen nach § 242 BGB hat er dem Wohnungsinhaber Schutz gewährt.[1] Das Bundesverfassungsgericht hat im Gegensatz hierzu entschieden, es verstoße gegen den Gleichheitsgrundsatz, einem Mieter (richtig: Untermieter), der Wohnraum von einem gewerblichen Zwischenmieter und nicht unmittelbar vom Eigentümer gemietet habe, den Kündigungsschutz des sozialen Mietrechts zu versagen.[2] Dies hat den Gesetzgeber zur Einfügung des § 549 a in das Bürgerliche Gesetzbuch veranlaßt. Mit dieser auf die Fälle des Bauherrenmodells zugeschnittenen Regelung sind die Streitfragen, die auf dem Bereich der Zwischenvermietung bestehen, nur teilweise ausgeräumt worden. Unterschiedlich beantwortet wurde insbesondere die Frage, ob dem Endmieter gegenüber dem Hauptvermieter Bestandsschutz zu gewähren ist, wenn der Hauptmieter bei der Weitervermietung nicht gewerblich, sondern zu gemeinnützigen Zwecken handelt.[3] Der Bundesgerichtshof hatte mit Urteil vom 3. Juli 1996[4] über einen Fall zu entscheiden, in dem der Hauptmietvertrag mit einem gemeinnützigen Verein abgeschlossen war, dessen satzungsgemäße Aufgabe darin bestand, Ju-

---

1 BGHZ 84, 90 = NJW 1982, 1696 und BGHZ 114, 96 = NJW 1991, 1815.

2 BVerfGE 84, 197 = NJW 1991, 2272.

3 Vgl. Nachtrag zu Bub/Treier, Handbuch der Geschäfts- und Wohnraummiete, 2. Aufl., zu RN II 858 a, III 1033, IV 55.

4 NJW 1996, 2862 = GE 1996, 1047 = ZMR 1996, 537, vorges. für BGHZ.

gendliche und Heranwachsende aus zerrütteten Elternhäusern zu beraten und bei gleichzeitiger Betreuung durch einen Sozialarbeiter mit eigenem Wohnraum zu versorgen. Bei der Weitervermietung war in den Vertrag aufgenommen worden, daß der Verein lediglich an Untermieter vermiete, welche die Betreuung der Kontakt- und Beratungsstelle in Anspruch nähmen. Der Verein und eine Endmieterin waren auf Räumung verklagt. Das Kammergericht hatte zwar eine entsprechende Anwendung des § 549 a BGB abgelehnt, der Endmieterin aber den Bestandsschutz des sozialen Mietrechts zugebilligt in der Annahme, der Fall sei ebenso zu beurteilen wie der in BVerfGE 84, 197 entschiedene. Der Bundesgerichtshof hat in Übereinstimmung mit der vom Bayerischen Oberlandesgericht in zwei gleichgelagerten Fällen vertretenen Auffassung[5] der Endmieterin den Bestandsschutz des sozialen Mietrechts versagt und eine entsprechende Anwendung des § 549 a BGB abgelehnt.

Das überzeugend begründete Urteil stellt, was in gerichtlichen Entscheidungen selten geworden ist, auch darauf ab, daß die Frage, ob die Schlechterstellung einer bestimmten Mietergruppe durch Gründe gerechtfertigt ist, die vor dem Gleichheitsgrundsatz Bestand haben, nur mit einem Blick auch auf die Interessen des Eigentümers beantwortet werden kann. Sie berücksichtigt, daß karitative Vereine meist nicht über eigenen Wohnbesitz verfügen und daß ihnen eine Anmietung weitgehend unmöglich wäre, wenn der Hauptvermieter bei Beendigung des Hauptmietvertrages damit rechnen müßte, daß dem Endmieter Mieterschutz gewährt wird.

II. MIETHÖHEREGELUNGSGESETZ

Nach § 2 Abs. 1 Satz 1 Nr. 1 Miethöheregelungsgesetz (MHRG) kann der Vermieter die Zustimmung des Mieters zur Erhöhung des Mietzinses nur dann verlangen, wenn der Mietzins seit einem Jahr unverändert ist. Mit Rechtsentscheid vom 16. Juni 1993[6] hat der Bundesgerichtshof in Abweichung von den Entscheidungen mehrerer Oberlandesgerichte angenommen, das Mietzinsverlangen des Vermieters sei unwirksam, wenn es dem Mieter vor Ablauf der Jahresfrist zugehe. Der nur auf den ersten Blick formal anmutenden Entscheidung ist zuzustimmen, weil das gefundene Ergebnis der Rechtssicherheit dient. Darauf weist das Gericht unter 3 b cc der Entscheidungsgründe auch hin.

III. WOHNUNGSEIGENTUM UND EIGENBEDARF

Ist an vermieteten Wohnräumen nach der Überlassung an den Mieter Wohnungseigentum begründet und dieses veräußert worden, so kann sich der Erwerber

[5] GE 1995, 1473, 1479.

[6] BGHZ 123, 37 = NJW 1993, 2109.

auf Eigenbedarf nicht vor Ablauf von drei Jahren seit der Veräußerung an ihn berufen (Sperrfrist des § 564 b Abs. 2 Nr. 2 Satz 2 BGB). In Gebieten mit Wohnraummangel, die durch Verordnung der Landesregierungen bestimmt werden, verlängert sich die Frist auf fünf Jahre (§ 564 b Abs. 2 Nr. 2 Satz 3 und 4 BGB). In Rechtsprechung und Schrifttum war umstritten, ob die Sperrfrist auch schon bei nach Überlassung des Besitzes an den Mieter erfolgter Schaffung von Wohnungseigentum nach § 3 WEG in Lauf gesetzt wird. Nach dieser Vorschrift kann Wohnungseigentum dadurch begründet werden, daß das Miteigentum an einem Grundstück durch Vertrag der Miteigentümer in der Weise beschränkt wird, daß jedem der Miteigentümer das Sondereigentum an einer bestimmten Wohnung oder an nicht zu Wohnzwecken dienenden Räumen in einem auf dem Grundstück errichteten oder zu errichtetenden Gebäude eingeräumt wird. Die herrschende Meinung im Schrifttum hatte die Frage verneint.[7] Ihr hat sich der Bundesgerichtshof in dem Rechtsentscheid vom 6. Juli 1994[8] angeschlossen. Nach § 3 WEG werde nicht, wie es § 564 b BGB voraussetze, das Wohnungseigentum vom bisherigen auf einen anderen Rechtsinhaber übertragen, das Wohnungseigentum gelange vielmehr durch die Teilungsvereinbarung und die folgende Eintragung im Grundbuch erst zum Entstehen. Der Senat hat gesehen, daß die Berufung auf Eigenbedarf in bestimmten Fällen der Umwandlung mißbräuchlich sein kann. Diesem Gesichtspunkt hat er dadurch Rechnung getragen, daß er dem Wohnungseigentümer die Berufung auf Eigenbedarf ohne Rücksicht auf die Sperrfrist nur grundsätzlich gestattet. Schon nach dem Wortlaut der Vorschrift bestehen gegen die Richtigkeit der Entscheidung keine Bedenken.

IV. § 5 WISTG (EIGENKAPITALVERZINSUNG)

Nach § 5 Wirtschaftsteuergesetz (WiStG) handelt ordnungswidrig, wer vorsätzlich oder leichtfertig für die Vermietung von Räumen zum Wohnen oder damit verbundene Nebenleistungen unangemessen hohe Entgelte fordert, sich versprechen läßt oder annimmt. Nach Abs. 2 Satz 2 der Vorschrift sind Entgelte, die zur Deckung der laufenden Aufwendungen des Vermieters erforderlich sind, nicht unangemessen, sofern sie nicht in einem auffälligen Mißverhältnis zu der Leistung des Vermieters stehen und wenn weitere Voraussetzungen vorliegen. Der VIII. Zivilsenat erkennt in dem Rechtsentscheid vom 5. April 1995[9] zu § 5 WiStG a.F. an, daß zu den Eigenkapitalkosten auch eine fiktive Eigenkapitalverzinsung gehört. Er meint aber, daß die Eigenkapitalkosten nicht nach dem Verkehrswert von Grundstück und Gebäude im Zeitpunkt des Abschlusses des Mietvertrages, sondern im Fall der Herstellung durch den Vermieter nach den Herstellungskosten und im Fall des entgeltlichen Erwerbs durch den Vermieter nach den Erwerbskosten zu berechnen sind. Daß ein solches Verständnis der

---

[7] Vgl. Grapentin, in: Bub/Treier, a.a.O., Kap. IV, RN 76 b m.w.N.

[8] BGHZ 126, 357 = NJW 1994, 2542.

[9] BGHZ 129, 214 = NJW 1995, 1838.

Vorschrift dazu führt, daß der Vermieter von Altbauwohnraum, den er selbst hergestellt oder schon vor dem Zweiten Weltkrieg gekauft hat, ebenso wie der Vermieter, der solchen Wohnraum geerbt oder geschenkt erhalten hat, praktisch keine Eigenkapitalverzinsung berechnen kann, hat der Senat gesehen. Eine Gleichstellung mit dem Vermieter, der Wohnraum entgeltlich erworben hat, hält er aber nicht für geboten, weil nur Gleiches nicht ungleich behandelt werden dürfe und der Vermieter, der Wohnraum hergestellt oder geerbt habe und der Vermieter, der Wohnraum entgeltlich erworben habe, sich gerade hinsichtlich der aufgewendeten Kosten voneinander unterschieden. Es bleibt abzuwarten, ob diese Begründung einer verfassungsgerichtlichen Nachprüfung standhält.

V. WOHNUNGSMODERNISIERUNG (§ 541 B BGB, ALLGEMEIN ÜBLICHER ZUSTAND)

Nach § 541 b Abs. 1 BGB hat der Mieter Maßnahmen zur Verbesserung der Mieträume oder sonstiger Teile des Gebäudes oder zur Einsparung von Heizenergie zu dulden, es sei denn, die Maßnahme würde insbesondere unter Berücksichtigung der vorzunehmenden Arbeiten, der baulichen Folgen, vorausgegangener Verwendungen des Mieters oder der zu erwartenden Erhöhung des Mietzinses für den Mieter oder seine Familie eine Härte bedeuten, die auch unter Würdigung der berechtigten Interessen des Vermieters und anderer Mieter in dem Gebäude nicht zu rechtfertigen ist. Die zu erwartende Erhöhung des Mietzinses ist nicht zu berücksichtigen, wenn die Mietsache lediglich in einen Zustand versetzt wird, wie er allgemein üblich ist. Der VIII. Zivilsenat hat mit Rechtsentscheid vom 19. Februar 1992[10] entschieden, in den allgemein üblichen Zustand würden die gemieteten Räume versetzt, wenn dieser Zustand bei der überwiegenden Zahl von Mieträumen - mindestens zwei Drittel - in Gebäuden gleichen Alters innerhalb der Region angetroffen werde. Maßgebend ist nach dem Rechtsentscheid der tatsächliche Zustand der Vergleichsgebäude und nicht ein anzustrebender oder anhand bestimmter Normen zu ermittelnder Soll-Standard wie der über den sozialen Wohnungsbau. In die Vergleichsbetrachtung dürfen nur Wohnungen gleichen Baualters einbezogen werden, die sich im gleichen Bundesland (das versteht der Senat unter Region) befinden.

§ 541 b BGB gilt nicht nur für Wohnräume. Der Tenor des Rechtsentscheids enthält eine Beschränkung hierauf nicht. Nach der Begründung des Beschlusses und weil ein Rechtsentscheid nur in Wohnraummietsachen erlassen werden darf, besteht aber kein Zweifel daran, daß die Entscheidung nur für die Wohnraummiete gilt. Sie geht einen vernünftigen Mittelweg. Ihr ist deshalb zuzustimmen.[11]

[10] BGHZ 117, 217 = NJW 1992, 1386.

[11] Kritisch Emmerich, WuB IV A, § 541 b BGB, 1.92.

VI. RÜCKGABEANSPRUCH TROTZ AUFGABE DES BESITZES

Der Bundesgerichtshof hat mehrfach die Auffassung vertreten, der Anspruch des Vermieters auf Rückgabe der Mietsache nach beendetem Mietvertrag setze weder unmittelbaren noch mittelbaren Besitz des Mieters an der Mietsache voraus, der Vermieter könne daher nach Beendigung des mit mehreren Mietern geschlossenen Mietvertrages auch denjenigen Mieter nach § 556 BGB auf Rückgabe des Mietobjektes in Anspruch nehmen, welcher im Gegensatz zu den anderen nicht mehr Besitzer sei. Das Oberlandesgericht Schleswig dagegen hatte in dem Rechtsentscheid vom 25. Juni 1982[12] angenommen, bei Beendigung eines Wohnraummietverhältnisses mit mehreren gesamtschuldnerisch verpflichteten Mietern könne ein Mitmieter auf Rückgabe der Wohnung nicht in Anspruch genommen werden, wenn er den Besitz an der Wohnung endgültig aufgegeben und den Vermieter davon in Kenntnis gesetzt habe. Der VIII. Zivilsenat ist mit Recht mit Rechtsentscheid vom 22. November 1995[13] bei seiner bisherigen Auffassung geblieben. Er meint, weil der Anspruch aus § 556 BGB auf die Einräumung des unmittelbaren Besitzes gerichtet sei, werde allein durch die Besitzaufgabe der Rückgabeanspruch nicht erfüllt. Der Vermieter habe ein Rechtsschutzbedürfnis für eine Räumungsklage gegen den ausgezogenen Mieter, weil der Räumungstitel es ihm nicht nur ermögliche, nach § 283 BGB auf vereinfachtem Weg einen Schadensersatzanspruch gegen diesen Mieter durchzusetzen, sondern dieser den Vermieter auch für den Fall sichere, daß der ausgezogene Mieter seinen Entschluß revidiere und in die Wohnung zurückkehre.

VII. EINTRITT IN DEN MIETVERTRAG BEI NICHTEHELICHER LEBENSGEMEINSCHAFT (§ 569 A BGB)

Die in der Literatur umstrittene Frage, ob der überlebende Partner einer eheähnlichen Gemeinschaft in entsprechender Anwendung des § 569 a Abs. 2 Satz 1 BGB in den Wohnraummietvertrag des vorstorbenen Partners eintritt, hat der VIII. Zivilsenat mit Rechtsentscheid vom 13. Januar 1993[14] bejaht. Die Gründe der auch im Ergebnis problematischen Entscheidung überzeugen nicht.[15]

---

[12] RiM 1 S. 680 = DWW 1982, 275.

[13] BGHZ 131, 176 = NJW 1996, 515.

[14] BGHZ 121, 116 = NJW 1993, 999.

[15] Vgl. hierzu im einzelnen Heile, in: Bub/Treier, a.a.O., Kap. II RN 853 und Nachtrag dazu.

VIII. ZWECKENTFREMDUNG VON WOHNRAUM

Mit Beschluß vom 10. November 1993 hat sich der XII. Zivilsenat mit Recht der in der Literatur herrschenden Meinung angeschlossen, daß Art. 6 § 1 des Mietrechtsverbesserungsgesetzes vom 4. November 1971 (BGB 1.I S. 1745), der die Zweckentfremdung von Wohnraum einer behördlichen Genehmigungspflicht unterwirft, kein Verbotsgesetz im Sinne des § 134 BGB ist. Der ohne Genehmigung abgeschlossene Vertrag über eine zweckentfremdende Vermietung ist daher nach Meinung des Senats nicht nach dieser Vorschrift nichtig.[16]

IX. MIETE UND VERSICHERUNGSVERTRAG

a) In einem Fall, über den der für Versicherungsrecht zuständige IV. Zivilsenat zu entscheiden hatte, hatte der vom Versicherer auf Rückgriff in Anspruch genommene beklagte Wohnungsmieter nach dem Füllen der Etagenheizung mit Wasser vergessen, den Absperrhahn der Zuleitung zu schließen. Der Zuflußschlauch der Heiztherme hielt dem ständigen Leitungsdruck nicht stand und platzte einen Tag später. In den unter der Wohnung liegenden Räumen entstand erheblicher Wasserschaden, den die Klägerin als Leitungswasserversicherer des Gebäudeeigentümers (Vermieters) ersetzte. Der IV. Zivilsenat hielt den Rückgriffsanspruch in dem Urteil vom 23. Januar 1991[17] für gerechtfertigt. Die Frage, ob der Mieter in den Versicherungsschutz für den Gebäudeeigentümer einbezogen ist, hat er für die Leitungswasserversicherung verneint. Anderenfalls würde diese in eine Haftpflichtversicherung umfunktioniert. Der Senat hat es abgelehnt, im Wege der ergänzenden Vertragsauslegung anzunehmen, die Mietvertragsparteien hätten einen Regreßverzicht für solche Gebäudeschäden vereinbart, die der Mieter leicht fahrlässig verursacht habe. Es könne nicht allgemein davon ausgegangen werden, daß der Vermieter einen solchen Regreßverzicht wünsche. Nach Meinung des Senats gab auch der von den Mietvertragsteilen geschlossene Vertrag hierfür nichts her. Der Senat hat dabei das Vorbringen des Mieters als richtig unterstellt, die Prämie für die Leitungswasserversicherung sei in den Mietzins einkalkuliert. Wie bereits in meiner Rechtsprechungszusammenstellung in WM 1992, Sonderbeilage Nr. 4, S. 13, unter III 1 ausgeführt, hat diese Auffassung ihren Grund darin, daß bei Annahme eines Regreßverzichts befürchtet werden könnte, der Mieter könnte sich zu einem zu sorglosen Umgang mit der Mietsache veranlaßt sehen. Das ist ein Gesichtspunkt, den ich für beachtlich halte.

---

[16] NJW 1994, 320 = WM 1994, 218.

[17] NJW-RR 1991, 527 = VersR 1991, 462.

b) Der IV. Zivilsenat hat in dem Beschluß vom 18. Dezember 1991[18] auch für die Gebäudefeuerversicherung eine Einbeziehung des Mieters abgelehnt. Daß auch damals ein Fall von Wohnungsmiete vorlag, kann zwar nicht aus dem Beschluß aber aus dem betreffenden Berufungsurteil (VersR 1992, 310) entnommen werden. Die Frage muß auch für beide Mietarten gleich beantwortet werden. Auch der VIII. Zivilsenat hatte mit Urteil vom 13. Dezember 1995[19] angenommen, der beklagte Wohnungsmieter sei nicht in die Gebäudefeuerversicherung des Eigentümers (Vermieters) einbezogen. In diesem Fall waren dem Wohnungsmieter formularmäßig die Betriebskosten nach § 27 der Zweiten Berechnungsverordnung auferlegt. Auf diese waren nach dem Vertrag monatliche Vorauszahlungen zu leisten, darunter ein bestimmter Betrag „für Sach- und Haftpflichtversicherung". Der Senat hat unter Berufung auf Nr. 13 der Anlage 3 zur Zweiten Berechnungsverordnung angenommen, zu den abgewälzten Kosten gehörten auch die Kosten der Versicherung des Gebäudes gegen Feuerschäden. Er ist - ohne hierzu allerdings Ausführungen zu machen - von der Vereinbarkeit der Klausel mit § 9 AGBG ausgegangen. Denn wie könnte er sie sonst (erweiternd) auslegen, was er getan hat. Seine Entscheidung ist insoweit auch nicht zu beanstanden.[20] Aus der Verpflichtung des Mieters zur Zahlung der Kosten der Feuerversicherung hat der Senat im Wege der ergänzenden Vertragsauslegung die Beschränkung der Haftung des Mieters für die Verursachung von Brandschäden auf Vorsatz und grobe Fahrlässigkeit entnommen. Er hat daher den Mieter so gestellt, als wenn er die Feuerversicherung selbst abgeschlossen hätte. Der Senat meinte, diesen Fall ebenso beurteilen zu müssen wie den Fall der Anmietung eines Kraftfahrzeugs, in dem der Mieter die Zahlung der Kaskoversicherungsprämie übernimmt. Für diesen hat der Bundesgerichtshof angenommen, der Mieter müsse so gestellt werden, als hätte er die Kaskoversicherung selbst abgeschlossen, mit der Folge, daß er nach § 61 VVG nur für Vorsatz und grobe Fahrlässigkeit hafte.

Gegen dieses Urteil läßt sich einwenden, daß ein Wohnungsmietvertrag ganz anderen Grundsätzen untersteht als ein Mietvertrag über ein Kraftfahrzeug. Die im Urteil des IV. Zivilsenats vom 23. Januar 1991 dargelegten Gründe sprechen auch hier gegen die Annahme eines Regreßverzichts. Der entscheidende Gesichtspunkt für den VIII. Zivilsenat war der Umstand, daß der Mieter die Versicherungsprämie gezahlt hat. Wenn aber wie im Falle des IV. Zivilsenats die Versicherungsprämie in die Miete einkalkuliert ist, zahlt der Mieter die Prämie doch auch. Hier einen Unterschied zu machen, ist eine zu formale Betrachtungsweise. Eine Anfrage an den IV. Zivilsenat nach § 132 Abs. 3 Satz 1 GVG hätte nahegelegen.

---

[18] WM 1992, 1081 = VersR 1992, 311.

[19] BGHZ 131, 288 = NJW 1996, 715.

[20] Bub, in: Bub/Treier, a.a.O., Kap. II, Rn 434 m.w.N.

X. KÜNDIGUNG

a) Fristlose Kündigung wegen Überlegung nach § 553 BGB

Nach § 553 BGB kann der Vermieter von Wohnraum das Mietverhältnis ohne Einhaltung einer Kündigungsfrist kündigen, wenn der Mieter oder derjenige, welchem der Mieter den Gebrauch überlassen hat, ungeachtet einer Abmahnung einen vertragswidrigen Gebrauch der Mietsache fortsetzt, der die Rechte des Vermieters in erheblichem Maße verletzt, insbesondere wenn der Mieter einem Dritten den diesem unbefugt überlassenen Gebrauch beläßt, oder die Sache durch Vernachlässigung der ihm obliegenden Sorgfalt erheblich gefährdet. Mit Rechtsentscheid vom 14. Juli 1993[21] hat der VIII. Zivilsenat entschieden, der Vermieter sei nicht berechtigt, das Mietverhältnis allein deswegen fristlos nach § 553 BGB zu kündigen, weil die Wohnung durch Zuzug von Kindern des Mieters in erheblichem Umfang überbelegt sei, den Vermieter beeinträchtigende Auswirkungen indessen nicht festzustellen seien (so der Leitsatz).

Gegen das im Leitsatz formulierte Endergebnis bestehen keine Bedenken, weil ohne eine den Vermieter beeinträchtigende Auswirkung die zweite Hälfte des Kündigungsbestandes nicht erfüllt ist. Die Ausführungen des Senats zur ersten Hälfte des Kündigungstatbestandes (unbefugte Gebrauchsüberlassung) bedürfen aber einer Differenzierung. Zwar gehört die Aufnahme naher Familienangehöriger zum eigenen Gebrauchsrecht des Mieters. Dessen Recht zur Aufnahme naher Familienangehöriger muß aber seine Grenze an der Überbelegung der Wohnung finden.[22] Ob eine solche vorliegt, ist durch Auslegung des Vertrages festzustellen, falls er keine ausdrückliche Regelung der Frage enthält. Als Maßstab können dabei die Wohnungsaufsichtsgesetze der Länder herangezogen werden. Ergibt die Auslegung, daß eine Überbelegung anzunehmen ist, ist der in ihr liegende Gebrauch vertragswidrig. Die Frage, ob die Überbelegung die Rechte des Vermieters in erheblichem Umfang verletzt, hängt von den Umständen des Einzelfalls ab. Eine Überbelegung wird im allgemeinen wegen der Gefahr einer übermäßigen Abnutzung der Mietsache ausreichen. Bei Vorliegen besonderer Umstände - der Senat gibt einige Beispiele hierfür unter IV 3 c der Gründe des Rechtsentscheids an - kann aber eine erhebliche Verletzung der Rechte des Vermieters zu verneinen sein. Der hier vorgenommenen Gesetzesauslegung steht die Entscheidung des Bundesverfassungsgerichts vom 18. Oktober 1993[23] nicht entgegen. Dieses hat die Gesetzesauslegung des VIII. Zivilsenats als „mögliche einfach-rechtliche" seiner Entscheidung zugrunde gelegt. Es hat aber nicht entschieden, daß nur diese verfassungskonform sei.

---

[21] BGHZ 123, 233 = NJW 1993, 2528.

[22] Staudinger/Emmerich, 13. Aufl., RN 12 zu § 549 BGB.

[23] NJW 1994, 41 = WM 1993, 2260 = ZMR 1994, 10.

b) Kündigung wegen Versetzung des Mieters nach § 570 BGB

Nach § 570 BGB können Militärpersonen, Beamte, Geistliche und Lehrer an öffentlichen Unterrichtsanstalten im Falle der Versetzung nach einem anderen Ort das Mietverhältnis in Ansehung der Räume, welche sie für sich oder ihre Familie an dem bisherigen Garnisons- oder Wohnort gemietet haben, unter Einhaltung der gesetzlichen Frist kündigen. In dem Urteil vom 27. November 1991[24] hat der XII. Zivilsenat die Frage dahingestellt gelassen, ob die Vorschrift gegen den Gleichheitsgrundsatz des Art. 3 Abs. 1 GG verstößt. Er hat mit Recht angenommen, die auf diese Vorschrift gestützte Kündigung des Beklagten, eines rheinischen Notars, sei nämlich schon deswegen unwirksam, weil der hauptberufliche Notar, der nicht Beamter sei, nicht der Bestimmung unterstehe.

XI. OBDACHLOSENEINWEISUNG

a) Der III. Zivilsenat billigt in dem Urteil vom 13. Juli 1995[25] die Praxis der Verwaltungsgerichte, daß die Behörden, die eine Obdachloseneinweisung verfügt haben, nach Ablauf der Einweisungsfrist verpflichtet sind, die Räume, auf die sich die Einweisung bezieht, freizumachen. Hergeleitet wird ein entsprechender Anspruch aus dem allgemeinen Folgenbeseitigungsanspruch. Dieser bedeutet im Kern, daß die Verwaltung verpflichtet ist, einen rechtswidrigen Zustand, dessen Entstehen ihr zuzurechnen ist, durch Wiederherstellen des ursprünglichen Zustandes zu beseitigen, wobei es auf die Rechtswidrigkeit der Folgen und nicht des Verwaltungshandelns ankommt. Nach Ansicht des Senats entsteht durch die Beschlagnahme eine Art öffentlich-rechtliches Verwahrungsverhältnis zwischen der Behörde und dem Eigentümer. Dieser tatsächliche und rechtliche Zustand wirke bis zum Auszug des Eingewiesenen fort. Die Pflicht der Behörde sei eine Amtspflicht, deren schuldhafte Verletzung eine Amtshaftung nach § 839 BGB auslösen könne.

b) In dem Urteil vom 9. November 1995[26] hat sich der III. Zivilsenat mit der Frage befaßt, ob im Falle der Einweisung des bisherigen Mieters in die von ihm genutzte Wohnung der Eigentümer vom Träger der ordnungsbehördlichen Kosten Ersatz der Schäden verlangen kann, die der Eingewiesene durch unsachgemäßen Gebrauch der Wohnung angerichtet hat. Er hat in diesem Fall, der nach dem Ordnungsbehördengesetz von Nordrhein-Westfalen zu beurteilen war, einen Anspruch des Eigentümers für die nach Wiedereinweisung der Mieter durch Beschädigen der Wohnung und wegen unvollständiger Räumung entstandenen Kosten nach den §§ 39 Abs. 1, 40 Abs. 1 dieses Gesetzes bejaht. Ob für die wegen unvollständiger Räumung entstandenen Schäden wie in dem unter a) erörterten Fall ein Anspruch aus Amtspflicht-

[24] NJW 1992, 1158 = ZMR 1992, 98.

[25] BGHZ 130, 332 = NJW 1995, 2918.

[26] BGHZ 131, 163 = NJW 1996, 315.

verletzung bestand, hat er dahingestellt gelassen. Nach seiner Ansicht begründete die zwischen dem Eigentümer und der Einweisungsbehörde durch die Einweisung entstandene Beziehung eine Obliegenheit für die Behörde im Sinne einer zumutbaren Überwachung der Ordnungsgemäßheit des Gebrauchs der Wohnung. Eine zumutbare Maßnahme war nach seiner Meinung das Festhalten des Zustandes der Wohnung bei der Einweisung. Der Senat verweist insoweit vergleichend darauf, daß bei Beginn des Mietverhältnisses überlicherweise Feststellungen über den Wohnungszustand getroffen werden, die der Mieter schriftlich bestätigt. Im entschiedenen Fall war das Unterlassen einer entsprechenden Feststellung durch die Ordnungsbehörde der entscheidende Gesichtspunkt dafür, daß dem Eigentümer eine Beweiserleichterung für den Nachweis zugebilligt wurde, daß die festgestellten Schäden nach der Einweisung entstanden waren.

Beiden Entscheidungen ist zuzustimmen.

XII. MIETE UND UNERLAUBTE HANDLUNG

Zu diesem Rechtsbereich sind zwei Entscheidungen des für das Recht der unerlaubten Handlung zuständigen VI. Zivilsenats von Interesse. Beide befassen sich mit der Obhuts- und Verkehrssicherungspflicht des Vermieters gegenüber dem Wohnungsmieter. Im ersten Fall[27] war die Wohnungsmieterin auf einer angeblich glatten Stufe im Treppenhaus gestürzt. Im zweiten Fall[28] war der Wohnungsmieter ebenfalls im Treppenhaus hingefallen und durch eine zersplitternde Glasscheibe der Außenwand verletzt worden. Die Scheibe hatte aus gewöhnlichem und nicht aus bruchsicherem Glas bestanden. Im erstgenannten Fall hat der Senat auch Ausführungen darüber gemacht, unter welchen Voraussetzungen der Beweis des ersten Anscheins für die Mieterin spricht.

XIII. RECHTSENTSCHEIDVERFAHREN

a) Der VIII. Zivilsenat hat sich mit Recht mit Beschluß vom 2. Dezember 1992 der herrschenden Meinung in der Literatur[29] angeschlossen, daß ein Rechtsentscheid nur ergehen darf, wenn die vorgelegte Rechtsfrage für die Entscheidung des Falles erheblich ist. Da sich im entschiedenen Fall die vorgelegte Frage gar nicht stellte, hat der VIII. Zivilsenat daher den Erlaß eines Rechtsentscheids abgelehnt.[30]

[27] Urteil vom 14. Dezember 1993 = NJW 1994, 945 = ZMR 1994, 149.

[28] Urteil vom 31. Mai 1994 = NJW 1994, 2232 = VersR 1994, 996.

[29] Hierzu näher Fischer, in: Bub/Treier, a.a.O., Kap. VIII, RN 170.

[30] NJW 1993, 532 = ZMR 1993, 216.

b) Der VIII. Zivilsenat war vom OLG Bremen um den Erlaß eines Rechtsentscheids angegangen worden, weil es von einer Entscheidung des OLG München über die Vereinbarkeit einer Mietzins-Vorfälligkeitsklausel mit dem AGBG abweichen wollte. Noch bevor das OLG Bremen die Vorlage beschloß, hatte das Bayerische Oberste Landesgericht die Vorlagefrage entschieden. Der Senat hat mit Beschluß vom 24. November 1993[31] mit Recht den Erlaß eines Rechtsentscheids abgelehnt mit der Begründung, durch den genannten Rechtsentscheid sei der wegen Grundsätzlichkeit ergangene Vorlagebeschluß des Landesgerichts unzulässig geworden und damit zugleich auch die Divergenzvorlage des Oberlandesgerichts.

c) In dem oben unter 4) erörterten Rechtsentscheid vom 5. April 1995 hat der VIII. Zivilsenat in Übereinstimmung mit seiner früheren Rechtsprechung angenommen, der Zulässigkeit der Vorlage des Oberlandesgerichts stehe nicht entgegen, daß dieses die ihm vom Landgericht vorgelegte Frage bei deckungsgleichem Inhalt anders formuliert habe.
Das Landgericht hatte in dieser Sache dem Oberlandesgericht eine zweite Rechtsfrage vorgelegt, deren Beantwortung von der Entscheidung über die erste vorgelegte Frage abhing. Das Oberlandesgericht hatte deshalb die Entscheidung über die zweite Frage ausgesetzt. Das hat der Senat mit Recht gebilligt.

d) In der Literatur war die Ansicht vertreten worden, eine Vorlage durch das Oberlandesgericht scheide aus, wenn dieses einer Rechtsansicht des Bundesgerichtshofs folgen wolle, auch wenn die Frage nicht in einem Rechtsentscheid entschieden sei.[32] Ihr hat sich der VIII. Zivilsenat mit Recht in dem oben unter 6) erörterten Rechtsentscheid vom 22. November 1995 nicht angeschlossen. Nach seiner Ansicht erfordern Sinn und Zweck des Rechtsentscheidverfahrens, daß das angegangene Oberlandesgericht, das sich an die Rechtsprechung des Bundesgerichtshofs halten, aber von dem Rechtsentscheid eines anderen Oberlandesgerichts abweichen will, die Rechtsfrage dem Bundesgerichtshof zur Entscheidung vorlegen muß.

e) In dem oben unter 5) erörterten Rechtsentscheid vom 19. Februar 1992 hat der VIII. Zivilsenat am Ende der Entscheidungsgründe ausgeführt, die Frage, ob die in der Entscheidung dargelegten Auslegungsgrundsätze auch für Wohnungen in Ostdeutschland gelten, bedürfe für die Entscheidung des vorliegenden Rechtsstreits keiner Beantwortung. Daraus ist zu entnehmen, daß der Senat den Rechtsentscheid auf den Bereich Westdeutschlands beschränkt hat. Auf den ersten Blick widerspricht eine solche Beschränkung dem Wesen eines Rechtsentscheids insofern, als dieser für den ganzen Geltungsbereich des § 541 ZPO, also für ganz Deutschland, gelten muß. Bei seiner Einführung ist aber nicht bedacht worden, daß es zu einer Wiedervereinigung mit zum Teil völlig verschiedenen Wohnraumverhältnissen in den beiden Teilen Deutschlands kommen konnte. Es bedarf keiner Erörterung, daß Rechtsbegriffe, ...

[31] NJW 1994, 1074 = ZMR 1994, 104.

[32] Fischer, in: Bub/Treier, a.a.O., Kap. VIII, RN 185.

hier - auf tatsächlich vorhandene Umstände beziehen, unterschiedlich beurteilt werden müssen, je nachdem, wie die tatsächlichen Verhältnisse gelagert sind. Bestehen solche Unterschiede zwischen Ost- und Westdeutschland, muß es auch möglich sein, einen Rechtsentscheid mit Beschränkung auf die alten oder die neuen Bundesländer zu erlassen. Nur eine solche Gesetzesauslegung wird der Rechtslage gerecht. Ich halte deshalb die vom Senat vorgenommene Beschränkung für statthaft und richtig und begrüße es, daß er nicht etwa die Grundsätzlichkeit der Rechtsfrage mit der Begründung verneint hat, die tatsächlichen Voraussetzungen für eine verallgemeinernde Entscheidung seien zu unterschiedlich.

Prof. Dr. Hermann Weitnauer

DIE INNOVATIONSFREUDIGKEIT DES WEG-GESETZGEBERS

Zu den ersten Gesetzesvorhaben, mit denen die gesetzgebenden Körperschaften der am 24.08.1949 ins Leben getretenen Bundesrepublik Deutschland befaßt wurden, zählte neben dem Ersten Wohnungsbaugesetz das Wohnungseigentum. Noch im Jahre 1949 richtete die Fraktion der CDU/CSU an die Bundesregierung den Antrag, „in Bälde einen Gesetzentwurf über das Miteigentum an Wohneinheiten vorzulegen"[1], der Abgeordnete Wirths und die F.D.P.-Fraktion brachten einen aus der Feder von KGRat a. D. Dr. Diester stammenden „Entwurf eines Gesetzes über das Eigentum an Wohnungen und gewerblichen Räumen" ein[2]. In den folgenden Monaten waren dieser Entwurf und sonstige Materialien Gegenstand von Beratungen sowohl innerhalb der beteiligten Bundesministerien als auch in dem zuständigen Ausschuß des Bundestages, dem Ausschuß für Wiederaufbau und Wohnungswesen. Jedoch geriet das Gesetzesvorhaben trotz des Elans, mit dem es begonnen war, bald ins Stocken. Eine Denkschrift des Bundesjustizministeriums vom April 1950[3] kam zu dem Ergebnis, daß, wenngleich grundsätzliche rechtliche Bedenken nicht entgegenstünden, noch weitläufige Untersuchungen anzustellen seien. In den Ausschußberatungen kam zunehmend zum Ausdruck, daß ein Gesetz in der Art wie der von der F.D.P. vorgelegte Entwurf in unlösliche Widersprüche mit dem deutschen Immobiliar-Sachenrecht und Vollstreckungsrecht geraten müsse. Man stellte, da ein Ausweg nicht zu sehen war, die Bemühungen ein. Es blieb die Aufgabe, eine Lösung zu finden, die den angestrebten Erfolg, das „Eigenheim in der Etage"[4], also Eigentum an einer Wohnung, in einer mit dem deutschen Recht verträglichen Weise möglich machen konnte.

Insbesondere waren es zwei dogmatische Hindernisse, die der Verwirklichung von Wohnungseigentum entgegenzustehen schienen: das Akzessionsprinzip[5], das besagt, daß wesentliche Bestandteile einer Sache - dazu gehören mit dem Grund und Boden fest verbundene Sachen, insbesondere Gebäude (§ 94 Abs. 1 Satz 1 BGB) - nicht Gegenstand besonderer Rechte sein können (§ 93 BGB)[6], zum anderen der in der Rechtsprechung entwickelte Satz, daß „grundsätzlich im Interesse der Klarheit des

---

[1] Antrag des Abgeordneten Dr. Neuburger ... und Genossen vom 8.11.1949 betreffend die Vorlage eines Gesetzentwurfs über das Miteigentum nach Wohneinheiten durch die Bundesregierung, Bundestags-Drucksache Nr. 168 - wiedergegeben in PiG 8, S. 113.

[2] Antrag vom 30.11.1949, Bundestags-Drucksache 252 - wiedergegeben in PiG 8, S. 115 ff.

[3] Denkschrift des Bundesjustizministeriums über die Rechtsform eines Eigentums- oder Gebrauchsrechts an Wohnungen und anderen Gebäudeteilen vom 21. April 1950, Az. 3440/1-1427/50 - wiedergegeben in PiG 8, S. 147.

[4] Damals eine gängige Formel, vgl. die Ausführungen von Carl Wirths zur wohnungswirtschaftlichen Bedeutung des Wohnungseigentums, in: Weitnauer, WEG, Anhang I, S. 684 f.

[5] Näher zum Akzessionsprinzip Weitnauer, WEG, vor § 1 Rdn. 17 ff.

[6] Charakteristisch z. B. Heinrich Lange, NJW 1950, 204, der die Zulassung von Sondereigentum an einer Wohnung als „dogmatisch wilde Form" bezeichnete.

Grundbuchverkehrs und der Sicherung einer von vermeidbaren Schwierigkeiten befreiten Zwangsvollstreckung ... sowohl die ideelle (Vorrats-)Teilung des Grundstücks durch den Alleineigentümer als auch die quotenmäßig beschränkte Belastung eines im Alleineigentum stehenden Grundstücks" ausgeschlossen sind[7].

Wäre es dabei geblieben, dann wären zwei Hauptanliegen des Gesetzesvorhabens nicht zu verwirklichen gewesen: die Zulassung von Sondereigentum an Räumen und anderen Gebäudeteilen und die Zulassung der Teilung eines Grundstücks durch den Eigentümer in Wohnungseigentumsrechte (§ 8 WEG). Das Vorhaben wäre gescheitert gewesen.

Von Innovationsfreudigkeit war in jener Zeit nicht viel zu verspüren. Das erscheint verständlich, weil in der Tat der Diestersche Entwurf, wenngleich er im einzelnen zahlreiche richtige Ansätze aufwies, stark unter dem Einfluß des französischen Rechts stand und die Verzahnung mit dem deutschen Grundbuchrecht nicht gelungen war.

Die Lage änderte sich, als nach Beendigung der Sommerpause 1950 der Referent des Bundesjustizministeriums einen neuen eigenen Entwurf folgenden Inhalts vorlegte[8]: Das Wohnungseigentum besteht aus der Verbindung eines Miteigentumsanteils am gemeinschaftlichen Grundstück und Gebäude mit dem Sondereigentum an einer bestimmten Wohnung oder anderen Räumen. Das Sondereigentum wird dadurch begründet, daß entweder die Miteigentümer eines Grundstücks sich durch Vertrag gegenseitig Sondereigentum einräumen oder daß der Eigentümer eines Grundstücks dieses in Miteigentumsanteile in der Weise teilt, daß mit jedem Anteil das Sondereigentum an einer Wohnung verbunden ist. Dieses Konzept ließ sich, wie sich zeigte, in das deutsche Recht systemgerecht und widerspruchslos einführen. Der von dem Abgeordneten Dr. Brönner bei der 2. Lesung des Entwurfs im Plenum des Bundestages erstattete Bericht gibt von diesem Verlauf Zeugnis.[9] Nun war der Weg frei für zügige Beratungen, die schon am 31. Januar 1951 mit der Annahme des Entwurfs in 2. und 3. Lesung im Plenum des Deutschen Bundestages ihren Abschluß fanden. Die richtige Meinung hatte sich durchgesetzt, daß weder das Akzessionsprinzip noch das Verbot der Verselbständigung von Miteigentumsanteilen die ausnahmslose Anwendung fordernde zwingende Rechtssätze sind, sondern Regeln, die Ausnahmen kennen und immer schon gekannt haben.

Dies ändert nichts daran, daß es noch erheblicher Innovationsfreudigkeit und -kraft bedurfte, um das Rechtsinstitut Wohnungseigentum zu schaffen. Vor allem bedurfte die grundbuchliche Behandlung des neugeschaffenen Rechts der Klärung. Aus der

---

7 BayObLG 74, 406 m. w. N.

8 Referentenentwurf des Bundesjustizministeriums vom 20.09.1950 - Az. 3440/1-4707/50; wiedergegeben in PiG 8, S. 157.

9 Sitzungsprotokoll der 115. Sitzung des Deutschen Bundestages am 31.01.1951 (Bundestags-Drucksache 1802) - wiedergegeben in PiG 8, S. 205/206.

materiell-rechtlichen Verselbständigung des zum Wohnungseigentum ausgestalteten Miteigentumsanteils ergab sich die fast selbstverständliche Folgerung, daß für jeden Miteigentumsanteil die Anlegung eines besonderen Grundbuchblattes, des „Wohnungsgrundbuchs", vorgeschrieben wurde und die Prüfung der sachlichen Voraussetzungen der Begründung von Wohnungseigentum den Baubehörden zugewiesen wurde (§ 7 Abs. 4 WEG, Aufteilungsplan, Bescheinigung über die Abgeschlossenheit).

Nachdem in dieser Weise die sachenrechtlichen Grundlagen des neuen Rechts geschaffen waren, bestand die nächste Aufgabe darin, das Verhältnis der Wohnungseigentümer untereinander, das zwingend eine Bruchteilsgemeinschaft im Sinne der §§ 741 ff. BGB sein mußte, angemessen zu ordnen. Streng genommen bedurfte es allerdings einer solchen Ordnung nicht. Denn das BGB hielt für alle Fälle, in denen ein Recht mehreren gemeinschaftlich zustand, also auch im Falle des Miteigentums an dem gemeinschaftlichen Eigentum der Wohnungseigentümer, für das Verhältnis der Teilhaber untereinander die Vorschriften über die Gemeinschaft (§§ 741 ff. BGB mit der Ergänzung durch § 1010 BGB) bereit. Wenn diese auch ein in sich geschlossenes System bildeten, so erschienen sie doch in ihrer Knappheit und Abstraktheit als unzureichend, um die Grundlage für eine ordnungsmäßige Verwaltung des gemeinschaftlichen Eigentums bilden zu können. Demgemäß wurden die Vorschriften der §§ 10 bis 29 WEG geschaffen. Unter diesen befinden sich Regelungen, die unter dem Blickwinkel der Innovation von Interesse sein können.

Da ist zunächst § 10 Abs. 2 zu nennen.[10] Es geht darum, daß das WEG wie auch das BGB zwar die Gemeinschaft der Wohnungseigentümer als gesetzliches - d. h. kraft Gesetzes entstehendes - Schuldverhältnis der Wohnungseigentümer verstehen, daß aber beide den Teilhabern gestatten, durch Vereinbarung von der gesetzlichen Regelung abweichende oder diese ergänzende Bestimmungen zu treffen, die nicht nur für die Vertragsschließenden, sondern auch für deren Sondernachfolger verbindlich sind. Solche Vereinbarungen bedürfen aber - auch insoweit besteht noch Übereinstimmung -, wenn es sich wie hier um das Miteigentum an einem Grundstück handelt, der Verlautbarung im Grundbuch. Hinsichtlich dieser Verlautbarung gehen nun BGB und WEG auseinander: Während das BGB in § 1010 Abs. 1 die Eintragung „als Belastung des Anteils" fordert, verlangt das WEG in § 10 Abs. 2 die Eintragung „als Inhalt des Sondereigentums". Das ist nicht eine façon de parler, sondern hat erhebliche Rechtsfolgen: Während nach BGB die durch die Eintragung geschaffene Rechtsposition erlöschen kann, wenn ihr in der Zwangsversteigerung ein Recht vorgeht, teilt sie als Inhalt des Sondereigentums und damit des Rechts Wohnungseigentum dessen rechtliches Schicksal, der Bestand des Wohnungseigentums bleibt gewahrt. Eine weitere Folge ist, daß im Falle der Eintragung als Inhalt des Sondereigentums die §§ 876, 877 BGB Anwendung finden.[11] Beide Folgen sind für den Realkredit wichtige Innovationen.

[10] Einen Hinweis auf § 10 Abs. 2 enthält § 5 Abs. 4 WEG.

[11] Näher hierzu: Weitnauer, WEG § 5, Rdn. 33 f.; § 10, Rdn. 46.

Eine ganze Gruppe von Vorschriften, mit denen der Gesetzgeber des WEG Neuland betrat, betraf die Organisation der Gemeinschaft. Das BGB übte hier äußerste Zurückhaltung, was verständlich und sachrichtig war. Sein Leitbild war die communio incidens, die durch Zufall entstehende Gemeinschaft, die nicht auf Bestand, sondern auf Auflösung hindrängt. Die Väter des BGB waren sich im Klaren darüber, daß die Gemeinschaft auch mit anderer Funktion eingesetzt werden konnte, wie Art. 131 EGBGB zeigte, überließen dies aber der weiteren Entwicklung.

Das BGB beschränkte sich darauf zu bestimmen, daß die Verwaltung des gemeinschaftlichen Gegenstandes den Teilhabern gemeinschaftlich zusteht und daß eine der Beschaffenheit des gemeinschaftlichen Gegenstandes entsprechende ordnungsmäßige Verwaltung und Benutzung durch Stimmenmehrheit beschlossen werden kann, wobei die Mehrheit nach der Größe der Anteile zu berechnen ist (§ 745 Abs. 1 BGB). Über die Art und Weise, wie es zur Beschlußfassung kommt, wird nichts ausgesagt.

Das WEG zeichnete demgegenüber eine effektive Verwaltung vor, Beschlüsse können grundsätzlich nur in einer Wohnungseigentümerversammlung gefaßt werden, deren Einberufung und Ablauf näher geregelt sind, die Geschäfte führt ein Verwalter, der von den Wohnungseigentümern zu bestellen ist, fakultativ kann ein Verwaltungsbeirat bestellt werden (§ 29 WEG). All dies ist zu bekannt, als daß es hier ausführlicher dargestellt werden müßte.

Auf zwei Punkte soll aber besonders hingewiesen werden. Die Bestimmungen über die Wohnungseigentümerversammlung lehnen sich an die entsprechenden Regeln des Vereinsrechts (§§ 21 ff. BGB) an. Daraus kann aber kein Argument für die öfter gehörte These gewonnen werden, das Wohnungseigentum sei nicht besonders ausgestaltetes Miteigentum, sondern ein der Gesamthand oder der juristischen Person angenähertes Gebilde sui generis[12], so wenig die Erbengemeinschaft zur Bruchteilsgemeinschaft wird, weil in den §§ 2042 und 2044 BGB einzelne Vorschriften aus dem Recht der Gemeinschaft für anwendbar erklärt sind. Die Ähnlichkeit hat ihren Grund allein darin, daß gleichliegende Probleme korporationsrechtlicher Art gleichliegende Lösungen verlangen.

Der zweite Punkt ist § 23 Abs. 4 WEG. Hier ist in äußerster Knappheit in Verbindung mit § 43 Abs. 1 Nr. 4 WEG ausgesprochen, daß ein Beschluß der Wohnungseigentümerversammlung nur ungültig ist, wenn er durch Gerichtsentscheidung für ungültig erklärt ist; der Antrag auf eine solche Entscheidung kann nur binnen eines Monats seit der Beschlußfassung gestellt werden, es sei denn, daß der Beschluß gegen eine Vorschrift verstößt, auf deren Einhaltung rechtswirksam nicht verzichtet werden kann. Das hiermit eingeführte Anfechtungsverfahren, das in dieser Form ohne Vorbild ist[13], hat sich in der Praxis bewährt und viel dazu beigetragen, daß in den Gemeinschaften

[12] So insbesondere Bärmann, zuletzt in: Wohnungseigentum - Kurzlehrbuch, München 1991, S. 269 ff.

[13] Eine ausführliche Regelung der Beschlußanfechtung findet sich im Aktienrecht (243 ff. AktG; vgl. auch § 5[illegible] GenG).

der Rechtsfrieden hergestellt und der Verwaltung eine zuverlässige Grundlage für ihre Arbeit gegeben wird.

Gleichfalls von großer praktischer Bedeutung und im entscheidenden Punkt ohne Vorbild ist, wie das WEG das Problem der baulichen Veränderung löst. Im Ausgangspunkt stimmen BGB und WEG überein: Sie bestimmen, daß die Verwaltung des gemeinschaftlichen Gegenstandes bzw. des gemeinschaftlichen Eigentums den Teilhabern bzw. Wohnungseigentümern gemeinschaftlich zusteht (§ 744 Abs. 1 BGB, § 21 Abs. 1 WEG). Wenn also einer tatsächlichen oder einer rechtlichen Verfügung alle Wohnungseigentümer zustimmen - „Allstimmigkeit" -, bestehen keine anderen Schranken als die für den Alleineigentümer.

Durch Stimmenmehrheit können die Teilhaber bzw. Wohnungseigentümer „eine der Beschaffenheit des gemeinschaftlichen Gegenstandes entsprechende ordnungsmäßige Verwaltung" (so § 745 Abs. 1 BGB) bzw. „eine der Beschaffenheit des gemeinschaftlichen Eigentums entsprechende ordnungsmäßige Verwaltung" (so § 21 Abs. 3 WEG) beschließen. Daß darunter die ordnungsmäßige Instandhaltung und Instandsetzung fällt, steht außer Zweifel und wird durch § 21 Abs. 5 Nr. 2 WEG bestätigt.

Im weiteren aber gehen BGB und WEG verschiedene Wege. Das BGB bestimmt in § 745 Abs. 3 S. 1: „Eine wesentliche Veränderung des Gegenstandes kann nicht beschlossen ... werden."

Das WEG dagegen besagt in § 22 Abs. 1: „Bauliche Veränderungen und Aufwendungen, die über die ordnungsmäßige Instandhaltung oder Instandsetzung hinausgehen, können nicht gemäß § 21 Abs. 3 beschlossen ... werden. Die Zustimmung eines Wohnungseigentümers zu solchen Maßnahmen ist insoweit nicht erforderlich, als durch die Veränderung dessen Rechte nicht über das in § 14 bestimmte Maß hinaus beeinträchtigt werden."

Der Unterschied zwischen den beiden Regelungen liegt in ihrer Blickrichtung: Nach BGB kommt es darauf an, ob die bauliche Veränderung „wesentlich" ist, nach WEG, ob sie für den betroffenen Wohnungseigetümer nach Treu und Glauben zumutbar ist. Nach BGB ist es möglich, daß eine Veränderung ordnungsmäßiger Verwaltung entspricht und trotzdem als „wesentliche" nicht mehrheitlich beschlossen werden kann.[14] Nach WEG ist eine ordnungsmäßige Instandhaltung oder Instandsetzung immer zulässig, darüber hinausgehende Maßnahmen aber sind grundsätzlich nur zulässig, wenn alle Wohnungseigentümer zustimmen, doch lockert § 22 Abs. 1 S. 2 das rigorose Einstimmigkeitserfordernis vorsichtig auf: Die Zustimmung eines Wohnungseigentümers ist insoweit nicht erforderlich, als dessen Rechte durch die Veränderung nicht über das in § 14 bestimmte Maß hinaus beeinträchtigt werden. Da es in der Praxis wohl kaum eine Wohnungseigentümergemeinschaft geben wird, in der das Problem der baulichen Veränderung nicht auftaucht, hat § 22 Abs. 1 S. 2 große Be-

[14] MünchKomm, 2. Aufl.; Karsten Schmidt, §§ 744, 745 BGB, Rdn. 17.

deutung erlangt, der angestrebte Ausgleich zwischen Rechtssicherheit und einer gewissen Beweglichkeit scheint gelungen zu sein, die Lösung des WEG ist die überlegene.

Die Vorschrift hat aber noch ein Nachspiel. Hat ein oder haben einige Wohnungseigentümer zulässigerweise eine bauliche Veränderung am gemeinschaftlichen Eigentum vorgenommen, z.B. einen Dachgarten errichtet, eine Antennenanlage eingebaut, so stellt sich die Frage, wie es mit den Nutzungen, Kosten und Lasten steht. § 16 Abs. 3 bestimmt dazu, daß der Wohnungseigentümer, der nicht zustimmt, weder den guten noch den bösen Tropfen haben soll, derjenige aber, der zugestimmt hat, an beidem beteiligt ist. Mit dieser Lösung ist der Fall sachrichtig zu Ende gebracht.[15]

Ein letzter Punkt aus dem Bereich der Rechtsbeziehungen der Wohnungseigentümer untereinander ist noch zu erwähnen. Nach § 748 BGB ist jeder Teilhaber den anderen gegenüber verpflichtet, die Lasten des gemeinschaftlichen Gegenstandes sowie die Kosten der Erhaltung, der Verwaltung und einer gemeinsamen Benutzung nach dem Verhältnis seines Anteils zu tragen. Diese Vorschrift ist mit geringen redaktionellen Anpassungen als § 16 Abs. 2 in das WEG übernommen. Wäre es dabei geblieben, so wären die Wohnungseigentümer jeweils von Fall zu Fall verpflichtet, entsprechend ihrem Anteil einen Beitrag zur Deckung der anfallenden Lasten und Kosten zu leisten. Ein solches Verfahren ist einer Zufallsgemeinschaft angemessen, für eine auf Dauer angelegte Gemeinschaft wie die Wohnungseigentümergemeinschaft ist es unbrauchbar. Das WEG hat deshalb in § 28 für das „Finanz- und Rechnungswesen der Wohnungseigentümergemeinschaft"[16] ein anderes System entwickelt, derart, daß jeweils für ein Wirtschaftsjahr ein Wirtschaftsplan aufgestellt wird, aus dem die Höhe der zu erwartenden Unkosten und die anteilige Umlegung auf die einzelnen Wohnungseigentümer hervorgeht; die so errechneten Beträge haben die Wohnungseigentümer als Vorschüsse zu Händen des Verwalters zu leisten, der sie für die Wohnungseigentümer treuhänderisch verwaltet und am Ende des Wirtschaftsjahres eine Abrechnung aufstellt. Über den Wirtschaftsplan und die Jahresabrechnung beschließen die Wohnungseigentümer durch Stimmenmehrheit. Ohne solchen Beschluß kann der Verwalter keine Zahlungen einfordern, das Budgetrecht der Wohnungseigentümer als der Herren der Verwaltung ist gewahrt.

Die letzte Neuerung, die hier besprochen werden soll, gehört dem Prozeßrecht an und betrifft die Zuweisung der Rechtsstreitigkeiten zwischen Wohnungseigentümern über die Rechte und Pflichten aus dem Gemeinschaftsverhältnis sowie für Streitigkeiten der Wohnungseigentümer mit dem Verwalter in das Verfahren der „streitigen" freiwilligen Gerichtsbarkeit (§ 43 Abs. 1 WEG). Diese Entscheidung der Rechtsweg-

[15] Mit harten Worten hat Sandweg, DNotZ 1993, 707, Kritik an § 16 Abs. 3 WEG geübt. Diese ist unberechtigt. Es ist zwar richtig, daß ein Wohnungseigentümer, der einer baulichen Veränderung zugestimmt hat, auch dann zu den Kosten herangezogen werden kann, wenn die Veränderung ihm lästig ist; aber das ist nicht die Folge der Benachteiligung, sondern des Umstandes, daß er zugestimmt hat.

[16] So der Titel einer Monographie von Bub zu diesem Gegenstand (2. Aufl., München 1996).

frage beruhte auf der Erwägung, daß das Verfahren der freiwilligen Gerichtsbarkeit elastischer als das Verfahren der ZPO und deshalb geeigneter für Verfahren von mehr vertragshilfeartigem Charakter, die sog. „Regelungsstreitigkeiten" (§ 15 Abs. 3, § 21 Abs. 4 WEG), oder für Verfahren mit zahlreichen Beteiligten ist. Diese Erwartungen haben sich bestätigt. Als besonders nützlich hat sich die Rechtskrafterstreckung nach § 45 Abs. 2 S. 2 erwiesen. Inzwischen hat sich eine reichhaltige Judikatur zur prozessualen Seite des WEG-Verfahrens entwickelt, die als beispielhaft für andere Verfahren dieser Art gelten darf.

Damit mag genug von den Innovationen des WEG die Rede gewesen sein. Es darf nicht der Eindruck entstehen, als ob das WEG eine Ansammlung von Regelwidrigkeiten sei. Das Gegenteil ist der Fall, es ist ein legitimes Kind unserer Zivilrechtsordnung und hat seinen gesicherten Platz im System unseres Zivilrechts.

Was ich zeigen wollte, sind die Kraft und der Mut, mit denen der Gesetzgeber vor 45 Jahren in einer Welt voller Schwierigkeiten ein Gesetz schuf, von dem man sich eine Förderung des Wiederaufbaus versprach. Kennzeichnend für den Geist, in dem dies geschah, ist das Votum, das der damalige Vorsitzende des Rechtsausschusses des Bundestages, Geheimrat Laforet, zu dem Entwurf des WEG abgab: „Neue Zeiten fordern neue Maßnahmen."[17]

[17] Zitiert nach dem Sitzungsprotokoll über die Plenarsitzung des Bundestages am 31.01.1951, Bundestags-Drucksache Nr. 1802 (oben FN.) - wiedergegeben in PiG 8, S. 205/206

Dr. Joachim Wenzel

DIE JAHRESABRECHNUNG - INHALT UND KONSEQUENZEN DER RECHTSPRECHUNG DES BUNDESGERICHTSHOFES

I. EINLEITUNG

In seinem vielfältigen Wirken hat Hanns Seuß sich auch mit der Jahresabrechnung wissenschaftlich befaßt[1]. Seither sind zwei - in der Literatur z.T. heftig kritisierte[2] - Entscheidungen des Bundesgerichtshofes ergangen, die für die Praxis von großer Bedeutung sind.

In seinem Urteil vom 10. März 1994[3] hat der IX. Zivilsenat entschieden, daß der Verwalter einer Wohnungseigentumsanlage in dem Konkursverfahren über das Vermögen eines Wohnungseigentümers aufgrund einer nach Konkurseröffnung beschlossenen Jahresabrechnung die vor Konkurseröffnung begründeten und fällig gewordenen Vorschußansprüche nur als einfache Konkursforderungen geltend machen und Vorwegbefriedigung gemäß § 57 KO lediglich für den Kostenanteil verlangen kann, um den die Jahresabrechnung die mit dem Wirtschaftsplan beschlossenen Vorschußzahlungen übersteigt.

In seiner - auf Vorlage durch das OLG Köln[4] ergangenen - Entscheidung vom 30. November 1995[5] beschäftigt sich der V. Zivilsenat mit der Frage, ob der Eigentümer mehrerer Wohnungen nach der Veräußerung eines Teils der Wohnungen wegen der auf diese entfallenden rückständigen Beitragsvorschüsse aus der nach dem Eigentumswechsel beschlossenen Jahresabrechnung in Anspruch genommen werden kann. Entgegen einer in Rechtsprechung und Literatur verbreiteten Auffassung[6] verneint er dies, weil die Jahresabrechnung den Wirtschaftsplan nicht ersetze und ein ausgeschiedener Wohnungseigentümer den anderen Eigentümern deswegen weiter aus dem Wirtschaftsplan für die Beitragsvorschüsse hafte, die während des Zeitraums, in dem er Eigentümer war, fällig geworden sind.

Beide Entscheidungen stehen in einem logischen Begründungszusammenhang. Sie ergänzen sich und führen die vorausgehende Rechtsprechung konsequent fort[7].

---

[1] PiG 39, 49 = WE 1993, 32 ff., 69 ff.

[2] Vgl. Deckert, WE 1996, 145; Drasdo, DWE 1996, 46; Demharter, FGPrax 1996, 50; Niedenführ, LM Nr. 16 § 16 WEG.

[3] IX, ZR 98/93, WE 1994, 210 = NJW 1994, 1866.

[4] WE 1996, 109 m. Anm. Drasdo, WE 1996, 89.

[5] V ZB 16/95, WE 1996, 144 = NJW 1996, 725.

[6] Vgl. die Nachweise bei OLG Zweibrücken, WE 1996, 277 und Bub, Das Finanz- und Rechnungswesen der Wohnungseigentümergemeinschaft, 2. Aufl. Rz V 172.

[7] Wenzel, WE 1994, 353, 358 = PiG 44, 129, 140.

II. ABRECHNUNG

Den Kern aller Überlegungen bilden die Aussagen über den Inhalt und die Bedeutung der Jahresabrechnung. Beide Entscheidungen gehen in - nicht ausdrücklich dokumentierter - Übereinstimmung mit der ständigen Rechtsprechung des BayObLG und anderer Obergerichte sowie der überwiegenden Literatur[8], namentlich auch der Auffassung von Hanns Seuß[9], davon aus, daß die Jahresabrechnung eine reine Einnahmen- und Ausgabenrechnung ist, welche in der Gesamtabrechnung die im Geschäftsjahr tatsächlich eingegangenen Gesamteinnahmen und die geleisteten Gesamtausgaben gegenüberstellt[10] und sie in der Einzelabrechnung nach dem geltenden Schlüssel auf die Wohnungseigentümer verteilt. Der BGH versteht die Abrechnung i.S. des § 28 Abs. 3 WEG damit als Rechenschaftsablegung i.S. des § 259 BGB[11]. Sie dient nach Meinung des IX. Senats insbesondere der Feststellung, „welche Lasten und Kosten tatsächlich angefallen sind, ob sie durch die beschlossenen und die tatsächlich eingegangenen Vorschüsse gedeckt sind oder ob sich insoweit Differenzen ergeben, wie sich ein Unterschied zwischen tatsächlichen Ausgaben und Sollvorschüssen auf die einzelnen Wohnungseigentümer verteilt und welcher Saldo sich zugunsten oder zu Lasten des einzelnen Wohnungseigentümers unter Einrechnung der von ihm geleisteten und der noch fehlenden Vorschußzahlungen ergibt"[12]. Diese Formulierung ist insofern ungenau, als „Soll"-Positionen (Forderungen) in einer an den tatsächlichen Zuflüssen und Abflüssen orientierten Einnahmen- und Ausgabenrechnung keinen Platz haben[13], weil sie die „Ist"-Abrechnung mit Elementen der Bilanz vermischt. Dieser Grundsatz erfährt nach verbreiteter Meinung[14] nur für die Mittel eine Einschränkung, die der Instandhaltungsrückstellung tatsächlich zugeführt oder ihr entnommen werden, und für die Abgrenzungsposten, die sich aus der verbrauchsabhängigen Heiz- und Warmwasserkostenabrechnung ergeben. Mit einer bloßen „Ist"-Abrechnung nicht vereinbar ist auch die vom V. Zivilsenat - wohl in Anlehnung an das BayObLG[15] - formulierte Aussage, daß die Abrechnung bindend festlege, „welche Ausgaben als Lasten und Kosten der Gemeinschaft zu behandeln sind"[16]. Denn die Rechenschaftsablegung befaßt sich nicht mit der materiellen Richtigkeit von Einnahmen und Ausgaben, sondern verteilt nur die tatsächlichen Zu- und Abflüsse[17].

---

[8] Vgl. BayObLGZ 1993, 185, 188 f.; Bub, a.a.O., Rz. III 53 ff. jew. m.Nachw.; Hauger, PiG 44, 173, 178.

[9] WE 1993, 32, 36 f.

[10] Beschl. v. 30.11.1995 V ZB 16/95; WE 1996, 144 = NJW 1996, 725.

[11] Ebenso Bub, a.a.O., Rz. III 1, 50 ff.

[12] Urt. v. 10.3.1994, IX ZR 98/93, WE 1994, 210 = NJW 1994, 1866, 1867.

[13] Bub, a.a.O., Rz. III 58, 66; Hauger, PiG 44, 173, 179.

[14] BayObLGZ 1993, 185, 188 m.w.N.; Bub, a.a.O., Rz. III 66.

[15] BayObLGZ 1989, 310, 312; WE 1991, 291.

[16] WE 1996, 144; zustimmend insoweit Drasdo, DWE 1996, 46, 48.

[17] Bub, a.a.O., Rz. III 72.

III. GENEHMIGUNG

Von der Gesamtabrechnung des Verwalters i. S. einer „Kassenrechnung" im betriebswirtschaftlichen Sinne[18] und der Einzelabrechnung zu trennen ist ihre Genehmigung durch Beschluß der Eigentümerversammlung. Deren rechtliche Bedeutung ist durch den Gegenstand allerdings nur teilweise vorgegeben. Ob und inwieweit Zahlungspflichten begründet werden, bestimmt sich nach dem in der Einzelabrechnung zum Ausdruck gebrachten rechtsgeschäftlichen Willen der sie beschließenden Mehrheit. Inhalt und Umfang der gewollten Rechtsbindung lassen sich daher nur im Wege einer Auslegung des gefaßten Beschlusses ermitteln. Diese ergibt zunächst, daß mit der Genehmigung die Verteilung der Einnahmen und Ausgaben im Verhältnis zwischen den Eigentümern rechtlich verbindlich sein soll. Darüber hinaus geht der objektive Erklärungswert des Beschlusses nach Ansicht des BGH - im Anschluß an Hauger[19] - dahin, daß ihm in bezug auf offene Beitragsrückstände „eine den Beschluß über den Wirtschaftsplan bestätigende oder - vergleichbar einem Abrechnungsvertrag nach § 782 BGB - rechtsverstärkende Wirkung" zukommt. Nur in Höhe „der sogenannten Abrechnungsspitze - d.h. des anteilig auf die einzelnen Wohnungseigentümer umgelegten Betrages, um den die mit dem Wirtschaftsplan beschlossenen (Soll-)Vorschüsse hinter den tatsächlich entstandenen Lasten und Kosten zurückbleiben - werden durch den Beschluß über die Jahresabrechnung erstmalig Nachforderungen (originär) begründet". Dagegen werde mit dem Beschluß über die Jahresabrechnung „eine Schuldumschaffung im Sinne einer Novation ... grundsätzlich nicht bezweckt".[20] Etwas anderes komme nur dann in Betracht, wenn sich für einen entsprechenden Willen der Beschlußmehrheit konkrete Anhaltspunkte feststellen ließen. Dem ist der V. Senat mit der Erwägung gefolgt, daß eine Novation dem Interesse der Mehrheit an dem Erhalt der etwaigen für die Vorschußforderung bestehenden Sicherungs- und Vorzugsrechte und der wegen Verzugs entstandenen Schadensersatzansprüche widerspreche. Insbesondere könne nicht davon ausgegangen werden, daß die Mehrheit einen inzwischen ausgeschiedenen Beitragsschuldner ersatzlos aus seiner Verbindlichkeit entlassen wolle. Eine derartige Auslegung des Beschlusses verstoße gegen den Erfahrungssatz, daß im Zweifel niemand ohne Not eigene Rechte aufgebe.

Mit dieser Entscheidung dürfte der „Novationstheorie" endgültig eine Absage erteilt sein. Auch wenn der BGH dies nur im Grundsatz ausgesprochen und die Frage, ob hiervon eine Ausnahme denkbar ist, offengelassen hat, bleibt für eine Anwendung der Novationstheorie praktisch kein Raum. Dies zeigt eine Untersuchung der denkbaren Fallkonstellationen ohne und mit Eigentümerwechsel.

---

[18] Sauren, WE 1993, 62.

[19] FS für Bärmann und Weitnauer 1990, 353, 361.

[20] Urt. v. 10.3.1994, IX ZR 98/93.

IV. VORAUSZAHLUNGSÜCKSTÄNDE VERBLIEBENER EIGENTÜMER

Soweit die Schuldner aus dem Wirtschaftsplan mit denen aus der Jahresabrechnung identisch sind, widerspricht eine Novation dem Interesse der Mehrheit an dem sicheren Erhalt etwaiger für die Vorschußforderung begründeter Sicherungs- und Vorzugsrechte und an dem Erhalt der wegen Verzugs entstandenen Schadensersatzansprüche. Denn ihr Fortbestand ist nach einer Aufhebung des Wirtschaftsplans als Anspruchsgrundlage und seiner Ersetzung durch die Jahresabrechnung zumindest zweifelhaft.[21] Einen interessewidrigen Beschluß gefaßt zu haben, kann der beschließenden Versammlungsmehrheit aber nicht unterstellt werden. Die Novation entspricht aber auch deswegen nicht deren mutmaßlichem Willen, weil sie für die Vereinfachung des Abrechnungsverkehrs nicht erforderlich ist (arg. § 364 Abs. 2 BGB). Die Vereinfachung tritt bereits dadurch ein, daß dem Beschluß über die Jahresabrechnung hinsichtlich der Vorschußrückstände eine den Wirtschaftsplan bestätigende oder rechtsverstärkende Wirkung zukommt. Was damit genau gemeint ist, wird allerdings - auch von Hauger - nicht näher ausgeführt und bedarf der Erörterung.

Bestätigende Wirkung kommt im allgemeinen Rechtsverkehr einem deklaratorischen oder kausalen Schuldbestätigungs- bzw. Anerkenntnisvertrag zu. Er setzt einen vorherigen Streit oder zumindest eine subjektive Ungewißheit der Parteien über das Bestehen der Schuld voraus und bezweckt, das Schuldverhältnis dem - ganz oder teilweise - zu entziehen.[22] Der Vertrag hat vergleichsähnlichen Charakter. Da die vorherige Rechtslage ungeklärt bleibt, hat er potentiell konstitutive Wirkung. Hierdurch wird die betroffene Forderung modifiziert, unstreitig gestellt und als solche neu begründet. Ihre Qualität erfährt dadurch jedoch keine Änderung.[23]

Verstärkende Wirkung kommt dagegen einem abstrakten Schuldanerkenntnis zu, durch das eine neue, vom Schuldgrund unabhängige Verpflichtung begründet wird, die regelmäßig schuldverstärkend (§ 364 Abs. 2 BGB) neben die kausale Verpflichtung tritt, so daß der Gläubiger sich zur Begründung seines Anspruchs nur auf das Versprechen des Anerkennenden zu berufen braucht. Eine solche Verpflichtung ist nur dann anzunehmen, wenn die Abstraktion notwendig ist, um den verfolgten Zweck zu verwirklichen. Das trifft in der Regel dann zu, wenn die Parteien beabsichtigen, dem Gläubiger die Beitreibung seiner Forderung zu erleichtern.[24] Auch hier erfährt die verstärkte Forderung in ihrer Qualität keine Änderung, und die sie verstärkende neue Forderung teilt diese Qualität.

---

[21] A.A. Deckert, WE 1995, 42, 45; Drasdo, DWE 1996, 46, 50.

[22] BGHZ 66, 250, 255.

[23] Vgl BGH, WE 1994, 210 = NJW 1994, 1866, 1867.

[24] BGH, NJW 1996, 567.

Vor diesem Hintergrund kann dem Beschluß über die Jahresabrechnung eine bestätigende Wirkung nur insoweit zukommen, als noch Rückstände aus dem Wirtschaftsplan bestehen und dieser nicht bestandskräftig geworden ist. In diesem Fall besteht eine Ungewißheit über das Bestehen der Schuld, die durch den bestätigenden Abrechnungsbeschluß beseitigt wird. Ist der Beschluß über den Wirtschaftsplan dagegen bestandskräftig geworden, ist für eine Schuldbestätigung kein Raum. Wohl aber ist es interessengerecht, die Einziehung bestehender Forderungen dadurch zu erleichtern, daß mit der Abrechnung ein neuer abstrakter Schuldgrund geschaffen wird, der verstärkend neben den Beschluß über den Wirtschaftsplan tritt. In diesem Sinn ist der Beschluß über die Jahresabrechnung auszulegen, soweit die Schuldner aus dem Wirtschaftsplan und der Jahresabrechnung identisch sind.

Lassen sowohl die bestätigende als auch die verstärkende Wirkung des Abrechnungsbeschlusses die Qualität der zugrunde liegenden Forderung als Vorschußforderung aus dem Wirtschaftsplan unverändert, so bleibt diese im Falle des Konkurses des säumigen Eigentümers eine einfache Konkursforderung, soweit sie die vor Eröffnung des Konkurses angefallenen Rückstände zum Gegenstand hat. Entsprechendes hat im Falle der Zwangsverwaltung für die vor deren Anordnung aufgelaufenen Beitragsschulden aus dem Wirtschaftsplan zu gelten. Sie sind keine vorweg zu bestreitenden Ausgaben. Die bestehenden Unterschiede zwischen Konkurs und Zwangsverwaltung rechtfertigen keine unterschiedliche Behandlung[25], weil es bei der Beurteilung dessen, was als Ausgabe der Zwangsverwaltung anzusehen ist, nicht hierauf, sondern auf Inhalt und Bedeutung des Beschlusses über die Jahresabrechnung ankommt. Da diesem aber in bezug auf rückständige Vorschüsse bei bestehender Schuldneridentität nur eine bestätigende oder verstärkende Wirkung zukommt, sind die entsprechenden Tilgungsbeträge keine Ausgaben der Zwangsverwaltung. Daß die Wohnungseigentümer die Forderung nach der Abrechnung gegebenenfalls auch auf diese stützen können, ändert nichts daran, daß es sich um eine Vorschußforderung aus dem Wirtschaftsplan handelt. Dies macht allerdings zugleich deutlich, daß sog. Vorfälligkeitsbeschlüsse nicht ordnungsmäßiger Verwaltung entsprechen[26], weil vorfällige Forderungen im anschließenden Konkurs oder in der nachfolgenden Zwangsverwaltung des Schuldners ihren Vorrang einbüßen und auch gegen den rechtsgeschäftlichen Erwerber nicht mehr geltend gemacht werden können.

Ergibt die Jahresabrechnung einen den Wirtschaftsplan übersteigenden Finanzbedarf, so wird hinsichtlich dieser Abrechnungsspitze für die zur Beschlußfassung berufenen Eigentümer eine Nachzahlungsverpflichtung erstmals begründet und fällig gestellt. Entsprechendes gilt für Guthabenforderungen. Bleiben die tatsächlichen Kosten des betreffenden Wirtschaftsjahres hinter den im Wirtschaftsplan veranschlagten zurück, werden die rückständigen Vorschüsse um den zeitanteiligen Minderbetrag der Jahresabrechnung gekürzt, weil die Jahresabrechnung die bis dahin im Wirtschaftsplan nur vorläufig statuierte Beitragspflicht endgültig konkretisiert.

---

[25] A.A. Niedenführ, Anm. LM Nr. 4 § 28 WEG.

[26] Drasdo, WE 1996, 242, 244.

V. VORAUSZAHLUNGSRÜCKSTÄNDE AUSGESCHIEDENER EIGENTÜMER

1. Fälligkeitstheorie

Scheidet zwischen dem Beschluß über den Wirtschaftsplan und der Genehmigung der Jahresabrechnung ein Eigentümer aus, so stellt sich zunächst die Frage, nach welchen Kriterien Beitragsschulden auf den alten und neuen Eigentümer zu verteilen sind.

Die zitierten Entscheidungen des BGH gehen in Übereinstimmung mit der bisherigen Rechtsprechung[27] von der sog. Fälligkeitstheorie aus, wonach der jeweilige Eigentümer nur das zu zahlen hat, was während seiner Zugehörigkeit zur Eigentümergemeinschaft wirksam beschlossen und/oder fällig wurde. Diese Theorie beruht im wesentlichen auf der Annahme, daß die Beitragsvorschüsse im Gegensatz zu Sonderumlagen und Jahresabrechnungsspitzen regelmäßig wiederkehrende Lasten darstellen, die in entsprechender Anwendung von § 103 BGB zeitanteilig nach der Dauer der Verpflichtung als Eigentümer zu tragen sind.[28] Der BGH folgt damit nicht der in der Literatur vor allem von Jennißen[29] vertretenen Aufteilungstheorie, nach der der Wirtschaftsplan und die Jahresabrechnung ein einheitliches Rechenwerk darstellen, deren rechtliches Schicksal nicht unterschiedlich bewertet werden kann, so daß nicht die Beitragsvorschüsse, sondern die anfallenden Kosten periodengerecht aufzuteilen sind.

2. Haftung des ausgeschiedenen Eigentümers

Nach dem Beschluß vom 30. November 1995[30] haftet der ausgeschiedene Wohnungseigentümer den anderen Eigentümern für rückständige Beitragsvorschüsse auch nach einer zwischenzeitlich beschlossenen Jahresabrechnung weiter aus dem - während seiner Zugehörigkeit zur Eigentümergemeinschaft beschlossenen und/oder geänderten[31] - Wirtschaftsplan. Der BGH begründet dies mit dem mutmaßlichen Willen der beschließenden Mehrheit, einen ausgeschiedenen Beitragsschuldner nicht ersatzlos aus seiner Verbindlichkeit zu entlassen. Für das Ergebnis spricht aber auch der Umstand, daß die Jahresabrechnung Rechtswirkungen nur für die zur Beschlußfassung berufenen Eigentümer entfaltet, den Beschluß über den Wirtschaftsplan also gar nicht mit Wirkung gegenüber dem alten Eigentümer aufheben kann.[32] Im übri-

---

[27] Beschl. v. 21.4.1988, V ZB 10/87, BGHZ 104, 197, 201; Beschl. v. 18.5.1989, V ZB 14/88, BGHZ 107, 285, 288.

[28] OLG Hamm, ZMR 1996, 337, 339 = WE 1996, 353, 354.

[29] Die Verwalterabrechnung nach dem WEG, 3. Aufl. Rz. 93 ff.

[30] Ebenso OLG Zweibrücken, WE 1996, 277.

[31] Drasdo, WE 1996, 854, 855.

[32] Drasdo, DWE 1996, 46, 48.

gen wäre eine Verfügung zugunsten Dritter auch nicht zulässig[33], ein Erlaß der von dem ausgeschiedenen Eigentümer geschuldeten rückständigen Vorschüsse also unwirksam[34]. Schließlich liefe eine Novation auf die schuldbefreiende Übernahme der Altschulden des Veräußerers durch den Erwerber hinaus. Für eine solche Übernahme gibt es ebenfalls keine gesetzliche Grundlage.[35]

Bleiben die tatsächlichen Kosten des betreffenden Wirtschaftsjahres hinter den im Wirtschaftsplan veranschlagten zurück, so ist die Haftung des alten Eigentümers nach überwiegender Rechtsmeinung[36] auf das Ergebnis der Jahresabrechnung begrenzt. Hieran hat die zitierte Rechtsprechung des BGH - entgegen der Annahme von Drasdo[37]- nichts geändert. Das Ergebnis ist billig, eine Begründung hierfür aber nicht leicht zu finden. Denn der Abrechnungsbeschluß entfaltet dem Veräußerer gegenüber keine Rechtswirkung; er bindet und entlastet ihn nicht. Ein anteiliger Erlaß der noch offenen Vorschußforderungen wäre im übrigen rechtlich unwirksam. Der ausgeschiedene Eigentümer hat andererseits mangels entsprechender Rechtsgrundlage keinen Anspruch auf eine zeitanteilige (Zwischen-)Abrechnung. Die Zahlung der ungekürzten Beitragsvorschüsse führt auch nicht zu einer ungerechtfertigten Bereicherung der übrigen Eigentümer[38], weil Rechtsgrund nach wie vor der Wirtschaftsplan ist, der im Verhältnis der Gemeinschaft zu dem ausgeschiedenen Eigentümer nicht abgeändert wurde. Schließlich eröffnet ihm die Jahresabrechnung nicht die Möglichkeit, den geltend gemachten Anspruch im Beitreibungsverfahren materiell-rechtlich darauf überprüfen zu lassen, ob die Beiträge zur Deckung der tatsächlich entstandenen Kosten erforderlich sind.[39] Dies liefe sonst auf eine außerhalb der Anfechtungsfrist unzulässige Überprüfung des Beschlusses über den Wirtschaftsplan sowie darauf hinaus, daß das Gericht eine Zwischenabrechnung vornimmt, für die es keine Rechtsgrundlage gibt. Gleichwohl muß es dem ausgeschiedenen Eigentümer möglich sein, sich im Verhältnis zu der Gemeinschaft auf das Ergebnis der Jahresabrechnung zu berufen und den Ausgleich einer Überzahlung nicht ausschließlich im Verhältnis zu seinem Rechtsnachfolger zu suchen. Dies läßt sich damit begründen, daß die Zahlungspflichten aus dem Wirtschaftsplan nur vorläufigen Charakter haben und durch die Jahresabrechnung endgültig festgelegt werden. Erweist sich der ursprünglich festgesetzte Beitragsvorschuß danach als überhöht, so ermäßigt sich die Zahlungsverpflichtung in Höhe der Überdeckung anteilig. Der Beschluß über die Abrechnung erzeugt zwar keine Rechtswirkungen für und gegen den ausgeschiedenen Eigentümer, kann aber nach Eintritt

---

[33] BGHZ 68, 225, 231.

[34] Palandt, Einf. vor § 328 Rz. 8; Schnauder, WE 1991, 31, 37.

[35] Jennißen, Die Verwalterabrechnung nach dem WEG, 3. Aufl. Rz. 71.

[36] BayObLG, WE 1990, 220; 1991, 286; Bub, a.a.O., Rz. V 176; Demharter, FGPrax 1996, 50; Drasdo, DWE 1996, 46, 49; Hauger, PiG 44, 173, 182; Weitnauer/Hauger, WEG 8. Aufl. § 28 Rz. 7, 8; A.A. Schnauder, WE 1991, 31, 37.

[37] DWE 1996, 46, 49, 52.

[38] A.A. Hauger, PiG 44, 173, 182.

[39] A.A. Jennißen, a.a.O. Rz 98.

der Bestandskraft den verbliebenen Eigentümern doch als eine Tatsache entgegenhalten werden, die beweist, daß die tatsächlich angefallenen Kosten hinter den im Wirtschaftsplan veranschlagten zurückbleiben. In diesem Fall liefe es aber dem Charakter des Vorschusses zuwider, wenn er nach wie vor in unverminderter Höhe geltend gemacht werden könnte. Im umgekehrten Fall der Unterdeckung bleibt die Schuld dagegen unverändert und ist der alte Eigentümer zu einer Nachzahlung nicht verpflichtet.

3. Haftung des rechtsgeschäftlichen Erwerbers

Der rechtsgeschäftliche Erwerber haftet, sofern durch Vereinbarung/Gemeinschaftsordnung nichts anderes geregelt oder ein entsprechender - rechtswidriger - Mehrheitsbeschluß bestandskräftig geworden ist, nur für die Beitragsschulden, die nach der Eigentumsumschreibung im Grundbuch beschlossen und fällig wurden, nicht dagegen für Verbindlichkeiten, die vorher entstanden und fällig geworden sind.[40] Vom Boden der Fälligkeitstheorie aus hat er auch für eine Beitrags- bzw. Vorschußschuld aufzukommen, die zwar vor dem Eigentumswechsel beschlossen, aber erst danach fällig geworden ist. Denn der vor dem Eigentumsübergang gefaßte Eigentümerbeschluß ist ihm gegenüber gemäß § 10 Abs. 3 WEG wirksam und verpflichtet ihn, die nach der Eigentumsumschreibung aus diesem Beschluß fällig gewordenen Beiträge zu zahlen gleichgültig, ob es sich um Vorschüsse oder um Sonderumlagen handelt.[41]

Heftig umstritten und vom BGH noch nicht ausdrücklich entschieden ist die Frage, ob eine Jahresabrechnung, welche die rückständigen Beitragsvorschüsse des Veräußerers als Fehlbeträge des Erwerbers ausweist, für diesen insoweit eine Zahlungsverpflichtung begründen kann. Die Antwort hängt im Hinblick auf den insoweit deutlich zum Ausdruck gebrachten Willen, den Erwerber für die Rückstände seines Rechtsvorgängers in Anspruch zu nehmen, nicht von einer Auslegung des Genehmigungsbeschlusses, sondern davon ab, ob es für einen derartigen Beschluß eine Rechtsgrundlage gibt. Dies ist - entgegen einer verbreiteten Auffassung[42] - nicht der Fall. Wenn der Abrechnungsgenehmigungsbeschluß die Haftung der ausgeschiedenen Eigentümer unberührt läßt, insoweit also keine novierende Wirkung entfaltet, kann er - im Gegensatz zu der vom BayObLG vetretenen Ansicht[43] - dieselbe Schuld nicht zugleich umschaffen und in der Person des Rechtsnachfolgers neu begründen. Dem steht die Entscheidung des BGH vom 21. April 1988[44], wonach der Erwerber für die nach Eigentumsübergang beschlossenen Nachforderungen aus Abrechnungen für frühere Jahre einzustehen hat, nicht entgegen. Denn in dem zugrunde liegenden Fall waren in den Nachforderungen keine rückständigen Beitragsvorschüsse der Voreigentümer enthal-

[40] BGHZ 107, 285, 288.

[41] OLG Hamm, ZMR 1996, 337, 339 = WE 1996, 353, 354.

[42] BayObLG, WE 1995, 248; OLG Düsseldorf, WuM 1991, 623; OLG Köln, WE 1996, 109; OLG Stuttgart, NJW-RR 1989, 654 f.; Drasdo, DWE 1996, 46, 48.

[43] WuM 1990, 405.

[44] BGHZ 104, 197.

ten. Für solche Rückstände könnte der neue Eigentümer nur aufgrund eines kumulativen Schuldbeitritts in Anspruch genommen werden. Dieser müßte jedoch ausdrücklich erklärt werden. Eine solche Erklärung liegt nicht schon in der Zustimmung zu dem Beschluß über die Jahresabrechnung. Für die Begründung einer eigenständigen Schuld des Erwerbers, die neben die Schuld des ausgeschiedenen Eigentümers treten müßte, fehlt die Rechtsgrundlage. Die Genehmigung der Abrechnung ist schließlich auch deswegen fehlerhaft, weil Verbindlichkeiten des Voreigentümers infolge des Verbots von „Soll"-Einstellungen gar nicht in die Einzelabrechnung aufgenommen werden dürfen. Die aufgezeigten Abrechnungsmängel machen den Beschluß nicht nichtig, sondern anfechtbar.[45] Denn sie verstoßen nicht gegen zwingendes Recht. Die Haftung des Erwerbers könnte durch Vereinbarung oder - rechtswidrigen - bestandskräftigen Mehrheitsbeschluß begründet werden. Wird die Abrechnungsgenehmigung daher bestandskräftig, so hat der Erwerber für die fremde Schuld aufzukommen.

4. Beispielsfälle

Haften Veräußerer und Erwerber nach alledem für ihre Schulden jeweils getrennt, so ergeben sich für einzelne Fallkonstellationen folgende Lösungen. Hat z.B. der ausgeschiedene Wohnungseigentümer für 10 Monate des Wirtschaftsjahres die Vorschüsse von monatlich 100 DM, d.h. insgesamt 1000 DM, nicht geleistet und ist der Erwerber die Vorschüsse für die restlichen zwei Monate schuldig geblieben, ergibt die Jahresabrechnung aber nur einen Schuldsaldo von 900 DM, so verringert sich die Schuld des Veräußerers und die des Erwerbers um die zeitanteilige Quote von 10/12 (= 250 DM) bzw. 2/12 (= 50 DM) des Überschusses von 300 DM.[46] Ist nur der Veräußerer mit 200 DM in Rückstand, so braucht er nichts mehr zu zahlen. Das Guthaben von 100 DM steht dem Erwerber zu. Dasselbe gilt, wenn der Veräußerer alle Vorauszahlungen geleistet hat und der Erwerber seine schuldig geblieben ist. Insoweit besteht kein Unterschied zu dem umgekehrten Fall, in dem die Einzelabrechnung eine Abrechnungsspitze ausweist.[47]

5. Haftung des gesetzlichen Erwerbers

Für die Entscheidung, zu welchem Zeitpunkt und nach welchen Kriterien der alte Eigentümer nicht mehr zu Beiträgen herangezogen werden kann und sein Rechtsnachfolger richtiger Schuldner der Verpflichtung wird, kann es keine Rolle spielen, ob das Eigentum kraft Rechtsgeschäfts oder kraft Gesetzes durch Erbgang oder im Wege der Zwangsversteigerung übergeht. Beide Erwerbsarten sind insoweit gleichgestellt.[48] Im Unterschied zum Ersteigerer haftet jedoch der Erbe für die Schulden des Erblassers kraft gesetzlicher Universalsukzession.

[45] Hauger, PiG 44, 173, 182.

[46] Demharter, FGPrax 1996, 50, 51.

[47] Wie FN 44; Drasdo, DWE 1996, 46, 51.

6. Besonderheiten der Verwalterabrechnung

Bei der Aufstellung der Jahresabrechnung ist zu berücksichtigen, daß die Beitrags- und Vorschußverpflichtung nicht personenbezogen, sondern an die jeweilige Einheit geknüpft ist.[49] Die Zahlungen können daher nicht anteilsmäßig auf alle Eigentümer verteilt, sondern müssen in der Einzelabrechnung der Einheit zugeordnet werden.[50] Ist ein Eigentümer ausgeschieden, so darf der neue Eigentümer, der nicht dessen Erbe ist, in der Einzelabrechnung nur in Höhe der Abrechnungsspitze und der von ihm nicht erbrachten Vorschußzahlungen belastet werden. Der auf den Rechtsvorgänger entfallende Außenstand gehört als Forderung nicht in die Abrechnung und ist außerhalb als offene Forderung zu deklarieren.[51] Mit dem Charakter einer bloßen Einnahmen- und Ausgabenrechnung ist es auch nicht zu vereinbaren, die Abrechnung so zu erstellen, als seien die Vorschüsse bezahlt worden.[52]

VI. VERFAHRENSRECHT

Läßt der Beschluß über die Jahresabrechnung den Wirtschaftsplan als Anspruchsgrundlage für die Beitragsvorschüsse weiter bestehen, so hat dies zur Folge, daß in einem anhängigen Wohngeldverfahren der auf Zahlung rückständiger Vorschüsse gerichtete Zahlungsantrag - entgegen einer in der Rechtsprechung und Literatur verbreiteten Auffassung[53] - nicht umgestellt und auf den Abrechnungsbeschluß gestützt werden muß[54], es sei denn, der Beschluß über den Wirtschaftsplan sei (noch) nicht bestandskräftig und der Schuldner aus dem Wirtschaftsplan mit dem aus der Jahresabrechnung identisch. Da die Jahresabrechnung in diesem Fall zugleich die Wirkung eines Bestätigungsbeschlusses hat, ändert sich zwar nicht die Qualität der Forderung als Vorschußforderung, wohl aber der Schuldgrund. Dieser ist nicht mehr der Wirtschaftsplan, sondern die ihn bestätigende Jahresabrechnung. Hat der Beschluß dagegen nur verstärkende Wirkung, können die Gläubiger ihren Antrag zwar umstellen, müssen es aber nicht. Auch in einem neuen Verfahren kann der Anspruch noch auf den Wirtschaftsplan gestützt werden.[55] Das vom BayObLG[56] befürchtete Risiko, daß derselbe Betrag sowohl aufgrund des Wirtschaftsplans als auch aufgrund der Jahresabrechnung, d.h. doppelt geltend gemacht werden könnte, besteht nicht, weil

48 OLG Hamm, ZMR 1996, 337, 339 = WE 1996, 353, 354.

49 BGH, WE 1996, 144 = NJW 1996, 725; Drasdo, DWE 1996, 46, 50.

50 Bub, a.a.O., Rz. III 93.

51 Demharter, FGPrax 1996, 50, 51.

52 Bub, a.a.O., Rz. III 67; a.A. Hauger, Festschrift für Bärmann und Weitnauer 1990, S. 353, 366.

53 BayObLGZ 1986, 128, 131; WE 1995, 248; Bub, a.a.O., Rz. V 177; Drasdo, DWE 1996, 46, 49.

54 Schnauder, WE 1991, 31, 36; Demharter, FGPrax 1996, 50.

55 A.A. Demharter, FGPrax 1996, 50.

56 BayObLGZ 1986, 128, 131.

die Streitgegenstände, auch wenn die Forderungen auf unterschiedliche Anspruchsgrundlagen gestützt werden, identisch sind.[57] Erst recht ist die Befürchtung von Drasdo[58] unbegründet, im Falle eines in der Jahresabrechnung trotz bestehender Vorschußrückstände ausgewiesenen Guthabens könnten jene noch aus dem Wirtschaftsplan beigetrieben werden. Denn der Anspruch auf die beschlossenen Vorschüsse wird durch das Ergebnis der beschlossenen Jahresabrechnung begrenzt, weil ein etwaiger noch offener Anspruch aus der Jahresabrechnung auf Zahlung von Vorschußrückständen mit dem entsprechenden Anspruch aus dem Wirtschaftsplan identisch ist.[59] Die Jahresabrechnung konkretisiert die bis dahin im Wirtschaftsplan nur vorläufig kalkulierte Beitragspflicht, verschafft dem Schuldner gegenüber einer weitergehenden Vorschußforderung aus dem Wirtschaftsplan eine rechtsvernichtende Einwendung, führt in Höhe des Differenzbetrages zur Erledigung des Verfahrens in der Hauptsache und rechtfertigt in Höhe eines die Abrechnung übersteigenden Vorschußtitels einen Vollstreckungsgegenantrag.[60] Entsprechendes gilt nach einem Eigentumswechsel - wie dargelegt - auch im Verhältnis zum ausgeschiedenen Eigentümer. Ergibt die Abrechnung gegenüber dem Wirtschaftsplan eine Nachforderung, so kann der Antrag in einem laufenden Verfahren um diese neu begründete Forderung auf Zahlung der Abrechnungsspitze erweitert werden.[61] Eine Erhöhung im Verfahren vor dem Wohnungseigentumsgericht kommt aber nach der bisherigen Rechtsprechung des BGH[62] nur dann in Betracht, wenn der Schuldner nicht vor der Antragsänderung aus der Wohnungseigentümergemeinschaft ausgeschieden ist. Die Antragsänderung ist in der Regel auch noch im Beschwerdeverfahren wegen Sachdienlichkeit zulässig, nicht dagegen im Verfahren über die sofortige weitere Beschwerde.[63] Die Genehmigung der Jahresabrechnung läßt dagegen nicht das Rechtsschutzinteresse für die Anfechtung des Beschlusses über den Wirtschaftsplan entfallen und führt auch nicht zur Erledigung dieses Verfahrens. Anders verhält es sich nur dann, wenn der Genehmigungsbeschluß bestandskräftig geworden ist und ein Eigentümerwechsel nicht stattgefunden hat. Sind dagegen zwischen Wirtschaftsplan und Jahresabrechnung Eigentümer ausgeschieden, haben die übrigen Eigentümer weiter ein Interesse an dem Bestand des Wirtschaftsplans, weil nur er die Grundlage für die Beitreibung rückständiger Vorschüsse von den Ausgeschiedenen bietet.

[57] Schnauder, WE 1991, 31, 36.

[58] DWE 1996, 46, 49.

[59] Schnauder, WE 1991, 31, 36.

[60] Bub, a.a.O., Rz. V 177.

[61] Demharter, FGPrax 1996, 50.

[62] BGHZ 44, 43; Z 106, 3.

[63] Bub, a.a.O., Rz. V 177.

AUTORENVERZEICHNIS

Bader, M. A. Hans Anton
Richter am Amtsgericht
München

Belz, August
Vors. Richter am OLG a. D.
Stuttgart

Bielefeld, Volker
Diplom-Volkswirt
Düsseldorf

Blank, Hubert
Richter am Landgericht
Mannheim

Börstinghaus, Ulf P.
Richter am Amtsgericht
Gelsenkirchen

Bub, Dr. Wolf-Rüdiger
Rechtsanwalt
München

Deckert, Dr. Wolf-Dietrich
Rechtsanwalt
München

Derleder, Professor Dr. Peter
Bremen

Drasdo, Michael
Rechtsanwalt
Neuss

Eisenschmid, Norbert
Rechtsanwalt
Deutscher Mieterbund e. V.
Köln

Emmerich, Professor Dr. Volker
Rechts- und Wirtschaftswiss. Fakultät
Universität Bayreuth
Bayreuth

Gather, Dr. Hans-Herbert
Geschäftsführer
Haus und Grund Deutschland
Düsseldorf

Hanke, Albert
Rechtsanwalt
Verband der Südwestdeutschen Wohnungswirtschaft e. V.
Frankfurt a. M.

Hannig, Dr. Uwe
GdW Bundesverband der Wohnungswirtschaft e. V.
Köln

Hauger, Dr. Maria
Rechtsanwältin
beim Bundesgerichtshof
Karlsruhe

Heerstraßen, Frank
Universität Potsdam
Berlin

Herbst, Dr. jur. Gerhard
Präsident des Bayerischen Obersten Landesgerichts a. D.
München

Huff, Martin W.
Rechtsanwalt
Gründau-Rothenbergen

Jansen, Hans-Dieter
Diplom-Kaufmann
Köln

Köhler, Wilfried
Rechtsanwalt
Köln

Lüke, Professor Dr. Wolfgang
Juristische Fakultät
Technische Universität Dresden
Dresden

Merle, Professor Dr. Werner
Juristische Fakultät
Universität Potsdam III
Potsdam

Müller, Horst
Rechtsanwalt
München

Pfeifer, Frank-Georg
Rechtsanwalt
Düsseldorf

Röll, Dr. Ludwig
Notar a. D.
Günzburg

Sauren, Dr. Marcel M.
Rechtsanwalt und Steuerberater
Aachen

Schmidt, Friedrich
Notar
Bayreuth

Stein, Uwe A.
Geschäftsführer
Düsseldorf

Treier, Gerhard
Bundesrichter a. D.
Karlsruhe

Weitnauer, Professor Dr. Hermann
Heidelberg

Wenzel, Dr. Joachim
Richter am Bundesgerichtshof
Karlsruhe

DR. h.c. HANNS SEUSS – AUSZUG AUS SEINER BIBLIOGRAPHIE

1. MONOGRAPHIEN

- Praxis des Wohnungseigentums mit Formularen und Mustern. 3. Aufl. mit Johannes Bärmann, München Beck 1980, 1229 S.
- Der Immobilienverwalter und seine Aufgaben; in: Haus- und Grundbesitz in Recht und Praxis, Loseblattsammlung, hrsg. von Julius Schönhofer und Günther Reinisch, Rudolf Haufe Verlag, Freiburg
- Die kaufmännische Verwaltungsleistung bei der Immobilienbewirtschaftung, in: Haus- und Grundbesitz in Recht und Praxis, a.a.O.
- Die Eigentumswohnung. 10. Aufl., München Beck 1993; 11. Aufl. in Bearbeitung
- Praxis des Wohnungseigentums. 4., erweiterte Aufl., München Beck 1996, 1.481 S.

2. AUFSÄTZE

- Der Beitrag der Kirchen zum Wohnungsbau, Sonderdruck des Katholischen Siedungsdienstes 1961
- Der kirchliche Wohnungsbau als bleibende Aufgabe, Zeitschrift Katholischer Siedlungsdienst, November/Dezember 1964, 6/64
- Ist die Errichtung und Verwaltung von Eigentumswohnungen für gemeinnützige Wohnungsunternehmen eine dankbare Aufgabe? Zeitschrift für das gemeinnützige Wohnungswesen in Bayern, Heft 11, November 1966
- Die Wohnungsbewirtschaftung durch gemeinnützige Wohnungsunternehmen im Wettbewerb. Allgemeiner Deutscher Bauvereinstag Hannover 1967, hrsg. vom Gesamtverband gemeinnütziger Wohnungsunternehmen, Hammonia Verlag 1967
- Baumängel – Wer ist zuständig? Der Eigenwohner, Heft 1, 1969
- Wie komme ich zu einer Eigentumswohnung? Der Eigenwohner, Heft 2, 1969
- Wenn ich meine Eigentumswohnung verkaufen will? Der Eigenwohner, Heft 4, 1969
- Sozialer Mietwohnungsbau 1971, Zeitschrift für das gemeinnützige Wohnungswesen in Bayern, Heft 3, 1971
- Die gemeinnützigen Wohnungsunternehmen und ihre Kaufverträge, Zeitschrift für das gemeinnützige Wohnungswesen in Bayern, Heft 6, 1971
- Die Kaufverträge der gemeinnützigen Wohnungsunternehmen, Zeitschrift für das gemeinnützige Wohnungswesen in Bayern, Heft 3, 1972
- Novellierung des Wohnungseigentumsgesetzes (WEG), Zeitschrift für das gemeinnützige Wohnungswesen, Heft 2, 1973
- Neue Musterverträge der gemeinnützigen Wohnungswirtschaft für den Verkauf von Eigenheimen und Eigentumswohnungen, Zeitschrift für das gemeinnützige Wohnungswesen, Hefte 8, 9 und 10, 1975
- Neuer Gesetzesantrag zur Novellierung des Wohnungseigentumsgesetzes (WEG) des Freistaates Bayern, Zeitschrift für das gemeinnützige Wohnungswesen in Bayern, Hefte 3 und 4, 1976
- Was leistet der Verwalter für die Gemeinschaft? Partner im Gespräch (PiG), Schriftenreihe des Evangelischen Siedlungswerkes in Deutschland, Band 1, 1976

- Die geänderten Kauf- und Betreuungsvertragsmuster der gemeinnützigen Wohnungswirtschaft, Zeitschrift für das gemeinnützige Wohnungswesen in Bayern, Hefte 3, 4, 5 und 6, 1977
- Die Teilungserklärung als entscheidendes Kriterium für die Gemeinschaft der Wohnungseigentümer und die Verwalter des gemeinschaftlichen Eigentums, PiG, Band 2, 1977
- Neu- und Wiederbestellung des Verwalters von Wohnungseigentum, Zeitschrift für das gemeinnützige Wohnungswesen in Bayern, Heft 8, 1977
- Aktuelle Probleme zu den Kauf- und Betreuungsverträgen, Sonderdruck, Zeitschrift für das gemeinnützige Wohnungswesen in Bayern, Heft 2, 1978
- Etappen und Aspekte der Wohnungspolitik in Deutschland, Zeitschrift Bauen und Siedeln, Heft 4, 1978, Hefte 1, 2 und 3, 1979
- Die Aufgaben des Verwalters für und in der Eigentumswohnung, PiG, Band 3, 1978
- Wie kam es zu den Bauträgerverträgen? PiG, Band 5, 1979
- Eventualeinberufung in der Wohnungseigentümerversammlung, Wohnungseigentümermagazin, Heft 4, 1980
- Die wichtigsten neuen Rechtsprechungsergebnisse und deren Bedeutung für die Verwaltungspraxis, PiG, Band 6, 1980
- Stimmrechtsbeschränkungen in Gemeinschaftsordnungen (Teilungserklärungen), Wohnungseigentümermagazin, Heft 4, 1980
- Angebote an Sozial Schwache, Zeitschrift Bauen und Siedeln, Heft 2, 1982
- Das Wohnungseigentum – Rückblick und Erfahrungen, PiG, Band 9, 1982
- Rahmenbedingungen für die Erstellung und Verwaltung von öffentlich geförderten Mietwohnungen, Zeitschrift für das gemeinnützige Wohnungswesen in Bayern, Hefte 1, 2, 7, 8 und 9, 1983
- Umwandlung von Miet- und Eigentumswohnungen – Eine Aufgabe für gemeinnützige Wohnungsunternehmen? vhw-Informationsdienst, Heft 20, 1984
- Konflikte und ihre Bewältigung in der Alltagspraxis des Wohnungseigentums, PiG, Band 11, 1983
- 10 Jahre Fischener Gespräche, PiG, Band 17, 1985
- Die Instandhaltungsrückstellung. Festschrift für Johannes Bärmann und Hermann Weitnauer, PiG, Band 18, 1985
- Hausordnung, Zeitschrift Wohnungseigentum, Heft 2, 1986
- Faktische Wohnungseigentümer, Zeitschrift für das gemeinnützige Wohnungswesen in Bayern, Heft 10, 1986
- Die Versammlung der Wohnungseigentümer – Einführung und Überblick, PiG, Band 25
- Das Rechnungswesen des Verwalters – Ordnungsmäßige Buchführung, PiG, Band 27
- Wirtschaftsführung des Verwalters – Jahresabrechnung (Form und Inhalt), PiG, Band 39

3. REZENSIONEN

- Dr. Wolf-D. Deckert: Baumängel am Gemeinschaftseigentum der Eigentumswohnungen, Gewährleistungsansprüche in der Praxis. 2., neubearbeitete und erweiterte Aufl. 1980; in: Zeitschrift für das gemeinnützige Wohnungswesen in Bayern
- Dr. Christoph Reithmann, Dr. Friedrich Brych, Hans Manhart: Kauf vom Bauträger, einschließlich der Bauherrenmodelle. 4. überarbeitete und erweiterte Aufl. 1980, in: Zeitschrift für das gemeinnützige Wohnungswesen in Bayern, Heft 7, 1981
- Dr. Wolf-D. Deckert: Die Eigentumswohnung in Recht und Praxis; in: Zeitschrift für das gemeinnützige Wohnungswesen in Bayern, Heft 7, 1981
- Wolf-Rüdiger Bub: Handbuch der Wohnungswirtschaft Abteilung Wohnungseigentumsrecht, in: Zeitschrift für das gemeinnützige Wohnungswesen in Bayern, Heft 9, 1981
- Siegfried Tresper: Wohnungseigentum in der Praxis. 5. Aufl. 1983, Zeitschrift Wohnungseigentum, Heft 3, 1983
- Dr. Christoph Reithmann, Dr. Friedrich Brych, Hans Manhart: Kauf vom Bauträger und Bauherrenmodelle. 5. neubearbeitete und wesentlich erweiterte Aufl. 1980, in: Zeitschrift für das gemeinnützige Wohnungswesen in Bayern, Heft 11, 1983
- Dr. Ludwig Röll: Handbuch für Wohnungseigentümer und Verwalter. 3. überarbeitete Aufl. 1983, Neue Juristische Wochenschrift 1984, S. 1868
- Dr. Wolf-D. Deckert: Mein Wohnungseigentum, ein allgemein verständlicher Rechts- und Steuerratgeber, rund um die Eigentumswohnung mit Musterverträgen und Praxishilfen. 1984, Zeitschrift für das gemeinnützige Wohnungswesen in Bayern, Heft 2, 1985
- Horst Müller: Praktische Fragen des Wohnungseigentums. Zeitschrift Wohnungseigentum, Heft 2, 1986

4. ANMERKUNGEN ZU GERICHTSENTSCHEIDUNGEN

- BayObLG, Beschluß vom 10.10.1985 – 2 Z 2/85; Zeitschrift Wohnungseigentum, Heft 1, 1986
- BayObLG, Beschluß vom 4.7.1985 – 2 Z 106/84; Zeitschrift Wohnungseigentum, Heft 2, 1986
- OLG Düsseldorf, Beschluß vom 27.11.1985 – 3 W 352/85; Zeitschrift Wohnungseigentum, Heft 3, 1986
- OLG Frankfurt, Beschluß vom 6.3.1986 – 20 W 570/85; Zeitschrift Wohnungseigentum, Heft 4, 1986
- BayObLG, Beschluß vom 6.6.1982 – 2 Z 53/85; Zeitschrift Wohnungseigentum, Heft 1, 1987
- BayObLG, Beschluß vom 11.9.1986 – 2 Z 35/86; Zeitschrift Wohnungseigentum, Heft 2, 1987
- OLG Stuttgart, Beschluß vom 21.11.1986 – 8 W 581/85; Zeitschrift Wohnungseigentum, Heft 2, 1987